Richard Andrews

Der Spion des Lawrence von Arabien

Richard Andrews

Der Spion des Lawrence von Arabien

Auf geheimer Mission für einen jüdischen Staat

Aus dem Englischen von Gabriele Herbst

Aufbau-Verlag

Dem Andenken an alle Agenten des EMSIB – Juden, Christen und Araber –, die von 1914 bis 1918 in Palästina ihr Leben aufs Spiel setzten und dafür nie eine offizielle Anerkennung erhielten.

Inhalt

Anhang

Einleitung

Bis heute sind die Bemühungen Aaron Aaronsohns, des Helden unserer sagenhaften Geschichte, der zum historisch entscheidenden Zeitpunkt der Balfour-Deklaration für eine gerechte territoriale Aufteilung Palästinas zwischen Juden und Arabern kämpfte, nicht ausreichend gewürdigt. Mehr als 80 Jahre blieb seine Lebensgeschichte unerzählt, absichtlich im Dunkel der Geschichte belassen. Sein Leben endete am 15. Mai 1919, als die Versailler Friedenskonferenz gerade in eine kritische Phase eintrat und er, gemeinsam mit Chaim Weizmann, seine Vision eines modernen jüdischen Staates zur Debatte stellen sollte. Er war beauftragt worden, einen Vorschlag für Grenzziehungen vorzulegen, die einem zukünftigen Israel Sicherheit bieten und zugleich die Rechte der einheimischen arabischen Bevölkerung wahren sollten. Die in Versailles so dringend benötigte Landkarte versank jedoch mit ihrem Schöpfer in den Tiefen des Ärmelkanals, als das Flugzeug, das Aaronsohn von London nach Paris bringen sollte, unter mysteriösen Umständen verschwand.

Aaron Aaronsohn gehörte zu den Nachkommen der ersten Welle jüdisch-rumänischer Einwanderer nach Palästina in den 1880er Jahren. Er wuchs in Zichron Ya'acov am Südrand des Karmelgebirges auf, wo die Informanten des »Vaters von Zion«, Baron Edmond de Rothschild, auf ihn aufmerksam wurden. Dieser schickte ihn zur Ausbildung auf die École Nationale d'Agriculture im französischen Grignon. Als der junge Mann 1906 nach Palästina zurückkehrte, entdeckte er die sogenannte »Mutter des Weizens« – eine von Wissenschaftlern in aller Welt lange gesuchte Urform der modernen Weizenarten. Zur Erforschung dieses sensationellen Fundes begründete er 1910 in Atlit, südlich von Haifa, die erste »biologisch-organische« landwirtschaftliche Versuchsstation der Welt – die Jewish Agricultural Experimental Station.

Aaronsohn wollte Juden und Arabern gleichermaßen die Möglichkeit bieten, bessere Ernten ohne den Einsatz von teurem Kunstdünger zu erzielen. Um das Gelingen dieser Unternehmung sicherzustellen, gewann er einflußreiche Juden Nordamerikas als Geldgeber und schuf so die Grundlagen einer Verbindung, die bis heute zwischen den USA und Israel besteht. Nach Ansicht des Amerikaners David Fairchild, damals leitender Forschungsbeauftragter des US-Department of Agriculture, war Aaron Aaronsohn »ein Anführer der Vorhut jener kleinen Armee der Menschlichkeit, die stets aufs neue gegen Unwissenheit, Aberglauben und Haß zu Felde zieht. Hätte er länger gelebt, ... er wäre ein Mann mit der Weltgeltung geworden, die Menschheit durch die schwierigen Zeiten zu führen, die ihr jetzt bevorstehen.«[1]

Schon früh war sich der junge Agronom bewußt, welch schwierige Arbeit vor ihm lag. Der Völkermord der Türken an den Armeniern 1914/15 machte Aaronsohn klar, daß es zu einer Katastrophe kommen würde, falls es ihm nicht gelänge, einen sicheren Ort für das jüdische Volk zu etablieren. In seinen Tagebüchern, niedergeschrieben etwa 20 Jahre vor dem Bau des ersten Konzentrationslagers in Europa, behauptete er, die Deutschen seien gelehrige Schüler der Türken, was die Methoden der Massenvernichtung anging, und sagte großes Unheil für die europäischen Juden voraus. Überdies vertrat er die Ansicht, daß ohne verbindliche internationale Grenzvereinbarungen jeder künftige zionistische Staat bedroht wäre.Während der vier Jahre bis 1914 erwies sich seine Versuchsstation in Atlit als überaus erfolgreich. Doch schon 1915 wußte Aaronsohn, daß die Tage der Juden unter der Herrschaft der Türken gezählt waren. Er glaubte fest daran, daß nur die Protektion einer demokratischen Großmacht es den Juden erlauben könne, in Palästina ein neues Zion zu gründen. Für dieses Ziel gab er die Forschungsstation auf und floh unter großer Gefahr nach Kairo, um ein Spionagenetz für die Briten aufzubauen. Von 1916 bis 1918 arbeitete er dort Seite an Seite mit Thomas Edward Lawrence, dem berühmten Archäologen und britischen Geheimdienstkoordinator, und wurde so zum führenden zivilen Nachrichtenoffizier für Palästina und Südsyrien. In dieser Eigenschaft schuf er die Organisation »A«, die zwischen Port Said und Atlit operierte, jüdische Spione ein- und ausschleuste und wichtige Geheiminformationen sammelte.

»A« war dem Eastern Mediterranean Special Intelligence Bureau (EMSIB) unterstellt, dem für das östliche Mittelmeergebiet zuständigen Nachrichtendienst. Dieser im verborgenen operierende Ableger des für arabische Angelegenheiten zuständigen Arab Bureau stand unter der Leitung des Archäologen Leonard Woolley, der vor dem Krieg Lawrences Chefarchäologe gewesen war. Thomas Edward Lawrences Kontakte zu den jüdischen Spionen des EMSIB sind bis heute eins der bestgehüteten Geheimnisse des Ersten Weltkriegs – möglicherweise, weil »A« zionistischen Ursprungs war; eine Tatsache, die sich nicht gut in das Bild der britischen Nachkriegspolitik in der arabischen Region fügte.

T. E. Lawrence schleuste mit denselben Methoden Spione nach Atlit ein, die er 1912 für den Schmuggel von Waffen und archäologischen Fundstücken in Syrien entwickelt hatte. Es gibt eindeutige Hinweise, daß er auf mindestens eine gemeinsame Mission mit Aaronsohns Spionen ging. Allerdings war die gegenseitige Abneigung zwischen den beiden Männern so groß, daß Lawrence innerhalb des EMSIB arabische Gegenagenten zur Beobachtung von »A« abstellte. Er gefährdete damit die Sicherheit eines Spionagerings, zu dem auch Aaronsohns engste Freunde und Familienangehörige zählten, denn sein arabisches Netz innerhalb des EMSIB war bereits vom deutschen Geheimdienst unterwandert.

Nach dem Krieg erwähnte der berühmte Lawrence von Arabien seine Zusammenarbeit mit den jüdischen Spionen mit keinem Wort. Ob sich hinter dem Kürzel »S. A.« – der Liebe, der er seine Kriegsmemoiren *Die sieben Säulen der Weisheit* widmete – Sarah Aaronsohn verbirgt, die er in Kairo kennenlernte, ist ein Geheimnis, das er mit ins Grab nahm.

Den großen Erfolg der Arbeit von »A« belegt allerdings ein vertraulicher Brief des hochrangigen britischen Offiziers Gilbert Clayton, in dem es heißt, daß die von den jüdischen Agenten gelieferten Informationen mindestens 30000 Soldaten das Leben retteten – wahrscheinlich ein Grund für die Zusage Großbritanniens, Aaronsohns Plan für einen jüdischen Staat auf der Friedenskonferenz zu unterstützen.

Um den Erfolg seiner Mission in Versailles nicht zu gefährden, reichte Aaron Aaronsohn, ein vehementer Vertreter des »praktischen« Zionismus, nun zögernd den »politischen« Zionisten die Hand. Er war überzeugt davon, daß einzig und allein gut zu verteidigende und genau definierte – und für alle Araber der Region akzeptable – Grenzen eine dauerhafte und friedliche jüdische Besiedlung im Nahen Osten zu garantieren vermochten. Obwohl er mit seiner gemäßigten Haltung zum Landbesitz zunächst isoliert dastand, besaß er genügend Autorität, um seine Vorstellungen durchzusetzen. Im Mai 1919 jedoch verschwand sein Flugzeug über dem Ärmelkanal. Mit sich führte Aaronsohn auch den endgültigen Vorschlag der zionistischen Delegation für eine Aufteilung Palästinas sowie seine eigenen, entscheidenden Erläuterungen. Nach seinem Tod schrieb sein trauernder Freund und enger Vertrauter Julius William Mack, Richter am Supreme Court der Vereinigten Staaten, in einem privaten Brief: »Die Welt wird ihn kennenlernen, wie wir ihn kannten. Die Erinnerung an ihn wird nicht nur von uns bewahrt werden, sondern vom ganzen Volk, wenn es erst alles erfährt und versteht – und dieser Tag wird kommen.«[2]

Die mysteriösen Umstände von Aaronsohns letztem Flug machen nur einen kleinen Teil der rätselhaften Tatsachen aus, die im Laufe meiner Nachforschungen ans Licht gekommen sind. Im Jahr 2002 gelang es mir, den genauen Unglücksort zu ermitteln, und ich entdeckte mit Hilfe dieser Information das Grab seines Piloten etwa 80 Kilometer von der Absturzstelle entfernt. Aaron Aaronsohns Leiche aber bleibt verschwunden – vorerst.

Kapitel 1
Einwanderer unter osmanischer Herrschaft

Aaron Aaronsohn wurde am 21. Mai 1875 als Sohn jüdischer Eltern in Bacau, einer Stadt zirka 300 Kilometer nördlich von Bukarest, geboren. Seit mehr als 400 Jahren gehörte Rumänien zum Osmanischen Reich – einem riesigen Länderkonglomerat, das sich vom Balkan über den Nahen Osten und weit in den Süden bis in den Jemen und im Osten, in südlicher Richtung, bis zu den Grenzen des heutigen Tunesien erstreckte. Die türkische Zentralregierung, die »Hohe Pforte« – benannt nach dem hohen, reich geschmückten Eingangstor zu ihrem Hauptsitz –, residierte im Herzen Konstantinopels. Die alte christliche Hauptstadt des byzantinischen Reiches war 1453 an die Osmanen gefallen. Während der vier Jahrhunderte andauernden Herrschaft waren zwar viele byzantinische Christen zum Islam konvertiert, letztlich aber herrschte die Hohe Pforte um 1875 über einen religiös und ethnisch gemischten Balkan. Dieser Flickenteppich aus komplexen Sozial- und Verwaltungsstrukturen war auch in einem Großteil des restlichen Osmanischen Reiches vorzufinden. Zur Zeit von Aaronsohns Geburt befanden sich die Randgebiete aufgrund der Unabhängigkeitbestrebungen einheimischer Völker in einem Zustand fortschreitender Auflösung. Bereits 1821 hatte sich Aaronsohns Geburtsstaat Moldau gemeinsam mit der Walachei gegen die osmanische Herrschaft erhoben und trotz anfänglicher Mißerfolge 1829 die Autonomie erlangt. 1861 vereinigten sie sich zu einem Vasallenstaat Rumäniens.

Rumänien war ein Paradebeispiel für die Probleme, mit denen sich die Hohe Pforte in Konstantinopel konfrontiert sah. Mitte des 19. Jahrhunderts herrschten die osmanischen

Türken über 72 verschiedene Völker. Jüdische Familien wie die Aaronsohns bildeten eine dieser ethnischen Gruppen. Zur Verwaltung der vielen verschiedenen Provinzen setzte die Pforte regionale Beys ein, manchmal mit dem Titel eines *Paschas*. Diese wiederum ernannten örtliche *Ka'i-makams*. Sie hatten das uneingeschränkte Recht, Steuern zu erheben, und die Macht, die örtlichen Gerichte zu beeinflussen. Bestechung war gängige Praxis, und die osmanische Justiz zeigte sich häufig willkürlich und grausam. Die türkischen *Janitscharen*, Angehörige einer direkt dem Sultan unterstellten Kerntruppe, vollzogen als Strafe für Mord öffentliche Enthauptungen und nutzten die Galgen in den Städten und Dörfern häufig als Abschreckungsmittel gegen jegliche Aufstandsbestrebungen. Herrschten in einem Teilstaat jedoch geordnete Zustände, übte der türkische Machtapparat meist Toleranz aus gegenüber Einheimischen mit anderem Glauben und ethnischem Hintergrund. Den Aaronsohns standen dieselben Rechte zu wie allen anderen Untertanen des Osmanischen Reiches, sofern sie nur ihre Steuern pünktlich zahlten.

1881, als Aaron Aaronsohn sechs Jahre alt war, brach Rumänien die letzten Verbindungen zur Hohen Pforte ab und wurde zu einem unabhängigen Königreich innerhalb der Einflußsphäre Österreich-Ungarns. Im letzten Viertel des 19. Jahrhunderts verwandelte sich das Osmanische Reich in den Augen seiner industriell weiterentwickelten westlichen Nachbarn zum »Kranken Mann am Bosporus«[1], dessen territorialer Besitz nunmehr reif zur Übernahme war. Die Verwaltungsstrukturen im gesamten türkischen Machtbereich waren einer Modernisierungswelle, die zu dieser Zeit das übrige Europa erfaßte, wenig förderlich. Während sich in Großbritannien, Frankreich, Deutschland und Österreich eine fortgeschrittene, industriell geprägte Wirtschaft mit billigen Rohstoffimporten und profitträchtiger Produktion entwickelte, blieb die industrielle und soziale Infrastruktur der Türkei ohne Aussicht auf Veränderung dem Mittelalter verhaftet. Es ist also durchaus plausibel, daß der Wechsel zu einer mehr westlich orientierten Regierung in Rumänien in der jüdischen Minderheit hohe Erwartungen auf eine Verbesserung ihrer Zukunftsaussichten geweckt hatte. Doch das Gegenteil von dem, was sie erwarteten, geschah – sie sahen sich einer stetigen Verschärfung ihrer Lage ausgesetzt.

Im 19. Jahrhundert hatte sich die Weltbevölkerung verdoppelt. Die jüdische Bevölkerung aber hatte sich auf etwas mehr als zehn Millionen Menschen vervierfacht. Die meisten von ihnen lebten in Rußland und Osteuropa. Der daraus resultierende Druck auf die ländlichen Gemeinden Osteuropas mit ihren begrenzten Ressourcen hatte einen verstärkten Zuzug von arbeitssuchenden Juden in die Klein- und Großstädte ausgelöst. Dies mündete Anfang der 1880er Jahre in einer Katastrophe: Am 13. März 1881 wurde Zar Alexander II. von Rußland ermordet. Er hatte sich für die Integration der jüdischen Minderheit in das russische Leben eingesetzt, und in den darauffolgenden Unruhen zahlten die Juden einen hohen Preis. Auf staatlich geduldete Pogrome folgten 1882 die Mai-Gesetze, welche die zuvor unter Zar Alexander aufgehobenen Beschränkungen für jüdische Gemeinden wieder in Kraft setzten und sie sogar noch verschärften.

Spätestens diese Entwicklung öffnete in ganz Europa die Schleusen für eine Welle des öffentlichen Antisemitismus. In Deutschland gründete der evangelische Hofprediger Adolf Stoecker, der 1882 den Internationalen Antijüdischen Kongreß in Dresden leitete, die protestantische Christlich-Soziale Partei. Die Diskriminierung trat nun immer offener zutage und machte die Juden, weder zum ersten noch zum letzten Mal, zum Sündenbock für alle sozialen Mißstände.

Historisch betrachtet, war nicht die gesamte Christenheit in Europa ihren jüdischen Mitbürgern gegenüber so intolerant. Seit Mitte des 17. Jahrhunderts aber stand die Wiederansiedlung der Kinder Mose im Heimatland ihrer Vorväter ganz oben auf der Tagesordnung der Puritaner. Nicht alle Christen verstanden die alttestamentarische Prophezeiung so radikal –

mit dem Ergebnis, daß man zwar viel diskutierte und Abhandlungen verfaßte, aber wenig unternahm. Der Gedanke einer Wiederansiedelung war im europäischen Bewußtsein jedoch verankert worden. Anderthalb Jahrhunderte später versprach Napoleon Bonaparte den Juden der Diaspora eine Rückkehr nach Jerusalem für den Fall, daß er Palästina eroberte. Für die Briten, die ihn genau daran hinderten, war Anthony Ashley Cooper, siebter Earl of Shaftesbury, die Galionsfigur einer späteren, viktorianisch-biblischen Erneuerungsbewegung, die im Kern denselben Gedanken einer jüdischen Wiederansiedlung in den alttestamentarischen Stammesgrenzen verfocht. Daß Palästina seit dem 15. Jahrhundert von Konstantinopel aus regiert wurde, galt in dieser christlichen Vision eines neuen Zion nicht als Hindernis: Eine triumphale Rückkehr in das Land König Davids ließe nicht nur den Glanz der Bibel heller erstrahlen, sie würde auch den Grundstein für die Erfüllung der neutestamentarischen Prophezeiung der Wiederkehr des Erlösers Jesus Christus legen.

Doch ungeachtet der christlichen Begeisterung für diesen Gedanken machte die Auswanderung in ein unbekanntes Heiliges Land – so romantisch diese Vorstellung auch sein mochte – kaum Eindruck auf die große Mehrheit von »Gottes altem Volk«, wie Shaftesbury die Juden nannte. 1882 noch zogen es die meisten vor, zu bleiben und die jüngsten Diskriminierungswellen auszusitzen, die mit trauriger Regelmäßigkeit immer wieder an die Mauern ihrer angestammten Wohngemeinden brandeten. Als daher Aaron Aaronsohns Eltern sich entschieden, Rumänien zu verlassen, gehörten sie einer nur kleinen Bewegung an, die den Gang ins Unbekannte wagen wollte – lediglich etwa ein Dutzend Familien waren dazu entschlossen, eine dauerhaftere und sicherere Zukunft in einem Land zu suchen, das bisher nur in ihrer Phantasie existierte.

Im Frühjahr 1882 gingen sie mit dem, was sie tragen konnten, an Bord eines Schiffes, das sie an die Nordküste Palästinas bringen sollte. Nach einer etwa zehntägigen Reise langten sie vor Haifa an, dem wichtigsten Tiefwasserhafen des Heiligen Landes. Noch während sich das Schiff der Mole näherte, wurde jedoch allen an Bord klar, daß sie nicht nur familiären Zusammenhalt, sondern auch eine gute Portion Glück brauchten, wenn es ihnen gelingen sollte, sich ein dauerhaftes neues Heim im Land ihrer Vorfahren aufzubauen. Denn als das Schiff anlegte, erblickten sie als erstes einen druckfrischen Erlaß des örtlichen Beys: »Jüdischen Einwanderern ist es verboten, die Küste Syriens zu betreten, und es ist ihnen unter allen Umständen untersagt, in Palästina zu leben. Dieses Verbot ist endgültig.«[2]

Die Gruppe um die Aaronsohns war also gezwungen, an Bord ihres Schiffes auszuharren und die Handelsplätze an der Küste des östlichen Mittelmeers abzuklappern, bis man schließlich, nach einer Verzögerung von mehreren Wochen und der Zahlung etlicher Schmiergelder, illegal an Land gehen durfte. Endlich angekommen, standen sie nicht gänzlich ohne Hilfe da: Kleine jüdische Gemeinden lebten schon seit der moslemischen Eroberung im 13. Jahrhundert friedlich in Palästina, hauptsächlich in der und um die Stadt Zefat nördlich des Sees Genezareth sowie in Jerusalem. Diese vorwiegend aus Händlern bestehenden Gemeinschaften konnten jedoch nur Ratschläge erteilen. Da sie es vermieden, sich in die arabische Landbevölkerung zu integrieren, hielten sie auch Abstand zu den Neuankömmlingen. Hilfreicher war daher ein Gesetz, das insbesondere die westeuropäischen Regierungen der an Einfluß einbüßenden Hohen Pforte aufgezwungen hatten: Alle Einwanderer in osmanische Gebiete sollten das Recht ihres Mutterlandes für sich beanspruchen können. Den Aaronsohns und ihren Mitreisenden kam diese Verordnung wie ein Geschenk des Himmels vor, weil sie ihnen einen, wenn auch schwachen, gesetzlichen Schutz gegen die sofortige Vertreibung gewährte. Sie erlaubte zudem den in Rumänien Gebliebenen, die später folgen wollten, Geld zum Landerwerb und Hausbau nach Palästina zu schicken. Da Kinder zu versorgen waren, hatte dies

Priorität, und innerhalb weniger Wochen nach der Ankunft entschied man sich für ein Gelände 30 Kilometer südlich von Haifa und einigte sich mit dem arabischen Landbesitzer auf einen Kaufpreis.

Das Stück Land lag neben dem arabischen Weiler Zammarin am Südrand des Karmelgebirges, 400 Meter über dem Meeresspiegel und nur fünf Kilometer vom Meer entfernt. Der Ausblick dorthin war spektakulär. Jede Bewegung auf der staubigen Küstenstraße und auf dem Wasser bis weit hinaus zum Horizont war mit bloßem Auge zu sehen. Doch abgesehen davon, bot der Ort auf den ersten Blick wenig Reizvolles. Es gab keinerlei Infrastruktur in diesem Land, in dem sich seit den Zeiten der Kreuzzüge nichts verändert hatte. Die Siedler merkten bald, daß sie ganz von vorne anfangen mußten. Sie hatten Wasser und genügend Mutterboden, um als Kleinbauern in Zammarin zu überleben, also begannen sie mit dem Bau einfacher Behausungen. Ihre Aufgabe wurde um so dringlicher, als ein osmanisches Gesetz die Errichtung jeglicher Häuser ohne Planungsgenehmigung so lange für illegal erklärte und mit dem Abriß bedrohte, bis das Dach vollendet war. War das Gebäude erst bewohnbar, bedurfte ein Abriß automatisch eines übergeordneten Erlasses. Die Bestechung der örtlichen Beamten verhinderte die Anwendung dieses Gesetzes in Zammarin während der Bauphase, doch trotz dieses kleinen Triumphs der Siedler hätte sich ihr erstes Jahr beinahe als ihr letztes erwiesen. In und um Zammarin grassierte die Malaria, und Chinin, das einzige wirksame Fiebermittel, richtete nichts gegen die Parasiteninfektion aus. Ohne wirksame Drainage verbreiteten sich die Stechmückenlarven ungehindert.

Das verseuchte Wasser barg überdies eine noch unmittelbarere und gefährlichere Bedrohung: die Ansteckung mit Ruhr. Schon immer war diese, gleich durch welchen Erregerstamm hervorgerufen, Segen wie Fluch des Nahen Ostens gewesen. Ohne Ansehen von Alter, gesellschaftlicher Stellung, ethnischer Zugehörigkeit oder Glaubensrichtung schlug sie zu.

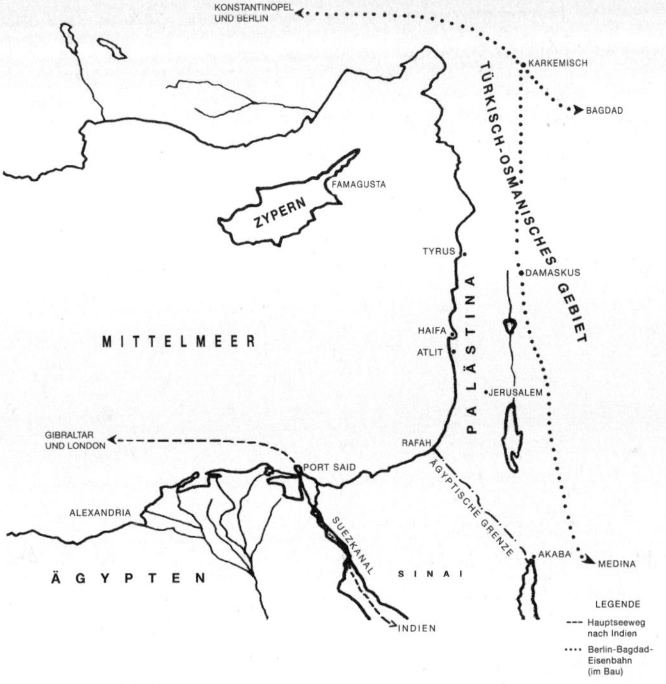

Karte des östlichen Mittelmeerraums vor 1914

Andererseits bewahrte sie das israelitische Jerusalem im siebten Jahrhundert v. Chr. vor der Eroberung durch die Assyrer, weil die Angreifer sich massenhaft durch verseuchtes Trinkwasser infizierten. Die christlichen Kreuzfahrerheere unter Richard Löwenherz erlitten dasselbe Schicksal bei dem Versuch, Jerusalem zurückzuerobern, diesmal zum Nutzen der moslemischen Verteidiger, und Napoleon Bonapartes ägyptische Armee wurde bei ihrem Versuch, Palästina zu erobern, stark durch Typhus geschwächt. Eine weitere Dauerplage des Heiligen Landes waren Flöhe. Da sie mehrere Jahre lang in den Ritzen von Gebäuden zu überleben vermochten, nisteten sie sich im Bettzeug ein und bissen jeden Unglücklichen, der darin nächtigte, so daß viele Menschen im Sommer, auf dem Höhepunkt der Flohplage, lieber im Freien oder auf den Dächern ihrer Häuser schliefen.

1883 unternahm der Chef der britischen Military Intelligence (MI) in Nahost, Generalmajor Sir John Charles Ardagh, eine Reise von Kairo nach Damaskus über Palästina. Ardagh war ein altgedienter Soldat, abgehärtet durch zahlreiche Feldzüge. Nun reiste er komfortabel, da er sich in die Hand des berühmten Reiseagenten Thomas Cook begeben hatte. Dieser sicherte ihm für 34 Pfund – zu jener Zeit eine beträchtliche Summe selbst für einen Generalmajor – erstklassige Unterbringung zu. Ardagh hielt sich eine Nacht in Port Said auf, bevor er sich nach Jaffa, dem zweitwichtigsten Hafen Palästinas, einschiffte. In seinem Tagebuch hielt er warnend fest: »Niemand sollte dorthin gehen. Die Nacht verging im Wettkampf mit Stechmücken und Ungeziefer.«[3]

Der Rest seiner Reise verlief ähnlich quälend. Die einzige Atempause bot ihm ein Gasthaus in Ramla auf halbem Weg zwischen Jaffa und Jerusalem, über das er vermerkte: »Betrieben von einem Deutschen – sauber, Essen einfach und gut.« Je weiter er in den Norden Palästinas reiste, desto schlimmer wurden die sanitären und gesundheitlichen Bedingungen. Die örtlichen arabischen Palästinenser besaßen offenbar eine gewisse Immunität gegen Ansteckung, doch für Europäer wie John Ardagh und die Siedler von Zammarin, die er bei seiner Kutschfahrt nach Norden entlang der Küste bis Haifa zurückließ, war das Leben weitaus riskanter. Erst als sich der Generalmajor Haifa näherte, begegneten ihm weitere Zeichen deutscher »Sauberkeit«. Hier auf dem Karmel, hoch über dem Hafen und nur zwei Kilometer vom Meer entfernt, stand eine Ansammlung massiv gebauter und gepflegter Häuser, die deutschen Einwanderern gehörten.

Die Tempelgesellschaft

1853 hatten drei christliche Forscher aus Deutschland das Heilige Land bereist, um auszukundschaften, ob dort die Gründung einer christlichen Gemeinschaft möglich wäre, die das Evangelium verkünden sollte. 1860 dann sandte diese Gruppierung vier ledige Männer nach Jerusalem, die sich auf ihre Funktion als Dolmetscher für die erste Emigrantengruppe aus Deutschland vorbereiten sollten. Mehrere Familien konnten jedoch den Beginn ihres neuen Lebens nicht abwarten. Sie trafen zur selben Zeit ein und ließen sich in der Jesreel-Ebene nieder. Schon bald fiel ein Großteil von ihnen der Malaria zum Opfer, und der erste Siedlungsversuch lief ins Leere, weil sich die Überlebenden an weniger gefährliche Orte im ganzen Land zerstreuten. 1861 gab sich der Rest der in Deutschland gebliebenen Gruppe den Namen »Tempelgesellschaft« und begann unter der Leitung von Christoff Hoffmann, einem Stuttgarter Pietisten, einen Briefwechsel mit der Hohen Pforte um eine Ansiedlungserlaubnis. Als die »Jerusalemsfreunde«, wie sie auch hießen, erkannten, daß diese Bemühungen fruchtlos waren, nahmen sie die Sache selbst in die Hand. 1868 führte Hoffmann, ausgerüstet mit den nötigen Bestechungsgeldern, mehrere Familien über Konstantinopel nach Palästina. Die Tempelgesellschaft kaufte Land an den Abhängen des Karmelgebirges und baute Steinhäuser.

Während der gesamten zweiten Hälfte des 19. Jahrhunderts lebten in Haifa zwischen 4000 und 5000 Araber. Es gab keine ausgebildeten Ärzte, Seife war ein rares Gut, und das zur Bewässerung und zum Waschen von Gemüse benutzte Wasser war häufig verunreinigt. Erst die Jerusalemsfreunde überwanden dieses Problem, indem sie artesische Brunnen bohrten, die sauberes, wenn auch leicht salziges Wasser lieferten. Zudem importierten sie Waren aus Europa. Trotz dieser Maßnahmen starben viele von ihnen vorzeitig, vor allem Säuglinge und Kleinkinder. Aber sie harrten aus, und als 1882 die erste Welle jüdischer Siedler eintraf, hatten die Jerusalemsfreunde auch so grundlegende Neuerungen wie den Lastkarren in Haifa eingeführt. Er erleichterte das Los der Lasttiere, die die Araber seit dem Ende der Kreuzzüge im 13. Jahrhundert verwendeten. Außerdem hatten die deutschen Siedler die Dienstleistungen ihrer Kolonie der arabischen Stadt voll und ganz zugänglich gemacht. Damit war es den Jerusalemsfreunden trotz großer Schwierigkeiten gelungen, durch harte Arbeit und ohne finanzielle Unterstützung im Heiligen Land Fuß zu fassen.

Zunächst blickten sie deshalb auch eher mitleidig auf die jüdischen Einwanderer, als diese im Hafen von Haifa anlangten. Als Ende 1882 aber die Nachricht von einer plötzlichen jüdischen Finanzspritze die Runde machte, verwandelte sich ihr Mitleid in Neid, denn nun wurde ihnen vor Augen geführt, welch bittere Opfer ihre Gemeinschaft mehr als 20 Jahre lang erbracht hatte, um eine ähnliche Lebensqualität zu erreichen. Der Mangel oder, im Falle der jüdischen Siedler, der Überfluß an Geldmitteln war zweifelsohne grundlegend für die frostigen Beziehungen, die sich bald zwischen den Christen der Tempelgesellschaft und den Juden von Zammarin etablierte. Doch fürs erste teilten die christlichen und jüdischen Siedler dasselbe Schicksal. Sie schlugen sich mit den verwickelten osmanischen Gesetzen und der willkürlichen Besteuerung herum, und die Rumänen ertrugen ihr erstes Jahr im Heiligen Land mit dem Schreckgespenst von Krankheit im Nacken und der Aussicht auf eine magere Ernte im kommenden Jahr 1883.

Noch schlimmer aber waren die Nachrichten aus der Heimat. Angesichts der Steine, die die türkischen Behörden ihnen in den Weg legten, hatten die Angehörigen der nach Zammarin ausgewanderten Gruppe, die immer noch auf die Emigration aus Rumänien warteten, sich zur Auswanderung nach Amerika entschlossen, statt der ersten Welle nach Palästina zu folgen. Isoliert und nunmehr ohne finanzielle Unterstützung, sollte nur die Hilfe des französischen Philanthropen Baron Edmond de Rothschild die Siedler in Zammarin retten. Daß der Baron gerade rechtzeitig eingriff, bewahrte nicht nur die Gemeinschaft vor dem Verhungern, sondern erwies sich auch als entscheidend für die Ausbildung des jungen Aaron Aaronsohn.

Baron Edmond de Rothschild war eine einzigartige Gestalt in der berühmten, von seinem Vorfahr Mayer Amschel Rothschild während der Napoleonischen Kriege in Frankfurt am Main begründeten Bankiersfamilie. In der ersten Hälfte des 19. Jahrhunderts hatten es Mayer und seine vier Brüder geschafft, den Familiennamen – so genannt nach dem roten Schild, das ihr Haus im Frankfurter Ghetto schmückte – als international geschätzten Inbegriff finanzieller Honorigkeit zu etablieren. Edmond setzte die Tradition fort und trat in die Rothschild-Bank in Paris ein. Anfang der 1880er Jahre beteiligte sich dieser Pariser Zweig des Rothschild-Imperiums massiv an erfolgreichen Versuchen der französischen Regierung, die neu eroberte Kolonie Algerien in einen modernen Agrarstaat zu verwandeln. Als daher im Herbst 1882 die »Yessod Hama'alah« – eine Gruppe kurz zuvor ausgewanderter religiöser russischer Juden – eine Abordnung mit einem Hilfsersuchen nach Paris sandte, nahm sich Edmond de Rothschild mit spontaner Begeisterung ihrer Sache an. Die Yessod Hama'alah mühte sich gerade mit der Errichtung der Siedlung »Rishon Le Zion« (Erste in Zion) zehn Kilometer südöstlich von Jaffa. Wie der Name sagt, waren sie die ersten Ankömmlinge der *Alija* von 1882 und somit der Gruppe um die Aaronsohns mehrere Monate voraus. Die Yessod Hama'alah sahen sich denselben Problemen gegenüber wie die Aaronsohns später in Zammarin: Mangel an sauberem Wasser und vor allem ein völliges Fehlen jeglicher landwirtschaftlicher Erfahrung.

Der Baron aber schickte die Delegation mit 25 000 Francs in Gold zurück nach Palästina und stellte ihnen mehrere Agrarexperten, Absolventen der französischen École Nationale d'Agriculture in Grignon, an die Seite. Die Nachricht von der Rettung Rishon Le Zions verbreitete sich rasch, und nur Wochen nach ihrer Anfrage erhielten auch die geplagten Siedler in Zammarin die Zusage für ähnlichen

Beistand. Da ihre Zukunft nun gesichert schien, konnten sie die Infrastruktur ihres Dorfes vor der entscheidenden Frühjahrsaussaat 1883 fertigstellen. Deshalb benannten sie ihre Siedlung um in »Zichron Ya'acov« – »zum Gedenken an Jakob«, den verstorbenen Vater des Barons.

Was die Landwirtschaft betraf, so bauten sie darauf, die Methoden der Araber nachzuahmen und zu verbessern. Doch Rothschild und seine Fachleute verfolgten einen kühneren Plan. Die Subsistenzwirtschaft mit spärlich gesätem Weizen, ergänzt durch Ziegenmilch und gelegentlich ein Rind als Fleischlieferanten, die arabischen Bedürfnissen seit Generationen genügt hatte, sollte durch wissenschaftlich erprobte Getreidesorten und vor allem Weinreben ersetzt werden. Das umbenannte Zichron, das auf einem nach Westen weisenden Steilabbruch lag, eignete sich ideal für den Weinanbau, und der Baron wollte erreichen, daß die Gemeinde mit der Produktion und dem Verkauf erlesener Weine irgendwann finanziell auf eigenen Füßen stehen konnte.

Da sie nun über genügend Mittel verfügten, um die örtlichen türkischen Beamten zu bestechen und arabische Arbeitskräfte einzustellen, begannen die Siedler, ihr Land urbar zu machen, Weinberge und Mandelbaumhaine anzulegen sowie bessere Weizensorten zu säen. In Erwartung der ersten Ernte suchten Rothschild und seine Berater nach einem passenden Ort für eine Flaschenfabrik. Sieben Kilometer nordwestlich von Zichron Ya'acov überragte ein alter Tel, ein Ruinenhügel, einen sandigen Naturhafen. Am Strand von Tantura gab es genügend feinen Sand zur Herstellung von Glas, was der majestätische, mit antiken Glasscherben noch aus der Zeit der Phönizier übersäte Tel bestätigte. Ein Teil der 100 Millionen Goldfrancs, die der Baron in Palästina investierte, diente also zum Bau einer Fabrik direkt in Tantura. Mit dem übrigen Geld, auf die verschiedenen Siedlungen verteilt, die nun südwärts entlang der Küstenebene zwischen Haifa und Jaffa wie Pilze aus dem Boden schossen, würden Schulen, Synagogen, Krankenhäuser und Weinkellereien wie in Zichron finanziert.

Bis zum Alter von 19 Jahren befaßte sich Aaron Aaronsohn intensiv mit der landwirtschaftlichen Entwicklung seiner Gemeinde. Doch er zeigte ebenso großes Interesse an der Geschichte, Geologie, Flora und Fauna seines neuen Heimatlandes, sammelte alle nur auffindbaren Bücher zu diesen Themen und durchforstete sie beharrlich nach den Geheimnissen der Vergangenheit. Einer Übersetzung der Werke des jüdischen Geschichtsschreibers Flavius Josephus aus dem ersten nachchristlichen Jahrhundert entnahm er, daß die Küste Palästinas und das jetzt weitgehend brachliegende Hinterland einst die Kornkammer des östlichen Mittelmeerraums gewesen waren, ein landwirtschaftlich intensiv genutztes Gebiet, das sich als grüner Halbmond von Haifa im Norden bis nach Rafah im Süden erstreckte. Der Schlüssel zum römischen Erfolg, so erkannte er, lag in der Verfügbarkeit von Süßwasser zur Versorgung der Kulturen. Nur 15 Kilometer südlich von Zichron fanden sich die Überreste eines großartigen, unter König Herodes erbauten Aquädukts, das die Hafenstadt Cäsarea einst täglich mit Millionen Litern Frischwasser aus den Vorbergen Jerusalems versorgt hatte. Flavius Josephus verzeichnete zudem die von den römischen Ingenieuren benutzten Brunnen und Quellen. Doch was war mit dieser lebenswichtigen Ressource in den letzten 2000 Jahren geschehen? Diese Frage begründete eine Gewohnheit Aaronsohns, die er lebenslang beibehalten sollte: Während seiner Jugend unternahm er lange Ritte kreuz und quer durch Palästina und machte sich dabei akribisch Notizen zu den alten Quellen und Brunnen, dem Zustand des Bodens und dem Wildpflanzenbewuchs in jedem untersuchten Gebiet. Mit Hilfe seiner Hebräischkenntnisse identifizierte er die Pflanzen der Bibel. Deren arabische Namen lernte er von den *Fellahin*, den arabischen Bauern und Landarbeitern, denen er unterwegs begegnete. Auf diese Weise erhielt er Querverweise und konnte so das erste umfassende moderne botanische Verzeichnis des Heiligen Landes erstellen.

Die Kunde von seiner Arbeit kam auch Edmond de Rothschild zu Ohren, und dieser sandte in seinem Bestreben, agrarwissenschaftliche Methoden unter den Siedlern zu verbreiten, 1894 seinen örtlichen Vertreter mit einem Angebot zu Aarons Vater: Die Rothschild-Bank Paris würde die Ausbildung seines Sohnes an der École Nationale d'Agriculture in Grignon bezahlen. Nach seiner Rückkehr sollte er an der Spitze des landwirtschaftlichen Fortschritts in Palästina stehen.

Aaron Aaronsohn unterschied sich mit 19 Jahren deutlich von seinen Altersgenossen, war wißbegierig, verfügte über großes Charisma, und seine Leidenschaft für das Land Palästina ging einher mit einer robusten Konstitution und einem hitzigen Temperament. Im Nu brachte er es fertig, sich unter ein Pferd zu stellen und es auf dem Rücken vom Boden zu heben, und genauso rasch konnte sein Zorn aufflammen. Diese jähen Wutausbrüche wurzelten allerdings nie in Bösartigkeit, sondern folgten meist auf das geringste Anzeichen von Ungerechtigkeit. Sie stießen seine Kontrahenten zwar oft vor den Kopf, doch konnte Aaronsohn sein anfängliches Mißfallen problemlos in praktische Kompromißvorschläge umsetzen. Dennoch stand er mit seinem eigenwilligen Charakter häufig ohne Verbündete da, und das künftige agrarwissenschaftliche Forscherleben, das Edmond de Rothschild ihm bot, schien ihm eine willkommene Zuflucht vor den Machenschaften anderer Menschen.

Ende Oktober fuhr er also auf einem Segelschiff nach Frankreich, und am 4. November 1894 trug ihn Monsieur Philippar, der Rektor der École Nationale, in die Immatrikulationsliste ein. In den nächsten 18 Monaten verbesserte er sein Französisch und erlernte die damals fortschrittlichsten Methoden der Landwirtschaft. In seiner Zeit in Grignon lernte der junge Mann zudem die noch junge Wissenschaft der Pflanzenzucht kennen. Die Suche nach einer gegen Trockenheit und Krankheiten unempfindlichen Weizensorte war damals eines der obersten Ziele der europäischen Forscher, da die Entdeckung einer solchen Sorte nicht zuletzt für weizenexportierende Länder wie Amerika und Kanada ein riesiges finanzielles und ökonomisches Potential bedeutete. Man vermutete, daß sie in der genetischen Ausstattung der vorhandenen Sorten zu finden war, doch mit den damaligen Mitteln konnte man dieser Hypothese nicht anders nachgehen als durch praktische Versuche mit bekannten Stämmen. Die meisten Wissenschaftler jener Zeit glaubten, daß die »Mutter des Weizens«, eine alte, wilde Urform aller folgenden Kulturvarietäten, in abgelegenen ländlichen Gebieten des subindischen Kontinents oder irgendwo in Mesopotamien vielleicht noch vorkäme. 1896 kam die internationale Jagd nach diesem »Urweizen« in Gang. Ließe er sich auffinden, wäre eine Grundlage für künftige Kreuzungen bis hin zu der gesuchten widerstandsfähigen Sorte gegeben.

In Palästina schien jede Hoffnung auf eine derartige Entdeckung vergeblich, doch der junge Forscher erhielt bald die Gelegenheit, sich auf die Suche nach diesem Heiligen Gral der Agrarwissenschaften zu machen. Im Juni 1896, einen Monat vor seiner offiziellen Abschlußprüfung, nahm ihn der Baron aus der Schule in Grignon und schickte ihn zurück ins Heilige Land. Zu Aaronsohns grenzenloser Enttäuschung wurde er der neuen Siedlung Metullah, 100 Kilometer nördlich von Zichron Ya'acov in der Nähe der heutigen israelischen Grenze zum Libanon, zugewiesen. Seine Niedergeschlagenheit verschlimmerte sich noch durch die Bürokratie, mit der er sich als fachlicher Berater auseinandersetzen mußte. Ausflüchte und ausbleibende Zustimmung zu seinen Vorschlägen und Plänen erregten bald seinen Zorn auf das Landwirtschaftskomitee des Ortes, und binnen kurzer Zeit forderte man ihn mit einer aus der Luft gegriffenen Diebstahlsanschuldigung auf, die Siedlung zu verlassen. Dankbar kehrte er nach Zichron Ya'acov zurück, nur um festzustellen, daß sich in den zwei Jahren seiner Abwesenheit in dem eng verflochtenen Gemeinwesen, das er noch immer als sein Zuhause betrachtete, manches geändert hatte – ebenfalls zum Schlechteren.

Der Geldsegen Edmond de Rothschilds hatte den Ort zwar vor dem Verhungern bewahrt und den Siedlern den Bau guter Häuser, einer Synagoge und einer Weinkellerei erlaubt, doch er hatte auch Neid hervorgerufen. Daß der Baron den jungen Aaronsohn persönlich förderte, hatte dessen Familie isoliert, und die Gerüchte über seine Entlassung aus Metullah gaben spitzen Zungen weiteren Stoff. Aaronsohn weigerte sich entschlossen und stolz, dem Dorfkomitee die Angelegenheit zu erklären, schrieb statt dessen an Monsieur Philippar in Grignon und bat um einen weit von Zichron Ya'acov entfernten Posten. Seinem Wunsch wurde entsprochen, und wenige Wochen nach der Heimkehr packte er erneut seine Satteltaschen, ritt die Serpentinenstraße in die Küstenebene unterhalb Zichrons hinunter und wandte sich nordwärts gen Haifa, um sich einer neuen Herausforderung zu stellen.

Er war auf eine große Weizenfarm bei Magnesia in der Nähe von Smyrna versetzt worden, die den Brüdern Cousinery gehörte. Die Farm stand unter der Leitung des algerischen Juden Ben Danon, den Aaronsohn in Grignon kennengelernt hatte. Hier fand er Arbeit nach seinem Geschmack. Ben Danon gab ihm den ersehnten Spielraum, und der junge Mann erwarb sich den Ruf eines harten, aber gerechten Kritikers, was ihm bei den türkischen Behörden den Spitznamen »Sheitan« (Teufel) einbrachte. Das Getreideanbaugebiet Dalmatien war das fruchtbarste des türkischen Reiches. Es bestand kaum Aussicht, die »Mutter des Weizens« in einer solchen Kulturlandschaft zu entdecken. So nutzte Aaronsohn seine Freizeit zur Vervollkommnung seiner Türkischkenntnisse und seiner Gewandtheit im Umgang mit den Besonderheiten der osmanischen Bürokratie, die seinen Miteinwanderern in den ersten Jahren in Zichron Ya'acov so zugesetzt hatte.

Er erlernte bald das Handwerk der Diplomatie, das sich

für seine künftigen Pläne einer jüdischen Besiedlung Palästinas als entscheidend erweisen sollte. Während Aaronsohn jedoch von ferne Pläne schmiedete, richteten ganz andere Interessenten ihr Augenmerk auf sein Heimatland Palästina, und in deren Plänen spielten die Juden keine Rolle.

Aaron Aaronsohn als Landwirtschaftsberater, Magnesia 1897

Kapitel 2

Der Suezkanal und der Traum des Kaisers

Palästina war seit seiner Eroberung durch die Türken im 15. Jahrhundert eine Randprovinz des Osmanischen Reichs, 1869 jedoch katapultierte die Vollendung eines europäischen Projekts in Ägypten das Heilige Land jäh ins Zentrum militärstrategischer Überlegungen: Am 17. November wurde der Suezkanal für die Schiffahrt freigegeben. Diese von dem französischen Ingenieur Ferdinand de Lesseps erbaute Verbindung zwischen dem östlichen Mittelmeer und dem Arabischen Golf löste eine Revolution im Verkehrswesen aus, die es den imperialen Mächten des 19. Jahrhunderts, insbesondere Großbritannien, erlaubte, ihre indischen Besitzungen stärker zu kontrollieren sowie ihre fernöstlichen Kolonien zu konsolidieren und zu erweitern. Die lange Reise von den Piers von London und Liverpool nach Bombay, Madras und Kalkutta, die vorher bis zu drei Monate gedauert hatte, da das gefährliche Kap der Guten Hoffnung umschifft werden mußte, verkürzte sich zu einer viel sichereren, nur sechswöchigen Fahrt durch berechenbare Gewässer.

1875 sah sich die osmanische Regierung vor dem Bankrott, und als dem nominellen Herrscher Ägyptens, dem notorisch verschwenderischen Khediven Ismail, das Geld ausging, ohne daß Hilfe von der Hohen Pforte zu erwarten war, stand der in türkischem Besitz befindliche Suezkanal plötzlich zur Disposition. Als die Nachricht davon London erreichte, handelte der britische Premierminister Benjamin Disraeli sofort. Er stattete der Rothschild-Bank in London einen persönlichen Besuch ab und sicherte sich einen Sofortkredit über zwei Millionen Pfund. Durch Zahlung dieser Summe an Ismail erkaufte sich die britische Regierung die Kontrolle über den Kanal. Doch nachdem er nun den Briten gehörte, mußten sie ihn auch verteidigen. Mit Ausnahme von Schiffen mit Ziel Südafrika ging der gesamte Seeverkehr nach Indien und Fernost, ob militärisch, zivil oder kommerziell, durch diese Wasserstraße, und dem Kriegsministerium in London wurde bald klar, daß die finanzielle Kontrolle über den Kanal nur einen ungenügenden Schutz für die Lebensader des Empire darstellte. Schon einige Jahre später ergab sich unerwartet eine schlüssige Lösung für dieses strategische Problem.

Der herrschende Sultan in Konstantinopel sah das Interesse Großbritanniens und Frankreichs an der Modernisierung Ägyptens mit Wohlwollen, die Briten durften sogar die Egyptian Telegraph Company und die Bank of Egypt gründen. Viele einheimische Ägypter aber sahen darin eine grobe Einmischung in nationale Angelegenheiten, geduldet von der Hohen Pforte im fernen Konstantinopel. So brach 1882 in Alexandria ein Aufstand gegen europäische Staatsangehörige aus. Um die Ausschreitungen schnell zu stoppen, beschossen die Briten Alexandria – im Alleingang, da der Oberbefehlshaber der französischen Mittelmeerflotte eine Beteiligung ablehnte. Am 13. September 1882 schlugen sie in der Schlacht von Tel-el-Kebir die Rebellion der Ägypter endgültig nieder.

Die französische Admiralität beging mit ihrer Neutralität einen teuren Irrtum, denn sie machte Großbritannien damit zur unangefochtenen Militärmacht in Ägypten und im Sudan, die zudem Hoheitsrechte über einen Teil der südlichen, an die Ostseite des Suezkanals angrenzenden Wüste Sinai bekam. Genau diese Situation hatten die Strategen im britischen Kriegsministerium insgeheim seit Jahren herbeigesehnt: Als Generalmajor Sir John Ardagh 1883 Palästina besuchte, hatte er einige ausgesuchte Offiziere mit Verbindungen zum Militärischen Nachrichtendienst im Gefolge. Diese spähten unter dem Vorwand, die heiligen Stätten aufzusuchen, das Land nördlich der Kanalzone aus. Das Projekt war 1863 damit in die Wege geleitet worden, daß Charles Wilson, ein Offizier der Royal Engineers, des Königlichen Pionierkorps, eine Vermessung Palästinas in Angriff genommen hatte. Wenngleich Wilsons Arbeit – die später von zwei weiteren Royal Engineers, Sir Charles Warren und Feldmarschall Sir Horatio Herbert Kitchener, auf den neuesten Stand gebracht wurde – als notwendig galt, um christlichen Pilgern die Reise zu erleichtern, wurde sie vom Kriegsministerium vor allem auch deswegen offiziell abgesegnet und finanziert, weil es auf diese Weise zu aktuellen Karten Palästinas kam.

Gute Karten und aktuelle Informationen über die Kriegsbereitschaft der Türken waren von höchster Bedeutung für die Sicherheit des Kanals und des britischen Empire. Und obschon Großbritannien nunmehr auch über die Gewässer der nördlichen und südlichen Kanaleinfahrten herrschte und dessen Westufer militärisch schützte, blieb dessen Ostseite verwundbar. Die riesige Wüste Sinai, die sich in einem Bogen zur Grenze zu Palästina bei Rafah erstreckte, war für türkische Verbände noch immer ein schnell zugängliches Aufmarschgebiet, um von dort aus einen Angriff auf die lebenswichtige Wasserstraße zu unternehmen. Die Briten wußten insgeheim, daß zwar die Zähigkeit der türkischen Soldaten die gute Ausbildung und die Disziplin ihrer eigenen Einheiten wettmachen konnte, daß jedoch die Überlegenheit der britischen Artillerie bei jedem künftigen Zusammenstoß letztlich immer den Ausschlag geben würde. Sollte allerdings eine europäische Macht auf seiten der Türken in einen Krieg eintreten, so konnte sich das Blatt wenden und der Suezkanal erobert werden.

Gegen Ende des 19. Jahrhunderts traten die militärischen Ambitionen einer solchen europäischen Macht erkennbar zutage, selbst für den dilettantischsten Strategen: 1898 gab der deutsche Kaiser seinen Reiseplan durch den Nahen Osten mit Jerusalem als wichtigster Station bekannt. Wilhelm II. reiste zwar tatsächlich gern, doch sein Besuch sollte auch der nationalen Propaganda dienen und engere wirtschaftliche und militärische Beziehungen zur Hohen Pforte knüpfen.

Der Charakter des deutschen Monarchen entsprach voll und ganz dem preußischen Ideal seiner Zeit. Mit Nachdruck trat er für militärische Stärke ein, und viele heutige Historiker vermuten, daß eine angeborene Verkrüppelung des linken Armes seine Psyche nachhaltig beeinflußte. Gesichert ist, daß er eine tiefe Abneigung gegen alles Englische hegte. Daß seine Mutter eine Tochter Königin Viktorias war, erinnerte ihn ständig an seine an der Bluterkrankheit leidenden Vettern, die jenseits des Ärmelkanals regierten, und verschärfte damit nur die Kränkung durch seine bei der Geburt erlittene Verletzung. Als er einmal bei einem Manöver Nasenbluten bekam, bot ihm ein mitfühlender Adjutant ein Taschentuch an. Wilhelm nahm es, fügte jedoch hinzu, dies bereite ihm alles andere als Beschwerden, er sei vielmehr froh, etwas von seinem »verdammten englischen Blut« loszuwerden. Der Kaiser griff aktiv in militärische Angelegenheiten ein, und die Gelegenheit, den Suezkanal zu bedrohen, übte einen politischen, aber sicher auch persönlichen Reiz auf ihn aus.

Ende Oktober 1898 langte der deutsche Monarch an Bord der Dampfyacht *Hohenzollern*, eskortiert von zwei Kriegsschiffen, vor Haifa an. Den Nachrichtenagenturen hatte man mitgeteilt, Zweck seines Besuches sei die Einweihung der protestantischen Johanneskirche in Jerusalem aus Anlaß des Jahrestages von Martin Luthers Auflehnung gegen das Papsttum. Und wie seinerzeit Sir John Ardagh bediente sich auch der Kaiser der Firma Thomas Cook & Sohn. Ein europäischer Zeuge der Ankunft des Kaisers billigte dessen Wahl in seinem Reisebericht: »Vor Jahren gab es in Kairo eine Redensart, wonach wir in Ägypten vier Jahreszeiten hätten, die wir wie folgt unterschieden: erstens Fliegen, zweitens Moskitos, drittens fliegende Wanzen, viertens Cook-Touristen. Aber heute, beim Jupiter! Wir nutzen Cook alle auf die eine oder andere Weise und kommen eigentlich ohne ihn gar nicht zurecht. Mit Cook zu reisen ist so gut wie ein Paß und für den eigenen Komfort praktisch genauso wichtig.«[1]

Komfort war die Devise der Cook-Organisation, die 1841

von Thomas Cook gegründet worden war. 1869 leitete er selbst die erste Cook-Tour durchs Heilige Land und wurde Augenzeuge der Eröffnung des Suezkanals. Er starb 1892, und es blieb seinem Sohn John Mason überlassen, den Besuch des Kaisers und seiner Gemahlin vorzubereiten. Die dafür nötigen Fähigkeiten besaß dieser mit Sicherheit. Sechs Jahre lang hatte John Mason die jährlichen Pilgerreisen indischer Muslime nach Mekka organisiert – eine Aufgabe, die er mit derselben militärischen Präzision erfüllte wie den Transport der britischen Ersatztruppen den Nil hinauf, die dem in Khartum gestrandeten General Gordon zu Hilfe eilten. 1896 begleitete er persönlich den Kaiser auf einer von der Firma Cook organisierten Besteigung des Vesuvs vor Neapel. Der war so beeindruckt, daß er für einen Augenblick seine Abneigung gegen alles Angelsächsische überwand und John Mason bat, auch seine Palästinareise zu planen.

Sowohl bei der Firma Cook als auch unter den türkischen Amtsträgern herrschte hochgespannte Erwartung angesichts der kaiserlichen Ankunft. Um dem Monarchen und seiner Gattin die Ausschiffung zu erleichtern, war eigens eine neue Mole gebaut worden. Dafür hatte man alte Steine von einer nahe gelegenen Kreuzritterburgruine geholt. Als sich die *Hohenzollern* unter Kapellenspiel und Fahnenschwenken dem Pier näherte, hatte John Mason Cook im ganzen Land bereits Feldlager mit Zelten errichten lassen, um den Heerzug aus 105 deutschen Begleitern, 27 osmanischen Paschas und 600 türkischen Soldaten auf allen Stationen der kaiserlichen Reise unterzubringen. Cook hatte das Heilige Land kreuz und quer durchkämmt, um die 1500 Esel zum Transport der Zelte und des Gepäcks der Gesellschaft zusammenzubringen, gleich dutzendweise heuerte er Diener und bewaffnete *Dragomane* (Dolmetscher) an.

Die Jerusalemfreunde konnten die kleine Flotte von ihrem Aussichtspunkt an den Hängen des Karmel sehen. Ihre Anführer, die an der Vorbereitung des Besuchs beteiligt gewesen waren, warteten unten am Kai. Sicherheit war oberstes Gebot, und wilde Gerüchte über geplante Attentate liefen um. Der Kaiser und die Kaiserin blieben deshalb vorerst an Bord der *Hohenzollern*, während türkische und deutsche Polizisten im Hafen ausschwärmten und die Schaulustigen nach Anzeichen von Feindseligkeit durchsuchten. Endlich, um vier Uhr nachmittags, verließ das Paar das Schiff. Frank Cook, Enkel des Gründers Thomas und Sohn von John Mason, nahm das Herrscherpaar persönlich in Empfang und fuhr es in einer Kutsche den Abhang des Karmel zur Siedlung der Tempelgesellschaft hinauf. Dort hielt man sich zweieinhalb Stunden auf, bis das Paar in Begleitung der beiden »längsten Kerle« unter den Generälen des deutschen Heeres, von Scholl und von Wader, den Rückweg hinunter zur *Hohenzollern* antrat.

Am folgenden Morgen setzte sich die Kutsche des Kaisers mit einer Lanzenreitereskorte als Vorhut und zwei farbenprächtigen Zuaven als Nachhut nach Süden in Bewegung. Sie fuhren entlang der Küste in Richtung Zichron Ya'acov. Es war eine regelrechte militärische Prozession, wobei der Kaiser in passendem Ulanenkhaki mit roten Aufschlägen glänzte und eine weiße Pickelhaube mit einem von der Spitze herabwallenden weißen Schleier trug. Den ersten Halt machte der Zug bei den Ruinen der Kreuzritterburg von Atlit, 15 Kilometer nördlich der nach Zichron Ya'acov hinaufführenden Straße.

Die Burg lag auf einer ins Meer ragenden Felsnase, ihr massiges, dem Land zugekehrtes Mauerwerk hatte sie einst für ihre Erbauer, die Tempelritter, zu einer vom muslimischen Feind uneinnehmbaren Festung gemacht. Atlit war die letzte Besitzung des Heiligen Römischen Reiches und 1297 aufgegeben worden. Kaiser Wilhelm war damit nach 600 Jahren der erste westliche Herrscher, der die berühmte Stätte wieder besuchte. Nach der Besichtigung der Ruinen und der Templergrabsteine zog die Gesellschaft unter Hufgeklapper und aufwirbelnden Staubwolken davon. John Mason Cook hatte für die Mittagsrast einen Ort nahe dem schön gelegenen phönizischen Tel Dor und dem Naturhafen Tantura gewählt. Er wollte damit, nicht ohne Erfolg, den Glanz dieses vergangenen Zeitalters wiederaufleben lassen. In der Nähe hatte er am Strand, vor dem einst phönizische Schiffe im smaragdgrünen Wasser der flachen Bucht ankerten[2], ganz besondere Zelte errichten lassen. Ein jedes war mit kühlendem Damast ausgeschlagen und enthielt Holztische, gedeckt mit feiner Tischwäsche und Porzellan, Kristall und Silber. Nach dem Mittagessen schlenderten deutsche Soldaten rauchend und schwatzend auf der Kuppe über der phönizischen Siedlung umher und schauten hinunter auf das kaiserliche Zelt am Strand. Sie sahen die Kaiserin ihre beiden hochaufgeschossenen Generäle aufstellen und diese mit ihrer neuen Fotokamera ablichten. Nicht überliefert ist allerdings, ob sie oder ihr Gatte die Flaschenfabrik besichtigte, die in Erwartung der Weine aus Zichron Ya'acov nur einen Steinwurf von dem Tel entfernt lag. Tatsächlich aber speiste die deutsche Reisegesellschaft – Soldaten wie Hoheiten – auf einem verborgenen militärischen Schatz.

1799 war Tantura ein Ruheplatz für die Soldaten der napoleonischen Armee gewesen auf ihrem Rückzug aus Ägypten nach ihrer Niederlage gegen die Briten bei Akko, 20 Kilometer nördlich von Haifa. Als Napoleon und seine erschöpften Männer die Abgeschiedenheit des Strandes von Tantura erreichten, hatten sie erwartet, die französische Evakuierungsflotte vor Anker liegend vorzufinden, doch es war nichts von der Marine zu sehen. Napoleon erkannte, daß er mit seinen zahlreichen Kranken und Verwundeten alle verfügbaren Karren und Lasttiere brauchte, um seine Armee die Küste hinunter nach Jaffa in Sicherheit zu bringen. Er befahl daher seinen Männern, ihre überzähligen Musketen sowie 22 Bronzekanonen und -mörser im flachen Wasser der Bucht zu versenken, in der Hoffnung, sie sich später wiederzuholen. Zwei der schwersten Geschütze, ein Paar 24-Pfünder, ließ er in den Dünen vergraben, wo sie, nebenbei bemerkt, ungestört bis auf den heutigen Tag ruhen. Hätte John Mason Cook die Geschichte dieses Ortes gekannt und einen Taucher und einige Ausgräber angeheuert, hätte er dem deutschen Kaiser vielleicht *den* Publicity-Coup seines Lebens beschert, doch zu diesem Zeitpunkt war er bereits erkrankt, und sein Sohn hatte alle Hände voll zu tun, den Zeitplan der Reisegesellschaft einzuhalten.

Die Weiterreise des kaiserlichen Trosses nach Jerusalem war ebensosehr von der örtlichen Geographie wie von der Geschichte vorgezeichnet. Zwei Tage folgte man den Spuren Napoleons, häufig unter ähnlichen Schwierigkeiten, stets auf der Suche nach der einfachsten Strecke entlang der Küstendünen, bis nach Jaffa. Von Jaffa aus wandte man sich nach Osten ins Landesinnere, wo der Heereszug an der alten Wegkreuzung von Latrun in die Vorberge Jerusalems gelangte. Der Aufstieg erfolgte zu Pferd über den von dem Dorf Abu Ghosh beherrschten Paß. Es war benannt nach einem berühmten arabischen Räuberhauptmann, der diese einfachste und direkteste Strecke durch die engen Hohlwege hinauf zur Umgebung der Heiligen Stadt einst kontrolliert hatte.

Die Hoheiten mit Gefolge trafen am Samstag, dem 29. Oktober, mittags in ihrem Hauptlager vor Jerusalem ein. Dort begrüßte sie, obschon leidend, John Mason Cook. Der Kaiser bestand darauf, daß sein Hauptquartier auf deutschem Boden liegen müsse, weshalb eine Reihe von Zelten in einem kürzlich von der Tempelgesellschaft erworbenen Olivenhain errichtet wurde. Den Zugang zu dem Bezirk regelte man mit weißen Metallmünzen, die auf der einen Seite die Aufschrift »T. C. & S.« trugen und »Zugang zum kaiserlichen Lager« auf der Rückseite. Aus Deutschland waren vier neue Zelte für das Kaiserpaar und sein Gefolge geliefert worden. Sie waren innen und außen reich verziert, und die hölzernen Versandkisten dienten, zerlegt, als erhöhte Böden. Der Ausblick nach Süden auf die Mauern der Altstadt war grandios, doch der Kaiser beschwerte sich, sie sähe zu modern aus. Cook erwiderte, dieser Eindruck sei nur oberflächlich, da die Türken sie getüncht hätten, um die Stadt für die kaiserliche Visite herzurichten. Die türkischen Behörden hatten sogar viel mehr getan, als nur die Häuser der Stadt frisch zu kalken. Zum ersten Mal seit der Erbauung im 16. Jahrhundert war das Jaffa-Tor erweitert worden, damit die bevorstehende Prozession ungehindert hindurchziehen konnte. Überdies hatte man zum künftigen Gedenken an das Ereignis einen Triumphbogen errichtet.

Unter Fanfarenklängen und Jubelrufen zogen also die Deutschen ein. Die Offiziere des militärischen und diplomatischen Corps führten mit John Mason Cook an der Spitze den Zug zu Fuß an, und hinter ihnen fuhr die Kaiserin in einem Vierspänner. Es folgte der Monarch vor seinem Generalstab auf einem schwarzen Streitroß, hinter ihm ein schier endloser Troß türkischer Militärmusiker und Soldaten. Am folgenden Tag begab sich die kaiserliche Reisegesellschaft nach dem 15 Kilometer südlich gelegenen Bethlehem und kehrte dann in einem zweiten Einzug durch das Jaffa-Tor nach Jerusalem zurück. Dort saßen alle ab und gingen zu Fuß durch das Labyrinth der engen Altstadtgassen zur Weihe der Johanneskirche. Wilhelm II. trug die weiße Uniform der Kaiserlichen Garde mit einem weißen, um Helm und Schultern drapierten Umhang. Seine Frau war seinem Beispiel gefolgt, was den Aufzug auf die Zuschauer bizarr und surrealistisch wirken ließ. Nicht alle waren glücklich über diesen Auftritt. In Bethlehem hatte es am Morgen Unruhen gegeben, und viele Araber fühlten sich durch die rigorosen Polizeikontrollen entlang der Strecke von den Feierlichkeiten ausgeschlossen. Den größten Groll hegten die Einheimischen jedoch nur deshalb, weil sie vom Besuch des Kaisers auch nicht im geringsten zu profitieren vermochten. Der berühmte Jerusalemer Barbier mit Namen Ali Baba brachte dieses Gefühl auf den Punkt. Sein Angebot, den kaiserlichen Bart zu scheren, war ausgeschlagen worden, da der Kaiser seinen eigenen Lakaien mitgebracht hatte. Ali Baba jedoch rief aus, er hätte den Kaiser für nur fünf Francs rasiert,

Kaiser Wilhelm II. und Gemahlin verlassen den Felsendom, Jerusalem, 30. Oktober 1898

und fügte hinzu: »So ist es immer mit den Deutschen, sie geben den Einheimischen nie eine Chance.«[3] Während der gesamten Reise herrschten Hitze und ein unablässiger Schirokko, der die Tagestemperaturen noch höher trieb. Auch nachts gab es kaum Erleichterung. Der Kaiser zog mit seinem Gefolge zurück nach Jaffa, wo er John Mason Cook mit dem preußischen Königlichen Kronenorden auszeichnete. Doch alle Ehrungen der Welt konnten den Reiseveranstalter nicht vor dem Fluch des Heiligen Landes retten: Er hatte sich am Tage der Ankunft seines Auftraggebers eine chronische Ruhr zugezogen. Bevor der Kaiser in einen Sonderzug nach Damaskus stieg, befahl er deshalb, John Mason Cook an Bord der *Hohenzollern* nach Port Said zu bringen.

In Damaskus besuchte der Kaiser das Grab Saladins und wandte sich nach der Niederlegung eines bronzenen Kranzes an die anwesende Menge: »Der Sultan und die 300 Millionen Muslime können versichert sein, daß der deutsche Kaiser jederzeit ihr Freund sein wird.«[4] Die einheimischen Araber waren wohl etwas verblüfft über dieses plötzliche Auftauchen des fremden Monarchen in ihrer Mitte oder vielleicht auch ob seiner Freundschaftserklärung – hatte beides doch nicht die geringste Auswirkung auf ihre Alltagsnöte. Vielmehr hatte man ihnen sogar mit sofortiger Verhaftung gedroht, sollten sie nicht brav dastehen und deutsche und türkische Fähnchen schwenken, während die Prozession durch die Straßen zog. Die türkischen Soldaten von Damaskus allerdings, die diesen Erlaß durchsetzen mußten, hatten sehr wohl Anlaß zur Freude. Sie hatten neue Stiefel bekommen, die erste derartige Gabe der Hohen Pforte seit vielen Jahren. Der Kaiser hatte beabsichtigt, von Damaskus aus nach Ägypten und den Nil aufwärts weiterzureisen, doch die Faschoda-Krise[5] in Zentralafrika veranlaßte ihn, von Syrien direkt nach Berlin zurückzukehren. Trotz dieser Reiseverkürzung hatte er sein Hauptziel erreicht: Seine Gespräche mit dem türkischen Sultan Muhammad V. hatten die Konzession für eine Eisenbahn quer durch das Osmanische Reich mit einer geplanten Anbindung nach Europa gesichert.

Der erste Orient-Expreß auf der über 3200 Kilometer ununterbrochenen Schienenstrecke von Paris nach Konstantinopel war vor wenigen Jahren erstmals gestartet, und die deutsche Regierung konnte nun mit Unterstützung der privaten Deutschen Bank die Vorbereitungen zur Unterzeichnung eines 99jährigen Vertrags für Bau und Unterhalt einer weiteren Eisenbahnlinie treffen. Diese sollte von Berlin über Konstantinopel durch die Türkei und Syrien bis nach Bagdad führen und in der Hafenstadt Basra am Persischen Golf enden. Die preußische Staatsbank lehnte es zwar ab, sich an dem Unternehmen zu beteiligen, weil sie es für zu riskant hielt, und Bismarck als Regierungschef widersetzte sich offen dem Plan, sich in die Angelegenheiten des »Kranken Mannes am Bosporus« einzumischen. Doch der Kaiser und seine Militärberater sahen in dem Vertragsentwurf einen großen Coup. Die neue Eisenbahn bot ihrer Ansicht nach nicht nur eine Alternative zum Suezkanal, darüber hinaus würde diese für die Briten so lebenswichtige Wasserstraße von einer geplanten Nebenstrecke nach Arabien hinein – der Hidjas-Bahn – sogar unmittelbar bedroht. War sie erst einmal in Betrieb, konnten die Türken und ihre deutschen Verbündeten bei künftigen Konflikten auf diesem Weg rasch Truppen und Nachschub in den Sinai bringen und somit eine Daueroffensive gegen die Achillesferse des britischen Empire führen.

Vor der Unterzeichnung der Verträge 1903 ließen sich noch viele gemäßigte Beobachter im Sinne des Kaisers umstimmen: Friedrich Naumann, einer der Urgroßväter der FDP, der den Monarchen auf seiner Palästinareise begleitete, schrieb: »Selbst wenn wir Konstantinopel nicht für uns brauchen können, wollen wir an der Konkursmasse des Osmanischen Reiches beteiligt sein.«[6] Eine noch extremere Einschätzung hörte man von Max Freiherr von Oppenheim, einem führenden Archäologen jener Tage, der wie die meisten seiner Kollegen nebenher ein wenig für sein Land spionierte. Er notierte seine ganz persönliche Ansicht über den möglichen Nutzen der Bagdadbahn für die einheimische Bevölkerung des Osmanischen Reiches, indem er einen Vergleich mit der nordamerikanischen Eisenbahn zog, die Atlantik- und Pazifikküste miteinander verband, und deren »kulturbringende« Möglichkeiten rühmte.[7]

Die britische und die französische Regierung beobachteten die wachsenden Handelsbeziehungen zwischen Berlin und Konstantinopel zunehmend mit Unbehagen. Das Kriegsministerium in London ließ den militärischen Nachrichtendienstapparat einige Touren höher laufen, was schlicht und einfach hieß, daß jetzt weitere Royal Engineers mit wachsamen Augen »Reisen« in die Türkei und nach Palästina unternahmen – oftmals auch von Thomas Cook & Sohn organisiert. Die französische Regierung blieb dagegen tatenlos. Sie hatte zum Zeitpunkt der Kaiserreise lediglich einen halbherzigen Versuch unternommen, die Veröffentlichung eines satirischen Berichts über die kaiserliche Karawane zu unterdrücken. Das Magazin *Le Rire* tischte seinen Lesern die Geschichte auf, ihr Palästinakorrespondent habe sich jede Nacht in das Kaiserliche Zelt geschlichen und heimlich das

Kaiserliche Tagebuch unter dem Kaiserlichen Kopfkissen hervorgezogen, um den Kaiserlichen Eintrag des Tages abzuschreiben und das Heft dann wieder zurückzulegen. 1898 wogten in Frankreich die antideutschen Gefühle immer noch hoch, da die Erinnerung an die Demütigung im Deutsch-Französischen Krieg 1870/71 im nationalen Bewußtsein noch sehr präsent war. *Le Rire* karikierte also den deutschen Monarchen, indem es ihn als pompös-schwülstigen Teutonen von der schlimmsten Sorte darstellte. Unter der Überschrift »Der Allerhöchste zieht nach Jerusalem« steckten die Karikaturisten den Kaiser täglich in neue, immer aberwitzigere Uniformen, etwa die eines »Oberstleutnant der Eunuchen« oder einer »Einmannkapelle von Europa«. Als ihre Kolumnistenkollegen die kaiserliche Reise durchs Heilige Land als makabre Parodie der Wanderungen Christi hinstellten, garnierten sie dies mit einem Bild des deutschen Kaisers in der »Uniform der Heilsarmee«, wie er einen Leprakranken wiederauferweckt. Diese Satire erschöpfte sich nicht etwa nur in simplem Spott. Vielmehr erinnerte sie die militärisch und politisch Verantwortlichen in ganz Europa daran, daß sich da ein zukünftiges Problem zusammenbraute.

Unterdessen stellte Cook der kaiserlichen Geldbörse die Kosten für die in Palästina verbrachte Woche in Rechnung, und die stolze Summe von 43 130 Pfund, 2 Schilling und 3 Pence wurde prompt beglichen. Leider konnte kein Geld der Welt das Leben John Masons retten. Als er kurz vor Weihnachten aus Port Said nach England zurückkehrte, waren die Ärzte seiner immer wieder ausbrechenden Ruhr gegenüber machtlos. Er starb am 4. März 1899 in seinem Haus in Walton-on-Thames.

Als alle Zelte eingepackt und aus Haifa ausgeschifft und alle Diener und Packtiere entlassen waren, blieb kaum etwas zurück, das verraten hätte, daß vor kurzem ein Kaiser und sein Gefolge im Triumph durch Palästina gezogen waren. Die miserablen Straßen zwischen Haifa, Jaffa und Jerusalem waren mit von den umliegenden Feldern und Gärten gestohlener Erde ausgebessert worden, doch die ersten Winterregen machten diesen Versuch, die Infrastruktur auf europäisches Niveau zu heben, rasch wieder zunichte. Tantura mit seinen schlafenden Kanonen gehörte wieder den Fischern und Flaschenmachern, und fast 20 Jahre sollten vergehen, bis der friedliche Ort erneut zum Schauplatz hektischer militärischer Betriebsamkeit werden würde.

Die Geburt des modernen Zionismus

Noch vor seiner Ankunft in Palästina trat dem Kaiser in Konstantinopel eine zierliche Gestalt gegenüber, entschlossen, die eigenen politischen Interessen zu artikulieren. Dieser hartnäckige Lobbyist war kein anderer als Theodor Herzl, ein in Wien erzogener ungarischer Jude und Verfasser der 1896 erschienenen Streitschrift *Der Judenstaat*. Herzl befürwortete darin als Antwort auf die immer wieder aufflammenden antijüdischen Pogrome in Europa die Gründung eines jüdischen Staates unter britischer Schutzherrschaft in Argentinien oder Palästina. Zwar lieferte seine Schrift den Antisemiten Munition und polarisierte auch die Meinungen derjenigen Juden, die einfach nur die Vor- und Nachteile einer Fortsetzung der Diaspora gegen die Errichtung eines neuen Zions abwogen. Doch auf eine wachsende Minderheit seines Volkes wirkten seine Worte prompt wie ein Aufruf zum Handeln.

Solchermaßen ermutigt, berief Theodor Herzl im August 1897 in Basel den Ersten Zionistischen Weltkongreß ein. Der von Nathan Birnbaum geprägte Ausdruck »Zionismus« zeigte sich für die meisten Beobachter von Anfang an offen für sehr unterschiedliche Interpretationen. Herzl allerdings sah keine Alternative zu einer sicheren Zuflucht für das jüdische Volk, und er beendete den Kongreß mit einer Erklärung, die Aktivisten und Gegnern gleichermaßen den Fehdehandschuh hinwarf. Die Stoßrichtung seines Plans war durch und durch säkular, enthielt – was sehr bedeutsam war – keine Andeutung, daß Religion in einem künftigen jüdischen Staat eine Rolle spielen sollte: »Der Zionismus erstrebt für das jüdische Volk die Schaffung einer rechtlich gesicherten Heimstätte in Palästina«, verkündete er und nannte die zum Erreichen dieses Ziels nötigen Schritte: »1. Die zweckdienliche Förderung der Besiedlung Palästinas mit jüdischen Ackerbauern, Handwerkern und Gewerbetreibenden. 2. Die Gliederung und Zusammenfassung der gesamten Judenheit durch geeignete örtliche und allgemeine Veranstaltungen nach den Landesgesetzen. 3. Die Stärkung des jüdischen Volkes und Volksbewußtseins. 4. Vorbereitende Schritte zur Erlangung der Regierungszustimmung, die nötig sind, um das Ziel des Zionismus zu erreichen.«[8]

Der im Schlußdokument benutzte Ausdruck »Heimstätte« war typisch für die unscharfe Begrifflichkeit, die zur Hypothek für die weitere politische Entwicklung des Nahen Ostens werden sollte. Als seine Gesinnungsfreunde darauf hinwiesen, daß dies ihrem Ziel eines neuen Israel nicht ganz entspreche, fügte Herzl hinzu: »Keine Sorge [hinsichtlich der Ausdrucksweise]. Die Leute werden es ohnehin als ›jüdischer Staat‹ lesen.«[9]

Theodor Herzl war sich als österreichisch-ungarischer Staatsbürger der politischen Pläne des deutschen Kaisers im Nahen Osten wohl bewußt, und obgleich Großbritannien die erste Wahl für eine künftige Schutzmacht Palästinas darstellte, schien sich die Waagschale zur Zeit des Ersten Kongresses noch zugunsten Deutschlands zu neigen. Als daher der Monarch seine Palästinareise antrat, sah Herzl eine Chance, dem Kaiser von Angesicht zu Angesicht gegenüberzutreten – eine Gelegenheit, die sich ihm in Europa niemals geboten hätte. Er packte also seinen Koffer und reiste der kaiserlichen Gesellschaft hinterher. Theodor Herzl erreichte eine erste Audienz bei Wilhelm II. in Konstantinopel. Dieser hörte sich, im ersten Hochgefühl über die Verwirklichung seines Reisewunsches, Herzls Vorschlag der Schaffung einer konzessionierten Landentwicklungsgesellschaft wohlwollend an. Diese Gesellschaft sollte von Zionisten unter deutscher Schutzherrschaft geführt werden. Doch beim zweiten Treffen eine Woche später in Jerusalem, am 2. November 1898, hatte der Monarch seine Meinung abrupt geändert. Zweifelsohne nach Warnungen seiner Berater vor den politischen Folgen, die die Unterstützung eines in den Augen der Briten und Franzosen – ganz zu schweigen von der osmanischen Regierung – inakzeptablen Unternehmens nach sich ziehen könnte, verbannte der Kaiser Herzl aus seiner Gegenwart.

Nach dieser Abfuhr reiste Herzl südwärts nach Port Said, wo er und seine Berater den Suezkanal besichtigten. Er war beeindruckt von dem, was er sah, und fraglos überzeugte ihn der rege Handelsverkehr durch den Kanal davon, daß die Zukunft des Zionismus eher in der Einflußsphäre des britischen Empire lag denn bei Deutschland. Trotz dieser Einsicht unternahm er im Mai 1901 einen letzten Versuch, den türkischen Sultan davon zu überzeugen, daß sein Plan zur jüdischen Wiederbesiedlung des Heiligen Landes für Gesamtpalästina von Nutzen sei. Die Juden sollten die natürlichen Ressourcen des Gebiets erschließen und zugleich mit Geschäftssinn die Finanznöte der Hohen Pforte lindern. Als sein maßgeschneiderter Plan auf taube Ohren stieß, nahm Herzl, nunmehr ohne Alternative, aber mit Unterstützung der Delegierten des Zionistischen Weltkongresses 1902, Verhandlungen mit der britischen Regierung über die Zukunft der Sinai-Region auf.

Der Sinai, nominell unter britischer Verwaltung von Ägypten aus, galt in den Augen der Hohen Pforte allerdings immer noch als osmanisches Hoheitsgebiet. Theodor Herzl und seine Mitstreiter sahen in diesem unklaren Zustand die Gelegenheit, einen Fuß in die Hintertür Palästinas zu bekommen. Er ging in der ihm eigenen Manier direkt auf sein Ziel los und ersuchte die Briten um die Überlassung ausgewählter Landparzellen für jüdische Siedlungen. Doch nun war die Meinung innerhalb der herrschenden Klasse Großbritanniens geteilt, obwohl sie einer Rückkehr der Juden in das Land ihrer Vorväter traditionell wohlwollend gegenüberstand. Die Verpachtung irgendeines Teils des Sinai an die Zionisten betrachteten viele als töricht, da abzusehen war, daß ein solches Zugeständnis unter den eher nationalistisch gesinnten Arabern Ägyptens helle Empörung auslösen würde. Der Plan galt daher als nicht durchführbar.

Da sich die Mitglieder des Zionistischen Kongresses in der Folge gegen Argentinien als Siedlungsalternative aussprachen, stimmte die britische Regierung 1903 – wiederum auf Anregung Herzls – jedoch einem außergewöhnlichen Plan zu: Möglicherweise war Uganda die perfekte Lösung für die jüdischen Ambitionen. Das zentralafrikanische Land mit seinem Reichtum an natürlichen Ressourcen konnte eine Vielzahl Auswanderer aufnehmen, und es bestand weniger Gefahr, die dortigen militärischen oder politischen Verhältnisse durch ein solches Projekt zu destabilisieren. Der Sechste Zionistische Weltkongreß sandte also eine Abordnung nach Uganda, die über die Realisierbarkeit einer Besiedlung berichten sollte, doch, wenig überraschend, erhielt die Begeisterung einen Dämpfer, so daß der Plan bald zurückgestellt wurde.

Theodor Herzl starb 1904. Er hatte die Grundlagen für die zionistische Bewegung gelegt. Seine lebenslangen Bemühungen um eine sichere Zuflucht für sein Volk stellen unleugbar eine große Leistung dar. Obwohl der Kaiser ihn zu Beginn abgewiesen hatte und es ihm nicht gelang, irgendeinem europäischen Staatsoberhaupt eine Garantie für seinen Plan abzuringen, hatte er es geschafft, viele einflußreiche christliche Politiker und sogar Geistliche in Europa wie in den Vereinigten Staaten von der Notwendigkeit eines neuen Zions zu überzeugen. Doch wie so oft nach dem Tod großer Anführer zeichnete sich jetzt ein Zwist in den eigenen Reihen ab.

Nach seiner Beisetzung teilten sich Herzls Kollegen vom Zionistischen Kongreß in zwei Lager: die »politischen« Zionisten befürworteten weitere Bemühungen auf internationaler Regierungsebene, um eine Garantie politischer Rechte für die Juden – gleich wo – zu erwirken, solange alles nach Recht und Gesetz lief. Demgegenüber sahen die »praktischen« Zionisten, beflügelt durch die Aktivitäten der frühen Siedler von Rishon Le Zion und Zichron Ya'acov, den für ihre Idee einzig gangbaren Weg in der verstärkten Besiedlung Palästinas, gleich, welche Hindernisse es dabei zu überwinden galt. Obwohl diese Spaltung innerhalb einer rein säkularen zionistischen Bewegung stattfand, war sie doch ein erstes Warnzeichen dafür, daß jede künftige Verfassung eines Staates Israel divergierende Bestrebungen mit einbinden mußte, auch die religiöser Juden, die entschlossen waren, das biblische »Recht« des Volkes Israel auf eine Heimstatt innerhalb der im Alten Testament genannten Grenzen durchzusetzen.

Zwei Jahre nach dem Kaiserbesuch kehrte Aaron Aaronsohn von Magnesia nach Zichron Ya'acov zurück, gerüstet mit Erfahrungen aus der praktischen Umsetzung der Theorien, die er als Student in Grignon gelernt hatte. Die riesigen Ländereien der Brüder Cousinery wurden mit einem immensen Einsatz menschlicher Arbeitskraft bewirtschaftet, und der junge Agrarwissenschaftler erkannte, daß den Palästinasiedlern eine unberechenbare Zukunft bevorstand, sollten sie sich bei der Bestellung ihres Landes genauso auf die Bereitwilligkeit der einheimischen arabischen Fellahin verlassen müssen. Er hatte jetzt genügend angespart, um sich auf eigene Füße zu stellen, und beschloß, sein Geld in ein Vorhaben zu stecken, das den Bauern Palästinas die größte Chance bot, ohne hohen Einsatz menschlicher Arbeitskraft den höchstmöglichen Ertrag aus ihrem Land herauszuholen. Aaronsohn schloß sich mit einem in Haifa ansässigen Bürger zusammen, um moderne Landmaschinen zu importieren. Mit der ihm eigenen Entschlossenheit entschied er, bevor er auch nur eine einzige Maschine verkauft hatte, nach Europa zu reisen, um die für die harten Bedingungen des Nahen Ostens bestgeeigneten Produkte zu finden. Sein neues Projekt fiel glücklicherweise mit der Weltausstellung in Paris zusammen, daher hielt er sich sechs Monate in der französischen Hauptstadt auf und prüfte die landwirtschaftlichen Ausstellungsobjekte aus Großbritannien, Deutschland und den Vereinigen Staaten.

Gegen Ende seines Aufenthalts entschied er sich für britische Motoren, den amerikanischen McCormick-Mähbinder und den deutschen Rud.-Sack-Pflug als Rückgrat seines neuen Unternehmens. Um seine Entscheidung abzusichern, gewann er vor der Einschiffung nach Palästina zwei Fachleute zur Mitarbeit: Dr. Samuel Soskin, einen anerkannten Wissenschaftler jener Zeit, und einen Bauingenieur namens Treidel. Damit war das Technische und Landwirtschaftliche Büro für Palästina ins Leben gerufen, das eine kontinuierliche Versorgung des Heiligen Landes mit dem neuesten Fachwissen gewährleistete.

In den beiden folgenden Jahren, während die politischen Zionisten über die Vor- und Nachteile von Argentinien oder Palästina stritten, warb Aaronsohn für seine Geräte und verkaufte sie. Sein Herz hing jedoch an der agrarwissenschaftlichen Feldforschung. Um sein bereits beträchtliches Wissen über die Flora Palästinas zu erweitern, kehrte er 1902 nach Deutschland zurück, sich auf botanischem Gebiet fortzubilden. An den Fakultäten der Universitäten Berlin, München und Bonn suchte er die berühmtesten Wissenschaftler seiner Zeit wie zum Beispiel Otto Heinrich von Warburg auf und befragte sie. Er stellte viele Gemeinsamkeiten mit dem berühmten Afrikaforscher Georg Schweinfurth fest und beeindruckte jeden Wissenschaftler, mit dem er sprach, durch seine praktischen Verbesserungsvorschläge für die Landwirtschaft unterentwickelter Agrarländer. Die Frage nach der Heimat des »Urweizens« war aber noch immer ungelöst. Die Erkundung Mesopotamiens und Indiens hatte bislang kein Exemplar erbracht, das für sich beanspruchen konnte, die so verzweifelt gesuchte »Mutter des Weizens« zu sein, aus der eine internationale Wissenschaftlergemeinde ein dürre- und krankheitsresistentes Getreide zu züchten hoffte. Als nun der junge Aaronsohn aus Palästina mit seinem unbändigen Forscherdrang auftauchte, merkten seine deutschen Gastgeber, daß sie den perfekten Mann gefunden hatten, um ein Land zu erkunden, in dem – mit sehr viel Glück – die »Mutter des Weizens« dem Fortschreiten der Zeit und der kreuzungsbedingten Degeneration entgangen war. Sie redeten daher auf ihn ein und nahmen ihm vor seiner Heimreise nach Haifa ein Versprechen ab: Er würde nach der »Mutter« suchen und Schweinfurth und Kollegen über seine Entdeckungen berichten.

Kapitel 3
Die »Mutter des Weizens«

Schon als kleiner Junge hatte sich Aaron Aaronsohn für die Pflanzen- und Tierwelt seiner Heimat interessiert. Als Jugendlicher und junger Erwachsener war er jahrelang auf Streifzügen zu Fuß und zu Pferd durch die Landschaften Palästinas unterwegs gewesen und hatte nach besonderen Pflanzen und Tieren gesucht. Durch die Verknüpfung seiner praktischen Kenntnisse mit dem Wissen aus antiken Quellen über die Geschichte dieses Landes konnte er seine Suche auf ein bestimmtes Gebiet eingrenzen. Falls die wilde »Mutter des Weizens« im Naturzustand irgendwo überlebt hatte, dann nur, so kombinierte er, im Nordosten des Landes, nahe der heutigen Grenze zu Syrien. Dieses Gebiet, bekannt als Ha-Galil oder Hochland von Galiläa, sah anders aus, als man sich das Heilige Land üblicherweise vorstellt. Im Sommer herrschte zwar eine feuchte Hitze, die Nächte waren jedoch aufgrund der Hochlage im allgemeinen kalt, und im Winter bedeckte auch tagsüber Schnee den Hermon und die steinige Bergkette. Bedachte man nun noch, daß dieses wellige Land von vielen tiefen Schluchten durchzogen wurde, so war verständlich, daß man es seit Menschengedenken gemieden hatte. Besiedelt und bewirtschaftet wurden angenehmere Landstriche um den See Genezareth, nur einen Tagesmarsch entfernt im Süden.

Heute hat der Hermon immer noch den Charakter einer Durchgangsregion. Die einzigen Zeichen von Besiedlung sind die eindrucksvollen Ruinen mehrerer Kreuzritterburgen, die heute nicht von israelischen Juden, sondern von den Bergdrusen besetzt sind. Sie sind die Nachfahren der mittelalterlichen Assassinensekte, die einst der »Alte vom Berge«

angeführt hatte. Als Aaron Aaronsohn nach seiner Rückkehr aus Deutschland dieses Gebiet zum ersten Mal besuchte, lag der Großteil des Hochlandes von Galiläa seit über 700 Jahren verlassen da. Er wußte, daß die »Mutter des Weizens« drei Jahrtausende Ackerbau wenn überhaupt, dann nur an einem solchen Ort überlebt haben konnte, hegte jedoch wenig Hoffnung, das sagenhafte Getreide tatsächlich zu finden. Um also den voraussichtlichen Mißerfolg möglichst gering zu halten, begann er, neben seiner Suche die erste geophysikalische Landkarte des Hochlandes von Galiläa und des Hermon zu erstellen.

Seit 1883 hatte das Geld des Barons Edmond de Rothschild mehrere Siedlergruppen zu vereinzelten Koloniegründungen auf dem Hochland von Galiläa bewegt – Metullah, Aaronsohns erste, wenig befriedigende Arbeitsstätte war eine dieser Siedlungen. Daher machte er sich nicht in gänzlich unbekannte Gefilde auf, als er von Zichron Ya'acov aus zu Pferd nach Norden zu seiner Suche aufbrach. Allerdings war das Gebiet für einen einzelnen Mann riesig, und seine Arbeit würde ihn meist weitab von jeder menschlichen Behausung und daher im wahrsten Sinn in die Wildnis führen. Doch dieser Umstand kam seiner Neigung zur Einsamkeit sehr entgegen. Nur unter solchen Bedingungen – fern von den Ansprüchen seiner Mitmenschen – fühlte er sich rundum entspannt und arbeitslustig. Sein erster Erfolg war eine geophysikalische Kartierung. Auf der Grundlage von Sir Horatio Kitcheners *Ordonance Survey of Palestine* und mit Hilfe einiger weniger Gerätschaften wie Hammer, Vergrößerungsglas und Kompaß, die er in den Satteltaschen mit sich führte, gelang es ihm, genügend Daten zu erheben, um eine präzise Karte der Felsformationen und Bodenarten der Hermon-Region anzulegen. Was allerdings die »Mutter des Weizens« anging, verlief seine erste Expedition fruchtlos.

In den folgenden Jahren gab Aaronsohn zu, daß ihn die unlösbar scheinende Aufgabe entmutigt hatte. Als er jedoch 1905 erneut nach Berlin kam, um der Sommerhitze Palästinas zu entfliehen und sich mit Wissenschaftlerkollegen auszutauschen, setzten ihm Schweinfurth und seine Mitarbeiter wieder zu. Sie drängten ihn, nicht aufzugeben, und redeten so lange auf ihn ein, bis er sein erstes Versprechen erneuerte. Sein bescheidener Wohlstand durch den Landmaschinenhandel in Haifa verschaffte ihm die Freiheit, die Suche fortzusetzen. Also nahm er sich 1906 eine längere Reise durch Galiläa vor, um erstens auf seinen eigenen Spuren zu wandeln und zweitens das Suchgebiet auszudehnen.

Er verließ sein Elternhaus in Zichron Ya'acov am 23. März in Begleitung eines befreundeten Kollegen namens Bermann. Aus Sicherheitsgründen nahmen sie einen arabischen Führer mit. Taufik war bewaffnet mit einem uralten britischen einschüssigen .577/.450-Martini-Henry-Gewehr. Vom Beginn der Reise an führten sie Tagebuch und notierten täglich alle zwei bis drei Stunden Luftdruck, Temperatur, Windgeschwindigkeit und Bewölkungsdichte. Aaronsohn interessierten besonders die arabischen Dörfer. Häufig machte er sich Notizen über die unhygienischen Verhältnisse in den Wohnvierteln und den geringen Aufwand, mit dem sie sich würden verbessern lassen. Er sprach fließend Arabisch, und die Hilfsbereitschaft seiner kleinen »Karawane« – einmal retteten sie einen arabischen Ziegenhirten, der ausgeraubt und zum Sterben zurückgelassen worden war – sorgte überall für einen freundlichen Empfang der Wissenschaftler, wenn sie von jüdischem Land auf arabisches kamen.

Am 18. Juni gönnte sich Aaronsohn eine Erholungspause von den Entbehrungen der Expedition und machte Station in der jüdischen Kolonie Rosh Pinnah am Fuß des Jebel Zefat. Nachdem sie sich etwas ausgeruht hatten, schlenderte er mit Bermann durch die Weinberge der Gemeinde, die sich den steinigen Berghang hinaufzogen. Sie sprachen über die anhaltenden Schwierigkeiten ihrer Suche. Die Zeit lief ihnen davon: Die Sommerhitze nahm zu, ein wilder Weizen wäre bald reif und für dieses Jahr an den Wind und die Wildtiere des Landes verloren. Doch dann geschah folgendes, wie Aaronsohn festhielt: »Plötzlich bemerkte ich in einer Spalte eines Kalksteinfelsens eine einzelne Pflanze, die auf den ersten Blick wie ein Gerstenhalm aussah, sich jedoch bei näherem Hinsehen als Weizen entpuppte, dessen reife Körner sich durch das leiseste Schütteln aus den kleinen Ähren lösen ließen. Ich konnte kaum glauben, daß dies tatsächlich die Pflanze war, nach der ich suchte. Fruchtstand und Körner waren so vollkommen ausgebildet – so ähnlich der Form heutiger Kultursorten –, daß ich kaum fassen wollte, daß dies ihre wilde Urform war.«

Aaronsohn erweiterte nun sein Suchgebiet um diesen ersten Fundort herum und verließ Rosh Pinnah tags darauf in Richtung Norden, ständig Ausschau haltend nach weiteren Exemplaren seiner Entdeckung. Drei ganze Tage durchkämmte er zu Pferd sämtliche Weinberge der Gegend – ergebnislos. Als er jedoch sein Augenmerk den unbebauten Straßenrändern und den Felsspalten zuwandte, stieß er auf weitere Exemplare des wilden *Triticum* (Weizen). Im Schatten des Hermon setzte er sich nieder, allein, und gab dem mutmaßlichen Urweizen in seinem Notizbuch den Namen *Triticum Hermini*[2].

Überzeugt, daß er nun ausreichend Beweise für die Existenz des Wildweizens gefunden hatte, kehrte er nach Haifa zurück und telegrafierte nach Berlin. Professor Schweinfurth veröffentlichte die Neuigkeit dieser großartigen Entdeckung 1906 in der Juli/August-Ausgabe der Zeitschrift *Altneuland, Monatsschrift für die wirtschaftliche Erschließung Palästinas* sowie in der *Vossischen Zeitung* vom 21. September und den *Annals du Service des Antiquités de l'Égypt* desselben Jahres. Aaronsohns Ruf als Wissenschaftler war damit gesichert. Sein weiteres Schicksal sollte jedoch nicht von Deutschland bestimmt werden, sondern von jenseits des atlantischen Ozeans – aus den Vereinigten Staaten von Amerika.

Aaron Aaronsohns Expedition ins Hochland von Galiläa hatte bewiesen, daß die »Mutter des Weizens« dort vorkam, nicht jedoch, woher diese ursprünglich stammte. Er sah sich daher vor die Aufgabe gestellt, seine Entdeckung durch eine weitere Studie zu untermauern. Sie sollte klären, ob die gefundenen Exemplare in dem Gebiet tatsächlich heimisch waren oder ob nur eine alte Kultursorte in ferner Vergangenheit verwildert war. Das späte Frühjahr und den Frühsommer 1907 über durchkämmte er die Felsen, Weinberge und die längst aufgegebenen Felder der Kreuzfahrer- und Römerzeit nach Hybridformen, die gegen die Sortenreinheit seiner zuerst entdeckten Exemplare gesprochen hätten. Zu seiner großen Erleichterung war das Ergebnis seiner Überprüfung negativ, und jetzt wußte Aaronsohn, daß er das genetische Ausgangsmaterial nicht nur für die Weizenproduktion Palästinas, sondern für alle potentiellen Weizenanbaugebiete der Welt mit schwierigen klimatischen Verhältnissen in Händen hielt. Ein Jahr später, 1908, publizierte Professor Schweinfurth diese Endergebnisse in den *Berichten der Deutschen Botanischen Gesellschaft.* Es gab Beifall und Zustimmung unter den europäischen Wissenschaftlern, darüber hinaus jedoch erfolgte kaum eine Reaktion. Nur ein Agronom in Amerika nahm den Inhalt des deutschen Artikels begierig auf und handelte unverzüglich.

David Fairchild war Leiter des Office of Foreign Seed and Plant Introduction am US-amerikanischen Department of Agriculture. Seit etlichen Jahren schon suchte er nach dürretoleranten Weizensorten, die sich für die weiten Grassteppen des amerikanischen Westens und die Trockengebiete New Mexicos eigneten. Fairchild hatte einen Forscher auf die Suche nach der »Mutter des Weizens« nach Rußland geschickt, doch der Mann war mit leeren Händen zurückgekehrt. Als er die Nachricht der Entdeckung aus Palästina erhielt, griff er zu Papier und Feder und schrieb nach Zichron Ya'acov. Im Juni 1909 schiffte sich Aaronsohn auf Einladung Fairchilds in Haifa nach Amerika ein. Mit sich führte er nicht nur seine Notizen und ein Exemplar der begehrten Pflanze, sondern auch einen Plan, wie die ausgelaugten Böden Palästinas in einen Garten Eden zu verwandeln wären.

Nach seiner Ankunft in New York fuhr er unverzüglich mit dem Zug nach Washington zu seinem potentiellen Geldgeber weiter. Er sprach nur gebrochen Englisch, hatte jedoch kleine Fortschritte gemacht durch die zahlreichen Gespräche mit anderen Passagieren während der Atlantiküberfahrt. Dies hinterließ großen Eindruck bei seinen Gastgebern. Seine charismatische Ausstrahlung imponierte, und schon nach wenigen Minuten in seiner Gegenwart ahnten sie, daß Aaronsohns Kenntnisse in angewandter Wissenschaft von gleichem Kaliber waren wie seine Persönlichkeit. Er avancierte in Washingtoner Kreisen rasch zu einer Berühmtheit, und zu einer Zeit, in der die Welt rasch zusammenschrumpfte und dem Edwardsschen Abenteurer nur noch die Eroberung der Pole blieb, galt er als ein Forscher in der wahren viktorianischen Tradition. Die Kunde von diesem Mann aus dem Osten, der sich vorgenommen hatte, das Heilige Land zu verwandeln, drang bald auch bis zu Präsident Theodore Roosevelt. Dieser, neugierig auf einen Zeitgenossen mit ähnlicher Leidenschaft für die Wildnis wie er selbst, lud ihn zu einer Audienz ins Weiße Haus. Die Begegnung brachte Roosevelt jedoch in die Bredouille: Während sich sein eigenes Interesse auf die Waidmannslust beschränkte, stand der energische Fremde vor seinem Schreibtisch und belehrte ihn über die Notwendigkeit, genau das Gegenteil zu tun und die Fauna der Welt zu schützen. Leidenschaftlich und unmißverständlich machte er die unmittelbaren Wechselwirkungen zwischen Fauna und Flora deutlich. Die Einführung einer neuen Pflanzenart hatte also mit aller Umsicht zu erfolgen, das ökologische Gleichgewicht war überaus empfindlich, wie die Geschichte schon mehrfach bewiesen hatte. Allen Berichten zufolge war Aaron Aaronsohn der erste Mensch, der den sonst so hitzköpfigen »Teddy« Roosevelt in einen Zustand stillschweigender Anerkennung redete. Die Kunde von dieser Audienz, die sich für den Präsidenten der Vereinigten Staaten in eine botanische Vorlesung verkehrt hatte, mehrte sein Ansehen in den wissenschaftlichen und politischen Zirkeln Washingtons weiter.

1909 gab es auch in den Vereinigten Staaten eine aufstrebende zionistische Bewegung, die für die Besiedlung Palästinas durch die Juden eintrat. Harry Friedenwald, ein Führungsmitglied der einflußreichen jüdischen Gemeinde Baltimores, hatte 1898 ebenfalls Palästina besucht und berichtete über den Unterschied zwischen den politischen, von Theodor Herzl repräsentierten Zionisten und den praktischen wie denen in Zichron Ya'acov. Seinen Worten zufolge konnten die Siedler »nichts Gutes am ›Herzlismus‹ sehen ... Was die Menschen hier [in Palästina] wollen ..., ist die natürlich wachsende Entwicklung einer großen jüdischen Gemeinde eben hier. Wenn eine große Anzahl Juden [irgendwo] hopplahopp zusammenkäme, ließe sich kein Staat erfolgreich aufbauen.«[3]

Nach seiner Rückkehr in die USA hielt Friedenwald in Baltimore und Philadelphia öffentliche Vorträge über seine Reiseeindrücke. Er schloß seine Ausführungen mit einem Ausblick: »Am Ende des 19. Jahrhunderts, das so vielversprechend schien, leben 7500000 von den 10 Millionen Juden auf der Welt unter Bedingungen, die das Leben nahezu unerträglich machen ... In Palästina ... soll ein Zentrum für jüdisches Denken errichtet werden. Von hier soll eine Macht ausstrahlen, die die Juden ins rechte Licht rückt, damit endlich der Tag anbrechen möge, an dem ›von Zion wird Weisung ausgehen, und des Herrn Wort von Jerusalem‹.«[4]

Solche Neuigkeiten stießen bei gleichgesinnten Juden in Amerika auf offene Ohren. Am 4. Juli 1898 hatte die Federation of American Zionists in New York bereits ihre erste Tagung mit schätzungsweise 1000 Teilnehmern abgehalten. Stephen S. Wise, der 24jährige fortschrittliche Rabbi von B'nai Jeshrun, der Synagoge an der New Yorker Madison Avenue, wurde zum ersten Geschäftsführer des amerikanischen Zweiges der zionistischen Organisation.

Als Aaronsohn Washington verließ, empfingen ihn Honoratioren wie Wise und Familien wie die Friedenwalds als eine Symbolfigur des praktischen Zionismus. Wo er auch hinkam, bat man ihn, vor jüdischen Gemeinden zu sprechen. Er lernte viele einflußreiche Persönlichkeiten kennen und gewann zahlreiche Freunde. Manche von ihnen sollten in dem kommenden Kampf zur Vertreibung der Türken aus Palästina seine Verbündeten werden, einige auch seine Feinde.

Einstweilen jedoch konzentrierte sich Aaronsohn ganz darauf, eine praktische Anwendung für seine Entdeckung zu finden, die sowohl ihm selbst als auch seinem Volk bei der Verwirklichung seines Traumes helfen würde. Sein Förderer David Fairchild stand ihm im richtigen Augenblick zur Seite. Auf seine Empfehlung beauftragte B. T. Galloway, der Leiter des Bureau of Plant Industry, den jungen Forscher mit der Erstellung eines Bulletins unter dem Titel »Landwirtschaftliche und botanische Erkundungen in Palästina« – der Beginn einer Beziehung, die sich schließlich als fruchtbar für beide Seiten erweisen sollte. In seinem Bericht ging Aaronsohn viel weiter als verlangt. Zur Freude des Ministeriums zog er Parallelen zwischen Kalifornien und seinem Heimatland und gelangte zur naheliegenden Schlußfolgerung einer zukünftigen Zusammenarbeit der beiden Regionen. Palästina sollte dabei als Versuchsfeld zur Züchtung kommerziell nutzbarer Pflanzen für Farmer vor Ort als auch in Amerika dienen. *Tritium Hermini* sollte die Grundlage für diese Zusammenarbeit liefern.

Nach diesem Bericht ernannte das Ministerium Aaronsohn zum Fachberater des Office of Foreign Seed and Plant Introduction. Während man aber mit einem Titel rasch bei der Hand war, zögerte man, ihm auch die notwendigen Gelder zur Erforschung der »Mutter des Weizens« – mit Sicherheit ein langjähriges Projekt – zur Verfügung zu stellen. Als Aaronsohn erkannte, daß seine Zukunft nunmehr in fremden Händen lag, beschloß er zum ersten Mal in seinem Leben, sich unmittelbar mit den Zionisten zu verbünden. Der moralischen Unterstützung der Europäischen Zionistischen Organisation war er sich gewiß. Sie hatte auf dem Baseler Kongreß von 1903 das Projekt der Errichtung einer landwirtschaftlichen Versuchsstation in Palästina abgesegnet und zugleich

Aaron Aaronsohn als Vorzugskandidaten für die Leitung einer solchen Anstalt benannt. Hinter diesem angekündigten Projekt des politischen Flügels der Zionisten standen jedoch noch nicht die finanziellen Mittel, es auch in die Praxis umzusetzen. Da Aaronsohn wußte, daß seine Zukunft als Wissenschaftler jetzt einzig und allein vom Geld abhing, wandte er sich mit seiner ganzen Überzeugungskraft an die reichsten Mitglieder der jüdischen Bevölkerungsgruppe Amerikas.

Die Jewish Agricultural Experimental Station

Die letzten Monate des Jahres 1909 eilte er von einer amerikanischen Stadt zur nächsten und suchte vermögende, einflußreiche Förderer für seine Sache. Neujahr 1910 kehrte er zurück zu Nathan Straus nach New York, um die letzten Einzelheiten für eine Trägergesellschaft zur Errichtung einer landwirtschaftlichen Versuchsstation in Palästina zu regeln. Diese sollte sich aus den jährlichen Mitgliedsbeiträgen der von ihm gewonnenen Personen finanzieren.

Am 18. Februar beglaubigten und unterzeichneten acht künftige Direktoren die Gründungsurkunde für die Jewish Agricultural Experimental Station (JAES): Julius Rosenwald, Julian W. Mack, Cyrus Adler, Samuel Fels, Morris Loeb, Paul M. Warburg, Henrietta Szold und Louis Marshall. Danach ging das Dokument zur Genehmigung an den Notar und den Obersten Gerichtshof des Staates New York, bevor schließlich der stellvertretende Staatssekretär Thomas F. Fennell die Urkunde am 25. Februar siegelte. Man hätte eine leise Brüskierung des Landwirtschaftsministeriums darin sehen können, daß als Zweck der Station nicht mehr nur die Weiterzüchtung der »Mutter des Weizens« genannt wurde, sondern »die Errichtung, der Betrieb und die Unterstützung landwirtschaftlicher Versuchsstationen in Palästina und anderen Ländern. Die Entwicklung und Verbesserung von in Palästina und angrenzenden Ländern heimischem Getreide, Obst und Gemüse, die Züchtung neuer Sorten daraus und ihre Verbreitung andernorts. Die Förderung der Landwirtschaft in der ganzen Welt und die Schulung in neuen und verbesserten Anbaumethoden. Die Aktivitäten der Einrichtung gründen ausschließlich auf Wissenschaft und Lehre, ohne jedwede religiöse, nationale oder politische Tendenz.«[5]

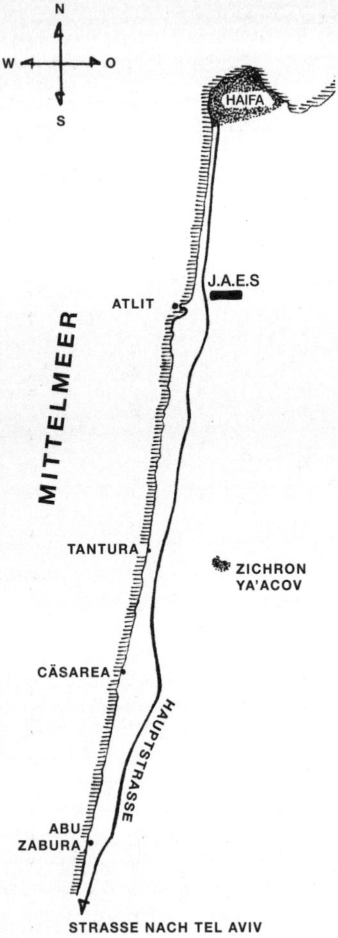

Der Küstenstreifen
vor Zichron Ya'acov

Obgleich Konstantinopel aufgrund eines internationalen Abkommens ausländische Hilfe für Untertanen des Osmanischen Reiches nicht blockieren konnte, war dieser letzte Satz in Artikel II der JAES-Satzung wichtig. Aaronsohn besaß immer noch einen osmanischen Paß, und wenn das Vorhaben auch nur die geringste Erfolgsaussicht haben sollte, mußte er nach seiner Rückkehr die örtlichen Behörden in seine Absichten einweihen und sich ihrer Unterstützung versichern. Er war für einen Zeitraum von »nicht mehr« als fünf Jahren zum Hauptgeschäftsführer gewählt worden, eine Vorsichtsmaßnahme der Verantwortlichen angesichts der Höhe der zur Errichtung der Station notwendigen Investitionen, für die sie als Treuhänder letztlich verantwortlich waren. Die bereits gestiftete Summe war beträchtlich, insgesamt 19850

Dollar. Mehr als die Hälfte davon – 12000 Dollar – stammte von einem einzigen Spender, Jacob H. Schiff. Elf andere Mitglieder hatten den Rest zur Verfügung gestellt: Julius Rosenwald, 2000 Dollar; J. B. Greenhut, 500 Dollar; Daniel Guggenheim, 200 Dollar; Isaac N. Seligman, 1000 Dollar; Louis Marshall, 300 Dollar; Paul M. Warburg, 1000 Dollar; Henry Goldman, 750 Dollar; Morris Loeb, 300 Dollar; Isidor Straus, 1000 Dollar; Samuel S. Fels, 500 Dollar; Adolph Lewisohn, 300 Dollar.

Alle Mitglieder hatten zugesagt, ihre Beiträge jeweils in den nächsten fünf Jahren zu wiederholen, und Aaronsohn reiste mit einer soliden Planung in der Tasche nach Palästina ab, während das Geld zur Realisierung seines Traums in New York darauf wartete, von ihm telegrafisch angewiesen zu werden. Es hätte eine triumphale Heimkehr werden können, doch unterwegs wurde ihm bewußt, daß unter seinen Mitkolonisten Kritik laut werden könnte, denn er hatte amerikanisches Geld für ein Projekt aufgetan, das nur von einem einzigen Mann geleitet wurde und nicht von einem Komitee, wie in den jüdischen Siedlungen sonst üblich. Er entschied sich daher vor seiner Ankunft im Hafen von Haifa für die einzig sinnvolle Vorgehensweise: eine ganz klare Trennung von Zichron Ya'acov zu vollziehen und die JAES an einem Ort zu errichten, der zwar in der Nähe seiner Familie lag, doch weit genug entfernt von deren Wohnort, um der befürchteten Auseinandersetzung den Boden zu entziehen. Eine weitere Überlegung ließ diese Entscheidung zwingend erscheinen: Artikel II der Satzung der JAES schloß ausdrücklich jeden Kontakt mit Zichron auf der Grundlage von »nationalen, politischen und religiösen Tendenzen« aus.

Unter Ausnutzung seiner ausgedehnten Kontakte in Nordisrael kaufte Aaronsohn ein in west-östlicher Richtung verlaufendes Stück Land von 1400 Metern Länge und 400 Metern Breite, wobei der im Westen geplante Hauptzugang weniger als einen Kilometer von der sandigen Küste bei Atlit entfernt lag.

An diesem Eingang, einige Meter von der Küstenhauptstraße entfernt, errichtete er ein eisernes Tor mit dem Namen der Versuchsstation im Torbogen. Wenn Aaronsohn das Gelände verließ und diese Straße überquerte, konnte er durch ein tief eingeschnittenes Wadi – ein nur nach Regenfällen wasserführendes Flußbett – namens Dustrey laufen und erreichte nach wenigen Minuten die Uferlinie. Die Ruine der Tempelritterburg, die der deutsche Kaiser zwölf Jahre zuvor besucht hatte, erhob sich verlassen und imposant weitere 600 Meter südlich den Strand hinunter.

Aaronsohn hatte einen Ort für die Station gewählt, der *im ganzen Land für seine Unfruchtbarkeit berüchtigt war.* Gerade darin aber sah er eine wichtige Voraussetzung für sein beabsichtigtes Experiment: *Falls uns der Beweis gelänge, daß ein vernünftiger Umgang mit dem Boden, ohne jeden chemischen Kunstdünger oder Tierdung, nur durch Verbesserungen der physikalischen Bodenbedingungen, ausreicht; falls wir Erfolg hätten mit einem Boden, der 4000 oder 6000 Jahre ohne den Einsatz von Mist oder Kunstdünger kontinuierlich kultiviert wurde; falls uns der Beweis gelänge, daß neue, rationelle Bodenbearbeitungsmethoden ratsam sind; dann, so vermuteten wir, wäre dies ein Beweis nicht nur für Palästina, sondern auch für andere Länder, in denen erst seit einem sehr viel kürzeren Zeitraum Landwirtschaft betrieben wurde.*[6]

Vor seiner Abreise aus New York hatte Aaronsohn sein erstes Jahresgehalt in Höhe von 2500 Dollar sowie Reisespesen von weiteren 600 Dollar erhalten. Das Land kostete die Treuhandgesellschaft 147694 türkische Piaster – damals etwa 6000 Dollar –, und mit den restlichen Geldern auf einem »Konto für laufende Verbesserungen«, über das er frei verfügen konnte, machte sich der frischgebackene Stationsleiter umgehend an den Aufbau der JAES. Bald herrschte auf dem Bauplatz reges Treiben. Mit einheimischen arabischen Arbeitern räumte er das Gelände frei, bevor er auf dem östlichen Ende des Grundstücks ein stabiles Stationsgebäude errichten ließ. Zweifelsohne orientierte er sich dabei an dem von

Das Stationshaus mit Balkon, Atlit 1910

der Tempelgesellschaft nach Palästina importierten Baustil. Die Jerusalemfreunde von Haifa hatten ihr Siedlungsgebiet bis nach Jaffa und Jerusalem ausgedehnt und dabei im selben mitteleuropäischen Architekturstil gebaut, durch den sich ihre erste Siedlung am Fuße des Karmel von den übrigen arabischen Siedlungen unterschied. Aaronsohn übernahm das Grundprinzip eines zweistöckigen Gebäudes, dessen oberer Balkon auch über eine Außentreppe zugänglich war. Dadurch bekam er eine nach Westen bis zum Meer weisende Aussichtsplattform über das gesamte Stationsgelände sowie einen erhöhten, schattigen Platz während der heißesten Zeit des Tages. Von hier aus konnte der eifrige Stationsleiter die zerfallenen Mauern der Templerburg Atlit sich als Silhouette gegen den Abendhimmel abheben sehen, wenn die Sonne westwärts im Mittelmeer versank. Doch weder der Blick auf die Burg noch einzig die Unfruchtbarkeit dieses Fleckens Erde hatte seine Wahl bestimmt. Vielmehr vermochte er von seinem Balkon aus nicht nur die gesamte Station zu überblicken, er bemerkte auch jede Bewegung auf der Küstenstraße von Jaffa nach Haifa, und durch die vom Wadi Dustrey geschaffene Lücke in den Sanddünen konnte er mit seinem Feldstecher sogar den gesamten Seeverkehr bis zum Horizont beobachten.

Die JAES während der Bauphase mit Windrad und Stacheldrahtumzäunung, Atlit 1910

Aaronsohns Beziehungen zu den türkischen Behörden waren von Anfang an gut. Obwohl er sich privat oft kritisch über die Rückständigkeit der osmanischen Regierung äußerte, wußte er aus Erfahrung, wie wichtig es war, dem örtlichen Pascha, seinen Steuereintreibern und Polizisten sowie allen in der Nähe der Versuchsanstalt stationierten Soldaten gegenüber umfassende Kooperationsbereitschaft zu signalisieren. Größere Mengen Bakschisch förderten diesen Prozeß und schmierten regelmäßig das Räderwerk der käuflichen Gesetzeshüter. Im Sommer 1910 näherte sich der Bau der Station der Vollendung. Es gab nun Nebengebäude zur Aufbewahrung von Werkzeug und Maschinen sowie einen Zaun aus einer berühmten Erfindung amerikanischer Rancher – Stacheldraht. Er schützte die Pflanzen der JAES vor umherstreifenden Ziegen und Rindern. Eine windradbetriebene Pumpe, ebenfalls ein nordamerikanische Prärie assoziierender Anblick, vervollständigte die erste Entwicklungsstufe und versorgte die Versuchsstation mit zweckdienlichem Brackwasser, das sie aus einer Tiefe weit unterhalb des Meeresspiegels heraufholte. Gegen Ende des Sommers war die erste von David Fairchilds zahlreichen Saatgut-Lieferungen auf der Station angekommen und hatte damit die zweite Entwicklungsphase eingeleitet: die Planung und Aussaat der experimentellen Getreidekulturen und anderer ausgewählter Pflanzen.

Aaronsohn wählte die Washingtonia-Palme als Alleebaum für die Hauptstraße seines Stationsgeländes, die vom westlich gelegenen Tor bis zum Stationsgebäude am anderen Ende des Grundstücks verlief. Die ersten Setzlinge dieser Pflanze, die mehr als 15 Meter Höhe erreichen kann, schlugen bald Wurzeln und wuchsen sehr schnell. Er bekam bald noch mehr Grund zur Freude: Im Frühjahr 1911 war das Stationsland in rechteckige Parzellen aufgeteilt und mit für Palästina völlig neuen Pflanzenarten bestückt worden. Alles, was er pflanzte, schien zu gedeihen – der lebendige Beleg für den antiken Text des Flavius Josephus, der die Küste Palästinas einst als Garten Eden geschildert hatte. Aaronsohn war mehr denn je davon überzeugt, daß richtiges Pflügen, Bewässerung und regelmäßige organische Düngung das Schicksal des Landes, das er so liebte, wenden konnten. Um in einem Land, das zu dieser Zeit lediglich als Brutstätte von Krankheiten und für seine Unfruchtbarkeit bekannt war, ein solches Agrarwunder zu vollbringen, war nicht mehr nötig als die Mitarbeit der Siedler, der arabischen Landbesitzer und -arbeiter sowie der osmanischen Behörden. Die Verwirklichung seines Traumes lag in greifbarer Nähe.

1911 erlebte Palästina einen sprunghaften Anstieg der Zahl jüdischer Einwanderer. 50 Kilometer südlich von Atlit, auf den Sanddünen entlang der Mittelmeerküste, war 1909 die Stadt Tel Aviv gegründet worden, und nach nur zwei Jahren umschlossen jüdische Häuser den alten, vorwiegend arabischen Hafen Jaffa. Zichron Ya'acov war mittlerweile im Vergleich zu den vielen neuen Kolonien, die in ganz Palästina aus dem Boden schossen, eine ausgewachsene Siedlung. Die Mehrzahl dieser Neugründungen lag in der 50 Kilometer langen Küstenebene zwischen Atlit und Tel Aviv und am Westufer des Sees Genezareth von Rosh Pinnah im Norden bis zum südlichen Austritt des Jordan.

Aaronsohn war darauf bedacht, diese neuen Siedler in sein Entwicklungsprogramm einzubeziehen. Er gab monatliche, in hebräisch verfaßte Berichte über seine Fortschritte heraus und ließ sie den Kolonisten zukommen. Diesen Broschüren folgten Vorträge vor jüdischen Schullehrern über seine landwirtschaftlichen Methoden. Dennoch schienen all seine Bemühungen vergebens: Abgesehen von einer Handvoll junger jüdischer Hochschulabsolventen, die wohl eher sein Charisma als seine Botschaft anzog, ließen sich nur wenige von seinen Methoden überzeugen. Der Grund dafür trat bald ans Licht. Die Siedler der neuen Welle fühlten sich wie die der ersten Alija, die sich ein Jahrzehnt zuvor in Metullah niedergelassen hatten, zuerst und vor allem den Gepflogenheiten ihrer eigenen Gemeinschaft verpflichtet. Diese neuen Farmen oder *Kibbuzim* experimentierten mit einem radikalen Sozialsystem. Jeder Siedler mußte nach einem strikten Rotationssystem seinen Anteil an allen Arbeiten verrichten und bekam dafür Unterkunft, Essen und Schutz von der Farm. Das Leitungskomitee des Kibbuz wechselte alle zwölf Monate, weshalb Neuerungen von außen mit Stirnrunzeln betrachtet wurden, denn sie konnten das heikle Gleichgewicht in dem engen Beziehungsgeflecht des Gemeinwesens stören und das amtierende Leitungsgremium für Kritik anfällig machen. Zwischen den Kibbuzim herrschte ein reger Informationsaustausch, und bald betrachteten die Komitees den JAES-Leiter als Verkörperung des gefährlichen, profitorientierten Unternehmers. Obwohl Aaronsohn letztlich den Treuhändern der JAES unterstellt war, galt er doch zu Recht als Herr über alles, was er überschaute, und das war etwas fundamental anderes als die kollektive, auf Delegation beruhende Form der Leitung, die sich in den neu gegründeten Kolonien überall in Palästina rasch durchsetzte. Offensichtlich schätzten die Kibbuz-Komitees die Ziele der Station und ihres extravaganten Leiters falsch ein. Dieser Mangel an Vertrauen zwischen der wachsenden jüdischen Bevölkerung und eben der Organisation, die gegründet worden war, um sie mit überlegenen landwirtschaftlichen Methoden zu versehen, sollte sich niemals völlig geben.

Zwischen 1880 und 1903 waren 25 000 Juden nach Palästina eingewandert. Die meisten von ihnen ließen sich auf fruchtbarem Land nieder, das sie häufig den arabischen Landbesitzern zu überhöhten Preisen abgekauft hatten, und gründeten Kibbuzim. 1910, in nur sieben Jahren, hatte sich diese Zahl verdoppelt. Zichron Ya'acov galt nun in den Augen der Siedler der zweiten Alija als altmodisches Kolonisationsmodell. So war es leicht, dessen berühmtesten Sohn als kapitalistisches Produkt einer Kleinstadtmentalität abzutun. Seine erste Reaktion auf dieses nach seiner Ansicht auf Fehlinformation beruhende Vorurteil war Zorn. Doch trotz dieser augenscheinlichen Weigerung, seine Methoden zu übernehmen, drängte er vorwärts und dehnte seine Anbauversuche aus. Das US-Landwirtschaftsministerium zeigte keinen derartigen Mangel an Vertrauen in sein Programm und lieferte nun regelmäßig Pflanz- und Saatgut an die Versuchsstation. Viele Exemplare waren unbekannte, für die Wüsten New Mexicos gedachte Pflanzen. Aaronsohn wählte aus diesen Lieferungen einige Obst- und Baumwollsorten aus, die lange nach seinem Tod zum landwirtschaftlichen Rückgrat vieler Kibbuzim werden sollten. Auch die Loyalität gegenüber seinem ersten Förderer, Baron Edmond de Rothschild, erhielt er aufrecht. Sie schlug sich darin nieder, daß er 260 verschiedene Rebsorten anpflanzen ließ, um ihre Widerstandsfähigkeit gegen Krankheiten wissenschaftlich zu erforschen. So hatte sich die Station im Herbst 1911 zu einer außergewöhnlichen Plantage entwickelt – einer Biofarm, wie man sie in Palästina, ja auf der ganzen Welt kaum je gesehen hatte. Wenn jemand auf der Straße von Jaffa nach Haifa vorüberfuhr, anhielt und durch das Tor mit den eisernen Lettern *Jewish Agricultural Experimental Station* schaute, konnte er kaum noch daran zweifeln, daß die wissenschaftliche Botanik fest im Heiligen Land verwurzelt war.

Im Oktober 1912 war die Ernte des versuchsweise auf der Station angebauten Wildweizens abgeschlossen, und die Erträge der verschiedenen Pflanzen waren dokumentiert. Aaronsohn nahm ein Schiff von Haifa nach Alexandria in Ägypten. Unter der Tarnidentität eines Beraters des US-amerikanischen Landwirtschaftsministeriums reiste er drei Wochen lang den Nil hinauf bis nach Luxor und Assuan. Dabei studierte er die örtliche Vegetation und sammelte Pflanzen, die er nach seiner Rückkehr von Kairo aus nach Amerika schickte. Die erfolgreiche Ansiedlung der Königinpalme im amerikanischen Salt River Valley geht damit auf Aaronsohn zurück, und die höchst erfreuten Wissenschaftler des Department of Agriculture kamen zu dem Schluß, daß es hilfreich wäre, wenn ihr Chefökologe O. F. Cook im folgenden Jahr Aaronsohns Reiseroute folgte.

Was Cook vorfand, versetzte ihn in Erstaunen: Aaronsohn hatte sich nach Kräften bemüht, eine Forschungsstation auf die Beine zu stellen, die sich nicht auf das Studium landwirtschaftlicher Methoden beschränkte. Vielmehr untersuchte er, manchmal sogar mit Hilfe des Mikroskops, auch die Wechselwirkungen zwischen den Insekten der Region und den Pflanzen im Zuchtversuch. Er war überdies gerade dabei, eine Bibliothek mit mehreren hundert Bänden über die Geologie und Biologie Palästinas aufzubauen. Zusätzlich hatte er eigens ein Labor zur Erforschung der Malaria eingerichtet.

Hauptanliegen Cooks war es aber, Aaronsohns Ergebnisse bei der Erforschung der »Mutter des Weizens« zu bestätigen, und er brachte zwei Monate in Palästina damit zu, Material und Daten zu prüfen, bevor er in die Vereinigten Staaten zurückkehrte. Aaronsohns Zukunft wie auch sein Ruf als Wissenschaftler und Ehrenmann hingen an dessen Urteil, und er muß sehr erleichtert gewesen sein, als Cooks Beobachtungen, welche die Richtigkeit seiner Entdeckung bestätigten, ein Jahr später, 1913, offiziell im Bulletin Nr. 274 des Bureau of Plant Industry veröffentlicht wurden.

Trotz des bis dahin noch ausstehenden Urteils beschloß Aaronsohn, nicht untätig abzuwarten. Er sehnte sich danach, Europa zu besuchen und sich in seinem Fachgebiet auf den neuesten wissenschaftlichen Stand zu bringen. Die zweite Alija hatte seiner Einschätzung nach wenig dazu beigetragen, das allgemein niedrige Bildungsniveau in Palästina zu befördern. Aaronsohn lockte es daher, erneut in die europäische Kultur einzutauchen, die er mehr als ein Jahrzehnt zuvor in Grignon kennengelernt hatte. Alte und neue lokale Eifersüchteleien zerrten ebenfalls an seinen Nerven. Die letzte Maiwoche war wenig erfreulich gewesen. Am 1. Juni berichtete er in einem Brief an Henrietta Szold, die Geschäftsführerin der JAES in New York:

»Sehr verehrte gnädige Frau,
eine ganze Woche lang war ich gezwungen, meine Korrespondenz wie auch meine Arbeit zu vernachlässigen, und dies ist der Grund. Eines Abends wagte es jemand, etwa 40 Thujas und Kasuarinen [australischer Keulenbaum] auszureißen, ebenso einen Maulbeerbusch und eine Weinrebe. Der materielle Schaden ist unbedeutend, doch die moralischen Folgen schienen mir derart, daß ich dies nicht ungestraft durchgehen lassen durfte.«[7]

Da er wußte, daß ein Prestigeverlust nachteilig auf seine einheimische Belegschaft wirken würde, hatte er offiziell Anzeige erstattet – ein Vorgeschmack auf die Dinge, die noch kommen sollten. Aaronsohn bereiteten sie großes Unbehagen. Außerdem hatte er gerade einen Vorschlag erhalten, sein »medizinisches« Labor, das sich mit der Malaria befaßte, mit einem deutschen in Jerusalem zusammenzulegen. Die Gemahlin des deutschen Kaisers hegte seit ihrem Besuch 1898 den Wunsch, die hygienischen Bedingungen in der Heiligen Stadt zu verbessern. Jetzt standen Gelder der deutschen Regierung zur Verfügung, und ein Mittelsmann trat an Aaronsohn heran, um das Terrain für eine Fusion zu sondieren. Der fand die Idee undurchführbar und wies das Ansinnen der Deutschen im Namen seiner Treuhänder rundheraus ab.

Überdies bereitete ihm Dr. Cyrus Adler, einer der Direktoren der JAES in New York, Kopfzerbrechen. In einem früheren Brief an Henrietta Szold hatte Aaronsohn seinen Wunsch ausgesprochen, eine Expedition nach Turkestan auszurüsten, um seine Forschung in Sachen »Mutter des Weizens« zu vertiefen. Dr. Adler hatte den Brief gelesen und, da ihm klar war, daß die Mittel der JAES für ein derartiges Projekt nicht ausreichten, den Vorschlag gemacht, sich um Drittmittel von der Carnegie-Stiftung zu bemühen. Dieser Vorschlag löste eine heftige Reaktion beim Stationsleiter der JAES aus, der sich nicht nur vor Ort mit Schwierigkeiten herumplagte, sondern auch noch den vermeintlichen Versuch deutscher Wissenschaftler abwehren mußte, sich seine bahnbrechende Einrichtung zur Seuchenkontrolle unter den Nagel zu reißen. Aaronsohn schloß seinen Antwortbrief an Szold mit den Worten: »Ich gehe lieber das Risiko ein, von anderen aus dem Feld geschlagen zu werden, als Carnegie-Gelder anzunehmen. Meiner Meinung nach sollten diese von einem Juden durchgeführten Untersuchungen auch aus jüdischen Mitteln finanziert werden. Das sollte unser Beitrag sein, und ich möchte nicht zulassen, daß irgendein christlicher Mäzen leichten Ruhm auf unsere Kosten einheimst. Ich hoffe, daß, wenn schon die anderen [JAES-Direktoren] mir Fanatismus oder Engstirnigkeit unterstellen, wenigstens Sie wissen, daß ich von anderen Empfindungen getrieben werde.«[8] Derart zurechtgewiesen, ließ Dr. Adler die Idee fallen, und in den Protokollen oder der Korrespondenz der JAES war nie wieder die Rede von nichtjüdischem Geld.

Als sich die Erntezeit ihrem Ende näherte, reiste Aaronsohn von Haifa nach Marseille, nicht ohne die Treuhänder in New York darüber in Kenntnis gesetzt zu haben. Er fühlte sich von seinen Anstrengungen in Sachen JAES körperlich erschöpft. In diesen letzten drei Jahren hatte er wenig Ruhe gehabt. Da nun überdies auch sein Seelenfrieden gestört war, entschloß er sich, mit der Bahn in die Schweiz zu fahren und sich im kühlen Klima des Hochgebirges zu erholen. Doch kaum in Lausanne angekommen, überrumpelte ihn der Vorschlag der JAES-Vorsitzenden, er solle seine Reise fortsetzen und den Atlantik überqueren, um in Amerika auf Werbe- und Sammeltour zu gehen. Er antwortete Henrietta Szold: »Ich bin nicht mit Dokumenten versehen. Ich habe keine Papiere im Hinblick auf eine derartige Erweiterung meiner Reise dabei. Ich hatte mich so an die Idee gewöhnt, nicht vor nächstem Jahr nach Amerika zu gehen, daß ich nicht die geringste Chance sehe, früher dorthin zu kommen. Ich möchte, daß Sie dies wissen, damit klar ist, daß, falls ich komme, ich in keiner Weise darauf vorbereitet bin, mich mit einem größeren Kreis von an der Station Interessierten auseinanderzusetzen.«[9]

Er hatte vorgehabt, erst im Oktober 1913 am jährlichen Dry Farming Congress im kanadischen Lethbridge teilzunehmen. Jetzt sollte er die Station dort ein Jahr früher vertreten, und das, wie er selbst sagte, mit »leeren Händen«. Zögernd gab er den Forderungen der Treuhänder nach und traf in der letzten Septemberwoche in Hamburg ein, um sich eine Passage in die Staaten zu suchen. Da ihm diesbezüglich in Deutschland kein Erfolg beschieden war, setzte er über den Ärmelkanal, um sein Glück von England aus zu versuchen. Am 27. und 28. September besuchte er die königlichen botanischen *Kew Gardens* im Südwesten Londons, um mit den Kuratoren der Sammlung exotischer Pflanzen zu sprechen und Informationen auszutauschen. Die restlichen Tage des Monats verbrachte er in der englischen Hauptstadt, bevor er sich zu seiner zweiten Atlantiküberquerung einschiffte. Kein kleines Wagnis angesichts der *Titantic*-Katastrophe, die die Welt noch in der ersten Hälfte des Jahres erschüttert hatte.

Aaronsohn verbrachte nur einen Tag auf dem Dry Farming Congress in Lethbridge. Am 26. Oktober traf er in Calgary ein, dem Herzen des großen Weizenanbaugebiets von Kanada. Hier konnte er die fortschrittlichsten und effizientesten Anbaumethoden, die er eines Tages, wenn auch in viel kleinerem Maßstab, in Palästina einführen wollte, selbst in Augenschein nehmen. Er reiste mit der Bahn bis Vancouver und dann weiter über die kanadisch-amerikanische Grenze und südwärts am Puget Sound entlang bis Seattle. Dort erblickte er zum ersten Mal den Pazifischen Ozean.

Jetzt erst begann seine eigentliche Arbeit. Während des Reisemonats hatte Aaronsohn eine beträchtliche Geldsumme der JAES verbraucht. Er konnte es sich daher nicht leisten, am Ende seiner Tour mit nichts als seinen Spesenrechnungen in den Händen in den Büros der Treuhänder zu erscheinen. Auch mußte er darauf achten, etwas Zeit für das Department of Agriculture aufzubringen, und in dieser Hinsicht fiel der Zeitpunkt seiner Ankunft günstig, erforderte er doch keine Notizen oder Materialien. In den Tälern des Ohio und des Mississippi fiel der Winterregen ohne Unterlaß. Viele Menschenleben und hohe materielle Schäden waren zu beklagen. Während er in den beiden letzten Monaten des Jahres 1912, die Werbetrommel rührend und Vorträge haltend, die Pazifikküste von San Francisco bis Los Angeles abklapperte, führte er jetzt also einen regelmäßigen Briefwechsel mit dem amerikanischen Landwirtschaftsministerium. Aaronsohn stand in dem Ruf eines international anerkannten Beraters, nicht zuletzt wegen der wertvollen Hilfe, die er der ägyptischen Regierung während seines Aufenthalts im Winter 1911/12 beim Kampf mit den Fluten des Nils geleistet hatte. Staatssekretär Lane erbat in dieser aktuellen Krise seine Hilfe. Aaronsohn beriet das Department of Agriculture hinsichtlich bestimmter Aussaat- und Bewässerungsmethoden, um künftig die Auswirkungen von Überschwemmungen auf die Region so gering wie möglich zu halten. Dann wurde er zu einer Besprechung mit den Treuhändern der JAES nach New York gerufen.

Am Morgen des Treffens im Büro des Richters Julius William Mack erhielt er eine gute Nachricht. Alle Spender von

1910 hatten ihren Jahresbeitrag entrichtet, Julius Rosenwald hatte den seinen sogar von 2000 auf 20000 Dollar erhöht, allerdings unter der Bedingung, daß Aaronsohn sich in Palästina weiterhin in der Aufklärungs- und Fortbildungsarbeit engagierte. Die Tour an der Westküste hatte allein von einigen der einflußreichsten Mitglieder der jüdischen Gesellschaft Zusatzeinnahmen von 4450 Dollar eingebracht und die Zahl der längerfristigen Mitglieder von 14 auf 39 erhöht – was die Reisekosten mehr als aufwog. Julius William Mack, Vorsitzender der JAES-Kommission und Aaronsohns engster Vertrauter, hatte nun zudem das Amt eines Bezirksrichters der Vereinigten Staaten inne. Nach bescheidenen Anfängen in San Francisco genoß er jetzt zum ersten Mal in seinem Leben finanzielle Sicherheit und konnte seinen Namen mit einer größeren Spendenzusage für die Station in die Liste der neuen Förderer eintragen. Auf ihr fanden sich so bekannte Namen wie Harris Weinstock, Samuel Heineman, Samuel Sachs und Sol Fox. Die Kontoauszüge vom 1. Januar 1910 bis zum 31. Dezember 1913 belegen folgende Ausgaben Aaronsohns: 10500 Dollar für eine Bibliothek und ein Museum sowie für Werkzeuge und Maschinen, 17000 für Gebäude, Brunnen, Abzugsgräben, Zäune, Möbel, Zugmaschinen und Anhänger, Vieh und Land. Den Großteil des restlichen Budgets von 70000 Dollar für Verwaltung und laufende Kosten. Daher mußte er für alle Zuwendungen, auch die kleinsten, dankbar sein. Die Besprechung ging gut aus. Aaronsohn hatte bewiesen, wie wertvoll er für seine Geldgeber war, und da die Station ihren vollen Nutzen noch gar nicht hatte entfalten können, hegte er die kühnsten Hoffnungen für die Zukunft.

Kapitel 4
Gideoniten gegen den Rest der Welt

Wieder zurück in Zichron, fand Aaronsohn die Stimmung in seinem Heimatort sehr verändert vor – zum Schlechteren. Seit seiner Ernennung als Stationsleiter der JAES hatte er weder seiner Familie gegenüber noch an deren Haus gespart. Das Anwesen am Eingang der Hauptstraße in Zichron war gediegen möbliert und enthielt jetzt auch ein voll ausgestattetes Bad, was für ein Siedlerhaus äußerst ungewöhnlich war. Wie nach seiner Rückkehr aus Metullah zehn Jahre zuvor gab es wieder neidisches Getuschel, und die offen zur Schau getragene Mißgunst gegenüber der gesamten Aaronsohn-Sippe wurde zu einem alltäglichem Ritual der Siedler Zichrons. Zu allem Überfluß hatte Aaron noch dafür gesorgt, daß seine beiden Schwestern Sarah und Rivka in Beirut erzogen wurden und nach Italien, in die Schweiz, nach Deutschland und Frankreich reisen konnten. Das wiederum stieß den örtlichen jüdischen Lehrerverbänden, die er mit seinen Broschüren und Vorträgen über Landwirtschaft zu umwerben versucht hatte, übel auf.

Seit ihrer Ankunft in Zichron hatten seine Eltern weitere fünf Kinder aufgezogen. Sarah und Rivka sowie Alex, Samuel und Zvi waren alle in Zichron Ya'acov geboren worden. Die Familie hielt fest zusammen, und sie alle setzten sich stets über Klatsch und Tratsch des Städtchens hinweg, stolz auf die Leistungen ihres ältesten Bruders. Das Leben im Haus der Aaronsohns folgte einem einfachen, täglich wiederholten Ablauf: Arbeit in Haus und Hof bis zum frühen Nachmittag, dann zogen sich alle um und gingen spazieren, meist durch die staubigen Straßen des Städtchens und hinaus in die Olivenhaine und Weinberge der Umgebung. Alex und Sarah, der

Zweit- und die Drittgeborene, hatten Interesse an der Station in Atlit gefunden, so daß ihre Kontakte nicht nur auf die Siedler von Zichron beschränkt blieben.

Nach seiner Rückkehr aus den Vereinigten Staaten beschloß Aaronsohn, in Hadera, 18 Kilometer südlich an der Straße nach Jaffa, eine Zweigstelle seines Malarialabors in Atlit zu errichten. Das neue Gebäude wurde mit von Nathan Straus gestiftetem Geld erbaut. Straus, eines der Vorstandsmitglieder der JAES, war Aaronsohn nach Palästina gefolgt, um die Früchte so vieler Mühen selbst in Augenschein zu nehmen. Hadera sollte eine von mehreren neuen Zweigstationen werden, die den bislang durch ein schlechtes Straßennetz behinderten Palästinasiedlern ortsbezogene, aktuelle wissenschaftliche Informationen lieferte, damit sie Krankheiten bei Mensch und Feldfrüchten umgehend bekämpfen konnten. Das Hadera-Labor war speziell dazu gedacht, die Pasteurisierungsmethode zur Bekämpfung der Tuberkulose zu nutzen. Aaronsohn brauchte also jemanden, der genauso wie er selbst umherreisen und die Einrichtungen leiten konnte. Seine Wahl fiel auf Absalom Feinberg.

Eine Jugendliebe

Er war in Palästina geboren und stammte von russischen Intellektuellen ab, die sich der ersten *Alija* von 1882 angeschlossen und in Rishon Le Zion gesiedelt hatten. Israel Feinberg, Absaloms Vater, hatte eine Protestbewegung gegen die engstirnigen Mitglieder des Gemeindekomitees angeführt und war – genau wie Aaronsohn in Metullah – aufgrund erfundener Anklagen verurteilt, ausgestoßen und zum Gehen aufgefordert worden. Feinberg und seine Frau hatten ihre Sachen gepackt und waren die Küste entlang nach Süden gezogen. Sie hatten sich in Gadera niedergelassen, einem ariden Landstrich im Herzen dessen, was im Altertum einmal das Land der Philister gewesen war. Israel

Absalom Feinberg, Aaronsohns treuer Schüler, 1914

Feinberg war ein echter praktischer Zionist, und als man ihn bat, bei der Errichtung einer kleinen Siedlung in der Sharon-Ebene zu helfen, zog er mit seiner Familie nach Hadera. Dieses sumpfige Gebiet lag 25 Kilometer von Zichron entfernt an der Küstenstraße nach Jaffa und wurde von Anopheles-Mücken heimgesucht. In Hadera begegnete Aaronsohn Israel Feinberg zum ersten Mal, und die beiden Männer stellten bald fest, daß sie viel gemeinsam hatten. Ihre Abneigung gegen die offiziellen Vertreter des Barons de Rothschild war genauso groß wie ihrer beider Liebe zum historischen Palästina. Israel Feinberg hatte seinen Sohn Absalom in die Obhut des örtlichen Scheichs gegeben, damit dieser ihn in den arabischen Traditionen und im korrekten Gebrauch des Arabischen unterrichtete. Er stellte sich dabei geschickt an, und der Bibelunterricht, den ihm Meier Belkind, sein Großvater mütterlicherseits, erteilte, verschaffte ihm eine breite Bildungsgrundlage. Mit 15 Jahren schickte man ihn nach Frankreich, wo er seine Ausbildung abschloß. Als er vier Jahre später nach Hadera zurückkehrte, war er durchdrungen von dem Wunsch, die Türken zu stürzen und in Palästina einen jüdischen Staat unter dem Schutz einer europäischen Großmacht zu gründen. Ein Mann mit dieser Einstellung und Vorbildung bot sich in Aaronsohns Augen als Leiter des neuen JAES-Labors geradezu an. Als er dem mit 21 Jahren relativ jungen Absalom Feinberg die Stelle anbot, reagierte dieser mit der ihm eigenen Begeisterung. Er erwies sich bald als leidenschaftlicher Anhänger des JAES-Gedankens und von allem, wofür die Station stand. Zudem besaß er alle Eigenschaften eines großen Pioniers. In seiner Zeit bei den Arabern war er zu einem hervorragenden Reiter geworden, und seine Treffsicherheit mit dem Gewehr war legendär. Ende 1913 verkörperte Absalom Feinberg für Araber und Juden gleichermaßen die neue Generation der in Palästina geborenen Zionisten.

Zuerst aber trat er in das Leben der Aaronsohn-Schwestern Sarah und Rivka. Auf einem Ball an Purim in Zichron Ya'acov verguckte er sich in die ältere der beiden. Daraufhin verließ Feinberg an den langen, heißen Sommerabenden seine Station in Hadera und ritt nordwärts zum Haus der Aaronsohns in Zichron, von wo Sarah ihn häufig auf dem Ritt zurück hinunter zur Küste begleitete. Tantura mit seinem Naturhafen und ruhigen Wasser war ein beliebter Treffpunkt für junge Leute, ebenso wie die Ruinen der Burg Atlit und des alten Cäsarea weiter südlich. 1913/14 durchlebten die beiden eine kurze romantische Phase. Doch obwohl, von außen betrachtet, alles auf eine Heirat hinauszulaufen schien, wurde aus ihrer Beziehung nie mehr als eine enge Freundschaft. Sarah Aaronsohn zögerte, und infolgedessen wandte Feinberg seine Aufmerksamkeit bald einer anderen zu. Rivka Aaronsohn war zwei Jahre jünger als Sarah und trug all die Minderwertigkeitskomplexe einer Nachgeborenen mit sich herum, die im Schatten einer weltgewandten und erfahrenen großen Schwester steht. Zu dieser Rivalität kamen noch die strengen Sitten der damaligen jüdischen Gesellschaft. Rivka durfte den Avancen Feinbergs erst dann nachgeben, wenn Sarah als die Ältere verheiratet war. Doch während dieser Familienkonflikt im Jahr 1914 weiterschwelte, beschlossen die männlichen Mitglieder der Aaronsohns, es sei an der Zeit, sich eines dringlicheren und viel schwerer wiegenden Problems anzunehmen.

Seit einigen Jahren schon sah der Ältestenrat der Gemeinde Zichron deren Sicherheit immer stärker bedroht. Aufgrund der wachsenden Einwandererzahl verstärkten sich die Ressentiments der arabischen Bevölkerung gegenüber den jüdischen Siedlern. In Haifa und Jaffa erschienen Artikel in antizionistischen Zeitungen, die gegen den Verkauf von arabischem Land an Juden protestierten, und gefährdeten die ohnehin heikle Balance eines bereits schwer belasteten Bevölkerungsgleichgewichts zusätzlich. In Zichron Ya'acov hatte man zwar im großen und ganzen gute Beziehungen zu den Nachbarn gepflegt, doch da die Presse nun tagtäglich an den arabischen Stolz appellierte, ließ sich die allgemeine Verschlechterung der arabisch-jüdischen Beziehungen kaum aufhalten. Der unangenehme Zwischenfall mit Aaronsohns Thuja- und Maulbeersträuchern kurz vor seiner Abfahrt nach Amerika galt in den Augen der übrigen Familienmitglieder als Warnsignal, daß die Sicherheit ihrer Gemeinde künftig nicht mehr dem Zufall überlassen bleiben durfte. Überdies gingen Anfang 1914 Gerüchte um, wonach es arabische Räuber in der Gegend von Zichron auf schlimmeren

Schaden, diesmal an jüdischem Leib, Leben und Eigentum, abgesehen hätten.

Die zionistische Besiedlung entwickelte sich entlang des Küstenstreifens von Jaffa nach Haifa und von Haifa ins Landesinnere auf das Südende des Sees Genezareth zu. Mittlerweile waren viele Kibbuzim zum Ziel bewaffneter Übergriffe geworden, die der türkische Beamten- und Polizeiapparat geflissentlich übersah. Auch die jüdische Siedlung Hadera, der Standort von Aaronsohns neuem Labor und von Feinbergs Haus, hatte neuerdings unter Überfällen zu leiden. Willkürliche Gewehrfeuersalven auf die Randbezirke sollten die Landarbeiter von der Feldarbeit abhalten.

Die Gewerkschaft der sozialistischen Kibbuzim hatte bereits Schritte zur Abwehr solcher Übergriffe unternommen und die *Haschomer Hazair*, eine Wachmannschaft, aufgestellt. Diese entwickelten sich im Lauf der Zeit zu der inoffiziellen jüdischen Streitmacht der *Hagana*, dem Vorläufer der schlagkräftigen modernen Israeli Defense Force. Aaronsohn dagegen hatte wenig Zeit oder Geduld für die administrativen Aktivitäten der jüdischen Siedlerschaft übrig und sah in der Aufstellung der Haschomer eine unnötige Reaktion auf eine gescheiterte Integrationspolitik gegenüber den Arabern. Für seinen jüngeren Bruder Alex hingegen bedeutete die Schaffung einer solchen Miliz, daß das unabhängige Zichron schutzlos war, und er schritt mit typisch Aaronsohnscher Entschlossenheit zur Tat. Zichron Ya'acov und die JAES hatten bisher auf den Schutz einheimischer arabischer Wächter vertraut. Nun schlug Alex Aaronsohn, begeistert unterstützt von Absalom Feinberg, die Gründung einer eigenen Miliz vor, die in die arabische Schutztruppe eingegliedert werden sollte. Auf diese Weise würden sie sowohl von einer verstärkten Sicherheit als auch vom örtlichen arabischen Nachrichtendienst profitieren. Da Alex wußte, daß der Ältestenrat von Zichron einem solchen Ansinnen mit Mißtrauen begegnen würde, wenn es von einem Aaronsohn vorgetragen wurde, beschloß er, seine neue, ausgewählte Truppe vor der

Mehrheit geheimzuhalten. So entstanden die *Gideoniten*, benannt nach dem alttestamentarischen Helden, der die Midianiter mit einer Überraschungstaktik in die Flucht geschlagen hatte. Die Gideoniten sollten im bevorstehenden Weltkrieg den Kern von Aaronsohns Spionagenetz bilden.

Unter Alex Aaronsohns Kommando gingen sie regelmäßig in Zichron Ya'acov und Umgebung auf Streife. Alex schlug seinem Bruder vor, die Station in Atlit, die ja an einer strategisch wichtigen Küstenstraße lag, in die Überwachung mit einzubeziehen. Vom Balkon des Stationshauses konnte ein Beobachter alle Bewegungen türkischer Militärpatrouillen auf der Straße nordwärts nach Haifa und südwärts nach Jaffa verfolgen. Aaron gab sein Einverständnis. Schließlich lag die JAES höchst exponiert und hatte keinen natürlichen Schutz gegen Gewehrfeuer. Da ihre lange äußere Grenzlinie nur durch einen dreifachen, einen Meter hohen Stacheldrahtzaun markiert wurde, der Tiere, nicht aber Menschen abwehren sollte, war die Präsenz der Gideoniten in Zeiten sich verschärfender Konflikte durchaus angeraten.

Eine jüdische Privatmiliz vor ihrer Nase hätte die örtlichen türkischen Behörden jedoch mit Sicherheit alarmiert. Es war daher unbedingt erforderlich, ihre Existenz nicht nur vor der Mehrheit der unbeteiligten Siedler, sondern auch vor den Türken zu verbergen. Patrouillengänge fanden nur in der Dunkelheit statt, wenn sich die Gideoniten frei und ohne Furcht vor Beobachtung bewegen konnten. Da die Mitglieder in der Gegend aufgewachsen waren, kannten sie das Gelände wie ihre Westentasche. Auch auf ein Zusammentreffen mit arabischen Banden, die Böses im Schilde führten, waren sie wohl vorbereitet. Seit mehreren Jahren schon fanden unauffällige, leichte Pistolen und Revolver den Weg in jüdische Hände. Den Besitz von Jagdflinten gestatteten die türkischen Behörden. Die meisten dieser langläufigen Schußwaffen waren alte Perkussionsgewehre, manche jedoch besaßen schon ein Magazin für Metallpatronen, etwa das Martini-Henry-Gewehr, das Aaronsohn bei seinen Expeditionen in Palästina gerne benutzt hatte. Wenn die Munition knapp wurde, war das Magazin im Gelände oder am Küchentisch mit wenigen Utensilien relativ leicht wiederzubestücken. Dieser Vorteil verschaffte der kleinen Gideonitentruppe eine gewisse logistische Autonomie. Die türkische Armee hatte nämlich kürzlich die Repetierbüchse der Firma Mauser aus dem deutschen Oberndorf eingeführt. Einige dieser weittragenden Gewehre waren auch an die türkischen Truppen in Palästina verteilt worden. Da sie jedoch ausschließlich das osmanische Militär benutzen durfte, bezahlten Juden für den Besitz dieser Waffe mit dem Leben.

Wie alle wohlgehüteten Geheimnisse sickerte die Neuigkeit von der Existenz der Gideoniten bald durch, und die Arbeiterzeitung für den *Jischuw*, die Organisation aller jüdischen Siedler, startete eine aggressive Diffamierungskampagne gegen Zichron Ya'acov und seine »Privatarmee«. Diese Kampagne richtete sich auch gegen Aaron Aaronsohn und die JAES, obwohl er und seine Station zu dieser Zeit nicht direkt an den Aktivitäten seines Bruders und der Gideoniten beteiligt waren. Das Ganze entfachte unglücklicherweise weitere lokale Eifersüchteleien, die sehr schädlich für die Gemeinde waren. Alex Aaronsohns Männer kannten jeden Weg und Steg im Bezirk, so daß sie im Falle einer Razzia der Türken sich und ihre Waffen rasch verstecken konnten. Sie entwickelten ein System von Codewörtern zur Übermittlung von Botschaften und – als junge Leute mit einem Hang zum Melodramatischen – ein Aufnahmeritual. Auf diese Weise gelang es ihnen, ungewollte Aufmerksamkeit seitens der türkischen Polizei zu vermeiden und ihre eigene Existenz sicherzustellen. Für Aaron Aaronsohn jedoch waren die möglichen Konsequenzen weitaus gefährlicher. Er hatte viel mehr zu verlieren, da er als Verantwortlicher für die Station den Treuhändern Rede und Antwort für mittlerweile recht hohe Investitionen stehen mußte. Die Türken konnten ihn nach Lust und Laune zum Aufgeben zwingen. Er mußte rasch handeln und sich neu mit der örtlichen Obrigkeit arrangieren. Er mußte ihr in Erinnerung rufen, daß sein Betrieb unabhängig war und auf wissenschaftliche Ergebnisse abzielte, die unbezweifelbar nicht nur jüdischen, sondern auch arabischen Bauern nützten.

Es erschütterte ihn daher um so mehr, als die jüdische Zeitung ihm berufliches Fehlverhalten vorwarf. Der Hauptvorwurf lautete, seine Entdeckung der »Mutter des Weizens« könne nicht allein auf seiner wissenschaftlichen Detektivarbeit im Gelände beruht haben. Außerdem sei seine Versuchsstation nur das Nebenprodukt eines teuren Betrugs. Wie manche Stimmen im jüdischen Gemeinwesen meinten, nichts anderes als eine Konkurrenz zur Siedlerbewegung, dazu bestimmt, dem Gros der zionistischen Landwirtschaft Geld und internationale Investitionen wegzunehmen. Solche Verleumdungen durfte man nicht auf die leichte Schulter nehmen. Doch Aaronsohn beschloß, sie nicht zu beachten, wohl wissend, daß eine verbale Auseinandersetzung mit einer Zeitung nur weitere schädliche Artikel nach sich gezogen hätte.

In dieser unruhigen Zeit starb Aaronsohns Mutter. Die älteste Schwester Sarah übernahm vorerst den Haushalt in Zichron. Im Winter 1913/14 stellte man sie einem reichen jüdischen Kaufmann aus Konstantinopel vor, der in Zichron Ya'acov zu Besuch war. Die daraus resultierende Verbindung beruhte nicht auf Liebe, löste jedoch ein großes Problem. Sarah Aaronsohn setzte ihre jüngere Schwester Rivka von ihrer Verlobung in Kenntnis und schlug ihr vor, Absalom Feinberg zu ehelichen und so der Familie doppelten Grund zum Feiern zu geben. Doch Rivka weigerte sich verärgert. Wenn sie heirate, dann solle das allein ihr Fest werden. Sarahs Hochzeit wurde daher für das Frühjahr 1914 festgesetzt und fand im März statt. In die Feier aber mischte sich auch viel Trauer. Sarah, die mittlerweile zum Mittelpunkt der Familie geworden war, saß auf gepackten Koffern, und im Morgengrauen des folgenden Tages verließ sie mit ihrem frischgebackenen Ehemann Zichron Ya'acov in einer Kutsche, um in der Hauptstadt des Osmanischen Reiches ein neues Leben anzufangen. Schon unmittelbar nach ihrer Abreise merkte Absalom Feinberg, wie sehr sie ihm fehlte. Niemals wollte er Rivka heiraten. Er liebte Sarah, und jetzt schien sie ihm unwiederbringlich verloren. Die beiden begannen, einander heimlich zu schreiben, und Absalom öffnete ihr zum ersten Mal sein Herz: »Du kannst Dir nicht vorstellen, was wir uns selbst früher nicht vorgestellt haben, wieviel von meinem Herzen Du mitgenommen hast, als Du fortgegangen bist ... Wir zwei, die wir zurückgeblieben sind [Rivka], rücken zusammen und versuchen zu vergessen, doch jemand fehlt, fehlt.«[1]

In den letzten Monaten des Jahres 1914, in denen Frieden auf der Welt herrschte, ging das Leben in Zichron Ya'acov und in den Stationen Atlit und Hadera weiter seinen gewohnten Gang. Absalom Feinberg stürzte sich mit noch größerem Eifer in die Arbeit, um seinen Kummer zu betäuben, und auch Aaron Aaronsohn gab ihm viel zu tun. Überdies warteten nach der Erfüllung der täglichen landwirtschaftlichen Pflichten stets noch die Aktivitäten der Gideoniten. Ende Juni ging Dr. Harry Friedenwald, ein bedeutender Augenarzt und Mitglied der einflußreichen jüdischen Gemeinde von Baltimore, mit seiner Frau Birdie und seinem Sohn Jonas im Hafen von Haifa an Land. Die Friedenwalds reisten zum zweiten Mal nach Palästina. Die türkischen Behörden hatten ihm für einen begrenzten Zeitraum erlaubt, als Arzt zu praktizieren. Aaronsohn hatte die Familie bei deren erstem Besuch 1910 in Atlit kennengelernt und die Bekanntschaft erneuert, als er 1913 durch die Staaten reiste. Friedenwald hatte auch Richter Julius William Mack behandelt und war eng befreundet mit Henrietta Szold. So war der Grundstein einer Bindung an die JAES gelegt. Bei ihrer Ankunft in Tel Aviv staunten die Friedenwalds, wie sehr die Stadt während ihrer dreijährigen Abwesenheit gewachsen war – der praktische Zionismus, so schien es ihnen, schuf sich eine eigene Hauptstadt. Doch trotz der wachsenden Zahl von Häusern, Läden und Schulen herrschte noch immer ein gravierender Mangel an medizinischen Einrichtungen.

Das JAES-Mitglied Nathan Straus hatte nicht nur den Aufbau des von Absalom Feinberg geleiteten Labors in Hadera finanziert, sondern ließ auch ein Health Bureau einrichten. Zudem stellte er Mittel für eine Klinik in Jerusalem zur Verfügung, die speziell das durch Parasiten übertragene Trachom und die ansteckende Sommer-Bindehautentzündung bekämpfte, zwei Plagen, die jährlich Hunderte Kinder und Erwachsene teilweise oder vollständig erblinden ließen. Dr. Friedenwald trat also eine Busreise an – eine zermürbende Tour durch die Krankenhäuser und Kibbuzim quer durch Palästina, um Patienten zu operieren und seine Ärztekollegen zu beraten. Der allgemeine Stand der medizinischen Versorgung in Palästina erwies sich als desolat. Die Masse der arabischen Bevölkerung besaß kaum Geld, um auch nur die allereinfachsten Dienste in Anspruch zu nehmen, und aufgrund der schlechten hygienischen Verhältnisse suchten immer neue Ruhrepidemien das Land heim. Doch man bemühte sich, und Dr. Friedenwald wurde bald klar, daß die Juden in Palästina die medizinische Versorgung nicht als einzige voranzubringen suchten. In Gesprächen mit dem Leiter des Straus-Büros in Jerusalem erfuhr er von den gemeinsamen Bemühungen, die unter deutscher Leitung im International Health Bureau stattfanden. Diese Organisation hatte die medizinische Forschung mehrerer Institutionen zusammengeführt: die der beiden Straus-Einrichtungen gegen Trachom und Malaria, die des von Straus finanzierten und von Absalom Feinberg geleiteten Pasteurisierungslabors in Hadera und die eines von Deutschen betriebenen Instituts zur Malariabekämpfung, das der muslimischen und der christlichen Bevölkerung zur Verfügung stand. Dr. Friedenwald stellte aber bald fest, daß in »seinem« Büro nicht alles zum Besten stand. Seinen jüdischen Arztkollegen zufolge beanspruchten die Deutschen die Anerkennung für die Erkenntnisse des Büros für sich alleine. Diese vermeintliche Zurücksetzung durch die Deutschen verschlimmerte sich noch mit dem Erscheinen eines Buches von einem deutschen Mediziner.[2] Er war nach Palästina gekommen, um die Tuberkulose zu erforschen, und zu dem Schluß gelangt, daß die Ausbreitung der Krankheit auf spezielle Lebensgewohnheiten der Juden zurückzuführen sei. Diese böswillige antisemitische Propaganda wirkte dem allgemeinen Gefühl der Isolation der jüdischen Ärzteschaft natürlich nicht gerade entgegen.

Solcherart auf die jüdischen Siedler zielende Attacken kamen nicht nur von der medizinischen Fachpresse. Entlang der Mittelmeerküste von Beirut im Norden bis nach Jaffa im Süden wurden nun regelmäßig antizionistische Zeitungen verbreitet. Im Mai und Juni entstanden antizionistische Vereinigungen in Jerusalem, Jaffa, Haifa, Beirut und Konstantinopel. Die britischen Gouverneure von Ägypten wußten ebenfalls, daß die arabische Bevölkerung von Kairo dazu aufgerufen wurde, gegen die Verbreitung von Siedlungen in Palästina zu protestieren – das erste Zeichen panarabischer Verärgerung über die zionistische Expansion in Palästina. Unternahm man nichts dagegen, konnte sich der Groll der arabischen Bevölkerung leicht ausbreiten und die Position der Briten als Herren Ägyptens und des Suezkanals bedrohen. Jedoch lenkte die sich verschärfende Krise in Europa das Augenmerk der nahöstlichen Presse und der Massen zumindest zeitweise von den Problemen vor Ort ab.

Im letzten Friedensmonat setzte Harry Friedenwald seine Arbeit fort. Nachdem er alles ihm Mögliche getan hatte, beschloß er, sich mit Frau und Sohn eine Ruhepause zu gönnen, bevor er nach Norden ins Hochland von Galiläa weiterreisen wollte, um einige der entlegeneren jüdischen Siedlungen aufzusuchen. Er, seine Frau Birdie und sein Sohn Jonas blieben eine Nacht im Haus von Dr. Arthur Ruppin und nahmen dann ein Schiff von Jaffa nach Haifa. Auf dieser Tagesreise konnten die Friedenwalds die Küste betrachten und zugleich die Unbequemlichkeit der Fahrt auf der schlechten Küstenstraße zwischen den beiden Städten vermeiden. Als sie das Schiff verließen, nahmen Aaron, Alex und Rivka Aaronsohn sie in Empfang. Und bei Dr. Friedenwalds Abreise ins nördliche Landesinnere begleiteten sie Jonas und seine Mutter bis Atlit. Alex und Rivka setzten Aaron bei der JAES ab und nahmen ihre Gäste mit ins Haus der Familie nach Zichron Ya'acov.

Die Ereignisse des folgenden Tages sollten aufregend werden. Alex Aaronsohn hatte seinen Gideoniten befohlen, in einen seit langem schwelenden Streit zwischen einem örtlichen arabischen Stammesführer und den jüdischen Siedlern von Hadera einzugreifen. Das Problem war typisch für den Konflikt, der auch heute noch die arabisch-jüdischen Beziehungen in Palästina kennzeichnet:

Ali Effendi, der arabische Scheich, hatte Einwände gegen den Anspruch der Siedler auf ein bestimmtes, an die Siedlung Hadera angrenzendes Stück Land erhoben. Die Juden von Hadera waren vor Gericht gezogen, doch die Mühlen der osmanischen Justiz mahlten in solchen Fällen sehr langsam und verbrauchten viel Geld. Ein Jahr lang war nichts entschieden worden. So beschlossen die Siedler, die Sache selbst in die Hand und das umstrittene Feld unter den Pflug zu nehmen. Die Araber reagierten darauf mit einem wütenden Angriff auf die pflügenden Siedler. Während der Auseinandersetzung hatten die Haschomer zu den Waffen gegriffen und einen der Angreifer erschossen. Jetzt erhoben die türkischen Behörden Anklage wegen Mordes gegen 18 Männer aus Hadera. Um der für den folgenden Tag drohenden Verhaftung zu entgehen, mußten sie im Schutz der Dunkelheit fliehen und in der jüdischen Gemeinde Jaffas untertauchen.

Durch den Verlust von 18 Arbeitskräften aber war die Kolonie unterbesetzt, und Absalom Feinberg hatte die anderen Gideoniten gebeten, ihn bei der Lösung dieser Krise zu unterstützen. Sie überredeten Jonas Friedenwald, sich ihnen anzuschließen und Zeuge der einheimischen Rechtssprechung zu werden. Als der von Alex Aaronsohn geführte Gideonitentrupp das Haus des Scheichs betrat, um über ein Blutgeld zu verhandeln, geleitete man sie aufs Dach. Hier begann das eigentliche Feilschen. Die Ehre verpflichtete Alex und seine Schar, mehrere Tassen des angebotenen Kaffees zu trinken und darauf zu warten, daß der Effendi sich zu ihnen gesellte. Als dies endlich geschah, forderte er das umstrittene Stück Land als Gegenleistung dafür, die Mordanklage zurückzuziehen. Es war sieben Uhr abends, und die Gideoniten hatten fast den ganzen Tag auf dem Dach des Hauses ihres Gastgebers gewartet und nichts zu sich genommen als bitteren Kaffee. Sie kapitulierten und erklärten sich einverstanden. Da hakte der Effendi, ihre Schwäche nutzend, nach und verlangte ein weiteres Stück Land, das sich im legalen Besitz der Juden befand. Als die Gideoniten dies auf der Stelle ablehnten, forderte der Effendi seine Gäste wütend zum Gehen auf. Absalom Feinberg, vertraut mit den arabischen Sitten, reagierte zornig auf diese Verletzung der Etikette, sprang auf, riß das Pistolenhalfter aus der Aktentasche, in der er es verborgen hatte, und schnallte es sich um. Sofort schlug die Stimmung um, man beglückwünschte die Gideoniten zu ihrem weisen Entschluß und lud sie zum Abendessen ein, um die Übereinkunft verbindlich zu machen. Kurz vor Mitternacht verabschiedeten sich die Gideoniten und sattelten ihre Pferde für den Heimweg. Feinberg ritt südwärts nach Jaffa, um den jüdischen Flüchtlingen aus Hadera mitzuteilen, daß der Fall erledigt sei und sie in einigen Tagen ungefährdet in die Siedlung zurückkehren könnten. Auf dem Weg heim nach Zichron Ya'acov kauften Alex Aaronsohn, Jonas Friedenwald und die übrigen in einem Beduinenlager eine Wassermelone, um ihren brennenden Durst nach dem vielen Kaffee zu löschen, und kamen endlich kurz nach ein Uhr morgens zu Hause an.

Während der Sohn der Friedenwalds die Exzesse der vergangenen 24 Stunden im Komfort des Aaronsohnschen Hauses ausschlief, war Aaron zu einem Treffen mit dessen

Vater Harry in Haifa aufgebrochen. Der Doktor hatte nicht weniger Strapazen hinter sich als sein Sohn – er hatte seine Tour durch die Kolonien im Norden abgeschlossen und in Tiberias und Zefat besonders viel gearbeitet, weil auf die Nachricht von seiner Ankunft hin viele Kranke in der Hoffnung auf Behandlung zusammengeströmt waren. Erleichtert sah er, daß er von einer Kutsche mit einem guten Pferd abgeholt wurde, ein Luxus, der ihm erlaubte, auf der Reise südwärts nach Atlit die Schönheit der Küstenlandschaft zu genießen. Nach der Ankunft auf der Station überließ Aaronsohn Dr. Friedenwald der Obhut seines jüngeren Bruders Sam, der seinen geehrten Gast auf dem Gelände herumführte. Der wiederum staunte nicht schlecht über die in den drei Jahren seit seinem letzten Besuch gemachten Fortschritte. Der öde, mit Stacheldraht eingezäunte Streifen Land, den er im Gedächtnis hatte, war zu einer echten Versuchsfarm geworden, die blühte und gedieh. Die Reben trugen vielfältige, qualitativ hochwertige Tafeltrauben, und die Felder mit Maulbeersträuchern und Urweizen standen in vollem Wuchs und strotzten vor Gesundheit.

Aaron Aaronsohns erfolgreiche ökologische Anbaumethoden beschränkten sich nicht auf seine Obstplantagen, Weinberge und Weizenfelder. Harry Friedenwald sah, daß auch die Zuckermaispflanzen aus dem Saatgut des US-amerikanischen Landwirtschaftsministeriums doppelt so dicke Kolben wie in seinem Heimatland trugen. An den beiden nächsten Tagen genoß Friedenwald die Annehmlichkeiten von Tantura. Dann ritt er hinunter nach Hadera, um sich die Orangenplantagen und Olivenhaine anzusehen, die er kürzlich für die Siedler der Kolonie gekauft hatte. Die Orangenbäume waren noch nicht ausgewachsen, doch er zeigte sich zuversichtlich, daß sie in ein paar Jahren wertvolle Ernten für die Siedler tragen würden. Unterdessen war auch Aaron Aaronsohn, angespornt von den nächtlichen Aktivitäten in Hadera, gekommen, um seinen Bruder und die Gideoniten zu unterstützen. Er sprach auf einer öffentlichen Versammlung junger Siedler in Bat

Yam, einem Vorort des rasch wachsenden Tel Aviv, und forderte, unterstützt von Absalom Feinberg und seinem Bruder Alex, zum Widerstand gegen die Türken aus moralischen Gründen auf. Dies war das erste Anzeichen seiner Unzufriedenheit mit dem anhaltenden Zustand der Gesetzlosigkeit und der eklatanten Korruption, der seit der Ankunft seiner Eltern 1882 in Palästina herrschte und die Juden oftmals zu leichten Zielen machte.

Der JAES-Leiter setzte jetzt die Zukunft der Station offen aufs Spiel, glaubte jedoch die nötige Erfahrung zu besitzen, um mit allen Launen der osmanischen Unterdrücker fertig zu werden. Die Gideoniten hatten – trotz ihrer nicht gerade reifen Art und Weise, für Recht und Ordnung zu sorgen – bewiesen, wie vorteilhaft es war, eine Position der Härte und Stärke zu demonstrieren.

Zu der Zeit, als Aaronsohn seine Rede beendet hatte, waren die Friedenwalds wieder zurück in Jerusalem, um sich endgültig von ihren Freunden und Arztkollegen zu verabschieden. Es war ein unheilvoller Augenblick, in dem sie das Gelobte Land verließen. Am 3. August 1914, dem Morgen ihrer Abfahrt zum Hafen von Jaffa, weckte man sie früh und berichtete ihnen, die türkische Armee habe alle Pferde und Esel in der Stadt beschlagnahmt. Außerdem erfuhren sie von französischen und britischen Truppenaufmärschen in Westeuropa gegen eine an der Grenze zu Belgien zusammengezogene deutsche Streitmacht. Der deutsche Kaiser hatte einige Tage zuvor den Einmarsch auf belgisches Territorium befohlen, und seit dem 2. August lief die deutsche Generalmobilmachung über ein gut organisiertes Eisenbahnnetz wie am Schnürchen. Einmal in Gang gesetzt, waren diese Truppenbewegungen auf der Schiene nicht mehr aufzuhalten, der Krieg in Europa war nunmehr unvermeidlich. So machten sie sich zu Fuß zum Hafen von Jaffa auf. Unterwegs suchte Dr. Friedenwald noch schnell die Zentralbank auf, wo er glücklicherweise einen Scheck einlösen konnte, denn kurz darauf kam die telegrafische Anweisung an alle

Bankniederlassungen, keine Auszahlungen mehr auf Schecks und Kreditbriefe zu leisten. Sie bestiegen das französische Schiff *Caledonia* mit Zielhafen Marseille. Vorher lief es noch Port Said an, um französische Rekruten aufzunehmen. Die Friedenwalds saßen an Bord der *Caledonia* fest, während sie im Außenhafen lag und auf die Auslaufgenehmigung wartete. Das mögliche Auftauchen der deutschen Kriegsschiffe *Goeben* und *Breslau* im östlichen Mittelmeer verlangte Wachsamkeit, und erst als die beiden Marinekreuzer im Hafen von Konstantinopel durch eine Blockade festgehalten wurden, erlaubte die Hafenverwaltung von Port Said die Abfahrt.

Die Friedenwalds gelangten sicher nach Marseille und fuhren mit dem Zug nordwärts weiter nach Paris, bevor sie nach England übersetzten. Am 30. August schrieb Dr. Friedenwald von seinem Hotel in London aus an Freunde in den Vereinigten Staaten: »Hier gibt es wenig, das einen an den Krieg erinnert, außer den Soldaten, auf die man ständig trifft, und den großen roten Plakaten, die dazu aufrufen, sich zum Militär zu melden. Es scheint nicht so, als sei den Engländern der Ernst dieses Krieges schon voll bewußt, obwohl er eine Krise darstellt, die die größte Veränderung in der europäischen Geschichte und Geographie seit dem Mittelalter herbeiführen könnte, wenn Länder Tausende und Abertausende ihrer besten jungen Männer opfern müssen, wenn Städte von der Landkarte gefegt werden. Und all das tun Nationen, zu denen die Welt als den zivilisiertesten und kultiviertesten aufgeblickt hat. Vielleicht wird so offensichtlich, was diese sogenannte Zivilisation bedeutet, daß sie nur ein dünner Überzug ist, und wenn man daran kratzt, kommt der Tartar zum Vorschein.«[3]

Vor ihrer Abfahrt nach Rotterdam, von wo aus sich die Friedenwalds nach Amerika einschiffen wollten, traf Harry in London mehrere führende Zionisten, darunter auch Chaim Weizmann. Dieser hart arbeitende, aus Rußland stammende Wissenschaftler hatte sich 1904 in Manchester niedergelassen. Seit 1905 war er Mitglied des Zionist General Council und hatte als eine seiner ersten Aufgaben das Uganda-Angebot der britischen Regierung geprüft. 1906 hatte er bei einer Begegnung mit Arthur James Earl of Balfour den politischen Samen für die britische Unterstützung einer jüdischen Heimstätte in Palästina gelegt. Im Jahr darauf gelang es ihm, in der englischen Zionist Federation den praktischen Zionisten zu einem Etappensieg zu verhelfen.

An einem Tisch in *Cohen's Restaurant* in Houndsditch, bekannt als das »koschere Ritz«, berichtete Dr. Friedenwald einem politisch interessierten Publikum von seinen Palästina-Eindrücken und den erschwerten Bedingungen, denen sich die Kolonisten jetzt nach Kriegsausbruch ausgesetzt sahen. Dies waren schlimme, wenn auch nicht ganz unerwartete Nachrichten, insbesondere für Weizmann, der einen Großteil der vergangenen fünf Jahre darauf verwendet hatte, seine Kontakte zur britischen Regierung auszubauen. Am Ende des Essens beschloß man die Bildung eines provisorischen Komitees, um die Anstrengungen der britischen und amerikanischen Zionisten für die gemeinsame Sache, die Unterstützung Palästinas in Kriegszeiten, zu vereinigen. Harry Friedenwald versprach, nach seiner Rückkehr in die Staaten für das gemeinsame Unternehmen zu werben, Chaim Weizmann sollte weiter seinen Einfluß in Großbritannien geltend machen.

1914 war Weizmann bereit, einen Schritt weiter zu gehen als seine Föderation und offen seine Überzeugung auszusprechen, daß sich der Zionismus, wollte er überleben, im Nahen Osten auf die Seite Großbritanniens schlagen müsse – ein Schluß, zu dem schon Theodor Herzl ein Jahrzehnt früher gekommen war. Zwei Monate nach dem Essen in *Cohen's Restaurant* beschloß Weizmann also, sich hinter den Kulissen für seine Überzeugung einzusetzen. Er bat um ein Treffen mit Sir Herbert Samuel, einem einflußreichen jüdischen Mitglied des britischen Kabinetts, der ähnliche Anschauungen vertrat. Weizmanns Entscheidung erhielt zusätzlichen Anschub durch den Kriegseintritt der Türken an der Seite Deutschlands im November 1914. Zweifelsohne trug auch Harry Friedenwalds Bericht über die Zustände in Palästina zu diesem historischen Schritt Weizmanns bei. Später sollte Samuel der erste Hochkommissar für Palästina unter britischem Mandat werden und Weizmann der erste Präsident Israels. Aaron Aaronsohn, über den Weizmann von Friedenwald schon viel gehört hatte, war als sein Palästinaexperte auserkoren, doch hier schieden sich die Ziele der beiden ambitionierten Männer. Im Vergleich zu Aaronsohn hatte das »Praktische« an Weizmanns Zionismus strikte Grenzen: Ihm genügte es, dem Zionismus eine Zukunft in völliger Unterordnung unter britische Herrschaft zu schaffen. Aaronsohn hingegen sah vom Kriegsausbruch an die Zukunft des zionistischen Palästina in einer zweiseitigen Beziehung zu den Briten, wobei die Zionisten die Fachleute für den wissenschaftlichen Kern eines unabhängigen, wenn auch dauerhaft mit Großbritannien verbundenen jüdischen Staates stellen sollten.

In dem Monat seit Kriegsausbruch hatten Friedenwalds Gesinnungsgenossen viele Maßnahmen zur Unterstützung ergriffen. Einige Tage vor seiner Rückkehr hatte eine Gruppe amerikanischer Zionisten eine Dringlichkeitskonferenz anberaumt, um ein Provisional Executive Committee for General Zionist Affairs ins Leben zu rufen. Sie fand im New Yorker Hotel *Marseille* statt, und Louis Brandeis wurde zum Vorsitzenden eines zwölfköpfigen Ausschusses gewählt, dem trotz seiner Abwesenheit auch Harry Friedenwald angehören sollte. Am 30. August gab das Komitee eine öffentliche Verlautbarung ab, die seine Absichten skizzierte: »Der Krieg in Europa hat die zionistische Organisation in eine Krise gestürzt. Die Mitglieder unseres geschäftsführenden Ausschusses sind verstreut. Unser Zentralbüro in Berlin ist lahmgelegt. Die Föderationen von England, Deutschland und Österreich sind teilweise oder gänzlich arbeitsunfähig. Die Zionisten dieser Länder sowie Rußlands sind gezwungen, allein und für sich selbst Sorge zu tragen, und Palästina, dem sie bislang in höchstem Maße geholfen haben, ist ihrer Unterstützung beraubt. Die Leistungen einer ganzen Generation sind gefährdet. Die junge jüdische Renaissance im Heiligen Land, das Kind von Leiden und Opfern, sieht sich dem Hungertod gegenüber.«[4]

Schließlich rief diese emotionale Deklaration die Zionisten Amerikas auf, umgehend 100000 Dollar für Palästina zusammenzubringen. Die jüdischen Siedler, die diese Verlautbarung einige Tage später erhielten, begrüßten die leidenschaftliche Rhetorik voll und ganz. Zu diesem Zeitpunkt mußten sie nicht nur mit dem Verlust der direkten politischen Unterstützung aus dem Ausland fertig werden, sondern auch mit rasant steigenden Preisen für Lebensmittel und Treibstoff, Landmaschinen und Saatgut.

Die Initiative des Provisorischen Exekutivkomitees stieß jedoch in Amerika nicht nur auf Zustimmung. Verschiedene amerikanische Zionisten verurteilten den Ton der Deklaration als gefährliche Aufwiegelung gegen die Türken – die schließlich immer noch die Macht in Palästina innehatten –, und die politischen Zionisten sahen in ihr einen unerwünschten Angriff auf die Autorität des etablierter American Jewish Committee, das den National Jewish Congress seit dessen Gründung beherrschte. So setzte eine destruktive interne Spaltung innerhalb der Gruppe der amerikanischen Juden ein, die sich im Verlauf des Krieges vertiefte und unglücklicherweise genau dann am größten war, als die Türkei besiegt am Boden lag. Das jüdische Amerika war tief zerstritten, ob und wie es nach dem Krieg in die Herrschaftsverhältnisse in Palästina eingreifen sollte.

In diesem Winter der Zwietracht blieb die JAES standhaft, und mehr Spenden oder Spendenzusagen als je zuvor flossen aus den Taschen der Treuhänder an Aaronsohn. Louis Marshall, eines der Gründungsmitglieder, fungierte als Präsident des Provisorischen Komitees, und am 10. Oktober konnte er berichten, daß er allein auf den ersten Aufruf hin Schecks über insgesamt 50000 Dollar bei der Bank Kuhn, Loeb & Co. hinterlegt hatte. Da in den ersten Kriegsmonaten der Wert aller Papierwährungen ins Bodenlose gefallen war, mußten die amerikanischen Spendendollars jedoch erst in New York in Gold getauscht und dann nach Palästina geschleust werden.

In Atlit bekam Aaron Aaronsohn die Auswirkungen der Krise ganz real zu spüren. Seine Belegschaft wollte nicht mehr mit Schecks oder in türkischen Piastern bezahlt werden. Als einzige Währung vermochte jetzt Gold den Weiterbestand der Station zu sichern, und im Nahen Osten verbreiteten sich Neuigkeiten, insbesondere von Schätzen, wie ein Lauffeuer. Als Aaronsohn die Gerüchte hörte, daß das amerikanische Schlachtschiff *Tennessee* Haifa erreicht und man die für die jüdischen Siedler bestimmten Goldbarren hatte ausladen können, wußte er, daß seine Position in Atlit weiter geschwächt werden würde, weil seine loyalen arabischen Arbeiter auf Bezahlung in gleicher Münze bestanden.

Er hatte bereits im Interesse der JAES gehandelt und an die Treuhänder in New York geschrieben mit der Bitte, einen Weg für die Überweisung seines Gehalts und seines Budgets in Gold aufzutun – ob legal oder nicht. Am 6. September hatte er folgenden Brief an Henrietta Szold gesandt: »Ich habe Ihnen gestern telegraphiert: ›Envoyez 4000 group or anglais‹ [Schicken Sie 4000 gemischte Goldmünzen oder englische Sovereigns]. Ich hatte erfahren, daß man Gold aus Amerika über Italien bekommen kann ... Im vorigen Brief berichtete ich Ihnen von der Geldknappheit im Lande ... Die hiesigen Banken geben kein Gold mehr aus, die ›Anglo-Palestine Company‹ hat eine Art Papiergeld ausgegeben, doch dieses Papiergeld gilt nur unter den Juden und ist mit enormen Verlusten verbunden ... Bislang war ich in der Lage zu wirtschaften, ohne mich mit Papiergeld zu behelfen, doch jetzt habe ich nur noch 60 Francs in Gold im Tresor. Unsere Mitarbeiter haben seit einem Monat keinen Lohn erhalten. Wir stecken in großen Schwierigkeiten.«[5]

Aaronsohn besaß zwar keinen Einfluß auf den Gang der Ereignisse, glaubte aber zweifelsohne, daß vielleicht nicht alle Treuhänder in ihren New Yorker Büros den Ernst seiner Lage begriffen. Daher fuhr er fort: »Gleich, wie aufwendig es auch sein mag, gelegentlich Gold zu schicken, möchte ich Sie bitten, nicht davor zurückzuschrecken und uns wenigstens 1000 Dollar jeden Monat zu schicken.« Mit dieser letzten Geheimbotschaft sandte er freundliche Grüße, denn er wußte, daß Henrietta Szold alles in ihrer Macht Stehende tun würde, um die Aufmerksamkeit der Treuhänder sofort auf seine Lage zu lenken. In der Zwischenzeit mußte er seine Männer bezahlen. Ansonsten mußte er auf die Loyalität seiner vorwiegend arabischen Belegschaft vertrauen und darauf, daß sie weiterhin Schuldscheine annahm, wenn sein Geldvorrat erschöpft war. Um den unvermeidlichen Arbeitskräfteverlust auszugleichen, entschlossen sich seine Brüder und deren Freunde, ihm im Stationsbetrieb zu helfen.

In Jaffa hatte Benton C. Decker, der Kapitän der *Tennessee*, Mut bewiesen, als er sein Schiff verließ, um 5000 jüdischen Flüchtlingen seinen persönlichen Schutz anzubieten. Infolge der neuen Politik der Türken, unerwünschte Esser loszuwerden, waren sie aus ihren Häusern gejagt und in den Hafen getrieben worden. Ihnen folgte ein wütender muslimischer Mob, der auf blutige Rache für 30 Jahre zionistische Expansion sann. Doch als die Juden auf der *Tennessee* der Küste Palästinas Lebewohl sagten, ließen sie 90000 weitere Siedler zurück. Diese lebten verstreut in einem Land mit einer arabischen Bevölkerung von 500000 Menschen. Hinter diesen stand eine osmanische Regierung, die insgeheim plante, alle verbliebenen Juden in die feindliche Wildnis der Negev-Wüste und darüber hinaus zu vertreiben.

Die Nachricht von dieser Politik verbreitete sich rasch, und um eine Massenvertreibung zu verhindern, beschloß Aaronsohn, die Arbeit der Station und seine eigene Sicherheit einem extremen Risiko auszusetzen: Er wollte sich dem gefürchteten despotischen Herrscher über Palästina und Befehlshaber der vierten türkischen Armee, Djemal Pascha, persönlich entgegenstellen und zugleich heimlich dessen Sturz vorbereiten. Einstweilen besaß er eine Geheimwaffe. Er war der führende Agrarwissenschaftler in Palästina, und zur Jahreswende 1915 litten die dorthin verlegten osmanischen Truppen bereits unter dramatischer Nahrungsmittelknappheit. Und als ob das allein noch nicht ausgereicht hätte, so sollten die Türken bald noch dringender auf sein Fachwissen angewiesen sein. Ohne daß es irgend jemand wußte, braute sich im Sand der Negev und des Sinai eine Heuschreckenplage biblischen Ausmaßes zusammen. Sobald der Wind aus südlicher Richtung wehte, sollten die erwachsenen Insekten ausschwärmen – direkt in Richtung der Weizenanbaugebiete Palästinas, von denen Djemal Pascha seine Vierte Armee im nächsten Kriegsjahr ernähren wollte.

Kapitel 5

»Yom Asal, Yom Basal« – Einen Tag Honig, einen Tag Zwiebeln

Sechs Wochen nach Kriegsbeginn in Europa trat die Türkei an der Seite Deutschlands in den Konflikt ein. Dieser von Kaiser Wilhelm II. maßgeblich mit veranlaßte Schritt erhob die Provinz Palästina zu einer militärisch und strategisch bedeutsamen Front. Für die britische Regierung kam es nicht ganz unerwartet, die Türken zum Gegner zu haben. In den Jahren vor 1914 hatte man wenig dagegen unternommen, daß die Deutschen die Hohe Pforte umwarben. Durch das faktische Bündnis der Türken mit Deutschland bekam die Sache nun jedoch ein ganz anderes Gewicht. Mit einem einzigen Federstrich war das für die britische Abwehr schlimmstmögliche Szenario am Suezkanal Realität geworden. Die türkische Armee war jetzt mit Hilfe der von den Deutschen erbauten Eisenbahnlinie, der deutschen Artillerie und deutschen Militärberatern in der Lage, von der Sinai-Wüste aus einen Angriff auf die Ostseite des Suezkanals zu unternehmen. Damit waren die britische Strategie zur Beherrschung des östlichen Mittelmeeres und zugleich der Schnellweg nach Indien gefährdet. Die britischen Strategen hatten wie ihre europäischen Gegenspieler zwar wenig Zweifel, daß die Teilnahme der Türkei am Weltkrieg dem Osmanischen Reich den Todesstoß versetzen würde. Am 16. September aber teilten britische Diplomaten dem amtierenden Außenminister Großbritanniens, Sir Edward Grey, folgende Einschätzung mit: »Entweder die Türkei wird gegen uns kämpfen, oder die Abrechnung am Tag des Friedens wird so schlimm sein, daß es besser gewesen wäre, sie hätte gekämpft und wäre geschlagen worden.«[1]

Die osmanischen Streitkräfte stellten nun also eine schwere

Bedrohung der alliierten Kriegsziele dar. Darauf, daß der Konflikt an der Westfront nach dem ersten deutschen Vorstoß in Belgien ins Stocken geraten würde, waren die Militärstrategen zu Hause in England nicht gefaßt. Weihnachten 1914 konnte auch der größte Optimist nicht mehr bestreiten, daß dieser Zermürbungskrieg sich eher über Jahre denn über Wochen oder Monate hinziehen würde. Verstärkung für Ägypten und das östliche Mittelmeer konnte daher nur aus Indien und den Dominionien Australien und Neuseeland kommen. Dadurch aber wurde die künftige Sicherheit der Briten im Nahen Osten noch abhängiger vom Suezkanal. Also bereiteten sich die britischen Militärstrategen zu Beginn des Jahres 1915 auf das Schlimmste vor, da sie wußten, daß eher früher als später ein türkischer Heeresverband versuchen würde, den Kanal zu stürmen und Kairo einzunehmen.

Durch die Fensterläden ihres Hauses in Konstantinopel beobachtete Sarah Aaronsohn den Vorbeimarsch der türkischen Soldaten, die Djemal Paschas Vierte Armee in Palästina verstärken sollten. Sie wünschte sich sehnlichst, nach Zichron Ya'acov zurückzukehren. Da ihr Mann dies jedoch verhinderte, hielt sie wenigstens regelmäßigen Kontakt über die osmanische Post. Diese funktionierte dank der von den Deutschen gebauten Eisenbahn als einziges Nachrichtensystem im Osmanischen Reich noch einigermaßen zuverlässig. Anfang des Frühjahrs 1915 hatte Sarah erfolgreich einen Briefwechsel mit ihrer Schwester Rivka in Gang gebracht, mit dem sie geheime Botschaften unter den Briefmarken verschickten.

Ihr Mann war im Herzen ein braver osmanischer Untertan. Sie selbst jedoch empfand keine solche Affinität zu den Türken. Wie sie Rivka schrieb, war sie ihrer selbst und ihres Lebens in Konstantinopel »sterbensüberdrüssig« und fühlte sich »unfähig, auch nur eine Hand zu rühren, um meinem Volk zu helfen«. Und Sarahs Unbehagen war gerechtfertigt. Im Januar hatte sich die Lage in Zichron so sehr verschlimmert, daß die Antwortbriefe ihrer Familie ausblieben. Zudem kursierten erste Gerüchte von der Vertreibung der Juden aus Jaffa.

Türkische Soldaten 1915 auf dem Mount Scopus bei Jerusalem

In den ersten Januarwochen bereitete Djemal Pascha seinen Angriff auf den Suezkanal vor und zog seine Truppen um Beersheba zusammen. Diese alte Handelsstadt lag am Nordrand der Negev-Wüste, etwa 40 Kilometer südöstlich der Hafenstadt Gaza. Zwar vermochte Djemal Pascha eine beträchtliche Streitmacht aufzubieten, doch waren seine Männer unterernährt, schlecht ausgerüstet und miserabel geführt. Deutsche Verbindungsoffiziere waren deshalb in der osmanischen Truppe hochwillkommen. Und auch die Verpflegung stellte weiterhin ein großes Hindernis für den beabsichtigten Vorstoß dar. Zur Behebung dieses Mißstands hatte der türkische Provinzfürst die volle Rückendeckung von Sultan Muhammad V. für die Fortsetzung seiner schonungslosen Politik gegenüber den Juden. Konstantinopel billigte jetzt offiziell den *Jihad* gegen alle Juden und Christen Palästinas. Von türkischer Seite verfaßte Flugblätter kreisten innerhalb der arabischen Bevölkerungsgruppe und verbreiteten Parolen wie: »Schlagt die Christen und Juden, wo ihr sie trefft!« und »Tötet sie, wann immer ihr könnt!«

Djemal Pascha war ein furchterregender Feind des Zionismus. Als enger Verbündeter des türkischen Kriegsministers

Enver Pascha und des Innenministers Tallal Bey kam ihm dieser besondere Jihad sehr entgegen. Er hoffte, so zwei Fliegen mit einer Klappe zu schlagen: Wenn er die jüdischen Siedler vertrieb, konnte er nicht nur deren Ackerland übernehmen und dessen Erzeugnisse seiner Armee zuführen, er beseitigte damit zugleich auch den Hauptreibungspunkt mit der arabischen Bevölkerung in seinem Herrschaftsbereich. Dennoch war sich Djemal Pascha bewußt, daß das, was er vorhatte, zuvor »getestet« werden mußte – nicht an den Juden Palästinas, sondern an den Armeniern Anatoliens. Während türkische Soldaten also letzte Befehle für den staatlich angeordneten Völkermord an den Armeniern erhielten, entschloß sich der türkische Befehlshaber zu einem ersten Schritt, um sich diese jüdischen Störenfriede vom Hals zu schaffen. Er erließ ein neues Gesetz, das den Privatbesitz von Feuerwaffen untersagte, nahm jedoch Angehörige der Polizeiorgane, der Armee und generell die arabische Landesbevölkerung davon aus. Mitte Januar, als die ersten Greueltaten gegen die Armenier stattfanden, trat das Feuerwaffengesetz in Palästina in Kraft.

Aus Angst vor Repressalien drängten die Anführer der jüdischen Siedlungen ihre Mitglieder, absoluten Gehorsam zu leisten und ihre sämtlichen Waffen den Türken zu übergeben. Die Haschomer allerdings, die letztlich für die Verteidigung der Siedlungen verantwortlich waren, weigerten sich meist. Sie folgten dem Beispiel der Gideoniten und versteckten den Großteil ihrer Waffen und Munition in Höhlen oder unterirdischen Lagern. Natürlich wurden sie an die Türken verraten. Mehrere Mitglieder der Organisation, darunter Alex Aaronsohn, wurden in Zichron Ya'acov verhaftet und ins Gefängnis geschafft. Dort versuchten die Türken aus ihnen herauszupressen, wo die Waffen lagen, und setzten sie der »Bastonade«, Prügeln auf die Fußsohlen, aus. Als sie aber auch nach mehreren Tagen Folter den Widerstand ihrer Gefangenen nicht brechen konnten, änderten sie noch einmal ihre Taktik. Jetzt drohten sie, die jungen Mädchen von Zichron zu verhaften und den Soldaten in den türkischen Kasernen von Haifa zum Amüsement zu überlassen. Damit erreichten die Folterer ihr Ziel: Alex Aaronsohn und seine Gefährten willigten ein, die Türken zu ihren Verstecken zu führen. Ein zutiefst erniedrigender Augenblick für die jungen Gideoniten. Als sie die gewundene Straße hinauf nach Zichron zurückhumpelten, demoralisiert und erschöpft, waren sie sich der Gefahr für ihre nun schutzlose Gemeinde nur allzu bewußt. Alex faßte die Lage so zusammen: »Ich erblickte meinen eigenen Smith-and-Wesson-Revolver in den Händen eines 15jährigen Jungen, des Sohnes eines bekannten arabischen Banditen. Die Türken hatten uns unsere Waffen nicht nur weggenommen, sie hatten sie an die Araber verteilt.«[2]

Die jüdischen Siedler waren nun Freiwild, und es dauerte nicht lange, bis die Familie Aaronsohn auf die Bedrohung reagierte. Es wurden neue Schußwaffen besorgt, doch jetzt war bei solchen Aktionen strengste Geheimhaltung oberstes Gebot. Weiterhin beschloß die Familie, Rivka an einen sicheren Ort zu bringen. Aaron als ältester Sohn und erfahrenster Familienangehöriger entschied sich für das amerikanische College in Beirut. Dort würde der mit ihm befreundete US-Konsul seine schützende Hand über die jüngere Schwester halten. Überdies konnte sie, sollte sich die Lage an der Küste des östlichen Mittelmeers verschlechtern, von dort aus auf eines der amerikanischen Schlachtschiffe gelangen, die Beirut regelmäßig anliefen.

Leider sollte sich der Januar für Aaronsohn als Krisenmonat erweisen. Gemeinde, Familie und Freundeskreis gerieten von einer Gefahr in die nächste, und Rivka war kaum fort und in Sicherheit, als es plötzlich um Leben und Tod ging – und zwar für niemand anderen als seinen heißspornigen Gehilfen Absalom Feinberg. In ganz Palästina kursierten zu Beginn des neuen Jahres wilde Gerüchte über eine unmittelbar bevorstehende Landung der Briten am flachen Küstenstreifen zwischen Jaffa und Haifa. Atlit und Hadera, und somit auch beide von Aaronsohn geleiteten Stationen, lagen direkt auf der potentiellen Invasionsroute. Aufgrund der osmanischen Aufrufe zum Jihad gegen die Juden hatte ein bei Hadera ansässiger arabischer Scheich den türkischen Behörden berichtet, 13 Juden des Jischuw würden den Briten heimlich Weizen verkaufen. Daß eine solche Anschuldigung jeder Grundlage entbehrte, da ohnehin alle Handelsverbindungen mit den immer noch in Ägypten stehenden Briten unterbrochen waren, interessierte weder die Türken noch das kürzlich in Palästina eingetroffene deutsche Militärkontingent. Dabei sollte dieses den türkischen Verbündeten gerade bei der strategischen Planung des Krieges und vor allem durch Geheimdienstoperationen unterstützen. Statt dessen aber bot die Verleumdung dem deutschen Militärgouverneur von Jerusalem, General Beck, eine ausgezeichnete Gelegenheit, ein Beispiel dessen zu liefern, was von dem neuen Regime zu erwarten war. Umgehend sandte er eine Kompanie türkischer Soldaten nach Hadera, um die Verdächtigen – insbesondere den wohlbekannten Aufwiegler Absalom Feinberg – in Gewahrsam zu nehmen und sie in die Heilige Stadt zu bringen. Dort sollten sie wegen Verrats vor ein Kriegsgericht gestellt und exekutiert werden.

Als Feinberg den Tumult hörte, den seine Nachbarn beim Eintreffen der Türken in Hadera veranstalteten, entwischte er aus seinem Haus und jagte in vollem Galopp vor seinen Häschern nordwärts davon auf Zichron Ya'acov zu. Er und sein Pferd kannten die Strecke gut, und nach einer Stunde konnte Feinberg den Aaronsohn-Brüdern von dem Verhängnis berichten, das über seine Kameraden, darunter mehrere Gideoniten, hereingebrochen war. Aaron Aaronsohn wußte, daß die einzige Überlebenschance für seinen Freund und die Mitangeklagten darin bestand, an die höchste zivile Autorität der Provinz zu appellieren. Hadera gehörte zum *Vilayet* (Verwaltungsbezirk) Beirut. Mit dem »Vali«, dem höchsten Regierungsvertreter dieser Provinz, stand Aaronsohn auf ausgezeichnetem Fuße, da die beiden sich seit seiner ersten Suchexpeditionen nach dem Urweizen kannten. Er schickte also Feinberg nach Hadera zurück, wo er sich am nächsten Morgen stellen sollte. Tat er das nicht, kam er auf die Fahndungsliste und konnte nicht mehr in Palästina bleiben. Außerdem würde ein anderer an seiner Statt verhaftet werden, damit General Becks Zahlen stimmten. Feinberg ritt also zurück nach Hadera, erreichte den Ort im Morgengrauen und ergab sich den auf dem Platz lagernden türkischen Soldaten.

Die Strategie war riskant, hatte jedoch gewisse Erfolgschancen. Aufgrund seiner internationalen Referenzen stand Aaronsohn in hohem Ansehen beim Vali von Beirut. Der einzige unkalkulierbare Faktor war, wie lange der Vali brauchen würde, um zugunsten der Angeklagten einzuschreiten und den Kriegsgerichtsprozeß zu verhindern. Durch einen glücklichen Zufall – vielleicht, weil es in den Wintermonaten weniger lange hell war – beschloß die Gefangeneneskorte, in Jaffa zu übernachten, statt direkt nach Jerusalem weiterzuziehen. Die zwölfstündige Verzögerung rettete Feinberg und seine Freunde vor dem Galgen. Noch bevor sie den Karren zur Fahrt hinauf in die Heilige Stadt besteigen konnten, traf ein Telegramm des deutschen Oberkommandos in Jerusalem ein, das ihre Freilassung anordnete. Die Nacht der Gefangenschaft war für ihn eine Nacht der Entscheidung. Er schwor seinem engen Freund Liova Schneersohn, daß er, sollten sie überleben, nach der Freilassung Kontakt zu den Briten aufnehmen und ihnen seine Dienste im Kampf gegen die Türken anbieten würde.

Absalom Feinbergs bedingungsloser Übertritt auf die Seite der Alliierten war ein Schlag ins Gesicht der offiziellen Politik des Jischuw, der in dieser frühen Kriegsphase noch auf Beschwichtigung setzte. Seine neu gefundene Berufung deckte sich jedoch perfekt mit den Ansichten und Ambitionen seines Chefs. Ihre vereinten Bemühungen sollten sich schließlich zu einem Spionagenetz entwickeln, das Aaronsohn so brillant führte, daß es wesentlich zur britischen Eroberung Palästinas beitrug.

Nachdem er so erfolgreich zugunsten Absalom Feinbergs und seiner Gefährten interveniert hatte, sah Aaron Aaronsohn sein persönliches Ansehen bei den Türken noch mehr gefestigt. Die türkischen Behörden respektierten eine starke Führungspersönlichkeit, und im Frühjahr 1915 galt der angesehene Botaniker zumindest bei den Türken als ein Mann, mit dem man rechnen mußte. Die Anführer des Jischuw dagegen hegten wegen der früheren Auseinandersetzungen mit Aaronsohn über die Bodenbewirtschaftung weiter Vorbehalte gegen ihn. So fanden sie seine neue Zwischenstellung zwischen den Militärgouverneuren des Landes einerseits und den siedelnden Juden andererseits völlig inakzeptabel. Angesichts der brutalen Repressionsmaßnahmen gegen ihr Gemeinwesen verfolgten sie eine Politik der Anpassung. So hofften sie, noch riskantere Konfrontationen zu vermeiden, die Djemal Pascha einen neuen Vorwand liefern konnten, wieder massenweise jüdische Siedler aus türkischem Gebiet deportieren zu lassen. Die Kluft zwischen Aaronsohn – dem berühmtesten und tatkräftigsten Zionisten in Palästina – und den offiziellen Vertretern des praktischen Zionismus vertiefte sich daher, und das zu einem Zeitpunkt, an dem Einheit von entscheidender Bedeutung gewesen wäre.

Diese auf Palästina beschränkte Uneinigkeit entging allerdings der Aufmerksamkeit der amerikanischen Unterstützer des Zionismus und der meisten Mitglieder des JAES-Vorstandes. Henrietta Szold erfuhr als Geschäftsführerin durch ihren offiziellen Briefwechsel mit Aaronsohn von den belasteten Beziehungen. Doch Ende Januar 1915 konnte sie die gute Neuigkeit von einer vereinten Front aus den USA melden. Der Leiter der Versuchsstation sollte 5000 vom Provisorischen Komitee gesammelte Dollar erhalten, das schon mehrere Monate zuvor so erfolgreich Gold für den Jischuw auf dem amerikanischen Schlachtschiff *Tennessee* nach Jaffa hatte schaffen können. Wie Szold den in Atlit ausharrenden Aaronsohn wissen ließ, hatte das amerikanische Außenministerium ein neues System für den Transfer von Gold nach

Palästina eingerichtet. Henry Morgenthau, der amerikanische Botschafter in Konstantinopel, fungierte dabei als Verrechnungsstelle. Diese Liquiditätsspritze für Aaronsohns Bankkonto bewahrte die Station in Atlit vor einer Katastrophe. Überdies konnte das New Yorker Hauptbüro sein Gehalt und weitere Ausgaben in harter Währung überweisen. So war Aaronsohn im Februar in der Lage, die ausstehenden Gehälter seiner Belegschaft auszuzahlen und sich auf absehbare Zukunft ihre Dienste zu sichern.

Die Versorgung mit Treibstoff war ein weiteres Problem. Zwar hatte Aaronsohn auf der Station Mineralölreserven gehortet, doch für die anderen jüdischen Siedler sah es weniger gut aus. Die vielen Maschinen und Motoren, die Aaronsohn und sein Geschäftspartner über ihren Landmaschinenhandel in Haifa an sie verkauft hatten, brauchten Treibstoff, vor allem die, die Süßwasser aus Tiefbrunnen heraufpumpen sollten. Die Siedler in Hadera beispielsweise benutzten acht britische Hornsby-Pumpen mit je sechs bis acht PS, um Wasser aus bis zu fünfzehn Metern Tiefe zu fördern. Jede Pumpe leitete nahezu 45 Kubikmeter pro Stunde in die Orangenhaine und gewährleistete so selbst während der größten Trockenheit eine ausreichende Bewässerung. Eine 50 PS starke WOLF-Dampfmaschine mit drei Tauchkolbenpumpen saugte einen Teil des geförderten Wassers durch Filter und versorgte die Gemeinde auf diese Weise mit Trinkwasser. Je näher die Siedlungen am Meer lagen, desto tiefer mußten die Brunnen reichen, damit kein Salzwasser eindrang. Vor kurzem hatten sich jüdische Siedler in dem Gebiet südöstlich der alten Kreuzritterburg vor Atlit niedergelassen. Sie förderten mit einer vier PS starken Crossley-Pumpe Wasser aus 22 Metern Tiefe. Sogar hier war es noch leicht brackig, doch in einem Gebiet ohne ländliche Infrastruktur hatten zionistische Pioniere keine andere Möglichkeit, ihre Siedlungen zu versorgen.

Die Versuchsstation lag so günstig, daß sie mit der Treibstoffknappheit gut zurechtkam. Auf seiner Reise quer durch die Vereinigten Staaten im Jahr 1913 hatte Aaronsohn auch auf den entlegensten Gehöften Windradpumpen gesehen. Zurück in Palästina, hatte er auf der JAES eine solche Pumpe aufgebaut. Bei leichter Brise förderte sie etwa 1,4 Kubikmeter Wasser pro Stunde, was auch in den heißen Sommermonaten mehr als genug war.

Der Erhalt von Obst- und Weingärten war für die jüdischen Siedlungen in Palästina zwar eine tägliche Pflicht, doch in diesen Tagen sorgten die Nachrichten vom Krieg stets für Ablenkung und Gesprächsstoff. Obwohl die Türken die ein- und ausgehende Post und die telegrafischen Botschaften der Zensur unterwarfen, drangen doch immer neue Informationen über die Stärke und Aktivitäten der britischen Marine durch. In den ersten Monaten des Jahres 1915 erwarteten die Küstenbewohner praktisch jeden Tag einen britischen Angriff von See her.

Die britische Flottenübermacht im östlichen Mittelmeer war erdrückend. Die einzig ernsthafte Gefahr für die britischen Verbände hätte vom deutschen Schlachtschiff *Goeben* ausgehen können. Das aber lag weiterhin entwaffnet im Hafen von Konstantinopel vor Anker. Es gab zwar auch eine Handvoll U-Boote, doch wegen der Unzuverlässigkeit ihrer ungenügend erprobten Torpedos nahm man diese nicht besonders ernst. Militärisch betrachtet, stand also die osmanische Flanke weit offen.

Dennoch machten die Türken den ersten Zug. Zwischen dem 2. und 3. Februar unternahm Djemal Pascha auf Befehl von Enver Pascha einen halbherzigen Angriff auf den Suezkanal. Kurz darauf zogen sich seine Streitkräfte wieder nach Beersheba, ihrem Ausgangspunkt, zurück. Die Alliierten ahnten nicht, daß die Aktion der Türken lediglich die britischen Kräfte in Ägypten binden sollte. Sie erwarteten nun täglich weiteres Unheil von dort. Die türkische Strategie ging auf: Niemand zog ernsthaft einen Angriff auf die verwundbare Küste von Tel Aviv bis Haifa in Betracht.

Und die Briten sahen noch einen weiteren Grund, sich

Zeit zu lassen. Sie hatten die Schlagkraft des deutschen Militärs an der Westfront erlebt, und sie wußten, daß in Djemal Paschas Armee mittlerweile deutsche und österreichische Militärberater operierten. Deshalb versuchten sie eine neue Art der Kriegsführung, die ganz auf Zermürbung setzte. Die Westfront stagnierte praktisch auf ganzer Linie von der belgischen Küste bis zur französisch-schweizerischen Grenze und verbrauchte Menschen und Material in einem Umfang, den sich niemand vorgestellt hatte. Sir John Maxwell, der Kitchener im November 1914 als Kommandeur der Truppen Britanniens und des Empire in Ägypten abgelöst hatte, blieb in völliger Unwissenheit darüber, daß die Türken selber unter Soldatenmangel litten. Der britische Militärische Nachrichtendienst, der ihn über die wahre Lage hätte unterrichten sollen, überschätzte durchgängig die türkische Schlagkraft. Man bezifferte Djemal Paschas Truppen auf 200000 Mann, während die wahre Stärke der vierten türkischen Armee vermutlich niemals über ein Zehntel dieser Zahl hinausging. Bei derart schlechten nachrichtendienstlichen Informationen nimmt es nicht wunder, daß Sir John Maxwell seinen Gegner mit äußerster Vorsicht anging. Angesichts der heimischen Engpässe verlangte Kitchener auf seinem neuen Posten in London, ein eventueller Angriff auf türkische Stellungen müsse vorwiegend eine Marineoperation sein. Damit schloß er einen Gegenangriff quer durch den Sinai oder eine massivere Landung an der Küste Palästinas praktisch aus. Doch Anfang März schwenkte der britische Kriegsrat plötzlich um, als die russischen Verbündeten um einen Entlastungsangriff gegen den Druck eines türkischen Vorstoßes im Kaukasus baten. Das Kabinett wählte die Dardanellen. Für diese Entscheidung schien es gute Gründe zu geben. Der Nahe Osten war vorläufig eine nachrangige Front, doch wenn ein plötzlicher und entschlossener Schlag die Türken aus dem Krieg ausschalten konnte, dann war eine kombinierte Operation der Marine und des Heeres vertretbar. Die Royal Navy sollte die Meerenge erobern, damit die britische Armee landen und die feindlichen Stellungen einnehmen konnte. So hoffte man der britischen Mittelmeerflotte eine sichere Passage ostwärts zum Bosporus zu verschaffen, von wo aus sie Konstantinopel beschießen und die Hohe Pforte zur sofortigen Kapitulation zwingen sollte.

Am 23. März billigte der Kriegsrat in London die gemeinsame Operation. Nur zögernd erklärte sich Sir Horatio Kitchener einverstanden, seine 29. Division ins östliche Mittelmeer zu verlegen und die 30000 australischen und neuseeländischen Soldaten zu unterstützen, die bereits durch die Suezkanalpassage in Nordägypten eingetroffen waren. Geplant war, diese vereinten Divisionen an den schmalen Stränden unterhalb der Höhenzüge entlang der Dardanellen abzusetzen. Geheimhaltung war oberstes Gebot: Sollte die Operation gelingen, mußte sie rasch erfolgen, die Türken überrumpeln und verhindern, daß diese Verstärkung holten.

Alles hätte laufen können wie geplant, wäre da nicht der fast schon kriminelle Mangel an Informationen seitens des britischen Militärischen Nachrichtendienstes gewesen. Der erste Versuch der Royal Navy zur Eroberung der Meerenge wurde abgebrochen, nachdem Minen zwei ihrer wichtigsten Schiffe versenkt hatten. So waren die britischen Truppen dazu verurteilt, einen mühseligen Stellungskrieg gegen einen entschlossenen Feind zu führen, der vermeintlich über genügend schwere Waffen verfügte, die fremden Invasoren aufzuhalten. Die einzige Landkarte, die das Kriegsministerium in London dem Befehlshaber der Landung, General Sir Ian Hamilton, vorlegen konnte, stammte aus Griechenland und war veraltet. Sein sogenannter Nachrichtenstab war ähnlich unzulänglich. Er bestand weitgehend aus Offizieren, die sich mehr durch gesellschaftliche Verbindungen als durch ihr Urteilsvermögen im Hinblick auf die Stärken und Schwächen des Feindes auszeichneten. Das britische Oberkommando, auf dessen Schultern letztlich die Gesamtverantwortung lag, ignorierte den Mangel an nachrichtendienstlichen Informationen. Die Planung für den Angriff lief also ungehindert weiter. Die Vorhut landete erfolgreich, doch da es kein einheitliches Kommando gab, wurde die Chance vertan, den schwachen türkischen Kräften in dem Gebiet den höchstgelegenen strategischen Punkt abzunehmen. Die Regimentskommandanten an den Stränden und die Divisionskommandanten an Bord der Schiffe auf See standen nicht miteinander in Verbindung. Ein Fiasko: Die gesamte britische Invasionstruppe saß am Strand fest und lag unter dem vernichtenden Feuer der türkischen Mauser-Gewehre von den umliegenden Anhöhen.

Überdies mußten die Briten bald feststellen, daß die Türken auf der Halbinsel im Gegensatz zu den Erwartungen des Nachrichtendienstes eine effiziente Führung hatten. Die Partei der »Jungtürken«, entschlossen, das Joch ihres alten Erbes abzuschütteln und einen moderneren, säkularen Staat zu errichten, sah in der Armee einen Katalysator für ihre neue Politik. Unter der Führung von jungen Offizieren wie Kemal Atatürk fochten die Regimenter bis zum Äußersten, um die Erde ihres Vaterlandes zu verteidigen.

Aaron Aaronsohn war unterdessen nach Palästina zu Djemal Pascha beordert worden. Der türkische Rückzug hinter die eigenen Linien bei Beersheba im Februar hatte nicht, wie die Briten erwarteten, eine erneute Offensive nach sich gezogen. Djemal Paschas Hauptanliegen war nicht mehr die Erstürmung des Suezkanals, sondern der Nachschub von Lebensmitteln und Tierfutter für seine Armee. Ende März stand er vor einer Katastrophe. Verläßlichen Berichten von Beduinen zufolge zog mit dem Südwind eine Heuschreckenplage vom Sinai auf das südliche Palästina zu. In seiner verzweifelten Suche nach einem Mittel zur Bekämpfung dieses unberechenbaren Feindes wandte sich der türkische Provinzfürst an den besten Wissenschaftler in seinem Einflußbereich: Aaron Aaronsohn. Djemal Pascha, die Geißel der Siedler, beorderte somit aufgrund einer Verkehrung des Schicksals seinen pointiertesten Kritiker zu sich, ernannte ihn zum »Direktor der

Kommission zum Kampf gegen die Heuschrecken« und stellte ihm einen *Firman* aus, einen Passierschein, mit dem er frei und ungehindert in osmanischem Hoheitsbereich umherreisen konnte. Am 28. März ging Aaronsohn also auf eine Blitztour zu Pferd durch das Getreideanbaugebiet südlich von Bethlehem. Tags darauf kam er durch Jerusalem und ritt dann wieder zurück zur Küste bei Jaffa. Dort traf er sich mit den Führern der Siedler von Rishon Le Zion. Er informierte sie über die Plage, die der Wind in wenigen Tagen herantragen würde, sowie über seine bisherigen Pläne zu ihrer Bekämpfung: die Bäume möglichst abdecken und Gräben ziehen, um darin die Insekten zu vergraben, denn sonst würden sie sich paaren und die Eier für die nächste Generation mitten ins Herz des Agrarlandes Palästina legen.

Am 1. April ritt Aaronsohn südwärts an der Küste zu den türkischen Vorposten bei Gaza und dann entlang der Frontlinie nach Beersheba ins Landesinnere. Bei Rafah, dem nordwestlichen Ende der alten Grenze zwischen ägyptischem und palästinensischem Gebiet ein paar Kilometer südlich von Gaza, traf er auf die Schwärme. Sie waren weitaus gewaltiger als befürchtet. Aaronsohn hielt sich 21 Tage lang an der türkischen Frontlinie auf, vorgeblich um Daten über die Heuschreckeninvasion zu sammeln. Am 25. April, dem Tag vor der britischen Dardanellenlandung, berichtete er Djemal Pascha in Jerusalem vom Ernst der Lage für die vierte türkische Armee in Palästina: Mit Sicherheit würden die Schwärme in wenigen Tagen das zitrusfrucht- und ölerzeugende Gebiet des fruchtbaren Küstenstreifens um Jaffa erreichen. Aaronsohn erinnerte den Oberbefehlshaber daran, wie überaus wichtig es war, daß die Soldaten die lethargischen Insekten zusammenkehrten und vergruben. Er wollte sich unterdessen drei Tage im mikrobiologischen Nathan-Straus-Labor in Jerusalem aufhalten, um die Wirksamkeit des einzigen bekannten biologischen Mittels gegen die Heuschrecken zu testen. Die Behandlung nach d'Herelle – die Freisetzung eines Bazillus im Schwarm – war in Südamerika erfolgreich gegen geschlechtsreife Heuschrecken angewandt worden. Der Bazillus machte sie unfruchtbar, so daß alle Anstrengungen auf die jungen Insekten konzentriert werden konnten. Bei einem Versuch in Smyrna hatte sich jedoch der d'Herelle-Bazillus gegenüber den im Nahen Osten vorkommenden Heuschreckenarten als wirkungslos erwiesen. Aaronsohns Tests mit der d'Herelle-Bekämpfung gegen die nun über Palästina herfallende Sinai-Heuschrecke verliefen genauso unbefriedigend. Die Wissenschaft, so schien es, hatte kein Rezept gegen die gegenwärtige Plage.

Noch schlimmer war, daß seine Anweisungen an Djemal Pascha nicht den gewünschten Effekt gehabt hatten, wie Aaronsohn bei seiner Rückkehr nach Jaffa gegen Ende April feststellen mußte. Bald hatte er nicht nur mit den Heuschrecken zu kämpfen, sondern auch mit dem türkischen Kommandanten von Jaffa, Hassam Bey. Während türkische Arbeitsbrigaden unter Aaronsohns Aufsicht mit quälender Langsamkeit Gruben für die vollgefressenen Insekten aushoben, widerrief Hassam Bey die Anordnungen überall dort, wo die Bekämpfungsmaßnahmen jüdischen Siedlungen hätten nützen können. Angesichts einer solchen Torheit verlangte der JAES-Leiter ein sofortiges Treffen mit seinem Gegenspieler: Die Heuschrecken machten schließlich keinen Unterschied zwischen Bäumen und Feldern in jüdischem und in arabischem Besitz, und wenn Hassam Bey keine breit angelegten Vernichtungsmaßnahmen zuließ, hatten die Schwärme genügend Zeit zur Paarung und Eiablage. Sein Appell stieß jedoch auf taube Ohren, und die Chance, die Schädlinge am fragilsten Punkt ihres Lebenszyklus zu treffen, verstrich ungenutzt.

Im Frühsommer zeichnete sich in ganz Palästina eine noch größere Nahrungsmittelknappheit ab. Djemal Paschas Armee mußte in ihren Stellungen im Nordsinai ausharren, da die ohnehin schon spärlichen Tagesrationen für seine Soldaten weiter gekürzt wurden. Sie hatten nun auch nicht mehr genügend Futter für die Maultiere und Pferde, um die

Sinai-Wüste zu durchqueren. Aaronsohn, erbost über das zögerliche Vorgehen des türkischen Heeresführers gegen seinen unbotmäßigen Untergebenen in Jaffa, trat von seinem Posten zurück und ritt wütend nach Atlit. Als er auf der Forschungsstation ankam, fand er die Felder und Gärten ringsherum kahlgefressen vor. Nur den Anstrengungen seiner treuen Belegschaft, die jede einzelne Pflanze der Station abgedeckt hatten, war es zu verdanken, daß allein die Jewish Agricultural Experimental Station verschont geblieben war. Die Jahresernte an Wildweizen war zwar verloren, doch sie besaßen wenigstens noch Saatgut für eine zweite Aussaat im Herbst. Andere Landwirte hatten weniger Glück. Der Amerikaner Louis H. Levin, der kurz zuvor an Bord des Kohlenschiffes *Vulcan* eingetroffen war, um die Lage für das amerikanische Jüdische Komitee in Augenschein zu nehmen, berichtet: »Einige Tage bevor wir abfuhren, sahen wir auf der Straße nach Ramla riesige Mengen Heuschrecken, die die Straße und die Mauern der Häuser bedeckten und sich in Wellen über die Felder und durch die Pflanzungen bewegten. Die zur Abwehr eingeteilten Soldaten verrichteten diese halbherzig und ohne die leiseste Ahnung, wie wichtig sie war, und da sie schlecht besoldet und ernährt waren, war ihre Arbeit auch dementsprechend schlecht. Manche Orangenhaine der Araber, da bin ich sicher, wurden vollständig vernichtet. Sie müssen ganz neu gepflanzt werden. Die Weinberge haben ähnlich gelitten, und die Heuschrecken fielen auch über Ölbäume her, was sie erst tun, wenn es nichts anderes mehr zu fressen gibt. Man sagt, eine Plage in einem Jahr bedeutet Heuschrecken etwa drei Jahre lang. Wenn dem so ist, dann müssen sich die Kolonisten auf eine lange Belagerung einstellen.«[3]

Als die britischen Verlustraten an den Dardanellen krankheitsbedingt im Mai in alarmierendem Ausmaß hochschnellten, suchte Aaronsohn, der Palästina und Südsyrien sowie die dortigen türkischen Stellungen wie seine Westentasche kannte, von seinem Stationsbalkon aus den Horizont des Mittelmeers mit dem Fernglas ab. Er hoffte, der erste zu sein, der eine Invasionsarmee auf die sanft abfallenden Sandstrände an der Kreuzritterburg zuhalten sah. Die türkischen Truppen in diesem Gebiet besaßen keine nennenswerte Artillerie, nur einige schlecht gewartete Maschinengewehre. Das deutsche Militär hatte noch keine Flugzeuge an diesen Kriegsschauplatz entsandt, und abgesehen von einer gelegentlichen türkischen Fußstreife aus Haifa und ein paar arabischen Milizionären mit in Zichron beschlagnahmten Waffen, gab es niemanden, der die Briten an einer Landung hätte hindern können. Sie könnten einen Brückenkopf schaffen und mit Rückendeckung durch die Royal Navy innerhalb weniger Tage die vierte türkische Armee südlich Beersheba von Verstärkungen aus Syrien abschneiden und damit Djemal Paschas Schicksal besiegeln.

Als aber die Nachricht nach Atlit durchsickerte, daß der britische Angriff an ganz anderer Stelle ins Stocken geraten war, versammelte sich die Familie Aaronsohn umgehend zu einer Lagebesprechung. Alle waren sich einig, daß eine permanente Verbindung zu den Briten in Kairo hergestellt werden mußte, hauptsächlich um sie über die wirklichen Stärken und Schwächen des türkischen Gegners in Palästina zu unterrichten – und auch, um ihnen deutlich zu machen, daß ein Angriff an der verwundbaren Ostmittelmeerflanke ratsam wäre. Dem nachgeordnet, doch keineswegs weniger wichtig, war die Entscheidung, den Briten die Dienste eines jüdischen, von den Aaronsohns geführten Spionagenetzes anzubieten. Es sollte die bevorstehende britische Invasion mit neuesten Nachrichten über die Lage hinter den türkischen Linien versorgen. Das Treffen endete mit dem Beschluß, Alex Aaronsohn und Absalom Feinberg nach Kairo zu schicken. Im Licht des sich abzeichnenden Dardanellendebakels wirkte dies wie eine letzte verzweifelte Hoffnung, an die sich die Verschwörer klammerten. Falls die beiden Gesandten scheiterten, lag das Schicksal aller Juden Palästinas in den Händen Djemal Paschas, dessen allbekannte sadistische Neigung nun reichlich Deckung durch das osmanische Kriegsrecht erfuhr.

Dieser Augenblick war ein Wendepunkt in Aaron Aaronsohns Leben. Umgehend teilte er Absalom Feinberg die Entscheidung seiner Familie mit. Wie dieser mit lobenswerter Begeisterung sein Leben aufs Spiel setzen wollte, hatte auch der Leiter der JAES alles zu verlieren. Seine hart erarbeitete Stellung, sein Ruf, sein Leben und auch die künftige Sicherheit jedes einzelnen Familienmitglieds waren plötzlich in großer Gefahr. Das Leben in Palästina würde nie wieder dasselbe sein, da Aaronsohn vom gesetzestreuen Bürger zum Verräter wider die osmanische Herrschaft geworden war. Nur eins war sicher: Die Heuschrecken würden im nächsten Frühjahr wiederkommen, da man ihnen die nötige Zeit zur Vermehrung gelassen hatte. Doch wie Aaronsohn erfuhr, baute Djemal Pascha immer noch darauf, daß er die türkische Armee vor dem Verhungern rettete, obwohl er sein Amt niedergelegt hatte. Während der begehrte Fachmann nun also über neue Maßnahmen nachsann, die er dem türkischen Befehlshaber vorlegen konnte, widmete er gleichzeitig einen immer größeren Teil seiner Zeit der Spionagearbeit. Seine Kenntnis des Terrains und der Ressourcen Palästinas war unübertroffen, und militärisch voll nutzbar wurde sie, weil er auch die historischen Feldzüge in Palästina, deren Erfolge und Mißerfolge gründlich studiert hatte. Als praktischer Zionist kannte Aaronsohn zudem die Mentalität der Türken und Araber – und seiner jüdischen Landsleute – besser als die meisten Zeitgenossen. Wenn es um Informationsbeschaffung ging, war es daher von Vorteil, die Rolle als Direktor der Heuschreckenkommission weiter wahrzunehmen. So konnte er kreuz und quer durchs Land, ja sogar bis an die türkische Frontlinie reisen und sich offen Notizen machen, ohne Verdacht zu erregen. Und obendrein bezahlte ihn die osmanische Verwaltung nicht nur, sondern stellte ihn auch noch unter ihren offiziellen Schutz.

Aaronsohns Reise im April hatte bereits eine beträchtliche

Menge geheimer Daten über das türkische und deutsche Militär erbracht, die er gewissenhaft niedergeschrieben hatte. Allein darauf stand die Todesstrafe. Der angehende Geheimagent begann daher, alles schriftlich fixierte Material in einer Keksdose unter den Dielenbrettern des Stationshauses zu verstecken. Zum geeigneten Zeitpunkt würde er es seinem Bruder Alex oder Absalom Feinberg anvertrauen, die es den Briten in Kairo überbringen sollten. Einstweilen aber mußte unbedingt der Anschein von Normalität gewahrt werden.

Obwohl Absalom Feinberg als erster nach Ägypten hatte fliehen wollen, ging Alex Aaronsohn ihm voran. Anfangs schien es für die beiden unmöglich, das Land unentdeckt zu verlassen. Alle Ex-Gideoniten waren Gebrandmarkte, und in Zichron Ya'acov und Hadera kursierten noch immer Klatschgeschichten, die türkische und deutsche Agenten aufschnappen konnten. Der Krieg hatte eine weitere Einschränkung der Bewegungsfreiheit des einzelnen mit sich gebracht. Nach Anordnung der osmanischen Obrigkeit war es gängige Praxis, jüdischen Familien eine Kopfsteuer aufzuerlegen, wollten diese ihren männlichen Angehörigen die Einberufung zum türkischen Militär ersparen. Viele junge Männer aus armen Familien, denen diese Möglichkeit verwehrt blieb, verließen daher statt dessen das Land. Selbst Alex Aaronsohn war während der Abwesenheit seines prominenten Bruders von der Station nicht von einer entwürdigenden Dienstverpflichtung ausgenommen worden: Er mußte bei der Reparatur der Straße von Zefat nach Rosh Pinnah mitarbeiten, bis nach Aarons Rückkehr von der türkischen Front ein schneller Geldtransfer für seine Entlassung sorgte. Die türkischen Grenz- und Hafenbehörden hielten also stets Ausschau nach Männern in wehrpflichtigem Alter, die der Einberufung entfliehen wollten. Angesichts dieser ungünstigen Lage wog Aaron Aaronsohn die Risiken für seine potentiellen Agenten Absalom Feinberg und Alex Aaronsohn ab. Die Südroute durch den Sinai nach Kairo hätte bedeutet, sowohl die türkischen als auch die britischen Linien zu durchqueren. Zudem mußte jeder Flüchtling mindestens 24 Stunden für den gefährlichen Weg durch das verlassene Niemandsland zwischen den sich gegenüberstehenden Armeen veranschlagen. Die öde, weitgehend wasserlose Gegend zwischen Beersheba und den Ufern des Suezkanals erforderte einen guten beduinischen Führer, und in Kriegszeiten lieferte sich ein auf solche Hilfe angewiesener Reisender schlicht und einfach dem Schicksal aus. Seit im siebten Jahrhundert die byzantinischen Siedlungen im Zuge der Eroberung Palästinas durch die Muslime aufgegeben worden waren, lebten nur noch die Beduinen in der Negev und auf dem Sinai. Sie waren keiner Großmacht unterstellt. Geld und Kämpfe zwischen rivalisierenden Stämmen waren die einzigen Faktoren, die ihr Verhalten bestimmten.

Der direkte Weg über Land verbot sich demnach. So war ein Umweg über das Meer die nächste und einzige in Betracht kommende Möglichkeit. Jaffa aber verfügte nur über einen kleinen, engen Hafen, der sofort geschlossen werden mußte, war die See zu rauh. Außerdem wurde er aufgrund des großen jüdischen Bevölkerungsanteils im nahen Tel Aviv von Djemal Paschas Soldaten und Spitzeln genau beobachtet. Auch Haifa mit seiner einzigen, anläßlich des Kaiserbesuchs errichteten Mole stand jetzt unter ähnlich strenger Bewachung. Wollte man sich in dem größeren südsyrischen Hafen Beirut einschiffen, brauchte man, allein um dorthin zu gelangen, einen Passierschein der Behörden. Allerdings war der Anblick des geschäftigen Aaronsohn den türkischen Patrouillen wohlvertraut, und er besaß den nötigen Firman, um zu jedem gewünschten Zeitpunkt an jeden gewünschten Ort zu gelangen. Zudem pflegte er ausgezeichnete Kontakte mit dem amerikanischen Konsulat, in dessen Schutz sich Rivka befand. Im Juni ergab sich endlich die perfekte Gelegenheit.

Die amerikanische Regierung evakuierte weiterhin jüdische Flüchtlinge aus den Häfen an der östlichen Mittelmeerküste. Die humanitäre Aktion der *Tennessee* war durch die Anwesenheit des Kriegsschiffes *U.S.S. North Carolina* und des Kohlenschiffs *Vulcan* unterstützt worden. Im Frühsommer wurde das Lazarettschiff *Des Moines* im Ostmittelmeer stationiert. Dessen Kapitän scheute die langwierige Prozedur, vor Jaffa vor Anker zu liegen und einen umständlichen Pinassenzubringerdienst zwischen dem Schiff und der unzureichenden Mole einzurichten. Auch wollte er sich nicht im Hafen von Haifa der zunehmenden Feindseligkeit der Türken gegen das neutrale Amerika aussetzen. So fügte es das Schicksal, daß er beschloß, weiter nach Norden zu dampfen und den Hafen von Beirut anzusteuern.

Die Neuigkeit vom baldigen Eintreffen der *Des Moines* hatte kaum die Station erreicht, als Aaronsohn schon hinauf nach Zichron eilte, um die Flucht der Familie zu organisieren. Er war sich bewußt, daß seine neue Tätigkeit als Agentenführer jeden seiner Angehörigen, der sich auf osmanischem Hoheitsgebiet aufhielt – insbesondere eine unverheiratete Frau – in allerhöchste Gefahr brachte. Seine Schwester Rivka hatte er bereits verständigt und auf eine mögliche Flucht vorbereitet. Sam, der zweitälteste der Aaronsohn-Brüder, lebte noch in Zichron, und da er nicht in dem Spionagering engagiert war, erhielt auch er die Anweisung zu packen. Alex Aaronsohn sollte die Gelegenheit nutzen, die jüngere Schwester und den Bruder in Sicherheit zu bringen. So beschafften sich Alex, Sam und Rivka gefälschte Pässe, die sie als spanische Bürger auswiesen, und gingen in Beirut problemlos durch den Zoll und an Bord der *Des Moines.* Nach all den Sorgen und Ängsten glich das einem Kinderspiel.

Aaron Aaronsohn kehrte nach Zichron zurück, um seinem Vater, dem daheim gebliebenen Bruder Zvi und Absalom Feinberg die gute Nachricht zu überbringen: Die *Des*

Moines war unterwegs nach Alexandria, wo Rivka sich für die Dauer des Krieges in Sicherheit befinden würde und Alex Aaronsohn vermutlich binnen kurzer Zeit Kontakt zum Militärischen Nachrichtendienst in Kairo herstellen könnte.

Als die stark geschrumpfte Familie sich an diesem Abend in Zichron um den Küchentisch versammelte, schien Alex' Erfolg ausgemacht. Mit seinen 27 Jahren war er ein erfahrener Guerillaführer. Da er neueste Informationen über die Türken und Deutschen mitbrachte, würde er sicherlich auf höchster Befehlsebene der britischen Geheimdienste empfangen und angehört. Dort konnte er fraglos unwiderlegbare Argumente für eine Invasion Palästinas vom Meer her vorbringen. Was sein Bruder Aaron jedoch nicht wußte – und auch niemand in Kairo außer einer Handvoll Offiziere –, war, daß der britische Militärische Nachrichtendienst seit Beginn des Konflikts im vorigen Herbst bereits regelmäßig Informationen aus Palästina erhielt und daß überdies seine Agenten nicht jüdischer Herkunft waren, sondern einheimische Palästinenser und syrische Araber. Noch schlimmer war, daß der für die Region Haifa/Atlit zuständige Hauptagent – ein gewisser Charles Boutagy – wenig Neigung verspürte, sich in Zukunft für die jüdischen Siedler in seiner Heimatregion oder gar im gesamten Palästina stark zu machen.

Secret Service Agent Nr. 91

Charles Boutagy war ein Sohn Haifas und gehörte zur selben Generation wie Aaron Aaronsohn. Damit endeten aber auch schon die Gemeinsamkeiten. Er war arabischer Abstammung und wurde in einem Haus am Abhang des Karmel geboren, das der deutschen Tempelgesellschaft gehörte. Als Boutagy fünf Jahre alt war, gelang es seiner Mutter, ihn im nahen, von den deutschen Barmherzigen Schwestern des heiligen Borromäus geleiteten Kindergarten der Gesellschaft unterzubringen. Hier lernte er ein paar Brocken Deutsch, bevor er seine Grundschulbildung am katholischen Collège des Frères in Frankreich erhielt. Als Boutagy seine Schullaufbahn an der Mount-Zion-Schule in Jerusalem abschloß, sprach er mehrere Sprachen einschließlich Türkisch und natürlich seinen eigenen arabischen Dialekt. Er kehrte nach Haifa zurück und arbeitete bei Abraham Duck & Company im Hafen von Haifa. Duck & Co. war der wichtigste Schiffsmakler für die Khedivial Mail Line. Diese Passagierschiffslinie war in Alexandria registriert und beförderte Menschen, Waren und Fracht im gesamten östlichen Mittelmeer auf der Route Alexandria – Port Said – Jaffa – Haifa – Tripolis (Syrien) – Alexandrette – Mersin – Rhodos – Smyrna – Istanbul und zurück.

In der altehrwürdigen Tradition der Makler in aller Welt versuchten auch Abraham Duck & Co., der Konkurrenz jeden nur möglichen Kontrakt abzujagen. Charles Boutagy arbeitete mit großem Einsatz, und bald bot man ihm für jede Ladung, die er neben seinen täglichen Aufgaben ausfindig machen und buchen konnte, vier Schilling. Die Arbeit machte ihm Freude, weil sie ihm einen Blick in die Welt über Haifas Grenzen hinaus gewährte. Bald brannte er darauf zu reisen. Zu dieser Zeit war sein Vater amtierender Dragoman am britischen Konsulat in Haifa und Geschäftsführer der örtlichen Niederlassung von Thomas Cook & Sohn. Die Welt schien dem jungen Boutagy offenzustehen. Doch er brauchte die Kontakte seines Vaters gar nicht, um im östlichen Mittelmeer herumzukommen: 1912 stellte ihn Lloyd Austriaco – der Vorläufer von Lloyd Triestino – für vier Pfund pro Monat ein. So bekam er Gelegenheit, Italienisch zu lernen und die Häfen zu besuchen, über die er die Kunden von Abraham Duck zuvor nur hatte reden hören. Nach anderthalb Jahren bei Triestino veranlaßte ihn die Aussicht auf ein Entgelt von fünf Pfund monatlich, zur Russian Mail Line Agency zu wechseln, die eine Route von Odessa nach Alexandria unterhielt. In deren Diensten stand er bei Kriegsausbruch.

Charles Boutagy war rein rechtlich wie Aaron Aaronsohn Bürger des Osmanischen Reiches syrischer Herkunft und daher gezwungen, nach Haifa zurückzukehren. Dort stand er jetzt vor der Aussicht, wenigstens die nächsten Jahre in seiner Heimatstadt festzusitzen.

Die Rettung für den jungen Boutagy aber kam mit dem Eintreffen der amerikanischen Schiffe im Herbst 1914. Die United States Navy, die noch nach Belieben in den Küstengewässern des östlichen Mittelmeeres umherschippern konnte und der freier Zugang zu den osmanischen Häfen garantiert war, bot, wie Alex Aaronsohn im folgenden Jahr entdeckte, die perfekte Fluchtmöglichkeit. In dem Gewimmel am Kai von Haifa war es Boutagy ein leichtes, auf ein Schiff zu gelangen. Überdies verschaffte ihm seine Arbeit als Frachtkontrolleur bei Abraham Duck & Co. das perfekte Alibi, sollte die Hafenpolizei ihn bei dem Versuch, an Bord zu gehen, aufhalten und vernehmen. Er war fest zur Flucht aus Haifa entschlossen.

Asyl und Arbeit in Ägypten zu suchen war gleichbedeutend mit Verrat, und abgesehen von der Gefährdung des eigenen Lebens, würde er seinen Vater auf eine schwarze Liste von Verräterfamilien bringen – falls den Türken seine Abwesenheit auffiel. Vielleicht fürchtete er auch, eingezogen zu werden. Seit dem Kriegseintritt der Türkei hatten deutsche Offiziere einen Großteil der Nachschuborganisation von Djemal Paschas Soldaten in Haifa übernommen und requirierten mit deutscher Gründlichkeit alle Maultiere, Esel und Wasserkanister, deren sie habhaft werden konnten, für die Sinaifront. Charles Boutagy mit seiner Erfahrung als Frachtkontrolleur hätte wunderbar in das Nachschubdepot der Stoßtruppen, die den Suezkanal angreifen sollten, gepaßt. Welche Motive auch immer ihn bewegten, er hatte einen Onkel in Kairo, der Ägypten als Fluchtziel nahelegte. Es gelang ihm am 5. Dezember 1914, sich an Bord der *S.S. Montenegro* mit Ziel Port Said zu schmuggeln. Nun war er zwar aus türkischem Hoheitsgebiet entkommen, doch wie sich herausstellte, war es schwieriger, in Ägypten von Bord der *Montenegro* zu gelangen, als sie in Haifa zu besteigen. Nur weil eine Gruppe schottischer Missionsärzte, mit denen er auf der Überfahrt Freundschaft geschlossen hatte, sich für ihn einsetzte, erhielt er die nötige Erlaubnis, britisches Territorium zu betreten.

Er war in einem Schmelztiegel der Unglücklichen und Enteigneten angekommen. Nach fünf Monaten Krieg glich Port Said einer riesigen Durchgangsstation für entwurzelte Menschen aus der gesamten Ostmittelmeerregion. Unter Soldaten auf Transport, Schiffbrüchigen und den vielen echten Flüchtlingen befanden sich auch Menschen wie Boutagy – ungebunden, vielsprachig und abenteuerlustig. Nach solchen Leuten suchte der britische Geheimdienst. Man brauchte sie zur Vernehmung türkischer Gefangener und mutmaßlicher Spione. Sollten sie sich als nützlich erweisen, bot man ihnen die gefährliche Aufgabe an, als Geheimagenten des Secret Service auf türkisches Gebiet zurückzukehren.

Charles Boutagy suchte zunächst das Haus seines Onkels in Kairo und dann einen gewissen Doktor Scrimgeor auf, einen Missionar aus Nazareth, der die Familie Boutagy aus Palästina kannte. Dieser drängte ihn, mit seinem Wissen über das Leben hinter den türkischen Linien beim britischen Geheimdienst vorstellig zu werden. Mit seinem Bericht könne er sich vielleicht eine Arbeit in dieser Organisation verschaffen. So fand sich der junge Palästinenser nur zwei Tage nach seiner Ankunft in Port Said beim Nachrichtendienst der Egyptian Expeditionary Headquarters (EEHQ) ein, bereit sich als Spion anzubieten. Das EEHQ schickte ihn zu Hauptmann Gilbert Clayton in der britischen Militärverwaltung für Ägypten und den Sudan. Dieser vernahm alle Neuankömmlinge aus Palästina, die möglicherweise über kriegsrelevante Informationen verfügten.

Für Hauptmann Clayton war es zwar zu spät, um das Ruder der Vorbereitungen für den Dardanellenvorstoß noch herumzureißen, doch er gehörte zu einer Gruppe, die das Nachrichtennetz im Nahen Osten neu und professioneller organisieren sollte. Dazu wurden zwei voneinander getrennte Nachrichtendienstebenen eingerichtet. Die erste befaßte sich hauptsächlich mit militärischen Angelegenheiten und bestand aus den Abteilungen IA bis IG (I für »Intelligence«) sowie IS und GSI. IS war für die Chiffrierung zuständig, GSI (General Staff Intelligence) für die Finanzen. Die zweite Ebene mit den Abteilungen B, D, E, G und H war für alle zivilen und politischen Angelegenheiten verantwortlich. So waren die Interessen des Kriegs- und des Außenministeriums von Anfang an getrennt. Diese Aufteilung schien, oberflächlich betrachtet, zwar vernünftig, sollte sich jedoch für eine reibungslose Nachrichtenbeschaffung als wenig förderlich erweisen. Überdies stand sie der Ausrottung des Dilettantismus im Wege, durch den sich die jungen britischen Nachrichtenoffiziere bislang hervorgetan hatten. Ihre laxe, zuweilen sorglose Einstellung hatte viele Agenten einem erhöhten Risiko der Gefangennahme und Hinrichtung ausgesetzt, wenngleich unter den vorliegenden Bedingungen aber niemand persönlich verantwortlich zu machen war.

Hauptmann Claytons Treffen mit Charles Boutagy verlief ähnlich wie die zahlreichen Befragungen von Flüchtlingen aus Haifa, die er seit dem Ausbruch der Feindseligkeiten mit dem Osmanischen Reich durchgeführt hatte. Clayton interessierte sich hauptsächlich für Boutagys Charakter, um zu ermessen, inwieweit er dem Geheimdienst eingegliedert werden könnte. Der junge Mann erwies sich als bereitwillig und verfügte über eine Menge nützlicher Informationen: Schon in den ersten paar Minuten des Gesprächs brachte er den Hauptmann auf den neuesten Stand über sämtliche registrierten deutschen Handelsschiffe, die im Mittelmeer festsaßen, weil die Briten die Meerenge von Gibraltar kontrollierten und den Suezkanal für alle Schiffe der Kriegsgegner geschlossen hatten. Boutagy berichtete ihm auch, daß die

Aenne Rickmers, ein deutsches 7000-Tonnen-Frachtschiff, seit November im Hafen von Haifa festlag. Er wußte jedoch nicht, daß der britische Militärische Nachrichtendienst im Ostmittelmeer gerade eine Flotte aus kleinen, schnellen Schiffen zusammenstellte, die Agenten an der Küste Palästinas und Syriens hinter den feindlichen Linien aussetzen und aufnehmen sollten. Der Royal Navy fehlte es an solchen Schiffen, weshalb sie keines aus ihrer eigenen Flotte zum Nachrichtendienst abkommandieren konnte. Zum Ausgleich aber hatte die Abteilung GSI der ersten Ebene einen Freibrief erhalten, um zum einen für jede beliebige Operation eine beliebige Anzahl der kleinen französischen Schiffe, die beim Kanalbau zum Einsatz gekommen waren, anzukaufen und zum anderen feindliche Schiffe ähnlicher Bauart, die in den Gewässern des östlichen Mittelmeers kreuzten, aufzubringen. Die Neuigkeit von der *Aenne Rickmers* war daher höchst willkommen, und nachdem Hauptmann Clayton soviel Informationen wie möglich aus Boutagy herausgeholt hatte, belohnte er ihn, indem er ihn für einen Posten als bezahlter stellvertretender Dolmetscher in der Abteilung IF (Commandant Intelligence Corps) der ersten Ebene vormerkte. Er sollte sich am nächsten Tag in dessen Büros in der Zitadelle von Kairo vorstellen. Doch als sich Boutagy im Haus seines Onkels in der Faggala Street gerade zum Abendessen niedersetzte, hörte er es an der Türe klopfen. Im Schatten der dunklen Straße stand Unterleutnant Thomas Edward Lawrence.[4]

Kapitel 6
Archäologen und Gentlemen

Persönlichkeiten, nicht Prinzipien
bringen die Zeit in Bewegung.

Oscar Wilde

Als Thomas Edward Lawrence sich an jenem Dezemberabend in die Faggala Street aufmachte, hatte er sich wie Charles Boutagy erst wenige Tage in Ägypten aufgehalten. Allerdings war Lawrence keineswegs ein Neuling im Nahen Osten. Über die Vorkriegsjahre seiner Laufbahn ist wenig bekannt, doch für die Geschichte Aaron Aaronsohns und der britischen Nachkriegspolitik gegenüber den Juden Palästinas sind seine Aktivitäten zu dieser Zeit von entscheidender Bedeutung.

T. E. Lawrence hatte im Sommer 1909 zum ersten Mal seinen Fuß an die Küste des östlichen Mittelmeeres gesetzt, als er im Hafen Beiruts von Bord ging. Er sollte seinen 21. Geburtstag allein in Syrien verbringen und einen Marsch von mehr als 2000 Kilometern auf sich nehmen. Auf dieser Wanderung wollte er Material für seine Geschichtsarbeit zur Aufnahme an die Universität von Oxford sammeln. Zur Zeit seiner zweiten Ankunft in Kairo Ende 1914 hob sich Lawrence bereits als Angehöriger einer Elite von akademisch gebildeten Orientalisten und Archäologen von seinen Zeitgenossen ab. Er war ein echter Forscher der späten Viktorianisch-Edwardischen Ära, jedoch mit einem entscheidenden Vorteil: Lawrence kannte wie sein Konterpart die Mentalität der Türken und Araber bestens und hatte wie Aaronsohn ganz Nordpalästina durchwandert.

Seit seinem achten Lebensjahr hatte er eine Ausbildung in Oxford genossen. So wuchs er inmitten der literarischen und künstlerischen Romantik der Neugotik auf – mit dem Leitbild des Ritters, das überaus gut zu seinem einzelgängerischen

Wesen paßte. Im Alter von 16 Jahren brach sich Lawrence bei der Verteidigung seines jüngeren Bruders auf dem Schulhof den Knöchel. Während der Genesung zu Hause gab ihm seine Mutter Henry Layards Bericht über dessen Ausgrabungen in Niniveh zu lesen. Das eröffnete ihm die neue und aufregende Welt der Archäologie und Geschichte des Nahen Ostens, der Unfall markierte somit einen Wendepunkt in seinem Leben. Fortan beschäftigte er sich mit der Vergangenheit, wann immer er konnte, und machte sie zu einem Teil seiner Zukunft. Die nächstliegende Möglichkeit, dieses Interesse in Oxford praktisch umzusetzen, war die Historikerlaufbahn. Das Haus der Lawrences lag in den nördlichen Außenbezirken an der Polstead Road, einer Seitenstraße der Woodstock Road, welche geradewegs ins Herz der alten Universitätsstadt führte. Oxford barg die umfangreichste Bibliothek der Welt, die Bodleian Library, sowie das älteste Museum, das Ashmolean Museum, gegründet im 17. Jahrhundert und berühmt für seine exquisite Antikensammlung. Die Stadt erlebte im frühen 20. Jahrhundert einen rapiden Ausbau ihrer Universität, in den Vororten entstanden zahlreiche Villen für die zunehmend gefragten Tutoren und Professoren. Und wo die Architekten auch hingingen und die Arbeiter Gruben aushoben, Lawrence folgte ihnen auf dem Fuße.

Durch sein Eingreifen und für ein paar Pennies rettete er unschätzbare mittelalterliche Keramiken aus dem Aushub für die neuen Fundamente und trug sie voller Stolz zu den Kuratoren des Ashmolean Museum. Einer dieser Kuratoren namens David Hogarth erkannte in Lawrence das Besondere. Er zeigte ein wissenschaftliches Gespür für Kunst *und* den Wunsch zu reisen – eine Kombination, die ihn von einem durchschnittlichen angehenden Historiker eindeutig unterschied. Und Lawrence zeigte darüber hinaus auch gute Schulleistungen: Bis zum achtzehnten Lebensjahr besuchte er die City of Oxford High School for Boys und wurde in den Sommerabschlußprüfungen landesweit Zwölfter unter 4645 Prüflingen. In Englisch und Literatur erreichte er den ersten Platz, in Geschichte, Französisch, Religion und Nationalökonomie landete er ebenfalls in der Spitzengruppe.

David Hogarth war nicht bloß Kurator, er hatte auch beeindruckende archäologische Erfolge in Griechenland und Nahost vorzuweisen und Müh' und Plage eines Auslandskorrespondenten für die *Times* erlebt. Er erkannte, daß sein Schützling das Zeug zu einem ausgezeichneten Feldarchäologen hatte. Überdies kamen in Lawrence bereits die einzigartigen Qualitäten zum Vorschein, die ihn für Arabien prädestinierten. Sein Nonkonformismus verhinderte, daß er sich an die gesellschaftlichen Normen Oxfords anpaßte, und trieb ihn statt dessen in ein Leben für Forschung und Abenteuer.

Lawrences Vater verfügte über ein bescheidendes Privatvermögen, das ihm erlaubte, ein Leben als Gentleman zu führen und gelegentlich einem seiner fünf Söhne ein teures Geschenk zu machen. 1904 schenkte er dem jungen Thomas ein Fahrrad mit der damals neu erfundenen Dreigangschaltung. Damit machte der Junge seine erste Erfahrung von Geschwindigkeit, ein Vorgeschmack der Sucht, die ihn später sogar das Leben kosten würde. Er liebte die Vorstellung, spontan zu neuen, fernen Orten aufzubrechen und ohne Plan oder langwierige Vorbereitung auf Abenteuersuche zu gehen.

Diese Vorliebe fiel mit einer Enthüllung über seine Herkunft zusammen, die T. E. Lawrence für den Rest seines Lebens verfolgen sollte. Wie man munkelte, hatte sein Vater seine rechtmäßige Ehefrau und seinen Familiensitz in Irland verlassen und war mit dem Kindermädchen durchgebrannt. Thomas Edward war der erste von fünf unehelichen Söhnen, die seine leiblichen Eltern im Verlauf einer Odyssee von Irland über Wales und Frankreich bis nach Oxford gezeugt hatten. Lawrence, nunmehr 16 Jahre alt und aufgeklärt, hatte herausgefunden, daß er in Wirklichkeit ein Chapman und daher ein Bastard war – eine für einen jungen Mann seiner Zeit erdrückende Erblast. Zu dieser schockierenden Tatsache kam noch das unnachgiebige, autoritäre

Wesen seiner Mutter. Beides zusammen fügte seinem Selbstbewußtsein nachhaltigen Schaden zu. Er neigte ohnehin dazu, die Einsamkeit zu suchen, doch jetzt suchte er die Anonymität. 1905 lief er von zu Hause fort und trat in die britische Armee ein, die ihn mit der Royal Garrison Artillery nach Cornwall schickte. Sein Vater reiste ihm nach und konnte ihn freikaufen, doch in Lawrences Augen war sein Versuch, die Last der Verantwortung abzuschütteln, erfolgreich gewesen.

Wieder zurück im Schoß der Familie in Oxford, wandte sich der junge Mann erneut der historischen Feldforschung zu, um der gespannten Atmosphäre in der Polstead Road zu entfliehen. In seiner Jugend hatte er in Begleitung seines besten Freundes »Scroogs« Beeson lange Streifzüge durch das ländliche Oxfordshire unternommen und Grabmäler mittelalterlicher Ritter gesucht. In aller Regel verfertigte er bei solchen Ausflügen Kopien der Grabplatten mit schwarzer Schusterwichse oder Polierwachs auf dickem Papier. Diese Abdrücke nahm er dann mit nach Hause und gab ihnen dort mit Ausziehtusche und spitzer Feder den letzten Schliff. Schon zu Beginn seines zweiten Lebensjahrzehnts reiste er auf den Spuren der Geschichte in andere Provinzen Englands. Doch er sehnte sich danach, den, wie viele Gelehrte meinten, eigentlichen historischen Schauplatz der mittelalterlichen Kultur zu erkunden – den europäischen Kontinent. Nach seiner Rückkehr von der Armee aus Cornwall im Jahr 1905 faßte er Frankreich ins Auge. Nach den letzten Abschlußprüfungen nahm er sein Fahrrad und setzte ganz allein in die Bretagne über.

Der letzte Kreuzritter

Den ganzen August und September über zeichnete und beobachtete der junge Entdecker. Dabei legte er täglich rund 160 Kilometer mit dem Rad zurück. Im Herbst kam er mit bester Kondition und einer neuen Berufung nach Hause: Feldarchäologie. In der Polstead Road häuften sich die guten Nachrichten, er hatte nicht nur einen guten Schulabschluß gemacht, sondern sich auch noch erfolgreich an der Universität beworben. Sein Wissen über mittelalterliche Keramik und seine Grabplattenkopien brachten ihm ein Meyricke-Stipendium von 50 Pfund jährlich und einen Studienplatz für Neuere Geschichte in Oxford ein. Also trat Lawrence im Januar 1907 als Undergraduate ins Jesus College ein, blieb aber im nur 15 Minuten von der Universität entfernten Haus seiner Familie wohnen. Das Ashmolean Museum lag gleich um die Ecke.

Lawrence erwies sich schnell als untypischer Universitätsstudent. Er verknüpfte seine Studien mit intensiven Phasen selbstauferlegter, strenger Exerzitien. Alkohol lehnte er ohnehin ab, jetzt aber verzichtete er oft für mehrere Tage auf Nahrung und Schlaf. Und nach Ende des Sommersemesters radelte er wieder durch Frankreich, um seine Mittelalterstudien fortzusetzen. 1908 fuhr er die Strecke noch einmal auf seiner bis dato längsten Tour. Nach der Ankunft in Le Havre Mitte Juli hatte er am 2. August die Carmargue erreicht und jede bedeutende Burg auf seinem Weg besichtigt und gezeichnet. Von Aigues-Mortes aus schickte er seiner Mutter einen langen Brief. Der Sand am Strand sei »gerippelt wie die Wellen selbst«, schrieb er und verfaßte ein kurzes Gedicht:

> I love all waste
> And solitary places; where we taste
> The pleasure of believing all we see
> Is boundless, as we wish our souls to be.[1]

Doch nicht nur das Gefühl romantischer Einsamkeit bewegte Lawrence. Er schloß seinen Brief mit dem folgenden Bekenntnis: »Ich fühle, daß ich endlich den Weg nach dem Süden und dem wunderbaren Osten erreicht habe: Griechenland, Karthago, Ägypten, Tyrus, Syrien, Italien, Spanien, Sizilien, Kreta ... sie alle liegen vor mir und alle ... in meiner

Reichweite. Ich glaube, ich weiß jetzt besser als Keats, wie es Cortès zumute war, ›stumm auf Dariens Felsenwarte‹. Oh, ich muß wieder hierher – weiter hinaus – ich muß wiederkommen! Wirklich, diese Ankunft am Meer hat mich fast aus dem inneren Gleichwicht gebracht: Am liebsten würde ich schon morgen nach Griechenland übersetzen.«[2] Er sollte nicht lange warten müssen, bis ihm ein derartiges Angebot in den Schoß fiel. Im September kehrte er nach über 3 800 Kilometern auf dem Fahrrad nach England zurück. Er war an seine körperlichen Grenzen gegangen, hatte unter einfachsten Umständen gelebt und nur das Allernotwendigste mitgeführt.

Als Lawrence im Oktober sein Studium am Jesus College fortsetzte, stellte er fest, daß sich die Voraussetzungen für den Erwerb eines akademischen Grades grundlegend geändert hatten: Seine Universitätslehrer ließen künftig in historischen Abschlußarbeiten praktische Beobachtungen zu. In Großsyrien lagen die meisten noch erhaltenen Kreuzritterburgen des Nahen Ostens. Die einschlägigen wissenschaftlichen Veröffentlichungen beschränkten sich auf die amateurhaften Beobachtungen früherer reisender Gentlemen. So regte C. F. Bell, einer der Kuratoren des Ashmolean Museum, an, Lawrence solle sich an die Lösung eines vieldiskutierten wissenschaftlichen Rätsels machen: ob die Kreuzfahrer Spitzbogen und Spitzbogengewölbe von den Arabern übernommen hatten oder umgekehrt. Der junge Forscher ergriff die Gelegenheit beim Schopf und schlug seinem Tutor eine Wanderung durch Palästina und Syrien vor.

Eine solche Exkursion, argumentierte er, würde Ergebnisse abwerfen, die in Verbindung mit seinen Beobachtungen in Frankreich ausreichend Material für seine Abschlußarbeit darstellten: »Der Einfluß der Kreuzzüge auf die europäische Militärarchitektur bis zum Ende des 12. Jahrhunderts«. Sein Vorschlag wurde wohlwollend aufgenommen, und mit dem Segen seines Lehrers brachte Lawrence die nächsten neun Monate mit Vorbereitungen zu. In dieser Zeit suchte er häufig den Rat David Hogarths, dem immer deutlicher bewußt wurde, wie sehr den jungen Absolventen sein einzigartiger Charakter vom typischen Oxforder Geschichtsstudenten abhob. Lawrence blieb drei Monate in Palästina und Syrien und kehrte im September erschöpft, aber triumphierend nach Oxford zurück. Sein Weg hatte ihn zu allen größeren Burgen in Syrien geführt. Sein erstes Ziel war jedoch Atlit gewesen. Er hatte die berühmte Templerburg am 20. Juli erreicht. Es gibt keine Belege, daß er damals Aaron Aaronsohn oder andere Siedler kennenlernte, doch fünf Jahre später sollte ihm dieser Besuch sehr zupaß kommen. Seine Arbeit erhielt eine Auszeichnung und er das Angebot, bis zum Bachelor of Letters weiterzustudieren. Doch David Hogarth hatte nun etwas anderes mit ihm im Sinn.

Die Hogarth-Woolley-Lawrence-Connection

David Hogarth ist bis heute eine schattenhafte Gestalt in der Geschichte des Nahen Ostens. Zweifelsfrei verknüpfte er seine Forschungen in gewissem Ausmaß mit Spionage, wie es viele Archäologen seiner Generation taten. Im Oktober war er mit einem Firman der Hohen Pforte zur Wiedereröffnung einer Grabungsstelle, aus der Türkei zurückgekehrt. Dieser Grabungsort lag am Tel Karkemisch, einem antiken Hügel bei der Stadt Jerablus am Westufer des Euphrat nahe der türkisch-syrischen Grenze. Hogarth handelte im Auftrag des British Museum, das zuletzt 1881 an dieser Stelle Grabungen durchgeführt hatte. Mitten durch Tel Karkemisch verlief die alte Grenze zwischen dem Reich der Hethiter und dem der Assyrer, und das British Museum hoffte immer noch auf den Fund einer zweisprachigen Inschrift – ähnlich dem Stein von Rosette –, mit deren Hilfe sich die hethitische Sprache würde entziffern lassen. Doch Hogarth verfolgte auch andere Interessen außerhalb des unmittelbaren Grabungsgebiets.

Ihm persönlich lag vor allem an der Zukunft der Sammlung des Ashmolean Museum. In Lawrence, der mit seinem Marsch durch Palästina und Syrien seine Zähigkeit bereits bewiesen hatte, sah er den perfekten Mann vor Ort, um sich die besten Beutestücke syrischer Grabräuber zu sichern. Diese belieferten damals alle größeren Museen Europas mit ihren Funden. Lawrence war gerade in Frankreich auf Museumstour, als Hogarth ihm den Posten eines Fotografen und Keramikexperten für die neue Karkemisch-Ausgrabung anbot. Der junge Absolvent sagte rasch zu. Hogarths Interesse galt aber nicht nur der Grabung und dem Erwerb geraubter antiker Schätze. Insgeheim beobachtete er die Fortschritte beim Bau der Eisenbahn des deutschen Kaisers. Die Linie näherte sich auf ihrem Weg von Berlin nach Bagdad bereits der historischen Grenze des Euphrat. Hogarth wußte mittlerweile, welche Fähigkeiten Lawrence besaß. Er sprach fließend Arabisch und auch einige Dialekte, und er besaß die Beobachtungsgabe eines Feldforschers, die Hogarth in seiner Doppelrolle als Archäologe und Informationsbeschaffer gut gebrauchen konnte. So bekam der junge Mann bei seiner Ankunft in Karkemisch im Dezember 1910 zum ersten Mal die Eisenbahn zu Gesicht, die ihn schließlich von einem unbekannten Archäologen zu einer lebenden Legende werden lassen sollte. Hogarth machte ihn zudem mit Leonard Woolley bekannt, der während der zweiten Ausgrabungssaison zu ihnen stieß. In den beiden folgenden Jahren beherrschten die drei Männer das Gebiet um Karkemisch praktisch wie britisches Hoheitsgebiet.

Leonard Woolley hatte in Oxford Theologie studiert, sich dann aber gegen eine geistliche Karriere und für die spannendere Laufbahn des Archäologen entschieden. 1906 war er als Verwaltungsassistent in das Ashmolean Museum eingetreten, wo er unter Hogarth arbeitete. Er hatte nur ein Jahr dort verbracht, bevor er seine Stelle aufgab, um im Ausland bei Ausgrabungen mitzuwirken, was seiner Abenteuerlust eher entsprach. Von 1907 an nahm er an Grabungen in Ägypten, dem

Sudan und Italien teil. David Hogarth hatte eingefädelt, daß er 1912 nach Karkemisch kam, denn er wußte, daß Woolley und Lawrence gut zusammenpassen würden und die Grabung zu einem erfolgreichen Abschluß bringen konnten. Dies war der Beginn eines bemerkenswerten Doppels in der Geschichte der Archäologie. Doch selbst Hogarth – die graue Eminenz in der Grauzone zwischen Archäologie und Spionage – hätte nicht vorhersagen können, daß die Partnerschaft von Woolley und Lawrence sich einmal auch auf Kriegsspionage in Palästina erstrecken würde.

Fürs erste galt Woolleys Hauptsorge als Grabungsleiter dem Geld, das nur fließen würde, wenn sie Ergebnisse vorwiesen. So nahm er mit Lawrence an seiner Seite das Gesetz in die eigenen Hände, um sicherzustellen, daß die Grabungssaison ungestört verlief. Karkemisch gehörte zum Gebiet eines Kurdenstammes, in dem die örtlichen Ka'im-makams, die türkischen Kreisamtmänner, die Gesetze auslegten, wie es ihnen paßte. Doch das schreckte Woolley und Lawrence nicht im geringsten. Sie betrachteten das Ödland von Jerablus als Bühne, auf der sie einem Lebensstil huldigen konnten, wie er geradewegs aus *Boys Own Magazine* zu stammen schien. Als sich einmal der Firman für die Fortsetzung der Grabung verzögerte, ritten die beiden, umgeben von ihrer ständig anwachsenden Abtrünnigenleibgarde, in die Stadt und zwangen den Ka'im-makam mit an den Kopf gesetztem Gewehr, das Dokument zu unterzeichnen. Ihr Ansehen unter den Einheimischen wuchs durch solche Aktionen, und als die deutschen Ingenieure der Bagdadbahn während Woolleys und Lawrences Abwesenheit Steine vom Tel Karkemisch stehlen lassen wollten, hielt ihr treuer kurdischer Vorarbeiter die Eindringlinge mit vorgehaltener Waffe in Schach und rettete so die Außenmauer des Ortes vor der Zerstörung.

In seiner Freizeit unternahm Lawrence heimliche Streifzüge durch das Gebiet außerhalb der dem British Museum vorbehaltenen Zone, um für Hogarth Artefakte zu kaufen.

Das Ganze war streng verboten, doch Hogarth hegte den Verdacht, daß die Deutschen mit ihrer Beteiligung an der Eisenbahn unter anderem die Absicht verfolgten, gestohlene Güter vor der Nase der Türken nach Berlin zu schaffen. So hatte er nicht die geringsten Skrupel, Lawrence zu solchen Unternehmungen aufzufordern. Im übrigen schienen sich alle, nicht bloß die Deutschen, von den Altertümern der Hohen Pforte zu bedienen. 1912 wimmelte es in der ganzen Südosttürkei und Nordsyrien von sogenannten Archäologen, die ihre Regierungen mit illegalen Objekten belieferten und eine Doppelrolle als Spione spielten. In Briefen nach Hause beklagte sich Lawrence selbst über die hochschnellenden Preise für illegale Fundstücke, die den Ankauf immer schwieriger machten. Doch trotz dieses Preisanstiegs gelang es ihm, so viele hethitische Siegel zu erwerben und an Hogarth nach Oxford zu schicken, daß sie heute eine einzigartige Sammlung im Ashmolean Museum bilden.

Die Neuigkeiten von den Ausgrabungen drangen bis in die englische Presse, und seit 1912 stieg Karkemisch rasch zu einem Ort auf, den man gesehen haben mußte – nicht nur als Spion, sondern auch als Angehöriger der besseren Schichten, die genügend Geld für Reisen besaßen. Lawrence brachte einen Teil seiner Zeit damit zu, internationale Berühmtheiten wie Agatha Christie und ihren Mann, den Archäologen Max Mellerman, vor Ort herumzuführen. Christie recherchierte gerade für ihren neuen Roman »Mord in Mesopotamien«. Als er schließlich erschien, trug das Opfer eine unheimliche Ähnlichkeit mit Woolleys Frau, die den Beruf ihres Mannes gehaßt hatte und 1909 vorzeitig gestorben war. Eine andere Besucherin, die für ihre Reisen durch den Nahen Osten berühmte Gertrude Bell, fand in Lawrence einen Gleichgesinnten, nannte ihn ihren »lieben Jungen« und schloß eine lebenslange Freundschaft mit ihm. Bell sollte später im Ersten Weltkrieg die wichtigste britische Agentin für Mesopotamien werden.

Doch trotz dieser Zerstreuungen hatte das Leben in Karkemisch auch seine ernsten Seiten. Das Osmanische Reich befand sich unbestreitbar in Auflösung, und über Europa zogen dunkle Kriegswolken auf. In Konstantinopel kam die Partei der Jungtürken an die Macht, womit sich die Möglichkeiten einer türkisch-deutschen Allianz verbesserten. Dies ließ im britischen Kriegsministerium die Alarmglocken schrillen, und in London erwartete man David Hogarths Berichte mit Spannung. Überdies besuchte nun auch Max von Oppenheim, der spätere Geheimdienstchef des Deutschen Reichs für Nahost, regelmäßig die Grabungsstätte. Er führte weiter im Süden Syriens selbst Ausgrabungen durch, während er auf das Eintreffen der Gleisbaustelle wartete. Oppenheim witterte zweifelsohne eine Möglichkeit, hinter Hogarths Pläne zu kommen, und verwickelte Lawrence häufig in Gespräche über Archäologie und Politik.

Auch Lawrence machte nun Ausflüge in die Politik, allerdings ausschließlich in die örtliche. Welches Renommee er sich damit erwarb, zeigte sich im Herbst 1912: Sowohl armenische Revolutionäre als auch kurdische Rebellen boten ihm an, bei einem Aufstand gegen die Türken in ihren Reihen mitzureiten. Er lehnte ab, doch als er sich 1913 als Gast des britischen Konsuls Raff Fontana in Aleppo aufhielt, fürchtete man immer noch die Auflehnung der Kurden und eine Plünderung der Stadt. Fontana bangte um die Sicherheit der britischen Ausländergemeinde und wandte sich hilfesuchend an Lawrence. Der Konsul vereinbarte ein Treffen mit der vor Beirut liegenden Royal Navy zur Übergabe von Lee-Enfield-.303-Gewehren und Munition zur Verteidigung des Konsulats. Lawrence ging auf das Schiff und schaffte die gesetzwidrige Ladung mit Hilfe von arabischen Maultiertreibern, die er zum Schweigen verpflichtet hatte, über Land nach Aleppo. Der Aufstand fand niemals statt, und die Gewehre wurden nicht gebraucht, doch Lawrences kurzer Ausflug in den Waffenschmuggel hatte nachhaltige Folgen für Hogarths wachsende Ashmolean-Sammlung. Als Zeichen seiner Dankbarkeit bot Fontana Lawrence nämlich an, die wertvollsten gestohlenen Antiken als Diplomatengepäck aus Syrien zu schmuggeln und nach England zu bringen – ein Angebot, auf das Lawrence in den folgenden zwölf Monaten regelmäßig zurückgriff. So arbeitete er ab Ende der Saison 1913 zweigleisig: Die legal ergrabenen Objekte aus Karkemisch ließ er in offene Kisten verpacken und an das British Museum schicken, und Hogarth belieferte er heimlich mit einer Fülle unschätzbarer, auf Bestellung gestohlener Artefakte für das Ashmolean Museum.

Daß es so einfach war, Waffen an Land zu schmuggeln und Fundstücke per Schiff aus dem türkisch besetzten Syrien herauszubringen, dürfte Lawrence in einer Weise beeinflußt haben, die sich zwei Jahre später als bedeutsam für die Entwicklung der britischen Spionagetätigkeit an der Küste Palästinas erweisen sollte. Diesen Landstrich hatte er schon 1909 bis nach Atlit zu Fuß durchmessen, gezeichnet und fotografiert. Im Dezember 1913 erhielten Woolley und Lawrence eine seltsame Nachricht von Sir Frederick Kenyon, dem Direktor des British Museum. Die beiden Männer sollten sich nach Port Said begeben, um sich dort einem Vermessungsteam anzuschließen. Diese Gruppe stand unter der Leitung von Major Newcombe von den Royal Engineers und sollte das Innere der Negev- und der Sinai-Wüste kartographieren. Woolley und Lawrence sollten unter dem Deckmantel der archäologischen Arbeit, vorgeblich im Auftrag des Palestine Exploration Fund, nach dem alten Weg Mose durch die Wüste Zin suchen. In Wirklichkeit jedoch diente die Vermessungsexpedition dazu, die Loyalität der Sinai-Beduinen zu erkunden und künftige Agenten unter ihnen zu rekrutieren, da London nunmehr zu dem Schluß gekommen war, die Türken würden sich in dem heraufziehenden Konflikt mit dem Deutschen Reich verbünden.

Lawrence und Woolley leisteten viel Substantielles für den britischen Nachrichtendienst. Sie sammelten Informationen, mit deren Hilfe sich die eine Generation früher von den Royal Engineers Conder und Kitchener erstellten Militärkarten korrigieren ließen. Sie lieferten überdies einen archäologischen Bericht für den Palestine Exploration Fund, den israelische Archäologen heute noch, fast 90 Jahre später, als Grundlagentext für die Region nutzen. Ihre Arbeit stellte das beste dar, was der Nachrichtendienst im Nahen Osten vor dem Krieg zu bieten hatte.

Der Egyptian Expeditionary Force (EEF) in Kairo mangelte es noch bei Kriegsausbruch im August 1914 an einem funktionierenden Nachrichtendienst. Als dies dem Kriegsministerium in London gemeldet wurde, begann man nach Offizieren zu suchen, die in jüngster Zeit Erfahrungen mit den Türken gesammelt hatten. Natürlich fiel die Wahl auf die Männer, die kürzlich an der Sinai-Vermessung teilgenommen hatten: Nahost-Archäologen. Sie waren im Grunde die einzigen verfügbaren Leute mit der nötigen Erfahrung und dem Wissen, um in kurzer Zeit aus dem Nichts eine leistungsfähige Dienststelle aufzubauen. Lawrence und Woolley, die vor Ausbruch der Feindseligkeiten nach England zurückgekehrt waren, trugen schon Uniform. Und in dem Bemühen, dem mittlerweile allbekannten Paar so etwas wie militärische Disziplin beizubringen, holte das Kriegsministerium Major Newcombe als Chef der Truppe von der Westfront zurück. Am 9. Dezember brachen er und Lawrence als Vorhut der Verstärkung des britischen Nachrichtendienstes nach Ägypten auf. Woolley und eine Handvoll weiterer Veteranen, allesamt Kenner der Politik und der Sprachen des türkischen Reiches, folgten nur wenige Tage später.

Am 20. Dezember schrieb Lawrence an Hogarth aus dem neubelebten Intelligence Department, War Office, in Kairo: »Newcombe und ich kamen letzten Dienstag hierher, und Woolley mit einem gewissen Lloyd und Aubrey Herbert tauchten am Freitag auf. Offenbar hatten sie keine Nachrichtenabteilung und dachten, sie kämen auch ohne aus – bis es ihnen dämmerte, daß niemand in Ägypten über Syrien Bescheid wußte. Die Türkei ist uns um einen Schritt voraus und hat Ein- und Ausfuhr von Personen, Waren und Post verboten.«[3]

In einem späteren Brief über diese ersten Tage in der Militärischen Nachrichtenabteilung berichtete Lawrence weiter: »Woolley sitzt den ganzen Tag da und schreibt Zusammenfassungen und windige Propagandageschichten für die Presse ... Newcombe leitet eine Bande übelster Spione und redet mit dem Captain [Hauptmann]. Ich bin Kartenoffizier, schreibe geographische Berichte und versuche ihnen beizubringen, daß Syrien nicht nur von Türken bevölkert ist ..., und Aubrey Herbert deckt zwecklose Verschwörungen auf.«[4]

Lawrences Arbeit war sicherlich nicht ohne Bedeutung. Ihm fiel auf, daß die meisten Ortsnamen auf den vorhandenen Landkarten der Negev und des Sinai sich ähnelten. Schließlich erkannte er, daß sie alle Ableitungen des arabischen Ausdrucks für »weiß nicht« waren – die übliche Antwort der Beduinen an die Royal Engineers, als diese das Gebiet in den 1880er Jahren kartographierten.[5]

Doch abgesehen von der Lösung dieses Rätsels hatte das Leben wenig zu bieten. Dieselben festgefügten Sozialstrukturen, die er in Oxford zurückgelassen glaubte, waren auch in Kairo allgegenwärtig – mit der Ausnahme, daß die Gesellschaft jetzt Uniform trug –, und wenn überhaupt etwas anders war, dann in Lawrences Augen höchstens, daß soziale Rangunterschiede noch übertriebener herausgekehrt wurden als in seiner Heimatstadt, und das vertrug sich schlecht mit dem wohlgehüteten Geheimnis seiner Herkunft. Allerdings bot sich nun, da Woolley gezielt Desinformation einsetzte und Newcombe eine Bande von Spionen leitete, doch noch eine neue Gelegenheit zu Abenteuern, und das unter Leuten, die von Legalität und britischer Klassenstruktur wenig wußten oder hielten. So machte sich Lawrence, als er Ende Dezember seine ihm zugewiesenen Aufgaben im Kartenbüro abgeschlossen hatte – und sehr wahrscheinlich, weil er dort der einzige war, der Haifa aus eigener Anschauung kannte –, auf den Weg in die Faggalla Street, um zum ersten Mal einen für den Schauplatz Palästina bestimmten Spion anzuwerben.

Als Thomas Edward Lawrence an jenem Dezembertag 1914 vor dem Haus von Charles Boutagys Onkel in der Faggalla Street stand, war er bereit, ein neues Abenteuerkapitel zu eröffnen. Er kam gleich zur Sache: Er wolle den Empfehlungsbrief von Brigadegeneral Clayton an die Abteilung IF des Militärischen Nachrichtendienstes zurückziehen, und Boutagy solle mit sofortiger Wirkung in die Dienste seines eigenen Büros IC übertreten. Überdies solle er am nächsten Morgen das *Savoy Hotel* aufsuchen – dort residierte das IC in einem Hinterzimmer.

Wenn Boutagys Beförderung ihm selbst schon schnell und dramatisch vorgekommen war, so gab sie ihm einen ersten Vorgeschmack von der Spontaneität und Launenhaftigkeit seines neuen Chefs. Lawrence hatte zweifelsohne ein Auge auf die Liste der potentiellen Dolmetscher gehabt, die sich bei Claytons Stab vorstellten, und sich Boutagy aus naheliegenden, guten Gründen herausgepickt. Er war sich der strategischen Bedeutung der Küstenlinie von Haifa bis Tel Aviv und ihrer Eignung als Landungsgebiet für britische Streitkräfte genauso deutlich bewußt wie Aaron Aaronsohn. Also unterzog er Boutagy fürs erste einem ausgefeilten Training, wie dieser später berichtete: »Als ich in Lawrences MI-Büro in Kairo vorsprach, stellte er mich seiner Nr. 1, einem Major S. F. Newcombe von den Royal Engineers, und einem Hauptmann Lloyd vor. Lawrence befragte und instruierte mich mehr als einmal. Er wollte, daß ich ihm soviel Information über die Türken beschaffte wie möglich, von der Sinaiwüste bis nach Norden zur Hafenstadt Alexandrette.«[6] Boutagy wurde aufgefordert, nach Haifa zurückzukehren und für Lawrence zu spionieren, doch er sträubte sich: »Erst als er meine ganze Geschichte gehört hatte ..., beschloß er, mich zu fragen, ob ich einverstanden sei, Geheimagent zu werden, und ob ich bereit sei, zurückzugehen und in der Türkei zu leben, von wo aus es mir leichter fiele, ihn mit allen Informationen zu versorgen, die die Armee verlangte ... Seinen Vorschlag anzunehmen, zurück ins türkische Haifa zu gehen, kam natürlich nicht in Frage. Aber ich bot an, jede Information zu beschaffen, die sie wollten ... Lawrence war einverstanden ... und bat mich, Pläne auszuarbeiten, um ihm zu zeigen, wie das zu bewerkstelligen sei, und bis dahin wollte er, daß ich ihn jeden Tag begleitete, damit er mir zeigen konnte, was jeder Spion wissen muß.«

Während er Agenten wie Charles Boutagy ausbildete, wurde Lawrence auch in übergreifende strategische Planungen einbezogen. In den ersten hektischen Monaten des Jahres 1915, die der Dardanellenlandung bei Gallipoli vorausgingen, wies Lawrence Feldmarschall Kitchener persönlich mit Nachdruck auf die Vorzüge einer Landung bei Alexandrette hin, dem wichtigsten Hafen an der syrischen Küste. Dieser Plan bot dieselben Vorteile wie eine Landung weiter südlich bei Atlit und zeigte deutlich, wie ähnlich Aaronsohn und er dachten: Die türkischen Streitkräfte würden zweigeteilt und wären so eine leichte Beute für eine britische Inlandsoffensive. Am 18. März 1915 schrieb Lawrence an David Hogarth: »Wenn wir mit 10000 Mann Alexandrette besetzen, sind wir unangreifbar und wir unterbrechen

I. die Verbindung zwischen Kleinasien und Syrien,
II. die Verbindung zwischen Kleinasien und Bagdad, wo die Engländer wahrscheinlich in Kürze unter Druck geraten werden,
III. entlasten wir zudem den Kaukasus, insbesondere nachdem sich der Mittelpunkt der Türkei nach Koni verschoben hat. Ich denke, wir müssen uns auf eine Wiedergeburt der Türken gefaßt machen, wenn Konstantinopel verloren ist. Sie werden militärisch sehr viel gefährlicher sein – politisch jedoch weniger.«[7]

Der visionäre Plan des einfachen Leutnants Lawrence wurde von Kitchener schon bald übernommen. Er befahl einen Angriff auf Alexandrette vom Meer her. Doch da schritt die französische Regierung ein. Sie wehrte sich vehement gegen einen britischen Einfall in ein Territorium, das sie seit den Zeiten der Kreuzzüge als Teil ihrer Kriegsbeute betrachtete. Diese französische Intervention besiegelte das Schicksal der Alliierten im Nahen Osten für den Rest des Krieges und brachte die britische Armee nah an den Rand einer Katastrophe. Das britische Kriegskabinett hielt es noch immer für unbedingt erforderlich, die Russen zu besänftigen und den Druck auf ihre Armeen im Kaukasus zu mindern. Da also die Franzosen Einspruch gegen eine britische Invasion in Alexandrette erhoben, setzten die Briten verstärkt auf die Dardanellen.

In der Zeit, die der Kriegsrat in London für diese folgenschwere Entscheidung benötigte, war allerdings die Entwicklung des Militärischen Nachrichtendienstes des EEF einen großen Schritt vorangekommen. Brigadegeneral Clayton hatte diesen neu strukturiert und wandte sich jetzt dem Aufbau des mit politischen Aufgaben betrauten Zivilen Nachrichtendienstes zu. Die Abteilung IG sollte dessen Herz bilden und das Gegenspionagenetz von Suez über die Küste Palästinas und Syriens und westwärts übers Meer bis nach Zypern knüpfen. Die Insel sollte als Nachschub- und Basislager dienen, wo Schiffe repariert werden und Spione ausruhen beziehungsweise die Seite wechseln konnten. Die Abteilung IG würde hauptsächlich Gefangene verhören und Verdächtige beschatten. Der Zivile Nachrichtendienst verfolgte seine Aufgaben in feindlichem Gebiet und setzte dazu mit Hilfe einer kleinen Flotte Agenten an der feindlichen Küste an Land. Zu diesen Schiffen gehörte auch die *Aenne Rickmers*, die von den Blaujacken der Royal Navy gekapert worden war und nun in Port Said wartend vor Anker lag. Das Kommando über IG sollte ein Stabshauptmann in Port Said führen. Im Januar 1915 war Brigadegeneral Clayton klar, daß diese hochspezialisierte und höchst wichtige nachrichtendienstliche Tätigkeit einen Mann mit Erfahrung und Fähigkeiten verlangte, die weit über denen des durchschnittlichen britischen Offiziers lagen. Claytons Wahl fiel auf den Einzelgänger Leonard Woolley, der beim IC versauerte.

Das MI-, später EMSIB-Büro im Hafen von Port Said, 1915 (mit Pfeil gekennzeichnet)

Lawrence, der ebenfalls in der Kartenabteilung festsaß, sah in dieser plötzlichen Wendung ein Gottesgeschenk, denn der Nachrichtendienst war ziemlich locker organisiert, womit sich ihm jetzt die Gelegenheit bot, die Grenzen der ihm zugewiesenen Aufgabe, der Kartenüberarbeitung, zu überschreiten und die bewährte Zusammenarbeit mit Woolley fortzusetzen – nun beim Einsatz von Spionen.

So entstand das bestgehütete Kriegsgeheimnis im Nahen Osten: eine Spionagedienststelle, die Piratenmethoden anwandte, von einem Archäologen geleitet wurde und mit Agenten arbeitete, die der spätere Lawrence von Arabien auswählte. Zu diesen sollte sich später ein ganzes Unternetzwerk zionistischer Juden gesellen, die bereit und willens waren, für Aaron Aaronsohns Vision eines neuen Palästina ihr Leben zu riskieren. Leonard Woolley wählte als Sitz seiner jungen Organisation einen Raum im Obergeschoß eines Ladens im Hafengebiet von Port Said. Der Händler hatte ein großes Schild ausgehängt, das – eine passende Anspielung auf britische Behaglichkeit trotz der angespannten Lage – für *Lipton's Tea* warb.

Die wichtigste Transportmethode in Leutnant Woolleys Organisation – die Agentenschiffe – brauchten natürlich Besatzungen und Kommandanten. So traf am 16. Januar der erste kommandierende Offizier des EMSIB, L. B. Weldon, in Port Said ein, um seinen neuen Posten anzutreten. Hauptmann Weldon war als Kandidat für das Kommando über ein Spionageschiff eigentlich nicht gerade geeignet, besaß er doch keine Erfahrung auf See. Er kam wie Lawrence aus einer Familie irischer Abstammung, und sein Vater hatte seinem jungen Sohn von einer höheren Offizierslaufbahn in der Marine abgeraten, denn »noch kein Weldon hat je den irischen Kanal überquert, ohne gewaltig seekrank zu werden«[8]. Weldon trat in die britische Armee ein und ging 1900 nach Kairo, wo er sich in den folgenden 14 Jahren im Vermessungsamt der ägyptischen Regierung langweilte. 1914 kannte er jeden Zentimeter der Küste Ägyptens und auch Palästinas auf der Landkarte, herumgekommen war er jedoch kaum.

Anfang des 20. Jahrhunderts bot die Insel Zamalek – mitten im Nil, nahe des Zentrums der Altstadt von Kairo – mit ihren großzügigen Bungalows, weitläufigen Gärten, sauberen Straßen und sogar einer Rennbahn der herrschenden Ausländerklasse eine Heimat fern der Heimat. Die Unterhaltungsmöglichkeiten für die hier lebenden Zivilbeamten und Offiziere deckten sich mit den üblichen britischen Gepflogenheiten: Es gab eine Anzahl von Gesellschaften und Clubs, die unverheirateten wie verheirateten Männern Gelegenheit boten, innerhalb der strengen gesellschaftlichen Regeln jener Zeit geselligen Umgang zu pflegen. Hauptmann Weldon trat der Cairo Scientific Society bei, doch aus den erhaltenen Notizen von Vorträgen, etwa über »Die Eigenschaften von Beton«, darf man mit Sicherheit schließen, daß diese ihn alles andere als überwältigten und er infolgedessen kaum noch hinging.[9] Nach mehreren Jahren gepflegter kolonialer Langeweile hätte sich Weldon allein deswegen an dem irrwitzigsten Projekt beteiligt, nur um die Monotonie seines Kairoer Daseins zu durchbrechen. So war er zur richtigen Zeit am richtigen Ort, um auf Abenteuerfahrt zu gehen, als 1914 der Krieg ausbrach.

Weldon war dem Kartenbüro des Nachrichtendienstes zugewiesen worden, wo er wie Lawrence als Kartenoffizier diente. Während Lawrence die Aufzeichnungen der GSI-Sammlung prüfte, änderte und sortierte, hatte Weldon die Aufgabe, alle Anfragen von Offizieren des Heeres und der Marine, vom kleinen Leutnant bis zum General oder Admiral, zu prüfen. Nachdem er sich eingearbeitet hatte, fühlte er sich schnell unterfordert, weshalb er die anspruchsvollere Aufgabe in Port Said mit Erleichterung antrat. Sie sollte schließlich weit mehr Aufregung und Gefahr mit sich bringen als erwartet.

Am Abend des 17. Januar 1915 ging Weldon an Bord der *Aenne Rickmers.* Das mit Beginn der Feindseligkeiten beschlagnahmte Schiff lag, nur ein paar Schritte von Woolleys Büro entfernt, am Kai. Am 18. Januar um ein Uhr früh befahl Weldon der Mannschaft, mit gehißter roter Flagge abzulegen. Infolge ihres überstürzten Auslaufens verließ die *Aenne Rickmers* die westliche Hafenausfahrt von Port Said mit einer bunt zusammengewürfelten Besatzung, wie der Hauptmann selbst berichtete: »Der Kapitän, der Chefingenieur, die Luftspäher und die Matrosen und Seesoldaten sind Briten. Die Steuermänner und Mechaniker Franzosen, die Maate und Mannschaften Griechen. Einer der Ingenieure stammt aus Malta, und ich selbst, der OC [Officer commanding], bin Ire. Außerdem hatte der Schiffskapitän damals keinen Offiziersrang, und die Crew gehörte überwiegend einer Nation an – Griechenland –, die nicht in den Krieg eingetreten war.«[10]

Das Durcheinander war damit nicht zu Ende. Obwohl die *Aenne Rickmers* die rote Flagge eines britischen Handelsschiffes führte, war sie, technisch gesehen, immer noch ein französisches Schiff. Nach ihrer Konfiszierung war sie in den Besitz der französischen Marine übergegangen, von der

Woolley sie nur »ausborgte«. Als Krönung des Ganzen war sie auch noch eine Art Kriegsschiff mit zwei Wasserflugzeugen auf Deck. Diese waren Teil eines Experiments der englisch-französischen Entente. Erstaunlicherweise hatte man sehr früh erkannt, wie wertvoll eine Luftaufklärung für die vereinten Streitkräfte war. Französische Piloten und britische Luftspäher flogen gemeinsam, doch das Verhältnis der Bündnispartner stand bereits unter Spannung: Der britische Luftspäher eines Flugzeugs, das mit Motorschaden hinter den türkischen Linien verlorenging, war nämlich früher als sein französischer Kamerad Grall gerettet worden. Dennoch galt das Arrangement am 17. Januar immer noch als erprobenswert, und nun befand sich Grall gemeinsam mit einem weiteren französischen Piloten, Graf de Saizieu, und zwei britischen Luftspähern, Herbert und Todd, an Bord des Schiffes.

Hauptmann Weldon befahl, nach Nordosten bis zu einem Punkt südlich von El Arish weiterzufahren, einer Küstenstadt, ganz im Westen der Südgrenze zum Sinai und zu Palästina gelegen. Er kannte das Gebiet gut. 1903 hatte er an einer Vermessung des nördlichen Sinai teilgenommen, die die gesamte Küstenregion nördlich und südlich von El Arish erfaßte. Als die *Aenne Rickmers* am späten Vormittag des 18. Januar ihren Zielpunkt vor der alten Stadt erreicht hatte, konnte Weldon das alte türkische Fort – das höchste Gebäude der Stadt – leicht mit dem Feldstecher ausmachen. Da die Türken keine wirksame Artillerie besaßen, ankerte man ungefährdet vor der Küste. Am Nachmittag wurden die Flugzeuge zu Wasser gelassen, und beide Crews starteten. De Saizieu und Herbert machten einen Aufklärungsflug über Kosseima, 140 Kilometer im Landesinneren, während Grall und Todd von El Arish in nördlicher Richtung der Küste bis nach Rafah, Khan Yunis und Gaza folgten. Am 19. Januar ließ Weldon nördlichen Kurs auf Gaza nehmen, um von dort ein Flugzeug ostwärts nach Beersheba zu schicken, wo alle Wege des nördlichen Sinai zusammenliefen. Nach dem Flug berichtete ihm der Luftspäher, daß sich feindliche Truppen in beträchtlicher Stärke von Hebron im Norden auf Beersheba zubewegten – ein Anzeichen, daß die Türken immer noch emsig ihre Front verstärkten. Die *Aenne Rickmers* verfügte über eine leistungsfähige *Telefunken*-Funkanlage, und der Hauptmann setzte sich in der Offiziersmesse nieder, um seine erste verschlüsselte Botschaft an den Generalstab in Ägypten zu morsen.

Das gefährliche »Playfair«

Mehr als ein halbes Jahrhundert lang hatte man zur Nachrichtenübermittlung über weite Entfernungen Brieftauben eingesetzt: Man befestigte eine chiffrierte Botschaft am Bein eines Vogels, der darauf dressiert war, in seinen Schlag im Stabsgebäude zurückzufliegen. Allerdings konnte ein Unwetter die Taube vom Kurs abbringen, oder ein Raubvogel konnte sie schlagen, so daß diese Methode keinesfalls gewährleistete, daß eine Meldung auch wirklich durchkam. Seit 1837 gab es die Telegrafie, doch da sie auf Überlandleitungen oder Unterseekabel angewiesen war, blieben auch ihre Möglichkeiten beschränkt. Der große Durchbruch kam 1888, als dem deutschen Physiker Heinrich Hertz der Nachweis der elektromagnetischen Wellen gelang. Mit Kurzwellentechnik und ausreichend langen Antennen ließen sich mit dieser neuen Form der drahtlosen Telegrafie riesige Entfernungen überbrücken. Um die Jahrhundertwende kamen Funkapparate auf, die Botschaften Tausende Kilometer weit über Land und Meer übermitteln konnten. 1905 gab Telefunken stolz bekannt, daß sich das an die kaiserliche Marine gelieferte System der deutschen Firma glänzend bewährt habe. Die Rolle der drahtlosen Nachrichtenübermittlung bei der Vernichtung der russischen Flotte in der Seeschlacht von Tsushima im selben Jahr erwies sich als wegweisend für die künftige Kriegsführung der Marine. Sie zeigte, wie vorausschauend die Entscheidung des deutschen und des britischen Flottenkommandos gewesen war, schon früh den Funk einzuführen. Doch während das deutsche Heer mit der Marine Schritt gehalten und die Regimenter mit mobilen, von Pferden gezogenen Funkstationen versehen hatte, hinkten die Briten hinterher. Das Kriegsministerium setzte lieber auf altbewährte Methoden, auch im Nachrichtendienst, was verhängnisvolle Folgen hatte.

Das britische Standardverschlüsselungssystem für militärische Signale hieß »Playfair«. Diesen Chiffriercode hatte der Londoner Charles Wheatstone, einer der Patentinhaber des Kabeltelegrafen, bereits 1854 entwickelt. Wheatstone war Mitglied der Royal Society und Professor für experimentelle Philosophie am King's College – ein kreativer Kopf, der die Konzertina erfand, den Dynamo verbesserte und zahlreiche Experimente auf dem Gebiet der Elektrizität und Phonetik durchführte. Nachdem sein Telegraf patentiert war, führte ihn sein Interesse an alternativen Kommunikationsmitteln zum Problem der Verschlüsselung. Gerne verbrachte er die Wochenenden in Gesellschaft seines engen Freundes und Wissenschaftlerkollegen Lyon Playfair, erster Baron Playfair of St. Andrews. Gemeinsam spazierten sie durch die Straßen Londons und entschlüsselten die codierten Botschaften in der Spalte »Persönliches« der *Times*. Im Januar 1854 stellte Playfair bei einem Abendessen der britischen Gesellschaft zur Förderung der Wissenschaft »Wheatstones neu entdecktes Chiffriersystem« vor. Unter den interessierten Gästen, zu denen Königin Victorias Gemahl Prinz Albert zählte, befand sich auch der spätere Premierminister Lord Palmerston. Da Playfair versicherte, daß der Code sogar von Schuljungen in einer Viertelstunde zu erlernen sei, aber so sicher, daß er sich zu militärischen Zwecken eigne, übernahm ihn das Kriegsministerium. Er wurde irrtümlich als »Playfair« bekannt. Zu der Zeit, als Hauptmann Weldon ihn erlernte, hatten die Deutschen aber bereits 50 Jahre Übung darin, ihn zu knacken, und mit ein wenig Hilfe von deutschen Verbindungsoffizieren konnten auch die Türken abgefangene britische Funksprüche munter mitlesen.

Nachdem Weldon die Luftaufklärung der türkischen Städte Südpalästinas erfolgreich abgeschlossen hatte, machte er sich an die Ausführung eines weiteren Befehls. Er sollte den ersten von Leonard Woolleys Agenten – einen arabischen, in Port Said à la Boutagy angeworbenen Palästinaflüchtling – wieder an der Küste seines Heimatlandes absetzen. Schon unter normalen Umständen, in Friedenszeiten, war der Versuch, an der Küste des östlichen Mittelmeers zu landen, überaus gefährlich. Da der Meeresboden vom Strand bis in tieferes Wasser recht steil abfiel, türmte sich bei Westwind rasch eine hohe Brandung auf. Dies war insbesondere während der Wintermonate der Fall, wenn Tiefdruckgebiete von West nach Ost über das Mittelmeer zogen. Diese brachten häufig plötzlich auffrischende Winde und schwere See mit sich.

Handelskapitäne in diesen Gewässern nahmen ein großes Risiko für Leben und Eigentum auf sich, wenn sie im Winter segelten. 1915 stand Hauptmann Weldon zudem vor dem Problem, eine Landung in Kriegszeiten und bei Nacht durchführen zu müssen. Die *Aenne Rickmers* besaß starke Maschinen, doch die waren nahe der Küste kaum von Nutzen. Infolgedessen mußte er auf ein kleines Ruderboot zurückgreifen. Der Hauptmann und sein Kapitän kamen zu dem Schluß, daß sie sich mit dem Mutterschiff allerhöchstens bis auf etwa fünfeinhalb Kilometer der Küste nähern konnten. Am 19. Januar ließen sie um Mitternacht das Dampfbeiboot über die Bordwand ins noch ruhige Wasser. Zur Tarnung der Landung sollte ein kleines Ruderboot einheimischer Bauart dienen, das mit einem Tau am Heck des Beiboots festgezurrt wurde. Das Ruderboot sollte so in die Nähe des Strandes gezogen und dann, mit dem Agenten darin, in der Brandung losgemacht werden. Weldon wollte unbedingt selbst an diesem ersten Einschleusungsversuch auf feindliches Territorium teilnehmen. Das war nicht ohne Risiken, denn würde er bei der gemeinsamen

Landung erwischt, schützte ihn auch seine Uniform nicht. In seinen Memoiren heißt es: »Wir mußten einfach auf unser Glück vertrauen. Es war, als wenn man von einem Sprungturm springt, ohne zu wissen, ob unten Wasser ist oder ein Betonboden. Selbst nachdem ich die Sache ein paar Dutzend Male erfolgreich hinter mich gebracht hatte, überwand ich nie das Gefühl, schnurstracks auf den Galgenstrick oder bestenfalls auf ein türkisches Gefängnis zuzusteuern, und als wir uns jenes erste Mal der Küste näherten, hätte ich schwören können, daß ich die halbe türkische Armee versammelt sah, um uns in Empfang zu nehmen.«[11]

Trotz einer recht hohen Brandung gelang es Weldon und dem arabischen Agenten, an Land zu rudern. Als sein Passagier ausgestiegen, den Strand hinaufgerannt und in der Dunkelheit verschwunden war, wandte Weldon den Bug des Bootes herum und ruderte, so schnell er konnte, zurück durch die Brandung und in die relative Sicherheit des offenen Wassers. Kaum hatte er das Beiboot erreicht, schlug das Wetter um. Ein auffrischender Westwind peitschte die Wogen auf. Sie setzten Kurs auf die *Aenne Rickmers,* doch nach geraumer Zeit merkte die Mannschaft, daß etwas nicht stimmte: Das Schiff war nirgends zu sehen. Weldon prüfte den Kompaß des Beiboots und stellte fest, daß das Bajonett eines in der Nähe stehenden Marineinfanteristen die Kompaßnadel ablenkte. Er glaubte keine andere Wahl zu haben und schoß eine Leuchtkugel ab. Das Muterschiff antwortete mit dreimaligem Aufleuchten ihres Topplichts.

Dieses erste Absetzen eines Agenten erteilte Hauptmann Weldon mehrere Lektionen. Die wichtigste davon war, auf das Wetter zu achten, insbesondere im Winter. Nach dem Krieg stellte sich heraus, daß die Aktion fehlgeschlagen war: Der britische Agent war von der türkischen militärischen Küstenwache entdeckt und gefaßt worden, als er in der folgenden Nacht das vereinbarte Lichtsignal an die *Aenne Rickmers* sandte, um wieder abgeholt zu werden. In seinen Memoiren schreibt Weldon, er habe sich persönlich an den

Strand begeben und erfolglos nach seinem Agenten gesucht. Daß er nicht gefangengenommen wurde, schreibt er allein dem Unvermögen der Türken zu. Doch zweifellos hätte die in der Nacht zuvor abgeschossene Leuchtkugel selbst die Aufmerksamkeit der achtlosesten türkischen Wache geweckt. Der gefangene Agent wurde als Spion gehängt.

Am 23. Januar kehrte Weldon mit der *Aenne Rickmers* nach Port Said zurück, geplagt von Gewissensbissen ob des ungewissen Verbleibs seines Mitarbeiters. In den folgenden sechs Wochen bis März unternahm das Schiff mit seinen Wasserflugzeugen und regelmäßigem Nachschub von EMSIB-Agenten eine Reihe ähnlicher kurzer Fahrten die Küste Palästinas hinauf. Weldon näherte sich dem Strand nur, wenn das Meer ruhig war, und er und seine Mannschaft verbrachten viel Zeit damit, vor der Küste zu kreuzen und Backgammon zu spielen.

Kapitel 7
Agenten und Spione

> Wir exerzierten hart, doch wie es schien, wurden wir jedesmal, wenn wir uns zu Mannschaften zu formieren begannen, neu geordnet. Ich sollte später im Leben erfahren, daß wir dazu neigen, jeder neuen Lage durch Neuordnung zu begegnen, und ein wunderbares Mittel kann sie sein, die Illusion von Fortschritt zu schaffen, während sie doch Verwirrung, Nutzlosigkeit und Entmutigung erzeugt.
>
> *Gaius Petronius*

Alex Aaronsohn traf im Juni 1915 in Kairo ein und versuchte, die Briten für die Pläne seines Bruders zu gewinnen. Doch man brachte ihm keineswegs dasselbe Vertrauen wie Charles Boutagy entgegen. Am Tag seines Kontaktgesprächs ließ Alex seine Schwester Rivka im *Continental Hotel* zurück und ging den kurzen Weg zum Savoy zu Fuß. Dort befragten ihn Oberstleutnant Sir Wyndham Deedes und Leutnant Leonard Woolley im selben Raum der Nachrichtenabteilung, in dem letzterer zusammen mit Thomas Edward Lawrence bei Kriegsausbruch die Karten bearbeitet hatte. Deedes war in seiner Funktion als Verbindungsoffizier zwischen Woolleys EMSIB und dem Militärischen Nachrichtendienst des Generalstabs zugegen. Nach dem Treffen lag es bei Woolley, das Spionageangebot anzunehmen oder abzulehnen. Er hatte also darüber zu entscheiden, ob er die Information der Aaronsohns, daß die Türken unvorbereitet und die Erfolgsaussichten einer militärischen Invasion in der Region Atlit hoch seien, verwerten wollte oder nicht. Der mögliche Nutzen für den britischen Nachrichtendienst und für die Kriegsanstrengung insgesamt schien märchenhaft groß, doch Woolley hatte Zweifel. Ihm schienen Aaronsohns Flucht aus Palästina verdächtig einfach und seine Erklärung nicht überzeugend. Leutnant Woolley wußte wenig über Aaron Aaronsohn oder die Motive anderer jüdischer Siedler in Palästina und noch weniger über ihre politischen Loyalitäten. Überdies quälte ihn der Gedanke, Alex könne die Speerspitze eines Unterwanderungsversuchs der Türken im Herzen des britischen Nachrichtendienstes sein. So beschloß er, jedwede Zusammenarbeit aufzuschieben. Als Alex Aaronsohn den Raum verlassen hatte, um ins *Continental* zurückzukehren, teilte Woolley Oberstleutnant Deedes sein Urteil mit. Das EMSIB sollte auch in Zukunft auf seine arabischen Kontaktmänner – wie Boutagy – setzen, um weitere Agenten für EMSIB-Operationen im türkisch besetzten Palästina zu rekrutieren. Woolley empfahl Deedes, den jungen Aaronsohn mit einem Minimum an offiziellen Kontakten hinzuhalten. Doch der durchschaute die Reaktion der Briten sofort, und als stolzer, unbeugsamer Gegner alles Türkischen brachte ihn diese Ablehnung ungemein auf. Da er in Kairo allein war und keine Verbindung zu seinem Bruder aufnehmen konnte, wandte er sich sogleich an die einheimische ägyptische Presse, um den Argumenten für eine Invasion Palästinas Nachdruck zu verleihen.

Das Erscheinen mehrerer Artikel dieses Inhalts genügte, um die Militärs in Kairo gegen ihn aufzubringen. Man legte Alex Aaronsohn nahe, Ägypten zu verlassen, was er bereitwillig tat. Da er nicht nach Palästina zurück konnte, ergriff er die nächstbeste Möglichkeit, die ihm blieb: Er wollte mit seiner Schwester nach Amerika reisen und den JAES-Vorstand über die Lage ins Bild setzen. Am 10. August griff er zur Feder, um Henrietta Szold vorzuwarnen, daß er in Kürze beunruhigende Nachrichten überbringen werde. Er gab ihr einen Einblick in die Kriegsgeschehnisse, von denen sich bislang wenige Juden jenseits des Atlantiks, geschweige denn Amerikaner eine Vorstellung machen konnten: »Die

Sache läuft seit letztem September sehr schlecht. Mit der türkischen Mobilmachung begannen unsere Probleme. Wir gewannen den Eindruck, daß Deutschland in allen türkischen Angelegenheiten unumschränkt entscheidet. Materiell hatten die jüdischen Kolonien als erste zu leiden. Pferde, Maultiere und Karren wurden uns weggenommen, dann wurden die meisten unserer jungen Männer zu den Fahnen gerufen. Doch wir durften die materiellen Verluste nicht beklagen, denn es brachen furchtbare moralische Konflikte über uns herein. Sie erinnern sich vielleicht an den Fall Hadera, als 13 junge Männer unserer Kolonie [Absalom Feinberg und die Gideoniten] nach Jerusalem gebracht wurden, um erschossen zu werden ... Sie haben vielleicht auch erfahren, daß der größte Verbrecher und Räuber der Region mit seiner Bande Hadera überfiel, um zu plündern und die ›verräterischen‹ Juden umzubringen ... nun waren alle Zweifel ausgeräumt, daß es sich um zufällige Ereignisse handeln könnte, denn dies war deutlich Ausdruck einer gewollten Politik – einer Politik, die ein junger deutscher Leutnant des Generalstabs in Jerusalem in ein paar Worten zusammenfaßte: ›Die Juden an die Wand.‹

Sie dürfen nicht vergessen, daß sich in den letzten vier Jahren im ganzen Land starke Haßgefühle gegen die Juden bemerkbar machten. Um ehrlich zu sein, müssen wir gestehen, daß ein bestimmter Wesenszug unserer eigenen glorreichen ›Helden‹ [Gideoniten] zu diesem Gefühl beitrug. Doch solange die Regierung offiziell für und nicht gegen uns stand, war unser Leben und Eigentum mehr oder weniger sicher. Jetzt, wo die Regierung die Juden offen als ›Verräter‹ betrachtet, wo der Kommandant von Jaffa schriftlich verbreitet, jeder Mohammedaner müsse mindestens fünf ›Kafirs‹ [Ungläubige] töten, und der deutsche Konsul von Haifa den ›Jihad‹ predigt, ist unsere ganze Existenz, einzeln und als Volk, nur noch sehr wenig wert.

Doch diejenigen, die zu Recht oder Unrecht als unsere Anführer gelten, vermochten die Lage nicht zu begreifen.

Die meisten von ihnen wohnen in Jaffa und hatten den deutschen Konsul dieser Stadt zum Berater und Freund, der ihnen natürlich versicherte, alles stünde bestens. Und offenbar unter dem Eindruck dieser Versicherung versandte ›unser‹ Stab offizielle Rundschreiben, wonach es nicht den geringsten Anlaß zur Furcht gebe.

Natürlich mußten wir, die wir unter den Arabern leben, sie kennen, beobachten und im ganzen Land herumkommen, zuhören und zusehen, das anders betrachten. Zu diesem Zeitpunkt hielt es Aaron für seine Pflicht, nach Beirut zu gehen und mit dem Vali zu reden und bei Gelegenheit auch mit dem amerikanischen Generalkonsul. Er tat das nicht als Repräsentant irgendeiner Gemeinde oder Organisation. Er erzielte bessere Ergebnisse als erwartet. Später suchten Aaron und ich Kapitän Decker [von der *U.S.S. Des Moines*] auf, und Sie wissen, wie ich hoffe, was wir alles zu dieser Zeit taten. Djemal Pascha war bis dahin gewohnt, daß jüdische Abgesandte als Deutsche, Amerikaner oder andere Ausländer zu ihm kamen und jammerten, sich entschuldigten, unschuldig angeklagt waren. Natürlich gilt Aaron, wie Sie wissen, nicht als guter Jude und noch viel weniger als Repräsentant unseres ›Jischuw‹. Doch als er sah, daß unsere Anführer den Karren in den Dreck fuhren, wagte er es trotzdem, selbst zu Djemal Pascha zu gehen. Dessen eigenen Angaben zufolge war Aaron der erste Jude, der nicht kam, um sich zu entschuldigen, sondern um Rechenschaft zu fordern … Wie ich Ihnen zu Anfang des Briefes mitteilte, war es der deutsche Einfluß, den wir bekämpfen mußten, und gegen die deutsche Politik konnte keine Unterredung dauerhaft etwas ausrichten. Jeder Tag brachte neue Verfolgungen, neue Nöte, und an jedem Tag konnten wir klarer sehen, daß ein System von deutscher Gründlichkeit dahintersteckt … Ich habe nicht die Zeit, noch bin ich in der Stimmung, noch ist es mir möglich, all die schrecklichen, schrecklichen Monate zu beschreiben, die wir durchlebten.

Zu allem Übel sandte uns Gott noch jene furchtbare

Plage, die Heuschrecken ... Glücklicherweise begriff selbst Djemal Pascha, welch schlimme Folgen dies haben würde, und er beorderte Aaron nach Jerusalem und setzte ihn als Leiter einer Kommission zur Heuschreckenbekämpfung ein, doch wie Sie sich selbst leicht denken können, war das kein leichtes Unterfangen. Türkische Beamte auf Trab zu bringen, die faulen Araber zur Arbeit anzuhalten, kein Geld für den Plan zu haben – das war Aarons Los. Und trotzdem machte er sich mit seiner üblichen Tatkraft an das Unmögliche, und eine ganze Menge wurde vor der Katastrophe bewahrt ... Ich werde nicht von all den Intrigen sprechen, ich werde nicht näher auf das Gebaren unseres eigenen Volkes eingehen, das es für klug und richtig hielt, Aarons Arbeit zu untergraben. All das ist zu traurig und demütigend ... Sobald ich nach Amerika komme, werde ich Ihnen in allen Einzelheiten berichten ... Aber glauben Sie mir bitte, daß Aaron fast nicht geschlafen oder sich ausgeruht hat und daß nur eine Konstitution wie die seine dieser Belastung standhalten konnte, ohne daß man ihm etwas anmerkte.«[1]

Während Alex Aaronsohn seine Vorbereitungen für die Überfahrt nach Amerika traf, wuchs in Atlit und Zichron Ya'acov die Besorgnis ob des langen Schweigens aus Ägypten. In der Hoffnung, sein Bruder werde einen Weg finden, die britische und deutsche Zensur zu umgehen, erwartete der JAES-Leiter tagtäglich einen Brief von ihm. Doch es kam keiner, und jede Stunde suchten Aaron Aaronsohn und Absalom Feinberg von der Station aus den Horizont nach Anzeichen der britischen Marine ab. Von den Vorgängen im 80 Kilometer weiter südlich gelegenen Gaza, wo das EMSIB – es hatte Alex' Hilfsangebot seitens der Juden jetzt offiziell abgelehnt – eifrig arabische Agenten aussetzte und wieder abholte, wußten sie nichts. Insbesondere Feinberg war gereizt: Jemand anderes mußte die Briten kontaktieren. Doch weil Aaronsohn die Verantwortung für die Station und seine Familie trug, weigerte er sich zu gehen. Außerdem war er als Kopf des neu geschaffenen jüdischen Spionagerings in Palästina unverzichtbar. Feinberg dagegen glaubte in typischer Gideonitenmanier, sofortiges Handeln sei für ihn das einzig Ehrenhafte, und lag seinem Freund unablässig in den Ohren, wenigstens ihn gehen zu lassen. Aaronsohn gab schließlich zögernd nach – allerdings nur unter der Bedingung, daß er wie Alex und Rivka eine Flucht übers Meer und nicht die gefährliche Durchquerung der Sinai-Front versuchen würde. In Hochstimmung machte sich Feinberg daran, ein Fischerboot und einen Gefährten aufzutreiben. Er hoffte, nachts vom Strand nahe Atlit hinaus aufs Meer und bis zu den Fahrtrouten der alliierten und neutralen Schiffe zu kommen. Bei passender Gelegenheit wollte er das Seenotzeichen geben, um an Bord genommen zu werden.

Aaronsohn und Feinberg erkannten beide, daß es einer Persönlichkeit von beträchtlichem Einfluß bedurfte, um die Aufmerksamkeit des Militärischen Nachrichtendienstes in Kairo auf sich zu lenken – eine Aufgabe, an der Alex allem Anschein nach gescheitert war. Wie es das Schicksal wollte, fiel ihre Wahl auf den Vater von Charles Boutagy, ehemals Vizekonsul von Haifa. Da dieser unbedingt zu seinem Sohn nach Ägypten wollte, willigte Boutagy senior sofort ein, zu Feinberg ins Boot zu steigen. Ob er den Aaronsohns davon erzählt hat oder nicht, ist unklar, doch der alte Boutagy hatte seine eigenen, unheilvollen Gründe für eine Flucht. Er hatte bereits Kontakt zu seinem Sohn aufgenommen und zweimal versucht, eine persönliche Begegnung herbeizuführen, was beide Male mißlungen war. Überdies schickte der deutsche Nachrichtendienst seinen eigenen Spion – einen gewissen Nicola Datodi – von Haifa nach Kairo. Dieser hatte auf Befehl des den Jihad unterstützenden deutschen Konsuls Haifa im Dezember 1914 verlassen, eigens um Charles Boutagy zu beschatten. So war Lawrences künftig wichtigster Agent für Palästina in dem Augenblick, in dem er seinen Fuß nach Ägypten gesetzt hatte, bereits eine schwere Belastung und ein Sicherheitsrisiko für jeden, mit dem er in Berührung kam.

Nach Lawrences Besuch in der Faggala Street im Dezember 1914 war Charles Boutagy im Schnelldurchgang ausgebildet worden. Niemand ahnte, daß sich ein deutscher Spion an seine Fersen geheftet hatte. Der junge Mann verbrachte einen Monat in Alexandria unter den Fittichen von Bimbashi Ingram, dem Chef der britischen Kriminalpolizei, um die Kunst zu erlernen, mutmaßliche türkische Spione unter den an Land gehenden Passagieren ausfindig zu machen. Dann ging seine Ausbildung in Gegenspionage mit einem Praktikum im Büro der Postzensur in Mazarita, einem Vorort Alexandrias, weiter. Boutagys Angaben zufolge unterrichtete ihn danach Lawrence persönlich in der Kunst des Brückensprengens, Telegrafendrahtdurchschneidens usw.[2] Lawrence sammelte zu diesem Zeitpunkt soviel Informationen über die Türken wie nur möglich, um seinen Vorschlag einer britischen Invasion bei Alexandrette zu unterstützen. Er glaubte noch immer, Boutagy könne eine aktive Rolle in der Spionage übernehmen und nach Haifa zurückkehren. Also forderte er ihn auf, sich einen Plan auszudenken. Boutagy schlug einen Kompromiß vor, der auf eine gewisse Mrs. Khouri setzte. Sie war die Ehefrau eines Dr. Ibrahim Khouri aus Haifa, die bei einem Besuch in Kairo vom Kriegsausbruch überrascht worden und dort gestrandet war.

»Ich sagte zu Mrs. Khouri, daß ich glaube ihr helfen zu können, vorausgesetzt sie wolle mir helfen. Ich sagte zu ihr, daß ich nach Haifa zurückgehen wolle, um meinen Vater am Carmel Point unterhalb der sogenannten Eisfabrik zu treffen. Daß ich will, daß sie meinem Vater heimlich eine Botschaft überbringt, ohne daß die Türken es wissen. Dem stimmte sie zu. Dann ging ich zu Lawrence und berichtete ihm, daß ich diese Dame gefunden habe, die ich von früher kannte, weil ihr Mann – ein Arzt – meine Familie immer behandelt hat. Daß sie bereit sei, meinem Vater eine Botschaft zu übermitteln. Ich wollte meinem Vater mitteilen, daß ich mit einem Kriegsschiff in die Bucht von Haifa kommen würde. Als Zeichen, daß ich an Bord dieses Schiffes bin und daß ich beabsichtige, um 10 Uhr abends an einer Stelle, die ich in meiner Botschaft genannt hatte, an Land zu gehen, werde ich am Fockmast des Schiffes die Flagge ›B‹ hissen. Das Schiff wird nicht in Haifa Anker werfen, sondern weiterfahren, damit die Türken keinen Verdacht schöpfen, daß jemand an Land geht. Doch daß ich am selben Abend um 10 Uhr zurückkommen wolle, um an Land zu gehen. Ich bemerkte gegenüber Lawrence, daß ich, wenn es mir gelänge, meinen Vater wie geplant zu treffen, ihm dann genau sagen würde, was er [Lawrence] will: jede Woche alle gewünschten Informationen für uns bereitzustellen, sie an einer bestimmten Stelle am Strand zu deponieren, von wo wir sie abholen können, ohne daß er [Boutagys Vater] anwesend sein muß.«[3]

Daß Lawrence mit einem derart offenen Vorgehen einverstanden gewesen sein soll, klingt wenig glaubhaft. Und dennoch war er es. Zweifelsohne tröstete er sich damit, daß es ihm 1912 mit derselben Methode gelungen war, Gewehre von einem britischen Kriegsschiff nach Syrien hinein- und gestohlene Grabungsfunde hinauszuschmuggeln, ohne auch nur einmal von türkischen Küstenpatrouillen entdeckt zu werden. Boutagy zufolge hatte Lawrence den Plan sorgfältig überdacht. Allerdings räumte der syrische Agent nach dem Krieg und ohne sich selbst damit in Verbindung zu bringen ein, daß der Plan gravierende Mängel aufwies: »… er [Lawrence] gab mir zwei Erste-Klasse-Billetts für den Zug nach Port Said und einen Brief an Leutnant Woolley, Mrs. Khouri ein Schiffsbillet erster Klasse von Port Said nach Haifa auszuhändigen und nach ihrer Abfahrt dafür zu sorgen, daß mich ein Kriegsschiff nach Haifa bringt, damit ich meinen Auftrag ausführen kann. Bevor ich Kairo verließ, nahm mich Lawrence mit in sein Büro, wo er ein Stück weiße Seide mit vier Reißnägeln an den Ecken einer Tafel befestigte. Er ließ mich mit einem Kopierstift und auf arabisch die Botschaft schreiben, die ich meinem Vater schicken wollte. Er sagte mir, ich solle dieses Stück Seide Mrs. Khouri geben, damit sie es in das Futter ihres Mantels einnähe, und außerdem fünf türkische Pfund in Gold für ihre Mühe.«[4]

Als Mrs. Khouri sicher an Bord eines Handelsschiffes unterwegs war, überredete Leonard Woolley den Kapitän des Kriegsschiffes *H. M. S. Doris*, mit dem EMSIB zusammenzuarbeiten und Charles Boutagy nach Haifa zu bringen. Nicola Datodi, der unerkannte Maulwurf in Lawrences und Woolleys Agententruppe, ging als sein Gehilfe mit. Während sie mit gehißter »B«-Flagge am Fockmast in die Bucht von Haifa einfuhren, traf Boutagy Vorbereitungen, um in der folgenden Nacht die *Doris* zu verlassen. Doch dazu kam es erst gar nicht. Der Kapitän der *Doris* erhielt telegrafisch den Befehl, vor der geplanten Dardanellenlandung der Briten die dortigen Strände auszukundschaften. Boutagy und Datodi wurden ohne viel Federlesens bei Famagusta auf Zypern abgesetzt, wo sie mehrere Tage warten mußten, bis sie einen Platz auf der *S. S. Kosseir*, einem Dampfschiff der Khedivian Mail Line, fanden. Die *Kosseir*, Charles Boutagy aus Vorkriegszeiten wohlbekannt, gehörte nun ebenfalls zum EMSIB, und in der Offiziersmesse saß kein Geringerer als Leonard Woolley. Seines Büros in Port Said überdrüssig, war er nach Zypern gekommen, um die Spionageaktivitäten der Organisation zu beobachten. So verbrachten die drei Männer – Agentenführer, Agent und Gegenagent – die Rückreise nach Port Said in trauter Gemeinschaft, wobei Datodi zweifellos jedes Wort Leutnant Woolleys in Gedanken notierte.

Wieder in Port Said, fiel es Leutnant Woolley vorerst schwer, die Admiralität dazu zu bewegen, ein anderes Schiff für Boutagys Abenteuer bereitzustellen. Doch dann wollte es das Glück, daß die russische *Askold* eintraf, die sich der alliierten Mittelmeerflotte anschließen wollte. Mit Hilfe von Boutagys eingerostetem Russisch überredete Woolley den Kapitän der *Askold*, bei der Sache mitzumachen. Doch der zweite Versuch Boutagys, zu seinem Vater zu gelangen, endete in einem noch größeren Fiasko als der erste. Als Boutagy ihm die Lage der Eisfabrik auf einem Vorberg im Süden Haifas zeigte, wollte der russische Kapitän seinen Ohren nicht trauen. Unter Aufbietung seines gesamten, eben erst erworbenen Port-Said-Englisch schimpfte er Boutagy einen

»Vollidioten«, wenn er tatsächlich glaubte, daß russische Soldaten mitten in der Nacht mit einem Ruderboot an der türkischen Küste landen würden. Die *Askold* dampfte davon, um ihre eigentliche Mission zu erfüllen: mit ihren 150-Millimeter-Geschützen Tripolis zu beschießen und Handelsschiffe an der Ostküste Syriens und Palästinas aufzubringen. In der folgenden Woche begleitete Boutagy die Prisenmannschaft der *Askold*, suchte nach Flüchtlingen und rekrutierte alle, die es reizen mochte, sich in Port Said befragen und gegebenenfalls zum EMSIB-Agenten ausbilden zu lassen. Bei einer dieser Suchaktionen kletterte er die Strickleiter hinauf und sah sich plötzlich Dr. Scrimgeor gegenüber, dem Missionsarzt aus Nazareth, der ihm bei seiner Ankunft in Port Said geholfen hatte.

Lawrences Maxime lautete, daß kein Agent die Identität eines anderen kennen durfte. Dennoch ließen Woolley und er wahllos alle, die sie zur Spionage überreden konnten, auf die Schiffahrtslinien los. Sie scherten sich wenig um die Sicherheit ihrer Agenten oder Kuriere wie Mrs. Khouris, denen im Falle einer Gefangennahme dasselbe Schicksal drohte wie einem Spion.[5]

Boutagys zweiter fehlgeschlagener Versuch, Haifa zu erreichen, ließ Lawrence die Lage neu bewerten. Sein wichtigstes Ziel war es, britische Agenten in die Region Haifa einzuschleusen, die Brücke in das übrige türkische Palästina. Boutagy behauptete immer noch, er könne von einem großen Kriegsschiff aus Kontakt zu seinem Vater aufnehmen. Doch Lawrence war sich dessen mittlerweile nicht mehr so sicher und stellte ihm einen Emissär zur Verfügung, einen arabischen Flüchtling von 70 Jahren. Dieser wurde zwei Wochen später an Bord eines Handelsschiffes zurück nach Palästina geschleust. Dem alten Mann gelang es endlich, Boutagys Vater die Botschaft zu überbringen, daß sein Sohn nach zwei mißlungenen Kontaktversuchen bei Gelegenheit nochmals versuchen würde, ihn zu erreichen.

Danach wandte Lawrence sein Augenmerk künftigen

EMSIB-Operationen zu und äußerte Woolley gegenüber, daß möglicherweise kleine, dem EMSIB direkt unterstellte Schiffe Agenten in Eigenregie absetzen könnten. Woolley sah sofort ein, welch großen Vorteil es haben würde, nicht mehr auf die Kriegsschiffe der Royal Navy und ihrer Verbündeten angewiesen zu sein: Es würde nicht mehr von den Launen höherer Offiziere in der französischen und britischen Admiralität abhängen, ob Agenten abgesetzt oder abgeholt werden konnten. Vor allem die Franzosen verfügten über mehrere kleine Schiffe, die sich hervorragend für küstennahe Operationen eigneten, aber untätig im Hafen von Port Said dümpelten. Man brauchte zwar noch immer ein Ruderboot, um an die Küste zu gelangen, doch das Mutterschiff konnte näher an den Strand heranfahren, und da es den zahlreichen kleinen Frachtern auf den Küstenrouten ähnlich sah, war es auch weniger verdächtig. So begann Woolley auf Lawrences Vorschlag hin, das benötigte Schiff über die offiziellen Kanäle zu requirieren. Damit schuf er das Muster für alle späteren Spionageoperationen innerhalb des EMSIB. Indem er kleinere Schiffe wählte und sie unmittelbar dem Kommando des EMSIB unterstellte, löste er allerdings nur eines der Probleme der neuen Organisation. Die EMSIB-Agenten bildeten noch immer den Eckpfeiler des Erfolges aller künftigen Operationen, doch die Art ihrer Rekrutierung – von Lawrence und Woolley im Dezember 1914 eingeführt – war überaus anfällig für Gegenspionage. Dieses riskante und unprofessionelle System sollte während des gesamten Krieges nicht geändert werden, und da die Deutschen und Türken das EMSIB zumindest schon durch Nicola Datodi unterwandert hatten, würden sie weitere arabische Gegenagenten darauf ansetzen.

Dieser Dauerzustand militärischen Dilettantismus' blieb aber keineswegs auf das EMSIB beschränkt. Dessen amateurhafte Praktiken unter Leutnant Woolley waren vielmehr symptomatisch für eine weitaus größere Misere der gesamten militärischen Kommandostruktur in Ägypten. David

Hogarth, Lawrences alter Freund und Mentor aus Oxford, schickte sich gerade an, von England nach Kairo zu reisen. Am 20. April schrieb ihm Lawrence über die Allgegenwart von Chaos und Untätigkeit in Kairo: »Woolley ist in Port Said, kontrolliert die französische Marine und übernimmt aufgebrachte Schiffe. Es ist sehr langweilig: Aber natürlich habe ich keine Ausbildung als Feldoffizier, und nicht, daß ich rauf nach Konstantinopel gehen möchte, um zu kämpfen ... der Kanal hält immer noch aus, und wir denken überhaupt nicht mehr darüber nach. Wenn die Türkei klug ist, wird sie ihn von Zeit zu Zeit überfallen und die Garnison dort ärgern, die riesig und schwerfällig ist und so in den Gelenken knarrt, daß man sie acht Stunden, bevor sie sich bewegt, hören kann ... Alles legt sich schlafen, und heute sind 90 Grad [Fahrenheit, 32 Grad Celsius] im Zimmer, und man fühlt sich schlapp und stumpfsinnig ... Ich erwarte, Sie im Stab der Med Ex [Mediterranean Expeditionary Force, bestimmt für Gallipoli] anzutreffen! Jedenfalls hatten sie niemand Besonderes außer einem gewissen Deedes (spricht sehr gut Türkisch).«[6] Es handelte sich um eben jenen Deedes, der einen Monat später Woolleys Ablehnung von Alex Aaronsohn billigte.

Hogarth traf im Mai in Kairo ein, und Lawrence freute sich über seine Anwesenheit nicht nur, weil sie ihre Freundschaft erneuern konnten. David Hogarth war, wie die Zeitungen meldeten, zum Korvettenkapitän der Royal Navy befördert worden und sollte nun das Arab Bureau leiten. Diese neu geschaffene, halbmilitärische Dienststelle sollte alle politischen Entwicklungen unter den Arabern ausnutzen, die diese möglicherweise zu einer Revolte gegen die Türken trieben. Schon wenige Tage nach seiner Ankunft holte Hogarth seinen ehemaligen Zögling vom Militärischen Nachrichtendienst ins Arab Bureau, wo er sich einer Gruppe anderer Forscher, Sprachwissenschaftler und Archäologen anschloß. Lawrence sollte sich jetzt von einer höheren Warte aus mit dem Krieg im Nahen Osten beschäftigen. Deshalb reichte er

Charles Boutagy, der mittlerweile eine schwere Hypothek darstellte, an Leutnant Woolley weiter, der ihn seinerseits umgehend zu einem Dolmetscherkurs in die Wüste schickte.

Die zweite Flucht

Da Nicola Datodi das von Lawrence und Woolley geleitete Spionagenetz unterwandert hatte, wurde Boutagys Vater im Mai 1915 verhaftet. Er wurde wegen Spionage angeklagt, dann aber aus unerfindlichen Gründen wieder freigelassen. Aus heutiger Sicht hatte er möglicherweise die Seiten gewechselt, um sein Leben zu retten, und sich einverstanden erklärt, den Deutschen und den Türken als Doppelagent zu dienen. Sicher ist jedenfalls, daß er sofort zustimmte, als Absalom Feinberg ihm seinen Fluchtplan nach Ägypten unterbreitete.

So traf Feinberg im selben Monat, in dem Alex Aaronsohn verbittert aus Ägypten abreiste, Vorbereitungen, es ihm nachzutun und Atlit gemeinsam mit Boutagys Vater zu verlassen. Feinberg vertraute seinem Reisegefährten rückhaltlos. Noch größeres Vertrauen setzte er in die Briten und in seine eigene Überzeugungskraft: Wenn er Kairo erreichte, würde er ihnen darlegen, daß Aaron Aaronsohns Plan Hand und Fuß hatte. Auf fast schon naive Weise war er sich sicher, daß die Briten nur dessen Botschaft von der Schwäche der Türken in Zentralpalästina vernehmen mußten, um ohne Zögern eine sofortige Besetzung Atlits in die Wege zu leiten. Allerdings hatte niemand, weder Absalom Feinberg noch Boutagy senior, weder Spion noch möglicher Gegenspion, mit der französischen Marine gerechnet.

Die beiden Männer standen kurz vor dem Aufbruch, als Anfang August die Neuigkeit von einer französischen Seeblockade aller neutralen und feindlichen Schiffe vor der palästinensischen und syrischen Küste die Station in Atlit erreichte. Die Franzosen drohten, jedes Boot sofort und vor allem ohne Vorwarnung zu versenken. Dann wurde gleichzeitig die *Des Moines* – die Aaronsohns Gold aus New York sowie Alex, Sam und Rivka Aaronsohn nach Alexandria gebracht hatte –, vor der Küste zwischen Jaffa und Haifa kreuzend, gesichtet, und sofort liefen Gerüchte um, daß sie als amerikanisches, also neutrales, Schiff ein letztes Mal Haifa anlaufen sollte, um Juden aufzunehmen, die Palästina verlassen wollten. Feinberg ließ Boutagys Vater wissen, ihr Fluchtplan sei abgeblasen, und versuchte dann eine Passage auf der *Des Moines* zu bekommen. Am 29. August 1915 um zwei Uhr morgens nahm er Abschied und machte sich zu Pferd auf den Weg nach Haifa. Er war guten Mutes.

Und Feinberg blieb das Glück treu. Da er sich die dunkelste Stunde ausgesucht hatte, um nicht erkannt zu werden, erreichte er unentdeckt die Außenbezirke von Haifa und ließ dort sein Pferd in einem Olivenhain zurück. Den Tag verbrachte er in Haifa und passierte spätnachts die türkische Hafenkontrolle. Dann ließ man ihn an Bord der *Des Moines*. Am 30. August um ein Uhr morgens quetschte er sich unter Deck zu mehreren hundert anderen Flüchtlingen, von denen jeder seine eigenen Gründe hatte, Palästina zu verlassen. Später schilderte er Henrietta Szold in New York diesen ersten Teil seines Abenteuers: »Nach einer Reihe kleiner Täuschungsmanöver, der Fälschung eines russischen Passes, einer geringfügigen Verkleidung etc., anders gesagt, mit wenig Raffinesse, aber viel Glück, gelang es mir, das alte Sprichwort zu bestätigen, daß das Glück dem Tapferen hold ist.«[7] In seiner Hosentasche steckte auch die Adresse Charles Boutagys in Ägypten, die ihm dessen Vater mitgegeben hatte. Als Feinberg zwei Tage später in Alexandria ankam, beschloß er, sofort nach Port Said zu fahren. Dort richtete sich Boutagy, gerade zurück von seinem Dolmetscherkurs, in seiner offiziellen Eigenschaft als Dolmetscher Klasse eins – der offiziellen Tarnung seines Status als »S. S.« (Secret Service Agent) – eben in den Büros des EMSIB ein.

Er meldete den Neuankömmling Leutnant Woolley, der sich sofort beeindruckt zeigte von dessen Leidenschaft und rascher Auffassungsgabe. Während Alex Aaronsohn arrogant und zuweilen distanziert gewirkt hatte, schien Feinberg das genaue Gegenteil, und Woolley war klar, daß er sich sehr aufmerksam anhören sollte, was er zu sagen hatte. In althergebrachter Weise befragte er Feinberg und entließ ihn mit der Aufforderung, einen detaillierten Bericht zu verfassen. Er sollte darin alles aufführen, was er über Palästina, die Türken und den Krieg wußte. Danach würden sie sich wieder treffen, und dann wollte Woolley seine Vorschläge in Erwägung ziehen, beispielsweise Aaron Aaronsohns Idee, eine Schiffsverbindung und einen jüdischen Spionagedienst zwischen Port Said und Atlit einzurichten.

Feinbergs einige Tage später abgelieferter Bericht schlug auf Woolleys Schreibtisch ein wie eine Bombe. Die letzten verläßlichen Nachrichten über Zentralpalästina hatte Sir Charles Ardagh geliefert, doch sie waren durch den zeitlichen Abstand und den Kriegsausbruch hoffnungslos überholt. Leonard Woolley war es gewohnt, von seinen arabischen Agenten einige wenige Zeilen zu erhalten. Feinbergs Bericht jedoch war besser als alles, was er je in der Hand gehabt hatte, ja, er setzte neue Maßstäbe. Die Botschaft des mit knappen, wichtigen Informationen versehenen Dokuments war klar: Nach weniger als einem Jahr Krieg hatte die türkische Armee trotz des deutschen Beistands keine Motivation mehr zu kämpfen. Der Großteil der demoralisierten und unterernährten Soldaten wurde nur noch durch die Androhung rigider Strafen bei der Fahne gehalten. Trotzdem desertierten viele, weshalb die meisten türkischen Regimenter mittlerweile weit unter Sollstärke waren. Der Heuschreckeneinfall hatte es Djemal Pascha zusätzlich versagt, eine zweite Offensive quer durch die Sinai-Wüste zu führen, so daß ein erneuter türkischer Versuch, den Suezkanal zu stürmen, auch im folgenden Jahr nahezu ausgeschlossen schien. Die »türkische« – eigentlich deutsche – Luftwaffe lag immer noch in Transportkisten verpackt, und in ganz Palästina gab es keine ernst zu nehmende türkische Artillerie. Obendrein herrschte

Munitionsknappheit für die wenigen Geschütze. Bedeutsam für einen Angriff vom Meer her war, daß die Deutschen noch immer nur über ein einziges einsatzfähiges U-Boot im östlichen Mittelmeer verfügten.

Die Botschaft war klar, noch bevor Feinberg ansetzte, von Aaron Aaronsohn und seinem Spionageangebot zu berichten. Die Briten konnten, falls sie es wollten, in Atlit oder andernorts an der Küste von Tel Aviv bis Haifa landen, ohne Widerstand oder eine organisierte Gegenwehr fürchten zu müssen. Die britische Armee hatte reichlich Zeit, Verstärkungstruppen und Nachschub zu landen, bevor sie ins Inland vorstieß. Dadurch konnte sie die türkische Streitmacht, die über ein Gebiet vom Kaukasus bis Mesopotamien verstreut war, in zwei Hälften spalten, in Jerusalem einmarschieren und den Krieg im Nahen Osten beenden – und das innerhalb von Monaten. Dies wiederum erlaubte eine massive Verstärkung der Westfront in Frankreich, um das Patt zu durchbrechen, und konnte den Alliierten die Möglichkeit zu einem Waffenstillstand oder sogar einen Sieg über Deutschland noch 1916 verschaffen. Im wesentlichen war das das Ergebnis, das man sich vom Gallipoli-Plan erhofft hatte. Allerdings hatte man diesen ohne angemessene Strategie, ohne vorherige Aufklärung und ohne Kooperation mit örtlichen Kräften in Angriff genommen und steckte nun in einer hoffnungslos verfahrenen Situation.

Doch gerade die schwierige Lage bei Gallipoli sollte verhindern, daß das britische Oberkommando in Kairo Aaronsohns und Feinbergs Vorschläge auch nur in Betracht zog. Die Männer der Med-Ex Force saßen an den Hängen der Dardanellenhöhen fest, vor allem, weil ihre kommandierenden Offiziere nicht imstande gewesen waren, ein geeignetes Landungsgebiet auszusuchen. Die Verluste stiegen täglich und gingen in die Tausende. Die Lage verschärfte sich noch weiter, weil die Briten ein großes Truppenkontingent abkommandierten – nicht etwa zur Verstärkung vor Gallipoli oder gar zu einer Landung bei Atlit, sondern zur Eroberung von Bagdad. Mit dem Ausbruch der Feindseligkeiten 1914 hatte Großbritannien ein Expeditionskorps losgeschickt, um die neu entdeckten Ölfelder von Basra in Mesopotamien – an der Ostgrenze des Osmanischen Reiches – zu besetzen.

In seinen Kriegsmemoiren sparte sich der um eine kritische Bemerkung nie verlegene spätere Premierminister David Lloyd George seine schärfste Schmähung für den kurzsichtigen britischen Versuch auf, der türkischen Streitmacht bei Gallipoli den Kopf abzuschlagen und, als das Scheitern absehbar war, sie vom Schwanz her zu verschlingen: »Die Tradition siedelt den Garten Eden im Land zwischen Euphrat und Tigris an. In dieser Einfriedung erstand wieder ... das Paradies des Kommißkopfs. Keine Schlange oder Gefährtin führte ihn in Versuchung. Er beherrschte sein Eden allein. Es ist eine grauenhafte Geschichte voll Tragik und Leid, das Ergebnis von Inkompetenz und leichtfertiger Schlamperei seitens der verantwortlichen militärischen Führer.«[8] Lloyd George war zu jener Zeit Kriegsminister und sollte in dieser Eigenschaft bald eine historische Begegnung mit Chaim Weizmann haben. Im Februar 1915 unternahm er im Kriegsrat einen energischen Versuch, seine Kabinettskollegen zur einzig vernünftigen Maßnahme zu überreden – einer Verstärkung der Truppen vor Gallipoli. Hätte er Kenntnis von Feinbergs späterem Bericht bekommen, er hätte seine Ansicht vielleicht noch viel umfassender geändert. Doch während sich die Lage im Sommer 1915 weiter verschlechterte, ließ der Kriegsrat, indem er den Vorstoß auf Bagdad absegnete, Gallipoli in der Schwebe. Dies kam dem Oberkommando in Kairo sehr gelegen. Es träumte noch immer davon, daß rohe Gewalt, angewendet vorwiegend von jungen Australiern und Neuseeländern, die Türken schließlich von den Dardanellenhöhen vertreiben und so der britischen Kavallerie einen siegreichen Angriff auf Konstantinopel erlauben würde.

In seinem Büro unter dem *Lipton's-Tea*-Schild in Port Said wußte Leonard Woolley nur allzu gut, wie es beim Oberkommando in Kairo aussah. Absalom Feinberg hatte ihm präzise Informationen gegeben, die die völlige Handlungsunfähigkeit der türkischen Streitkräfte in Zentralpalästina bewiesen. Ihm war allerdings klar, daß die Umsetzung von Aaronsohns Plan eine völlige Kehrtwende der Kriegspolitik in London wie auch in Kairo voraussetzte. Und so fällte er, wie schon Alex Aaronsohn gegenüber, selbst ein Urteil über das jüdische Angebot. Diesmal würde er sich auf das Spiel einlassen, den jüdischen Ring mit dem kürzlich von Lawrence unterbreiteten Einsatz kleiner Schiffe testen und ein Netz schaffen, dessen Zentrum die JAES in Atlit bildete. Mit der ihm eigenen Lässigkeit legte Leutnant Woolley in seinem Büro eine neue Akte für die jüdischen Spione an und kennzeichnete sie mit einem »A« wie Aaronsohn. Die neue Organisation war geboren, jedoch, wie er selbst glaubte, mit wenig Aussicht auf Erfolg.

Dann unterrichtete Leonard Woolley Hauptmann Weldon über die neuen Entwicklungen, bevor er ihm den Überbringer der Nachrichten vorstellte. Weldon sollte die erste Operation leiten. Die Juden in Atlit sollten nicht mit einer Funkanlage versehen werden, so daß Weldon und Feinberg eine optische Form der Verständigung zwischen Schiff und Küste finden mußten. Sie kamen überein, daß ein weißes Bettlaken vom Balkon des Stationshauses hängen sollte, wenn es sicher war, in der folgenden Nacht an Land zu gehen. Das Schiff sollte mit einer Rauchwolke aus dem Schornstein antworten. Wenn es dann zum Treffpunkt kam, sollte Aaronsohn das Ruderboot mit dem Glimmen einer Zigarette an Land lotsen. Botschaften oder Informationen sollten nicht am Körper, sondern in einer leeren Kerosinbüchse transportiert werden, die bei einer eventuellen türkischen Streife keinen Verdacht erregen würde und in einer Sanddüne am Strand vergraben werden konnte, falls ein Treffen fehlschlug. Dann fällte Weldon eine Entscheidung mit fatalen Folgen. Alle Botschaften sollten auf englisch und in Playfair, das mittlerweile selbst er beherrschte, niedergeschrieben werden.

Während Leutnant Woolley seinen arabischen Agenten

gegenüber keinerlei Vorbehalte hatte, war ihm bei der neuen jüdischen Verbindung noch unbehaglich zumute, und wie Hauptmann Weldon entschied er sich für die einfachste Lösung dieses Problems. Tags darauf rief er Charles Boutagy zu sich und trug ihm auf, »A« zu beobachten sowie Abfahrt und Ankunft aller ihrer Agenten in Port Said zu überwachen. Woolley brach damit Lawrences wichtigste Regel, daß kein Agent die Identität eines anderen kennen sollte, und Boutagy lernte in diesem Fall nicht nur einen, sondern gleich alle Mitarbeiter von »A« kennen. Von dieser geballten Sorglosigkeit ahnte der völlig arglose Absalom Feinberg nicht das geringste. Man wies ihn an, in Port Said zu bleiben und auf weitere Instruktionen zu warten. Er hatte wenig Geld, und Woolley, dem seit seiner Zeit als Grabungsleiter der Ruf eines notorischen Geizhalses anhaftete, zeigte sich, was das EMSIB-Geld anging, ähnlich zugeknöpft. Die Tage wurden zu Wochen, doch Feinberg, gezwungen, in den allereinfachsten Unterkünften am Hafen von Port Said zu hausen, nahm die Verzögerung bereitwillig hin. Er nutzte die Zeit und schrieb einen ausführlichen Bericht über die Versuchsstation für Henrietta Szold und den Vorstand der JAES in New York und schilderte auch die aktuellen Bedingungen für jüdische Siedler in Palästina. Das fertige, in perfektem Französisch verfaßte Manuskript zählte 200 Schreibmaschinenseiten.

Mittlerweile hatte auch Feinberg bemerkt, daß Port Said eine Brutstätte der Gegenspionage war. Er vermied daher den Postweg und schmuggelte sein Manuskript im Futter des Koffers eines jüdischen Flüchtlings mit Ziel New York aus Ägypten heraus. Bei seinem Eintreffen rief dieser Bericht eine ähnliche Wirkung hervor wie der an Woolley: Seit Kriegsbeginn erfuhr man in Amerika zum ersten Mal Genaueres von der Notlage der Juden in Palästina, und die Nachrichten waren schockierend. Die JAES-Leitung beschloß, Feinbergs Informationen in Originalform und mit größter Dringlichkeitsstufe an die höheren politischen Stellen in Amerika weiterzuleiten.

1915 gab es im neutralen Amerika noch große Sympathien für die Achsenmächte. Viele Einwanderer stammten aus Deutschland. Der Bericht von Feinberg gab schließlich den ersten Hinweis auf türkische Greueltaten, und Richter Brandeis vom Supreme Court, ein persönlicher Freund Präsident Wilsons, leitete ihn an diesen weiter mit der Empfehlung, er sei »eines der ausgezeichnetsten und wichtigsten Dokumente, die ich in meinem Leben gelesen habe«[9]. Henrietta Szold antwortete mit Geld – der ersten finanziellen Unterstützung, die Feinberg seit seinem Eintreffen in Port Said erhielt. Alex Aaronsohn, unterdessen sicher in New York angekommen, nahm gleichfalls Kontakt zu ihm auf und drängte ihn, nach Amerika zu kommen und die Kunde von seinem Bruder und der allgemeinen Lage des Jischuw zu verbreiten. Feinberg schrieb in der ihm eigenen Art zurück: Seine Aufgabe sei es, die Briten zu umwerben und »Erfolg zu haben, entweder siegreich zu sein oder zu sterben«.[10]

Mittlerweile neigte sich der Oktober dem Ende zu, und die Schlechtwettersaison brach bald an, doch Weldon hatte noch immer kein passendes Schiff gefunden. Im Wissen, daß er Feinberg jetzt nicht länger abwimmeln konnte, gab Woolley seinem Hauptmann den Befehl, mit der auffälligen, 7000 Tonnen schweren *Aenne Rickmers* samt ihren Flugzeugen nach Atlit zu fahren, um den ersten jüdischen Agenten von »A« einzuschleusen. Feinberg hatte unterdessen Kontakt zu Raphael Aboulafia aufgenommen, der aus einer der angesehensten jüdischen Familien im Nahen Osten stammte. Als Aboulafia ihm Briefe für seine Familie in Palästina übergab, versprach dieser: »In weiteren zehn oder fünfzehn Tagen wird Post zwischen uns hin- und hergehen. Ich werde in sechs bis acht Wochen [nach Port Said] zurückkehren. Sie kennen meine Adresse ... c/o Lieut. C. L. Woolley, Port Said.«[11]

In einer mondlosen Nacht Anfang November ließ Hauptmann Weldon drei Meilen vor der Küste ankern und begann mit dem Ritual, das Dampfbeiboot und das Ruderboot zu Wasser zu lassen. Es herrschte ruhiges Wetter, und die Landung ging ohne Zwischenfall vonstatten, da die Türken es versäumt hatten, eine Wache am Strand nördlich der Burg Atlit aufzustellen. Im selben Augenblick, da der Bug des Bootes auf Grund lief, flüsterte Feinberg dem Hauptmann einen Abschiedsgruß zu, erinnerte ihn daran, wie versprochen in zehn Tagen zurückzukehren, und sprang in die Brandung. Dann rannte er den Strand hinauf und verschwand im schützenden Dunkel des Wadi Dustrey.

Kapitel 8
Aufbruch ins Unbekannte

Die stärksten Männer der Geschichte
gehörten nie zu den stillen.

David Lloyd George »War Memoirs«

Absalom Feinberg fand seinen Chef im Stationshaus bei der Arbeit, trotz der späten Stunde. Viel hatte sich verändert während seines Aufenthalts in Kairo und Port Said. Es wurde immer schwieriger, den Betrieb der Station aufrechtzuerhalten. Die alliierte, von den Franzosen so begeistert angeführte Blockade begann Aaronsohn schwer zuzusetzen, denn er konnte an die meisten seiner arabischen Arbeiter mittlerweile wieder nur Schuldscheine ausgeben. Doch die größte Bedrohung für das tägliche Überleben von Juden wie Arabern stellten weiterhin die Heuschrecken dar. Sie waren jetzt den zweiten Sommer hintereinander vom Süden der Sinai-Wüste nach Palästina eingefallen. Während der viermonatigen Abwesenheit Feinbergs hatte Djemal Pascha den JAES-Leiter erneut als Hauptberater im Krieg gegen die Insekteninvasion berufen, und diesmal hatte sich Aaronsohn uneingeschränkte Handlungsbefugnis in ganz Palästina ausgebeten. Er wollte absolute Bewegungsfreiheit, auch in militärischen Zonen und an der Front bei Beersheba, außerdem die Vollmacht, wehrdiensttaugliche Männer, ob Juden oder Araber, anzustellen, sie sogar aus der Armee heraus dienstzuverpflichten. Sämtliche Mitteilungen von ihm sollten diplomatische Priorität erhalten, unzensiert bleiben und an jede von ihm gewünschte Adresse zugestellt werden dürfen. Der letzte Paragraph seines Vertrages regelte Bezahlung, Unterkunft und den Unterhalt seiner Tiere. Er schlüsselte die Kosten des gesamten Unternehmens auf und verlangte, daß, anders als 1914, das Gesamtbudget für 1915 im Augenblick der Gegenzeichnung des Vertrages durch den Vizegouverneur von Haifa, Fouad

Bey Schehab, in Gold bereitstehen mußte. Der Geldstrom von den JAES-Treuhändern war jetzt praktisch versiegt und die Versuchsstation in einer verzweifelten Lage. Aaronsohn glaubte, bei vorsichtiger Planung etwas finanzielle Überlebenshilfe für die Station aus dem Heuschreckenfonds abzweigen zu können. Zum Zeitpunkt von Feinbergs Rückkehr nach Atlit im November hatte er in Erwartung der Vertragsunterzeichnung an allen strategischen Punkten im Land bereits seine »Heuschreckenoffiziere« in Stellung gebracht – von Beersheba im Süden Palästinas bis zu den Ufern des Jordan im Osten und den Höhen des Hermon an der Grenze zu Syrien im Norden. Neben ihrer offiziellen Arbeit beobachteten sie die türkischen Truppenbewegungen und meldeten alle ungewöhnlichen Vorgänge.

Feinberg und Aaronsohn saßen zusammen, bis der Morgen graute. Nach soviel Ungewißheit schien die Zukunft nun endlich vielversprechend. Die beiden sammelten leere Kerosinbüchsen und reinigten sie, um für Hauptmann Weldons Ankunft in zehn Tagen gerüstet zu sein. Bis dahin fügten sie ihre Informationen der wachsenden Notizsammlung hinzu, die Aaronsohn weiterhin in einer Blechbüchse unter den Dielenbrettern des Stationshauses versteckt hielt.

Feinberg beschloß, für Woolley einen allgemeinen Bericht zu erstellen. Er verwandte die beiden ersten Tage auf der Station darauf, eine bis ins Detail gehende Meldung zu verfassen. Sie reichte weit über die Informationen hinaus, die er Leutnant Woolley in Port Said gegeben hatte – ein nachrichtendienstliches Meisterstück, welches das britische Oberkommando in Kairo nicht ignorieren konnte. Insbesondere ging er auf Jerusalem ein – Hauptziel einer künftigen britischen Invasion – und machte genaueste Angaben über Besatzung, Nachschub und Logistik:

»*Infanterie*: Theoretisch ein Bataillon, in Wirklichkeit nur zwei Kompanien. Die effektive Stärke wurde beträchtlich verringert. Jede Kompanie hat im Höchstfall 180 Mann, nicht mehr als 140 unter Waffen. Es wäre eine übertriebene

Behauptung, daß sich gegenwärtig in Jerusalem 400 Gewehre befinden. Wenn dort von tausend Mann gesprochen wird, wie das Militär behauptet, dann gehören dazu die Kranken, die Hilfstruppen und die, die schlichtweg nicht existieren.

Kavallerie: Dreiunddreißig Kavalleristen der regulären Armee, das ist alles.«[1]

Im Gespräch mit Feinberg in Port Said hatte Leutnant Woolley ihm eröffnet, daß das EMSIB bereits arabische Agenten nach Palästina ein- und ausschleuste. Für den engagierten Mann muß das ein Schock gewesen sein. Seine Verblüffung verwandelte sich in schwelenden Groll, als Woolley ihm die Hauptpunkte der arabischen Berichte genannt hatte. Nun wieder auf der Station, fuhr er in immer sarkastischerem Ton fort:

»*Artillerie*: Null. Sollte ich je zurückkehren, werde ich Sie bitten, so gut zu sein und mit Ihren Agenten zu reden, die Ihnen diese netten Informationen über Truppenbewegungen, Artillerieposten etc. gegeben haben. Bleiben wir vorerst in Jerusalem. Nicht ein Stück, nicht eine einzige Granate.

Hilfsdienste: Im Höchstfall 1) 20 kleine anatolische Karren, gezogen von je zwei Zugtieren ... Die Ladung, die diese Karren transportieren können, umfaßt nicht mehr als 400–500 Kilogramm, 6–7 Behälter Heizöl oder Petroleum, 4–5 durchschnittliche Mehlsäcke. 2) 150–200 Lasttiere (Pferde und Mulis) sind einsatzfähig, neben denen, die nicht arbeiten können und in den Ställen ›versorgt‹ werden, ohne Futter zu bekommen. 3) Es gibt keine Arbeitskamele in Jerusalem.

Es gibt keine Kraftfahrzeuge. Sie werden sich entsinnen, daß wir insbesondere darüber gesprochen haben und daß ich über die Information, die Sie mir gaben, erstaunt war. Die beiden Lastkraftwagen, die zwischen Nablus und Jerusalem verkehrten, sind außer Betrieb und stehen in Jerusalem auf dem Hof herum, wo die Behälter und Feldflaschen zur Versorgung der Armee mit Wasser vom letzten Feldzug [dem gescheiterten türkischen Angriff auf den Suezkanal] gelagert werden ... Es gibt vor Ort außerdem zwei völlig kaputte Automobile. Der Karosserie nach müssen es französische sein. Die zerbeulten Felgen zeigen, daß sie ohne Reifen gefahren wurden. Einer der Laster ist dasselbe Modell, wie es die neuseeländischen Truppen in Ägypten benutzen, aber deutlich kleiner ...«

Feinberg erwähnte noch, das Mauser-Infanteriegewehr sei die einzige nennenswerte Waffe in türkischen Händen, und handelte dann das übrige Palästina Bezirk für Bezirk detailliert ab. Er befaßte sich aus dem Blickwinkel eines türkischen Untertans auch mit der für den Nachrichtendienst so entscheidenden Frage der Moral vor Ort: »Wie weit entfernt sind wir doch vom Glanz des letzten Jahres ... abgesehen von der kleinen Kavallerieabteilung, die noch mehr oder weniger etwas darstellt, ... bietet ›unsere heldenhafte Armee‹ einen wirklich verblaßten und rundum erbärmlichen Anblick. Viele Männer haben kein Schuhwerk, und sie ersetzen es durch das merkwürdigste Zeug. Die Uniformen sehen ebenfalls immer sonderbarer aus und sind von unbestimmter Farbe. Es ist nicht mehr möglich, im Land zu ›requirieren‹, weil nichts mehr vorhanden ist, und Deutschland wird diesmal die Lager nicht wieder auffüllen ... Es scheint, daß Rucham sich sehr anstrengen muß, um seine Männer satt zu kriegen.«

Eine der wichtigsten vor einem Landungsversuch bei Atlit zu klärenden Fragen war, ob die Türken einen Gegenangriff aus dem Süden, von der Region Tel Aviv und Ramla aus, führen konnten. An dieser bedeutenden Wegkreuzung lag ihr größtes Truppenkontingent hinter der Sinai-Front. Leutnant Woolley hatte Feinberg offensichtlich über die Ergebnisse von Hauptmann Weldons Aufklärungsflügen über die weiter südlich gelegene Region um Gaza unterrichtet. Um seinen Bericht so benutzerfreundlich wie möglich zu machen, nannte er Woolley nun die Position zweier jüdischer Kolonien als Orientierungspunkte und fügte für die Kartenabteilung im *Savoy* sogar noch die alten arabischen

Namen hinzu: »Ramla hat eine Sollstärke von zwei Bataillonen ... Es gibt dort keine Artillerie. Der Artillerieposten mit einer Kompanie von etwa zweihundert Mann ist in Bir-Salem, rund 10 oder 12 Kilometer im Südwesten von Ramla. Sie finden ihn zwischen den beiden jüdischen Kolonien Rishon Le Zion (Ayoum Kara) und Rehovot (Doura).«

Dann warnte Feinberg zum ersten und einzigen Mal vor einem möglichen Widerstand gegen eine Invasionsarmee: »Die Artillerieposten werden von den Deutschen kommandiert. Sie stellen das gefährlichste Stück Arbeit dar ... es dürften zwei Batterien sein, jede mit fünf oder sechs Geschützen. [Aber] dieses Problem der Artillerie fällt in Palästina fast nicht ins Gewicht, weil es, einmal abgesehen von der Südfront, nur zwei Posten im ganzen Land gibt ..., den gerade erwähnten in Bir-Salem und einen zweiten bei Um-Djoumie am Ostufer des Jordan, dort, wo er den See Genezareth verläßt.«[2] Tragischerweise sollte dieser Bericht jedoch zu spät eintreffen, um noch etwas an den britischen Kriegsplänen zu ändern – und das aufgrund einer einzigen, im EMSIB von Leonard Woolley eigenmächtig gefällten Entscheidung.

Neun Tage später sichtete man auf der Station die *Aenne Rickmers* etwa um die Mittagszeit unterwegs nach Norden in Richtung Haifa. Als das Schiff hinter der Burg von Atlit auftauchte, war gerade noch Zeit, das Erkennungssignal auf dem Balkon auszuhängen. In der Abenddämmerung verließen Feinberg und Liova Schneersohn, ein frisch für »A« rekrutierter Agent, das Stationsgelände, überquerten die verlassene Straße von Tel Aviv nach Haifa und schlüpften in das tief in die Landschaft schneidende Wadi Dustrey. Mit sich führten sie eine Kerosinbüchse, die Feinbergs Bericht und die übrigen Informationen von »A« enthielt. Im Winter füllte sich das Wadi mit Regenwasser, welches ins Meer floß und dabei ein kleines Mündungsdelta aus dem Strand herausnagte. Die beiden Männer verbargen sich in den Dünen auf einer Seite des Wadis und warteten auf die Rückkehr des

Schiffs. Doch als sich die Stunden dehnten und Mitternacht heranrückte, wurde ihnen klar, daß etwas nicht stimmte. Nachdem sie um vier Uhr morgens noch immer kein Maschinengeräusch oder Zeichen Hauptmann Weldons wahrgenommen hatten, gaben die beiden Männer ihre Stellung am Strand auf. Statt aber die Büchse in den Dünen zurückzulassen, nahmen sie sie mit sich zurück zur Station. Sie planten, das Manöver zu wiederholen, wenn das Schiff zurückkam, denn das, so glaubten sie, würde es auf jeden Fall. Wie erwartet zeigte sich die *Aenne Rickmers* bereits am nächsten Tag erneut vor der Küste und stieß eine Rauchwolke aus, als sie, etwa anderthalb Kilometer auf See entfernt, vorüberzog. Aaronsohn beobachtete es durch sein Fernglas, während Feinberg das Balkongeländer mit dem Signalbettlaken drapierte. Wieder verließen er und Schneersohn die Station mit der Kersosinbüchse, wobei sie äußerste Vorsicht walten lassen mußten, um nicht von einer umherschweifenden türkischen Streife entdeckt zu werden. Doch wieder verschwand die *Aenne Rickmers* als gezackter schwarzer Schatten am Horizont. In den folgenden drei Wochen stiegen die beiden Männer jede Nacht durch das Wadi und warteten am Strand in der verzweifelten Hoffnung, Hauptmann Weldon käme zurück. Doch es gab kein Anzeichen eines Schiffes, und schließlich gaben die beiden Männer auf.

In Aaronsohn keimte allmählich der Verdacht, daß sich das EMSIB vielleicht gar nicht um Feinberg scherte. Doch warum, so erwiderte dieser, war Weldon dann planmäßig nach zehn Tagen aufgekreuzt? Feinberg wußte ganz genau, was er Leutnant Woolley versprochen hatte und daß die erste Mission eines jüdischen Agenten des EMSIB nun in Port Said als Mißerfolg gewertet würde. Da sich der Berg von Informationen von ihren über ganz Palästina verteilten Agenten tagtäglich höher türmte und sie kein Funkgerät besaßen, standen die beiden Männer vor einem nur allzu vertrauten Problem: Sie mußten einen Fluchtweg nach Ägypten finden, diesmal, um die Verbindungen zu den Briten wiederaufzunehmen.

Nach Aaronsohns Ansicht durfte Feinberg, da er der türkischen Gendarmerie bekannt war, sein Glück nicht noch einmal auf dem Seeweg versuchen. Außerdem lief die *Des Moines* Haifa nicht mehr an. Aaronsohn selbst war mittlerweile im Frontgebiet von Beersheba bekannt wie ein bunter Hund. So wußten beide, daß nur ein Ausweg blieb: Feinberg mußte versuchen, durch die Wüste zu entkommen. Dies bedeutete, sowohl die türkischen als auch die britischen Linien zu kreuzen. Zudem galt es, sich in einer Region der Wüste zurechtzufinden, in der die Beduinen tun und lassen konnten, was sie wollten. Und ohnehin waren sie jedem Juden, der ihr Gebiet durchquerte, feindlich gesinnt.

Die Gefangennahme

Am 13. Dezember ließ Absalom Feinberg die relativ sichere Station hinter sich, um Port Said über Land zu erreichen – ein gewaltiges Vorhaben, nicht bloß aufgrund der Entfernung. Dennoch war er zuversichtlich, mit seinen Türkisch- und Arabischkenntnissen als arabischer Nomade durchgehen und eine Gefangennahme vermeiden zu können. Das Glück blieb ihm treu bis auf den letzten Kilometer auf türkischem Gebiet. Mit der unendlichen Weite des Niemandslandes vor Augen wurde er von einer türkischen Armeepatrouille gefaßt und als mutmaßlicher Spion zurück nach Beersheba ins Gefängnis gebracht. Dort blieb er auch unter der Folter bei derselben Geschichte, die er der Streife erzählt hatte: daß er nur ein Angehöriger der von Aaronsohn aufgestellten Heuschreckenbrigade sei und sich zur Front verirrt habe. Als Heuschreckenbekämpfer getarnte Mitglieder der Organisation »A« meldeten Feinbergs Notlage. Aaronsohns Cousin Na'aman Belkind war in Rishon Le Zion, zehn Kilometer südlich von Tel Aviv und Jaffa an der Straße nach Beersheba, stationiert. Er arbeitete in der Weinkellerei der jüdischen Siedlung, wo sich häufig türkische und deutsche Offiziere einfanden. Belkind erhielt die Nachricht von der Verhaftung durch Joseph Lishansky. Dieser war als Angehöriger der Haschomer, die die jüdische Siedlung Ruhama nahe Beersheba bewachten, mit der Umgebung des Gefängnisses bestens vertraut.

Aaronsohn mußte umgehend handeln, wollte er einen kurzen Prozeß verhindern. Dabei kam ihm die Effizienz seines Netzwerks zugute. Er schickte die noch in seinem Besitz befindliche, begrenzte Menge Gold über Belkind an Lishansky, der die Gefängnisbeamten erfolgreich bestach, den Prozeß zu verzögern. Dann stellte Lishansky eine direkte Verbindung zwischen Aaronsohn und Feinberg her. Er versteckte Kassiber in den Brotlaiben, die er dem Gefangenen bringen durfte. Nachdem die Hinrichtung vorläufig ausgesetzt war, mußte Aaronsohn jetzt an den einzigen Mann appellieren, der die Anklage aufheben konnte: Djemal Pascha. Wiederum bot die Heuschreckenkrise die Rettung. Da die Plage mittlerweile landesweit epidemische Ausmaße erreicht hatte, wurde Aaronsohn zum türkischen Oberbefehlshaber beordert. Der mußte sich von seinem obersten Heuschreckenbekämpfer sagen lassen, er sei außerstande, aktuelle wissenschaftliche Informationen zu liefern und praktische Maßnahmen vorzuschlagen, solange sein Sekretär in Beersheba im Gefängnis säße. Beersheba gehörte zu einem anderen *Sanjuk* oder Gerichtsbezirk als Djemal Paschas weiter nördlich gelegene Provinz, doch sein anfängliches Zögern, in den Prozeß einzugreifen, warf er bald über Bord, als Aaronsohn ihm berichtete, daß Feinberg in Beersheba auf Betreiben der Deutschen als Spion verurteilt werden sollte. Er sandte dem Kriegsministerium in Jerusalem ein Telegramm und forderte die sofortige Überstellung Absalom Feinbergs unter die Gerichtsbarkeit des Sanjuk Jerusalem. Und als Feinberg zwei Tage später im Gericht von Jerusalem eintraf, teilte man ihm lapidar mit, es gebe nichts, wofür er sich verantworten müsse. Aaronsohn und »A« hatten ihre erste – wenn auch interne – Prüfung auf Leben und Tod bestanden.

Feinberg, äußerlich übel zugerichtet, innerlich aber ungebrochen, kehrte etwa drei Wochen nach seinem Fluchtversuch auf die Station zurück. Während seiner Abwesenheit hatte sich wiederum einiges verändert. Nur 48 Stunden nach seinem Aufbruch hatte Aaronsohn eine Nachricht seiner Schwester Sarah erhalten: Ihre Ehe war gescheitert, und da sie nicht in Konstantinopel bleiben wollte, war sie ganz allein quer durch die Türkei und Syrien nach Zichron Ya'acov gereist und in den tröstenden Schoß der Familie zurückgekehrt. Als Aaronsohn ein Telegramm erhielt, daß seine geliebte »Sarati« am folgenden Tag in Afoula, einem Eisenbahnknotenpunkt etwa 30 Kilometer von Zichron entfernt, ankommen würde, traf er rasch Vorbereitungen für ein Treffen: *Donnerstag, 15. Dez. 1915: Mietete eine Kutsche, um sie abzuholen, und beschloß, die neue Straße auszuprobieren, die kürzlich repariert und kutschentauglich gemacht wurde. Verließ Zichron um 13.30 … kam endlich um 18.30 in Afoula an. Es war viel los auf dem Bahnhof. Alle Güter aus Haifa gehen seit langem nach Afoula … Pferde und Vieh der Siedler wurden komplett beschlagnahmt. Sie [die Türken] haben die Gemeinschaftsfarm geschlossen und alle Sachen auf die Straße gestellt. Sie brauchen die Gebäude zur Unterbringung der 30 000 deutschen Soldaten, die sie jeden Augenblick erwarten … sie bauen mit Erde bedeckte Holzbaracken – für die Deutschen.*

Bei Sarahs beinahe pünktlicher Ankunft am nächsten Tag befand sich Aaron noch in seiner Unterkunft: *Freitag, 16. Dez. 1915: Der Zug war nur eine halbe Stunde verspätet, was sehr ungewöhnlich ist. Sarati kam um 17 Uhr ins Salkind Hotel – immer noch dasselbe prächtige Mädchen. Ihre Reise dauerte genau drei Wochen.*

Trotz seiner Wiedersehensfreude war er entsetzt über die Nachrichten, die seine Schwester mitbrachte. Sie beschworen ein apokalyptisches Szenario herauf: *Unnötig, hier über das Elend zu berichten, das sie mit ansehen mußte – die Greueltaten gegen die Armenier – Hunderte von unbegraben herumliegenden Leichen – von Hunden angefressen – Ruhr und Typhus, die unter den Soldaten wüten. Sie hat mir versprochen, ihre Erlebnisse in allen Einzelheiten niederzuschreiben.*

Sarahs Reiseweg hatte durch Armenien auf dem Höhepunkt der türkischen Repressionen geführt. Nach ihrer Ankunft in Zichron erfüllte ihr Bericht die Herzen aller Juden der Gemeinde mit Furcht. Wenn die Türken so mit der armenischen Minderheit umsprangen, war es nur eine Frage der Zeit, bis sie sich auch gegen die Juden Palästinas wandten. Aaronsohn hatte die Gefahr bereits erkannt und wollte den Bericht seiner Schwester an die Briten weiterleiten. Doch da nun alle in Gefahr schwebten, schien es kaum eine Chance zu geben, einen Boten nach Kairo zu schleusen. Zum Zeitpunkt von Absaloms Rückkehr aus dem Gefängnis hatten sich die Aussichten sogar weiter verschlechtert. In Zichron hatte man erfahren, daß die Briten und die Franzosen ihre Stellungen bei Gallipoli aufgegeben hatten, und obwohl der Rückzug unter sehr geringen Verlusten gelang, wirkte dieser Schritt der Alliierten auf die Einwohner Palästinas moralisch verheerend. Das freudige Wiedersehen von Absalom Feinberg und Sarah Aaronsohn – seiner Jugendliebe – ereignete sich so vor einem düsteren Hintergrund.

Gegen Ende Dezember war Aaronsohns Vertrag über die Bekämpfung der Heuschrecken unterzeichnet. Ein großer Erfolg für den Stationsleiter, denn die Türken waren auf alle seine Forderungen eingegangen – auch auf diejenigen, die ihm und seinem Spionagenetz in den kommenden zwölf Monaten völlige Bewegungsfreiheit und sichere Kommunikationswege verschaffen sollten.

Drei Tage nach seiner Ankunft auf der Station als freier Mann reiste Feinberg gemeinsam mit Sarah Aaronsohn nach Damaskus. Aaron war ihnen vorausgefahren, und zu dritt verbrachten sie nun gemeinsam eine Woche in der Hauptstadt Syriens. Die Unternehmung diente einem kühnen Ziel. Feinberg hatte Aaronsohn erklärt, man müsse Djemal Pascha nur richtig anpacken, dann würde er ihm, Absalom, bestimmt einen Passierschein über Konstantinopel nach

Rumänien ausstellen, wo er angeblich seine wissenschaftlichen Studien bei Aaronsohns Onkel fortsetzen wollte. Feinberg war überzeugt, daß er von Rumänien aus Verbindung zu britischen Agenten aufnehmen konnte, die wiederum Leutnant Woolley in Port Said kontaktieren würden. So würde Leonard Woolley erfahren, daß »A« noch immer wunderbar funktionierte. Feinbergs Anwesenheit in Damaskus war für die List unabdingbar. Bekanntlich schätzte Djemal Pascha ein direktes Vorgehen, und Feinberg mußte seinen Charme spielen lassen, wenn der Plan auch nur die geringste Erfolgsaussicht haben sollte.

Das Ergebnis der Begegnung war nur teilweise befriedigend – der türkischen Provinzfürst war im Prinzip bereit, Feinberg einen Paß für eine Reise aus den Grenzen des Osmanischen Reiches zu bewilligen, zögerte jedoch, seinen Erzrivalen Tallal Bey, der als Innenminister das Dokument unterzeichnen mußte, auf die Angelegenheit anzusprechen. Er schlug vor, sein Anliegen selbst in Konstantinopel vorzutragen, und stellte Feinberg für diesen Teil der Reise den entsprechenden Firman aus. Der brauchte einen Monat, um seinen Paß für Rumänien zu bekommen, als ihn – im Augenblick seiner Abreise – ein dringendes Telegramm von Aaronsohn unverzüglich nach Atlit zurückrief. Diese Änderung des Plans verwirrte Feinberg zwar, doch er wußte, daß der Stationsleiter einen guten Grund haben mußte, ihn zurückzubeordern. Bei seiner Ankunft auf der JAES drei Tage später bestätigte sich sein Verdacht: Das EMSIB hatte Kontakt mit Atlit aufgenommen – »A« war noch im Geschäft.

Daß Hauptmann Weldon mehrere Monate zuvor nicht, wie vereinbart, ein Boot an Land geschickt hatte, fand eine simple Erklärung. Wegen des Fiaskos im Zusammenhang mit der Rettung von Charles Boutagys Vater hatte das EMSIB die Methode des Signalaustauschs zwischen Küste und Schiff geändert. Woolley, der für die Entscheidung verantwortlich war, hatte es für ausreichend gehalten, einen arabischen Agenten nach Palästina zu schicken, um Feinberg zu kontaktieren und ihn über das neue Verfahren – codierte Lichtsignale mit einer Taschenlampe – zu unterrichten. Der Agent hatte jedoch bei der Landung entschieden, es sei das Risiko nicht wert, Kontakt mit der JAES aufzunehmen. Infolgedessen hatten Feinberg und Schneersohn am Strand noch das alte Verfahren benutzt, als sich Weldon an Bord der *Aenne Rickmers* näherte. Folgerichtig war er auf See geblieben. Woolley hatte lange gegrübelt, warum »A« nicht das richtige Signal gab, und nach drei Monaten beschlossen, die Wiederherstellung des Kontakts zu riskieren. Hinter diesem erneuten Kontaktversuch steckten jedoch noch tiefere Beweggründe.

Die Evakuierung der Briten vor Gallipoli hatte zugleich den Druck auf die Türken abgeschwächt, und ihr Oberkommando war nun dabei, die kampferprobten Regimenter nach Palästina zu verlegen. Leutnant Woolleys arabische Agenten hatten von dieser Truppenbewegung berichtet, und der britische Stab in Kairo, der einen erneuten Angriff der Türken auf den Suezkanal unmittelbar bevorstehen sah, verlangte mehr Einzelheiten. Eingedenk der hervorragenden Fähigkeiten Feinbergs als Nachrichtenlieferant wollte Woolley jetzt dessen Meinung einholen. Folglich hatte er einen Agenten absetzen lassen, um eine handschriftliche Notiz zur Station zu bringen. Als der Stationsleiter die Botschaft entschlüsselt hatte, war er höchst erfreut über ihren Inhalt: Woolley selbst würde in drei Wochen an Atlit vorüberfahren, und »A« sollte mittels des neuen, in der Botschaft übermittelten Codes Kontakt zur *Zaida* aufnehmen. Der Zeitpunkt war günstig. Feinberg hatte seine Wartezeit in Konstantinopel gut genutzt. Er befand sich jetzt im Besitz von Informationen, die ohne jeden Zweifel bestätigten, wie sinnvoll die Strategie war, die Türkei durch eine Landung an der Küste um Atlit anzugreifen. Der Bau der Eisenbahn, die über Karkemisch hinaus durch Palästina und den Hidjas führen sollte, lag hoffnungslos hinter dem Zeitplan zurück. Trotz aller Anstrengungen

Djemal Paschas würde sie nicht rechtzeitig fertig werden, um der türkischen Armee 1916 die nötige Transportkapazität für einen erfolgreichen Angriff auf den Suezkanal bereitzustellen.

Aaronsohns Flucht

Nachdem die Köpfe von »A« diese Information verschlüsselt und ihrem Spionagebericht hinzugefügt hatten, warteten sie mit wachsender Spannung auf Leutnant Woolleys Ankunft. Doch aus drei Wochen wurden zwei Monate ohne ein Zeichen, daß sich die *Zaida* oder irgendein anderes britisches Schiff Atlit näherte. Dieses zweite fehlgeschlagene Treffen mit dem EMSIB innerhalb weniger Monate gab den Menschen auf der Station Rätsel auf, insbesondere der Stationsleiter ärgerte sich, daß er Feinberg wegen eines falschen Versprechens aus Konstantinopel zurückbeordert hatte. Hätte er um die Gründe von Woolleys Ausbleiben gewußt, wäre er noch wütender gewesen: Nachdem nämlich die *Zaida*, ohnehin ein schon betagtes Schiff, die Botschaft in Atlit hinterlassen hatte und nach Port Said zurückgekehrt war, wurde sie für eine Überholung außer Dienst gestellt. Dann hatte Clayton, der Chef des Militärischen Nachrichtendienstes, Leutnant Woolley Urlaub verordnet. Das mit »A« vereinbarte Treffen war also auf unbestimmte Zeit verschoben.

Feinberg sah sich nunmehr hoffnungslos verraten. Es kam keinesfalls in Frage, daß er nach Konstantinopel zurückkehrte und einen Paß für Rumänien verlangte, denn man würde ihn mit Sicherheit zu den Gründen für sein unstetes Handeln befragen. Als das Frühjahr dem Sommer wich und die Lebensbedingungen in Palästina sich unter der doppelten Geißel der türkischen Unterdrückung und der Heuschreckenplage verschlimmerten, traf Aaronsohn also Vorbereitungen für das Unvermeidliche. Er selbst würde den Ausbruchsversuch wagen. Dazu aber mußte er Djemal

Pascha einen ausreichend stichhaltigen Grund vortragen, denn der würde schließlich seine rechte Hand im Kampf gegen die Insekten verlieren. Die Lösung, auf die er verfiel, war erstaunlich einfach. Seine JAES stellte seit mehr als fünf Jahren Versuche mit Sesam an, und diese Ölpflanze stand auf der wissenschaftlichen Prioritätenliste der Deutschen als alternativer Energieträger weit oben. Aaron Aaronsohn erklärte dem türkischen Provinzfürsten, er müsse dringend seine Wissenschaftlerkollegen in Berlin konsultieren. Von dort aus wollte er nach Dänemark fliehen und eine Schiffspassage in das neutrale Amerika suchen, von wo aus er über Gibraltar nach Ägypten zurückkehren könnte.

Der zu allem entschlossene Stationsleiter bürdete sich damit eine große Last auf. Absalom Feinberg mußte seine Leitungsfunktion übernehmen, doch da ihm Sarah in Zichron den Rücken stärkte, glaubte Aaronsohn die Zukunft der Station und des Agentennetzes in sicheren Händen. Am 9. Juli verabschiedete er sich zunächst in Zichron von seinem Vater und seiner Schwester und verließ dann die JAES in Richtung Damaskus. Da es den Schein zu wahren galt, begleitete ihn Feinberg in seiner Eigenschaft als Assistent des Leiters der Heuschreckenbekämpfung. Die beiden Männer kamen am Nachmittag des 13. Juli in Damaskus an, und nur 24 Stunden später hatte Aaronsohn Djemal Paschas Erlaubnis, nach Konstantinopel weiterzureisen, um ein Ausreisevisum nach Berlin zu beantragen. Der erste Teil des Fluchtplans hatte also funktioniert. Dann jedoch mußten die beiden Freunde voneinander Abschied nehmen, denn sie wußten genau, welche Folgen Aaronsohns Flucht aus Palästina haben würde und daß ein baldiges Wiedersehen einzig und allein davon abhing, ob er es nach Ägypten schaffen und den Kontakt zwischen Port Said und Atlit wiederherstellen konnte.

Aaronsohn brauchte eine Woche bis Konstantinopel. Auf der Eisenbahn ging es chaotisch zu, und daß er die Hauptstadt überhaupt erreichte, war nur dem Eingreifen eines

Oberleutnants Vrobel zu verdanken. Dieser deutsche Offizier und Wissenschaftlerkollege befehligte die Transportkolonne auf dem noch nicht fertiggestellten Streckenabschnitt über das Taurusgebirge. Der Grund für das Chaos auf Aaronsohns Reise zeichnete sich bald nur allzu deutlich ab. Die militärischen Dienststellen der Hohen Pforte waren fest im lähmenden Griff der Bürokratie. Das bedeutete, daß selbst die simpelste Genehmigung Wochen in Anspruch nehmen konnte.

Am 22. Juli verließ Aaronsohn Kleinasien. Er setzte mit der Fähre über den Bosporus auf die europäische Seite Konstantinopels über und bezog Zimmer Nr. 50 im luxuriösen *Pera Palace Hotel.* Doch wie sich bald herausstellte, fingen seine Probleme jetzt erst richtig an. Der deutsche Konsul, der Aaronsohns Paß zur Durchreise durch Österreich und Einreise nach Deutschland auszustellen hatte, zeigte sich unbeeindruckt von Aaronsohns türkischem Beglaubigungsschreiben als Djemal Paschas Heuschreckenbeauftragter und forderte eine telegrafische Bestätigung vom deutschen Konsul in Damaskus an. Obwohl Aaronsohn daran erinnerte, daß der Zweck seiner Reise ein Treffen mit den Professoren Schweinfurth und Warburg war, die bestätigen wollten, wie überaus wichtig seine jetzige Reise für die deutsche Kriegsanstrengung war, teilte man ihm mit, er habe dennoch auf eine Antwort aus Damaskus zu warten.

Für Aaronsohn stellte diese Wartezeit eine echte Prüfung dar, wußte er doch, daß sich seine Chancen auf Erfolg enorm verringerten, wenn er die Beherrschung verlor. So unterwarf er sich der langwierigen Prozedur, Fragebögen und Formulare auszufüllen, während die deutschen Behörden entschieden, was sie mit ihm anfangen sollten und wer genau die Verantwortung dafür zu übernehmen hatte. Da sich im Prinzip keine Einwände finden ließen, schob das deutsche Konsulat die Last der Entscheidung zurück auf die Schreibtische seines Verbündeten, indem es eine schriftliche Bestätigung vom türkischen Landwirtschaftsministerium verlangte. Von seinem alten osmanischen Feind sollte Aaronsohn nun paradoxerweise die größte Hilfe erwarten. Im Ministerium begrüßte man ihn freundlich. Nachdem er vier Tage lang von Amtsstube zu Amtsstube gepilgert war, schaffte Aaronsohn es schließlich, die bürokratischen Hürden zu überwinden, und am 19. August bestieg er einen Zug nach Berlin. Seit seinem Aufbruch von der JAES waren fünf Wochen vergangen. Dennoch hatte er gerade noch rechtzeitig das türkische Gebiet verlassen können. Am Tage seiner Abreise waren Berichte in Konstantinopel eingegangen, wonach sein Bruder Alex in Amerika Kriegshetze im Namen der Juden Palästinas betreibe. Der Name Aaronsohn war mittlerweile eine Belastung. Als er im Zug nach Berlin den Zeitungsartikel studierte, wurde ihm klar, daß er nach seiner Ankunft die Stadt schnellstmöglich wieder verlassen und sich offiziell so bald wie möglich eine neue Identität beschaffen mußte.

Aaronsohn fand Berlin gegenüber seinem ersten Besuch im Jahre 1907 sehr verändert vor. Im August 1916, zwei Jahre nach Kriegsausbruch, war eine umfassende Rationierung verfügt worden. Aufgrund der Seeblockade der deutschen Häfen durch die Briten und des hohen Einsatzes von Menschen und Material an der Westfront herrschte große Lebensmittelknappheit. Er verbrachte einige Tage bei seinen Wissenschaftlerkollegen und organisierte die Genehmigung einer Ausreise nach Schweden und Dänemark – die einzigen Länder Nordeuropas, von wo aus er ein Schiff nach dem neutralen Amerika besteigen konnte.

Auf seiner Reise durch die Türkei und Österreich bis Berlin hatte er genug Zeit zum Nachdenken gehabt. Der Einfluß des deutschen Militarismus auf die Partei der Jungtürken hatte seines Erachtens eine neue, gefährliche Wende in der Politik des Osmanischen Reiches bewirkt. Vorbei waren die Zeiten der schwerfälligen, aber letztlich doch kooperativen osmanischen Bürokratie, die trotz all ihrer Mängel den Juden immerhin erlaubt hatte, sich im Heiligen Land niederzulassen. Statt dessen lagen nun stichhaltige Beweise vor, daß die von der türkischen Armee in Armenien praktizierte Politik der ethnischen Säuberungen von ihrem deutschen Verbündeten ausgeheckt worden war und daß es sich nur um Monate handeln konnte, bis die neue Obrigkeit ihre Aufmerksamkeit auch den Juden Palästinas zuwandte. Aaronsohn kam zu dem Schluß, daß die politische und militärische Kriegsführung im Nahen Osten weitaus energischer vorangetrieben werden mußte. Daher hatte er bereits beschlossen, sich direkt nach Großbritannien durchzuschlagen, um seine Informationen und Einschätzungen dem Kriegskabinett in London vorzulegen. Unverzüglich traf er Vorbereitungen, Berlin zu verlassen. Er wußte in diesem Augenblick noch nicht, daß er offene Türen einrennen würde – dank der Vorarbeit eines anderen Wissenschaftlers, der 1914 mit Aaronsohns altem Freund Harry Friedenwald in *Cohen's Restaurant* in London zu Abend gegessen hatte, Chaim Weizmanns.

Weizmann und das Azeton

Seit der Versammlung bei *Cohen's* war Chaim Weizmann zum einflußreichsten Mitglied der jüdischen Gemeinde Großbritanniens geworden. Er genoß jetzt die Aufmerksamkeit des britischen Kriegskabinetts, des Außenministeriums und, was entscheidend war, des künftigen Premiers David Lloyd George, der sich als Kriegsminister ein Jahr zuvor Weizmanns wissenschaftlicher Mitarbeit versichert hatte – als Großbritannien sie am dringendsten brauchte.

Zwar blieb die britische Somme-Offensive vom Juli 1916 im August im Morast Flanderns stecken, doch man konnte es als wahres Wunder bezeichnen, daß überhaupt ein Angriff gegen das deutsche Heer geführt worden war. Genau ein Jahr zuvor hatte nämlich die britische Armee unter derart chronischer Munitionsknappheit gelitten, daß es ihr sehr schwergefallen wäre, einen ähnlichen Angriff der Deutschen an der Westfront zurückzuschlagen. Seit dem Beginn des Patts in den Schützengräben während des Winters 1914 setzten die deutsche wie auch die britische Armee in immer stärkerem Maße auf ihre Artillerie als Eckpfeiler von Angriffs- und Verteidigungsoperationen. Die Briten hatten bald bemerkt, daß sie den Krieg verlieren würden, wenn sie der deutschen Artillerieüberlegenheit zu wenig entgegensetzten. Und obwohl die Somme-Schlacht als Offensive ein Fehlschlag gewesen war, hatte sie doch eine deutliche Verbesserung der britischen Feuerkraft bewiesen, die das deutsche Heer letztlich stark schwächte. All dies ging auf Chaim Weizmann zurück.

Das Problem der Briten war simpel gewesen. Es hatte jedoch erst eines brillanten wissenschaftlichen Kopfes bedurft, um eine Lösung dafür zu finden. Was die britische Armee in eine so prekäre Lage gebracht hatte, war nicht etwa ein Mangel an Schußwaffen und Geschützen – die hätte man leicht produzieren können. Vielmehr lag die Crux im Herstellungsprozeß der Treibladungen für die Geschosse. Die britische Rüstungsindustrie verwendete Kordit für sämtliche Geschosse, von der Kugel für das Standardinfanteriegewehr bis zur Granate für die größte Haubitze mit mehr als einem Fuß Durchmesser und mehreren Tonnen Gewicht. Gegen Ende 1914 verlangte das britische Militär nach immer mehr Granaten, um das deutsche Heer an dessen Westfront zu binden. Doch nach nur sechs Monaten Krieg ging der Rüstungsindustrie in England das Azeton aus, und dieses war zur Herstellung von Kordit unentbehrlich. Die Aussichten für die britische Armee und Marine verschlechterten sich.

Azeton wurde traditionell aus Holzalkohol (Methanol) hergestellt, doch Anfang 1915 gerieten die Briten in einen verzweifelten Engpaß. Die Wald- und Forstbehörde konnte kein für die Azetonherstellung geeignetes Nutzholz mehr auftreiben, und Lloyd George hatte sich wegen der so dringend benötigten Chemikalie an Amerika gewandt, damit aber eine bereits prekäre Situation noch weiter verschlimmert. Die britischen Hersteller, die ihre Lieferaufträge erfüllen mußten, hingen nun völlig von der Gnade amerikanischer Agenten ab. Diese verlangten immer höhere Preise für eine sofortige Lieferung, die dann aber nicht selten ganz ausblieb. Lloyd George schritt zwar dagegen ein, daß die britischen Firmen sich gegenseitig überboten, doch bald zeichnete sich ab, daß der voraussichtliche Bedarf für 1916 selbst die Lieferkapazitäten der Amerikaner bei weitem überstieg. In diesem Dilemma wandte sich Lloyd George an seinen bewährten Freund C. P. Scott, den Verleger des *Manchester Guardian.* Dieser sollte ihm den Namen eines fähigen Chemikers nennen, der einen Ersatz für das aus Holz gewonnene Azeton zu finden vermochte. Scotts Antwort gab dem Verlauf des Krieges – und dem Schicksal des Nahen Ostens – eine neue Wendung: »Es gibt einen sehr bemerkenswerten Professor an der Universität von Manchester, der bereit ist, dem Staat seine Dienste zur Verfügung zu stellen. Ich muß Dir allerdings gestehen, daß er irgendwo an der Weichsel geboren ist und ich nicht sicher bin, auf welcher Seite. Sein Name ist Chaim Weizmann.«[3] Des weiteren versicherte Scott, Weizmann habe sich trotz seines Geburtsortes der Sache der Alliierten fest verschrieben, und das einzige, was ihm wirklich am Herzen liege, sei der Zionismus und die Besiedlung Palästinas durch die Juden der Diaspora. Lloyd George lud Weizmann nach London ein und schilderte ihm das Problem. Weizmann war es tatsächlich gelungen, unter Laborbedingungen kleine Mengen Azeton aus anderen Ausgangsstoffen zu gewinnen, und er erklärte, er werde Tag und Nacht arbeiten, um ein großtechnisches Herstellungsverfahren zu finden. Binnen drei Wochen hatte Weizmann die Lösung. Er untersuchte, welche Mikroorganismen Mais und andere Getreidearten aufschließen konnten. So war es ihm gelungen, ein Bakterium zu finden, das die Maisstärke in eine Mischung aus Azeton und Butylalkohol umwandelte. Da das Maiskorn zu etwa zwei Dritteln aus Stärke besteht und Mais in England eine verbreitete, leicht anzubauende Feldfrucht war, entspannte sich das Munitionsproblem für das kommende Jahr.

Lloyd George sollte später als Premierminister für seine Begünstigung von Freunden berüchtigt werden. Mit Weizmann machte er einen frühen Anfang: »Sie haben dem Staat einen großen Dienst erwiesen«, erklärte er ihm, »und ich würde gerne den Premierminister bitten, Sie Ihrer Majestät für eine Auszeichnung vorzuschlagen.« Als Weizmann das Angebot einer persönlichen Ehrung höflich ablehnte, drang Lloyd George weiter auf ihn ein, woraufhin Weizmann erwiderte: »Ich hätte gerne, daß Sie etwas für mein Volk tun.«[4] Lloyd George versprach dies und hielt Wort. Als er 1917 Premier wurde, besprach er Weizmanns Bitte mit seinem Außenminister Arthur James Balfour und billigte die nach diesem benannte Deklaration.

Weizmanns Lösung war eine Leistung, auf die auch Aaronsohn stolz gewesen wäre. Das war ungewöhnlich – ein politischer Zionist mit praktischer Ader. Doch wie politisch der pragmatische Wissenschaftler in den sechs Jahren seit ihrer letzten Begegnung tatsächlich geworden war, hätte sich Aaronsohn niemals träumen lassen. Weizmann stand nicht nur in Verbindung mit Lloyd George, sondern war bereits vor der Lösung des Azetonproblems an Balfour herangetreten. Danach pflegte er auch andernorts mit mächtigen politischen Verbündeten freundschaftlichen Umgang, wie ein am 15. Juli 1915 verfaßter Brief an den späteren Hochkommissar Palästinas während des britischen Mandats, Sir Herbert Samuel, zeigt: »Dr. Gaster sprach mit mir über die Ansichten hinsichtlich der jüdischen Palästina-Ambitionen, denen Ausdruck zu geben Ihre Kollegen so freundlich waren. Natürlich wurde viel, sowohl pro als auch contra, über diese Ansichten debattiert, doch den Zionisten steht es im gegenwärtigen Augenblick nicht an zu diskutieren. Wir müssen uns auf einen derartigen Ernstfall vorbereiten ... Ich hatte Gelegenheit, mit Mr. Balfour zu sprechen, der uns helfen würde, wäre die Situation mit Blick auf Frankreich klar.«[5]

Da die Franzosen erneut Anspruch auf ihre mittelalterlichen Besitzungen im Nahen Osten erhoben, fürchteten die Briten, sie würden dieses Anrecht nicht nur auf Syrien, sondern auch auf Palästina beziehen. So ging Weizmann näher auf diesen Punkt ein: »Ich habe auch Mr. Scott gesprochen und freue mich sehr, sagen zu können, daß er der folgenden Ansicht Ausdruck gegeben hat: 1) Er kann sich nicht vorstellen, daß Großbritannien kein Protektorat über Palästina aussprechen wird, wenn es nicht wünscht, daß eine andere Großmacht es übernimmt. 2) Wenn Großbritannien Mesopotamien eingenommen hat, muß es auch Palästina haben. 3) Er wird diesbezüglich Lord Bryce aufsuchen ... und auch Mr. Lloyd George. Mr. Scott glaubt, daß die Ereignisse auf ein britisches Palästina hinauslaufen.«[6]

Weizmanns Erfolg in London und Aaronsohns Erfahrung als praktischer Zionist in Palästina sollten nach dem Krieg schließlich eine enge Zusammenarbeit der beiden begründen; als Aaronsohn im September 1916 Berlin verließ, lag der härteste Teil seiner eigenen Mission jedoch noch vor ihm. Seine Spionageorganisation in Palästina saß ohne britische Hilfe fest, und die Mitglieder von »A« riskierten täglich ihr Leben für die Sache der Alliierten.

In den beiden Monaten, die Aaronsohn bis nach Berlin gebraucht hatte, war die Lage für Absalom Feinberg und seine Schwester Sarah in Atlit immer brenzliger geworden. Am 17. August war Leonard Woolley um ein Haar dem Tode entronnen, als die *Zaida* im Golf von Alexandrette auf eine Mine gelaufen und binnen fünf Minuten gesunken war. Er hatte sich auf geheimer Mission befunden und wollte die Erfolgsaussichten von Lawrences Vorschlag einer Truppenlandung an dieser Stelle der syrischen Küste prüfen. Ein türkisches Küstenschiff fischte ihn aus dem Mittelmeer, und nun saß er in einem Lager bei Kastamonu, wo er den Rest des Krieges als Gefangener verbringen sollte. Damit hatte Feinberg seinen Kontaktmann an der Spitze des EMSIB verloren. Woolley selbst mochte zwar das Risiko in Erwägung gezogen haben, ein Boot nach Atlit zu schicken, um den Kontakt wiederherzustellen, doch unter einer neuen EMSIB-Führung, die weder Feinberg noch die Geschichte von »A« kannte, bestand kaum Hoffnung, daß dies je geschehen würde. Erschwerend kam hinzu, daß der Kontakt zwischen den wichtigsten Partnern gleich Null war – Feinberg nichts von Woolleys Gefangennahme wußte und Aaronsohn seit seinem Weggang von der Station rund acht Wochen zuvor keine Briefe mehr nach Atlit geschickt hatte, um Feinberg und seine Schwester nicht zu gefährden. Er wußte genau, daß die Zeit drängte, und hielt daher an seinem neuen Plan fest, sich nach England durchzuschlagen. Nach einigen Schwierigkeiten in Berlin gelang ihm unter dem Vorwand, seine Sesamforschungen fortzusetzen, endlich die Ausreise in das neutrale Dänemark. Am 9. Oktober trug er sich im Hotel *Bristol* in Kopenhagen ein. Doch bevor er sich auf die Suche nach einem Schiff nach England machte, schrieb er seinem engen Freund und Vertrauten in New York, Richter Julius William Mack, einen langen Brief. Darin verlieh er seiner Enttäuschung und seinem Schmerz über die Ereignisse seit Kriegsbeginn Ausdruck. Was den Einfluß der Deutschen auf die türkischen Herrscher Palästinas und dessen grausame Folgen für die hungernde jüdische Bevölkerung anging, so nahm er kein Blatt vor den Mund. In dramatischen Worten berichtete er von türkischen Requirierungen, von der Heuschreckenplage und der sich zuspitzenden Versorgungslage. Dann erklärte Aaronsohn den eigentlichen Grund für seinen Sinneswandel, Beistand bei den Briten und nicht bei den Amerikanern zu suchen, und gab sein ganz persönliches »Bekenntnis« ab, warum er Spion geworden war – die Vertreibung und Auslöschung der Armenier, deren Augenzeuge er geworden war, sowie deren offenkundige Folgen für die Juden in Palästina. Um seinem Bekenntnis den Weg zu ebnen, erinnerte er Mack an ein Gespräch, das sie beide mit David Fairchild und anderen Wissenschaftlern vom amerikanischen Landwirtschaftsministerium 1912 in Macks New Yorker Haus geführt hatten: »Ich tat meine Ansicht über einen künftig freien armenischen Staat kund ... ich konnte natürlich nicht voraussehen, daß innerhalb eines Jahres 800000 Menschen dieser armen Nation massakriert werden würden. Und dann erklärte ich Ihnen allen, warum meiner Meinung nach Großbritannien Palästina unter sein Protektorat stellen müsse ... Welche Bedeutung ein britisches Protektorat für die Verwirklichung unserer jüdischen nationalen Hoffnungen habe.«[7]

Er übernahm die volle Verantwortung für seine Entscheidung, nach England zu gehen, und für alles, was er in Atlit vorgehabt hatte: »Ich möchte Sie daran erinnern, daß ... weder Sie noch irgend jemand sonst schuld an meinen weiteren Schritten hatte. Was ich tat und tun werde, tat und tue ich auf eigene Verantwortung ... Sie wissen, daß ich versucht habe, mich vom offiziellen Zionismus fernzuhalten, und Sie wissen auch, warum. Ich wurde zum Außenseiter ... Doch als die Novemberverfolgungen einsetzten und unsere führenden Männer Angst bekamen und sich nicht zu zeigen wagten, als ich zu der festen Überzeugung gelangte, daß die Massaker an den Juden geplant waren, ... mußte ich die Lehren unserer Weisen anwenden: *where there is no man, try to be the man* ... Vor einem Monat in Berlin bekam ich dann schriftliche Beweise aus offiziellen Kreisen, daß ich recht hatte ... In alten Zeiten pflegten die Menschen neue Arzneien einem Hund zu verabreichen und die Ergebnisse zu beobachten. Hier haben wir das gleiche: deutsche Kultur, an den Türken erprobt, und die wunderbaren Ergebnisse ... Damals beschlossen wir, daß Alex fliehen mußte ... Ich stehe unerschütterlich vor dem Tribunal meines eigenen Gewissens ... Vor langer Zeit schon war ich überzeugt, wir sollten uns auf die Seite der Briten schlagen, jetzt sagen alle, die etwas über die Türken und die Zustände in Palästina wissen, selbst überpatriotische deutsche Juden, wir müßten uns England anschließen ... Ich mußte das tun, wozu meine Landeskenntnis und meine zahlreichen Verbindungen am besten nütze waren. Ich bot sie an.«

Aaronsohn schloß seinen Brief mit einer deutlichen Anspielung darauf, welche Opfer die Mitglieder von »A« bereits gebracht hatten: »Jeder stellte sich zur Verfügung, und was mich am meisten berührte, keiner kam mit Ratschlägen … Ich habe zuvor nie an die jüdische Solidarität geglaubt. Jetzt glaube ich fest daran.«

Am Ende rief er seinem Vertrauten ins Gedächtnis, daß er niemals JAES-Mittel für seine Spionageorganisation abgezweigt hatte und daß man nicht dem Mißverständnis aufsitzen möge, es trachte jemand danach, durch ein gefährliches doppeltes Spiel Anerkennung zu gewinnen: »Um allen falschen Vorstellungen vorzubeugen: Weder ich selbst noch einer meiner Mitarbeiter hat auch nur einen Penny für seine Dienste genommen. Ich habe jeden Cent, den ich besitze, in das Unternehmen gesteckt, ebenso meine Mitarbeiter. Auch kann keiner sagen, daß wir es um der Ehre willen tun, denn niemand ist in dieser Hinsicht konservativer als die Briten, und Spione werden nicht gerade mit Ehrungen überschüttet, wie bedeutend ihre Dienste auch sein mögen. Wir sind uns nicht einmal ihres Vertrauens gewiß, sie halten uns vielleicht für fähig, sie zu hintergehen, genau wie wir die Türken hintergehen konnten. Ich bin froh über die Gelegenheit, Ihnen all dies mitzuteilen. Es quälte mich unablässig. Von Anfang an empfand ich es als unbedingt erforderlich, daß vor allen anderen Sie möglichst früh Bescheid wissen … Es ist jetzt an Ihnen, sich selbst eine Meinung zu bilden und Ihr Urteil zu sprechen … lautet es *adieu* oder *au revoir*? Wenn Sie mir beipflichten, wird mir das sicher Auftrieb geben, wenn nicht, bin ich zynisch genug zuzugeben, daß ich, wie tief ich es auch bedauern mag, meine Einstellung nicht ändern werde.«[8]

Bevor er sein »Bekenntnis« endgültig in einen Umschlag schob, schrieb Aaronsohn noch eine dreiseitige Nachschrift, die sich mit den anderen Mitgliedern der JAES in Amerika und deren möglicher Einstellung zu seiner Spionagetätigkeit befaßte. Offensichtlich trug er schwer an seinem Entschluß, zu den Briten zu gehen, und hatte das Bedürfnis, sich in moralischer und politischer Hinsicht vor den Treuhändern zu rechtfertigen. Er bat Mack, seinen Brief Felix Frankfurter zu zeigen, Henrietta Szold aber die Neuigkeiten schonend beizubringen, um sie nicht allzu heftig zu schockieren. Und am Ende ließ er die schwierige Entscheidung, die anderen Mitglieder der JAES ins Bild zu setzen, in der Schwebe. Anschließend checkte er im Hotel *Bristol* aus und ging zum Kopenhagener Hafen. Den Brief gab er unterwegs auf. Er hatte von den neutralen dänischen Behörden die Genehmigung erhalten, an Bord der *S. S. Oscar* nach Amerika zu reisen. Eine Woche zuvor hatte er jedoch seine Einreise nach Großbritannien eingefädelt: Da er wußte, daß möglicherweise deutsche Spione Djemal Pascha in Palästina informierten, hatte er heimlich die britische Gesandtschaft in Kopenhagen aufgesucht und seine »Verhaftung« organisiert, wenn die *Oscar* zum Kohlebunkern in Kirkwall auf den Orkneys anlegte.

Seit seinem Weggang aus Atlit hatte Aaronsohn nichts mehr in sein Tagebuch eingetragen. Doch auf dem Schiff nahm er die Feder wieder zur Hand. Am Morgen des 22. Oktober kamen britische Einwanderungsbeamte in Kirkwall an Bord der *Oscar*, und wie Aaronsohn feststellte, hatte die britische Gesandtschaft die Szene gut vorbereitet: *Die Farce ging über die Bühne. Ich wurde unter strenge Bewachung gestellt. Den Kapitän des Schiffes ließ man wissen, meine Kabine sei voller »deutschem Material« … und ich wurde abgeführt – als Gefangener. Ich wurde auf die Wache gebracht und der Aufsicht von Inspektor T. H. Bond von der Orkney Reserve Force überlassen – das erste Mal in meinem Leben, daß ich unter Bewachung stand.*

Vier Tage später, am 26. Oktober, begleitete ihn eine Eskorte von Scotland Yard zum Kriegsministerium. Dort traf er auf Oberst Walter Gribbon vom Militärischen Nachrichtendienst, der ihn in den folgenden Tagen vernehmen und überprüfen sollte. Das bürokratische Procedere gestaltete sich jedoch so langwierig und schleppend, daß Aaronsohn dem Oberst schließlich klarmachte, ihm bliebe, falls das Außenministerium ihm keinen Paß ausstellte, nichts anderes übrig, als nach Paris zu fahren und die Franzosen um Beistand zu bitten. Erst dieser Wink mit dem Zaunpfahl half Gribbon auf die Sprünge. Bevor sie auseinandergingen, versicherte er, beim Auswärtigen Amt offiziell einen Paß zu beantragen. In dem Gespräch mit Gribbon gelang es Aaronsohn kaum, seinen Zorn über dessen Zaudern zu verbergen. Später in seinem Hotelzimmer ließ er seiner Wut auf den Seiten seines Tagebuchs freien Lauf. Für ihn war es ein Augenblick der Wahrheit. Jetzt erkannte er, daß die Opfer der Juden für die alliierte Sache in Palästina nichts als ein Rädchen im Getriebe der Kriegsmaschinerie waren, das – von London aus gesehen – tatsächlich sehr klein wirkte. Tief in seinem Inneren entsetzte ihn, welche Gleichgültigkeit die Briten dem Schicksal der Mitglieder von »A« entgegenbrachten. Überdies ging Aaronsohn das Geld aus. Er zögerte aber, ein entsprechendes Angebot des Obersts anzunehmen, bevor er Ägypten erreicht hatte, da er fürchtete seine Unabhängigkeit zu gefährden, wenn er in britischem Sold stand. Aus ähnlichen Gründen hütete er sich auch, Kontakt zur Zionistischen Organisation in London oder zu Chaim Weizmann aufzunehmen.

Am 13. November 1916, noch immer ohne Antwort vom Außenministerium, entschloß sich Aaronsohn endlich, die JAES-Führung in New York um Geld zu bitten. Er richtete sein Ersuchen an Henrietta Szold, da er wußte, wenigstens sie würde sich energisch für ihn einsetzen. Darüber hinaus übte er weiter Druck auf Gribbon aus, indem er ihm zeigte, wie entschlossen er war, Kontakt zu seinem alten Förderer – Baron Edmond de Rothschild – in Paris aufzunehmen, um endlich den benötigten Paß zu erhalten. Bei dem jüngsten Gespräch mit Gribbon war es jedoch nicht nur um Pässe gegangen. Der Oberst hatte beiläufig eine Bemerkung fallen lassen, die Aaronsohn bis ins Mark erschütterte: Er erzählte,

Woolley sei Gefangener in Kastamonu, und es sei unmöglich, ihn dort zu erreichen. Zu allem Überfluß vermochte Gribbon ihm nicht zu sagen, wer genau nun für das EMSIB verantwortlich war oder ob es überhaupt noch operierte. Das waren Hiobsbotschaften für »A«. Als Aaronsohn erläuterte, was daraus erwachsen konnte, daß Absalom Feinberg und seine Schwester Sarah schon seit August keinen Befürworter mehr im EMSIB hatten, bot der Oberst ihm einen vorläufigen Militärausweis an, mit dem er auf dem wöchentlichen Postschiff nach Ägypten fahren könne. Das nächste ginge am 18. November. Diesmal vermochte Aaronsohn seinen Zorn nicht im Zaum zu halten. In eindeutigen Worten wies er Gribbons Vorschlag als unannehmbar zurück und verlangte nichts weniger als einen Reisepaß und ein Empfehlungsschreiben an den Militärischen Nachrichtendienst in Ägypten, bevor er auch nur einen Fuß an Bord eines Schiffes in den Nahen Osten setzte. Schließlich stellte er ein Ultimatum: Er sei bereit, noch eine Woche zu warten, und wenn er dann nichts erhalten habe, werde er dem britischen Militärischen Nachrichtendienst den Rücken kehren und sich an die Franzosen wenden.

Aaronsohns Wutausbruch brachte Oberst Gribbon endlich zum Handeln, und am Nachmittag des folgenden Tages erhielt er doch noch die ersehnte Nachricht. Jetzt zählte nur noch die Wahrheit: Gribbon bekannte, daß er auf eine Bestätigung von Aaronsohns Mission gewartet habe – nicht vom Außenministerium, sondern vom Militärischen Nachrichtendienst in Kairo. Daß Leutnant Woolley nicht mehr da war, hatte zu der Verzögerung beigetragen, und der Oberst räumte ein, Woolley habe wohl zu viel Verantwortung an sich gezogen. Da nun beide Männer wußten, wie sehr Woolleys heimliches und eigenmächtiges Handeln »A« gefährdet hatte, nutzte Aaronsohn dieses Eingeständnis, um mit Nachdruck auf seiner Forderung nach mehr Vertrauen und verläßlicheren Zusagen zu bestehen. Gribbon versicherte ihm, daß nunmehr seine Bedeutung voll erkannt

Oberst Walter Gribbon, Aaronsohns Kontaktmann beim Militärischen Nachrichtendienst in London und zuverlässiger Partner

sei und daß ihm, auch wenn er sich in Kairo weiteren Vernehmungen werde unterziehen müssen, der Weg in die höchste Ebene des britischen Militärischen Nachrichtendienstes in Ägypten offenstehe. Wieder allein, klopfte sich Aaronsohn – von Natur aus rasch erzürnt und genauso schnell bereit zu verzeihen – selbst ein wenig auf die Schulter, weil er nicht lockergelassen hatte: *War sehr zufrieden mit den Ergebnissen und damit, daß Oberst Gribbon sich offenbaren mußte … Es ist immer dasselbe mit den Briten. Sie reagieren rasch, sobald man an ihre wahren Gefühle rührt.*

Die Zukunft von »A« war somit vorerst gerettet. Da Aaronsohn sonst wenig zu tun hatte, verbrachte er den Rest der Woche mit Spaziergängen durch London. Die von Henrietta Szold erbetenen 500 Dollar sollten demnächst eintreffen, und er beschloß, sich von den Anstrengungen der letzten Zeit ein wenig zu erholen und einkaufen zu gehen. Doch am 24. November, dem Tag der Abreise, überkamen ihn erneut trübsinnige Gedanken, seine nachlässige Behandlung seitens der Briten und das Schicksal von Absalom und Sarah sowie der Agenten von »A« betreffend. Wiederum suchte er Trost in seinem Tagebuch: *Ging gestern um 10 Uhr zu Bett, nachdem ich etwa zwei Stunden lang meine sämtlichen Sachen sorgfältiger als je zuvor gepackt hatte. Hatte eine ruhelose Nacht und wachte um sechs Uhr auf. Meine Nerven müssen zu angespannt gewesen sein … Ich bin jetzt einen ganzen Monat hier, und für das, was ich erreicht habe, wären drei Tage mehr als genug gewesen. Und was habe ich eigentlich erreicht? Nichts. Vom diplomatischen Standpunkt aus war es ein Mißerfolg … Ich war wahrscheinlich zu freimütig, oder sie haben alles für Gerissenheit gehalten, doch es bleibt die Tatsache, daß ich nichts erreicht habe. Sie zollen uns keinerlei »Anerkennung« für dieses ganze Jahr Leiden und Gefahr. Wir müssen erneut nach Ägypten gehen und von vorne anfangen und es gut machen, jetzt, wo Djemal Pascha die Käfigtür verschlossen hat … Jetzt wollen sie, daß wir zeigen, was wir können. Glücklicher Absa! Selber ein Phantast, fand er in Woolley einen weiteren Phantasten.*

Und während er seinen letzten Tagebucheintrag in London fortsetzte, rangen in ihm aufkeimender Zorn und Vernunft.

Kapitel 9
»A«

An Bord des Passagierschiffs *S. S. Karmala* der P&O-Passagierlinie fuhr Aaronsohn nach Port Said, Ägypten. Das Schiff machte am Morgen des 25. November an den Tilbury Docks die Leinen los. Auf dem Ärmelkanal waren die Ausmaße der Kriegshandlungen deutlich zu spüren. Die Deutschen flogen Luftangriffe gegen Schiffe, und auch wenn die *Karmala* davon nicht direkt betroffen war, führte sie doch ein Vier-Zoll-Geschütz auf dem Vordeck mit. Die Reise sollte 15 Tage dauern, einschließlich zweier 24stündiger Aufenthalte in Marseille und Malta, um frischen Proviant aufzunehmen und sich bewaffneten Geleitschiffen anzuschließen. Doch weil die deutschen U-Boot-Aktivitäten im Mittelmeer mehr und mehr zunahmen, konnte die Royal Navy nicht jedem Schiff Geleitschutz zur Verfügung stellen, so daß die *Karmala* am Dienstag, dem 5. Dezember, um drei Uhr nachmittags ohne einen begleitenden Zerstörer Marseille verließ. Der Kapitän bat ausgewählte Passagiere, eine zusätzliche Wache zu bilden. Aaronsohn, der offensichtlich kein Brite war, überging er. Gerüchte über eine vergrößerte Anzahl deutscher U-Boote im Mittelmeer waren nichts Neues. In seinem letzten Monat in Atlit hatten seine Agenten ihm regelmäßig von Sichtungen berichtet, doch die meisten hatte er für Irrtümer gehalten. Jetzt allerdings war die Gefahr real. Am 7. Dezember, während sich die *Karmala* Valetta näherte, erhielt der Kapitän per Funk die Nachricht, daß die *Caledonia*, ein Passagierschiff der Anchor Line, gerade vor Malta versenkt worden war.

Am gleichen Abend wurde bekanntgegeben, daß Herbert Henry Asquith als Premierminister zurückgetreten sei und

David Lloyd George seine Nachfolge antreten solle. Dies war von großer Tragweite für die Zukunft der zionistischen Sache in Palästina, denn Weizmann hatte nun ungehinderten Einfluß auf den britischen Regierungschef. Aaronsohn konnte jedoch an nichts anderes denken als an seine eigene Ankunft in Port Said und die schwierige Arbeit, die vor ihm lag. Er hatte allen Grund zur Sorge: Gribbon hatte ihn gewarnt, daß es schwerig werden könnte, das britische Oberkommando in Ägypten von der Nützlichkeit seiner Geheimdienstorganisation zu überzeugen, selbst für einen Mann von Aaronsohns Entschlossenheit. Der Oberst hatte ihm auch geraten, sich bloß nicht bei der übereifrigen Einwanderungsbehörde in Malta blicken zu lassen. Aus diesem Grund ging er am nächsten Tag in Valetta nicht von Bord.

Als die *Karmala* am Nachmittag des 12. Dezember endlich in Port Said anlegte, nahm ihn lediglich Charles Boutagy in Empfang. Er betrat das Schiff, rief, für jedermann hörbar, Aaronsohns wahren Namen und stellte sich als »Charlie« vor. Aaron wollte seinen Ohren nicht trauen, und auch Boutagys vertrauliche Art schien ihm nicht recht angebracht. Was die anderen Offiziere des EMSIB betraf, so stellte sich bald heraus, daß die Dienstauffassung seit der Gefangennahme Leutnant Woolleys durch die Türken noch mehr gelitten hatte. Obwohl Gribbons Dienststelle in London das Eintreffen eines bewährten Agentenführers dem Militärischen Nachrichtendienst in Ägypten gemeldet hatte, betrachteten die Offiziere des EMSIB in Port Said Aaronsohns Empfang als lästige Aufgabe. Die unprofessionelle Arbeitsweise, wie sie Lawrence, Woolley und in gewissem Maß auch Hauptmann Weldon oft genug an den Tag gelegt hatten, war nunmehr zur Regel geworden. Das EMSIB hatte die offiziellen Informationen über Aaronsohns Identität sogar an die Militärpolizei von Port Said weitergegeben.

Leutnant Firth, der diensthabende Offizier im EMSIB, hielt offenbar die Ankunft Aaronsohns für so nebensächlich, daß er ihn einfach Boutagy überließ. Seit Woolleys Gefangennahme hatte der hauptsächlich mit dem Einsatz von EMSIB-Agenten zu tun, da sich mit Ausnahme Hauptmann Weldons kein britischer Offizier mehr für die operative Seite der Aufgabe zu interessieren schien. Die EMSIB-Operationen waren nicht gänzlich eingestellt worden, doch man stützte sich noch immer hauptsächlich auf »syrische« (arabische) Agenten. Einer von diesen war es gewesen, der im November 1915 versäumt hatte, Aaronsohn und Feinberg den neuen Erkennungscode zu überbringen, weil auch er die Bedeutung der Juden in Atlit unterschätzte. Derjenige jedoch, der später die Nachricht mit dem neuen Code auf das Gelände der JAES gebracht hatte, sei, wie Boutagy Aaronsohn bald erzählte, Rubin Baruch, ein jüdischer Freund von Raphael Aboulafia, gewesen, kein syrischer Agent.

Boutagy hing wie eine Klette an Aaronsohn und war zudem geschwätzig – eine gefährliche Neigung für einen Spion, insbesondere für einen, der seit seiner Ankunft in Ägypten von deutschen Gegenagenten aus Haifa beschattet wurde. Er berichtete in allen Einzelheiten vom Untergang der *Zaida* und den Aktivitäten Woolleys im Zusammenhang mit Alexandrette, das Lawrence zum Landungsplatz für die neue britische Offensive gegen die Türkei auserkoren hatte. Woolley hatte mit militärischen Scheinbewegungen um den Hafen von Famagusta die türkischen Abwehrstellungen um Alexandrette – und seine Spione – gründlich auf die Probe gestellt. Das Manöver hatte so gut geklappt, daß die Türken die Einfahrt zur Bucht schließlich verminten, und als er sich aufmachte, die Strände persönlich auszuspähen, war die *Zaida* auf eine von diesen Minen gelaufen.

Ein so haarsträubendes Eigentor weckte Aaronsohns Bedenken, ob das EMSIB der Zukunft von »A« überhaupt förderlich sein konnte. Es gab noch weitere gute Gründe für seine Zweifel. Hauptmann Ian Smith, der seit Woolleys Gefangennahme dessen Posten übernommen hatte, wirkte führungsschwach. Die einzige Spionagetätigkeit hatte auf Betreiben Weldons hin stattgefunden: Von Zeit zu Zeit durchwühlte er Woolleys lückenhafte Unterlagen nach überholten nachrichtendienstlichen Informationen und setzte dann wahllos syrische Agenten an der Küste Palästinas ab. Der für das EMSIB insgesamt verantwortliche Offizier wohnte nicht einmal in Port Said. Hauptmann Edmonds saß in Kairo, und wie Aaronsohn von Boutagy erfuhr, weilte er gegenwärtig in Alexandria, begleitet von Brigadegeneral Clayton und Oberst Simpson – dem Chef des britischen Nachrichtendienstes für Ägypten und dessen Stellvertreter. Aaronsohn erkannte, daß das von Smith geleitete Büro in Port Said nur eine kleine Außenstelle des britischen Nachrichtendienstes in Ägypten war. Wollte er »A« retten, so war es Zeit, Gribbons Rat zu folgen und auf einem persönlichen Treffen mit Clayton und Simpson zu bestehen.

Nach anfänglichem Zaudern und Zögern bat Hauptmann Smith den JAES-Leiter, zur Abfahrt nach Alexandria bereitzustehen. Er wollte unverzüglich dorthin telefonieren. Später brachte ein Soldat einen Brief von Smith mit folgendem Inhalt zu Aaronsohn ins Hotel: *Ein Offiziersausweis, ausgestellt auf den Namen William Mack, U.S.A., mit Foto, Alter 35, unterzeichnet mit Andria, Lt., sowie eine Genehmigung für Mr. W. Mack – Geschäftsreisender –, in der Kanalzone umherzureisen. Hauptmann Smith hatte noch eine Notiz für mich beigefügt, ich solle heute abend um 18.30 Uhr nach Alexandria abfahren und mich dort am nächsten Morgen um 11 Uhr in der Alexander the Great Street Nr. 55 einfinden. Charlie, der unterdessen Smith zu bewegen versucht hatte, ihn mit mir nach Alexandria zu schicken, kam enttäuscht zurück, da sein Vorschlag abgelehnt worden war.*

Doch als Aaronsohn sich an jenem Abend nach der Zugreise in Zimmer 40 des *Regina Palace Hotel* in Alexandria schlafen legte, rechnete er wieder einmal nicht mit der Starrheit der Militärmaschinerie, mit der er sich am folgenden Tag konfrontiert sehen sollte. Auch bedachte er nicht, welch gravierenden Schaden sein Bruder Alex während seines kurzen Ägyptenaufenthalts 1915 den Beziehungen zwischen Atlit und Kairo zugefügt hatte. Bezeichnenderweise hatte man ein Treffen mit Oberst Simpson und nicht mit dessen Chef, Brigadegeneral Clayton, arrangiert. Für den folgenden Tag notierte er: *Donnerstag, 14. Dez. 1916, Alexandria: Ging etwa um 10.30 aus und lief zum Treffpunkt – Alexander the Great Street Nr. 55 –, wo ich um 10.55 ankam. Ich sagte dem wachhabenden Soldaten, ich wolle zum Oberst. Ein paar Augenblicke später trat ein Mr. Edmonds ein, und ich führte ein langes Gespräch mit ihm.*

Nun erst erfuhr er den Grund für die allgemeine Zurückhaltung, mit der ihm das EMSIB seit seiner Ankunft in Port Said begegnet war: *Alex hatte Edmonds erzählt, daß Magnes und Szold prodeutsch seien.* Nach dieser aufschlußreichen Unterhaltung bereitete Aaronsohn sich in Gedanken auf sein »Plädoyer« vor Oberst Simpson vor. Der wichtigste Augenblick seiner ganzen Reise, die vor fast vier Monaten in Atlit begonnen hatte, stand bevor und die Zukunft von »A« auf dem Spiel. Doch das Treffen des ersten Tages endete zunächst ergebnislos und ohne, daß sich Simpson in die Karten hatte schauen lassen.

Als Aaronsohn in einem Einspänner zu seinem Hotel zurückfuhr, erkannten ihn Bekannte der jüdischen Gemeinde Alexandrias, die ihn zuletzt bei seinem Ägyptenbesuch 1910 gesehen hatten. Da er gerne Kontakt zu Raphael Aboulafia aufnehmen wollte, der, wie er wußte, in Alexandria wohnte, hielt er auf ein Schwätzchen an. Schließlich war es einem von Aboulafia auf Geheiß Leonard Woolleys rekrutierten Agenten gelungen, der JAES den neuen Erkennungscode zu überbringen, nachdem die Verbindung seit Feinbergs Rückkehr aus Port Said abgerissen war. Der

Agent mit Namen Baruch Rabin, wie Aaron von Boutagy wußte, hatte somit geschafft, woran alle syrischen EMSIB-Agenten seltsamerweise gescheitert waren. Mit Hilfe seines Bekannten Dr. Waitz gelang es Aaronsohn, Aboulafia aufzuspüren. Obwohl sie sich nie zuvor begegnet waren, erkannte ihn Aboulafia sofort. Aaronsohn war sich bewußt, daß ihm die Briten, was seine Mitwirkung bei einer neuen Operation anging, vielleicht eine Rolle an Bord zugestanden, doch an Land ließen sie ihn mit Sicherheit nicht gehen, denn auf türkischem Territorium durfte er sich keinesfalls mehr blicken lassen. Deshalb bat er Aboulafia, noch einen Mann von Rabins Kaliber aufzutreiben, der ihn auf der Seereise zurück nach Atlit begleiten und ihn bei der riskanten Kontaktaufnahme mit Absalom Feinberg auf der Station unterstützen sollte.

Nachdem damit nun der entscheidende Teil des Plans für eine Rückkehr nach Atlit in die Wege geleitet war, erschien Aaronsohn am nächsten Morgen wie verabredet bei Simpson: *Freitag, 15. Dezember 1916: … Unser Gespräch war kurz und bündig. Er sagte, sie [der britische Nachrichtendienst] wollten nicht, daß ich an der Küstenpatrouille teilnehme. Ich wurde wütend und sagte, wenn sie mir nicht voll vertrauten, sollten wir besser alles auf der Stelle abblasen.*

Derart gereizt, erfaßte Aaronsohn ein unbändiger Zorn. Um die Situation zu entschärfen, änderte Simpson seine Taktik: *Der Oberst gestand – um mich zu beruhigen –, daß Woolley nach Belieben gehandelt hatte, ohne Aufzeichnungen über seine Aktionen zu hinterlassen. Daher wüßten sie nicht, wer Kontakt hergestellt hatte, über welche Kanäle oder wie. Was mich angehe, so sei es nicht so, daß sie mir mißtrauten. Wenn das der Fall wäre, hätten sie mich nicht zu sich gebeten. Der wahre Grund sei, daß ich zu wertvoll für sie wäre. Falls mir etwas zustieße, würde alles zusammenbrechen.*

Da Simpson wußte, daß Aaron der eigentliche Kopf von »A« war, beunruhigten ihn nicht zuletzt die politischen Konsequenzen, die ein dem äußeren Anschein nach zionistischer, innerhalb des britischen Nachrichtendienstes operierender Spionagering nach sich ziehen konnte. Er beendete ihre Begegnung mit einem Angebot: Aaronsohn sollte die Beweggründe von »A« erläutern und klarstellen, welche Voraussetzungen er erfüllt sehen wollte, um die Organisation wieder in Funktion zu setzen. Er wies Aaronsohn an, den Bericht gemeinsam mit Edmonds auszuarbeiten. Danach würde er sein endgültiges Urteil über Zeitplan und Vorgehensweise bei eventuellen künftigen Spionageoperationen fällen. Konfrontiert mit einer weiteren Verzögerung seiner Rückkehr nach Atlit, jedoch fest entschlossen, sie mit voller britischer Unterstützung zu bewerkstelligen, teilte Aaronsohn Edmonds mit, er werde ihn am nächsten Morgen um 10 Uhr aufsuchen, um die Einzelheiten des Berichts durchzusprechen. Edmonds sollte diesen dann telefonisch an Simpsons Büro im Nachrichtenstab im *Savoy Hotel* in Kairo übermitteln. Daraufhin ging der JAES-Leiter, allein. Die folgende Woche sollte ihn schließlich an den Rand des seelischen und körperlichen Zusammenbruchs bringen.

Am selben Abend traf er wie vereinbart Raphael Aboulafia. Dieser hatte zwei potentielle Agenten aufgetan, doch das war keineswegs eine gute Nachricht. Beide verlangten eine Vergütung von 1000 englischen Pfund für den Hin- und Rückweg nach Atlit. Aboulafia erwähnte jedoch auch ein junges Mädchen, das bereit war, sein Leben unentgeltlich für die Sache aufs Spiel zu setzen. Diese Mitteilung brachte Aaronsohn in eine Zwickmühle: Er scheute das Risiko, das Mädchen einzusetzen, weil er fürchtete, ihre Nerven könnten der körperlichen und seelischen Belastung der Mission nicht standhalten. Aboulafias erste Kandidaten hatten allerdings wieder das Geldproblem aufgeworfen. Aaronsohn besaß kaum einen Penny, und als er am nächsten Tag mit Hauptmann Edmonds zusammentraf, schnitt er das Thema an: Er wolle einen Vorschuß für seine Dienste und eine Erstattung seiner Auslagen.

Aaronsohn wußte nichts von der internen Politik des britischen Nachrichtendienstes, insbesondere von den finanziellen Vereinbarungen, die Clayton als Chef des Militärischen Nachrichtendienstes und David Hogarth als Leiter des Arab Bureau, das in direkter Verbindung mit dem Außenministerium in London stand, untereinander getroffen hatten. Es gab einen Etat, um die Araber zu einem Aufstand zu bewegen und die Aufständischen für die britischen Kriegsziele einzusetzen, der gegen Ende 1916 mehrere Millionen Pfund betrug. Allein der Scherif von Mekka erhielt zum Zeitpunkt von Aaronsohns Verhandlungen einen monatlichen Betrag von 10000 Pfund in Gold, der seine künftige Loyalität sicherstellen sollte. Die Vorsicht, mit der Edmonds Aaronsohn und seinen jüdischen Mitspionen begegnete, stand daher in keinerlei Verhältnis zu der den Arabern vorbehaltenen Großzügigkeit. Edmonds aber dachte gar nicht daran, Aaronsohns bescheidenem Ersuchen zu entsprechen. Statt dessen bat er ihn, eine Aufstellung aller bisherigen Kosten und außerdem den Text der an Feinberg zu schickenden Nachricht vorzulegen.

Tags darauf lieferte Aaronsohn den Text an Absalom Feinberg. Er sorgte sich jedoch so sehr um seine finanzielle Situation und die Folgen, daß er in der Angst, die Briten würden ihm die Aufwendungen für seine Flucht sonst nicht erstatten, seine Unkosten niedriger ansetzte. Die errechnete Summe hätte den Nachrichtendienst wohl kaum ruiniert: *Ich schätzte meine Ausgaben in Atlit auf 800 bis 1000 ägyptische Pfund und meine Ausgaben in fünf Monaten auf 250 bis 310.*

Einen Tag später, am 18. Dezember, rief Hauptmann Edmonds gleich nach dem Mittagessen in Aaronsohns Hotel an und bat ihn, um fünf Uhr nachmittags vorbeizukommen. Es gab Neuigkeiten: *Sie hatten beschlossen, einen Kurier [nach Atlit] zu schicken, um so bald wie möglich eine Verbindung herzustellen, doch in der Zwischenzeit sollte ich hier warten. Ich begann wieder zu argumentieren, wie unabdingbar es für mich war, zumindest an Bord des Schiffes zu sein, und verlangte die Gründe zu erfahren, weshalb ich außen vor bleiben sollte. Er erwiderte, Port Said sei ein kleines Nest, von dem aus man mich sehen würde, wenn ich hinaus auf See führe – und da die Türken schnell und gut informiert seien, würden sie unsere Pläne sofort durchschauen.*

Aaronsohn kapitulierte schließlich vor der britischen Unnachgiebigkeit. Danach eröffnete man ihm zu allem Übel auch noch ganz unverblümt, er werde keine Erstattung erhalten, aus Abrechnungsgründen: *Woolley hatte keine Nachricht hinsichtlich der 1500 bereits ausgegeben ägyptischen Pfund hinterlassen. Wir hatten daher nichts als unser Wort, um unseren Anspruch zu untermauern. Das war unseren Freunden zuwenig. Sie erklärten, sie würden nur bei Vorlage von Memos, Papieren etc. Auslagen erstatten … Für meine persönlichen Aufwendungen genehmigten sie mir großzügig ein ägyptisches Pfund pro Tag. Ich erklärte Edmonds, daß dies wohl kaum meine Hotelkosten decken würde, von meinen sonstigen Ausgaben ganz abgesehen.*

Mit diesem Treffen hatte Aaronsohns Situation seit seinem Weggang aus Atlit ihren Tiefpunkt erreicht. Nach all seinen Prüfungen auf der Flucht stand er nun vor dem größten Hindernis – dem Streit darüber, wer die Agenten für die Erneuerung des Kontakts zu »A« stellen würde: die Briten oder er selbst. Er zweifelte kaum daran, daß mit dieser Entscheidung alles stand und fiel, und schon das nächste Treffen mit Edmonds am 19. Dezember bewies Aaronsohn, daß sein Verdacht begründet war: *Edmonds … fragte mich nach einer Reihe zusätzlicher Details, etwa wie man zu unserem Wohnort käme, und schließlich teilte er mir mit, er habe einen Telefonanruf [vom EMSIB] bekommen, daß sie einen Kurier gefunden hätten und wissen wollten, ob ich eine besondere Botschaft zu übermitteln hätte.*

Das war nun wirklich die Höhe. Meine Befürchtungen bestätigten sich vollends. Diese Leute trauten uns nicht und wollten jetzt mit Hilfe meiner Informationen irgendeinen Stümper losschicken, der unsere Leute vielleicht das Leben kostete und unsere ganze Arbeit zunichte machte.

Ich nahm gegenüber Edmonds kein Blatt vor den Mund – ich sagte ihm, was ich von seinem mangelnden Vertrauen hielt, auch, daß ich in Zukunft jede Zusammenarbeit oder Verbindung ablehnen würde. Ich erinnerte ihn daran, daß es nicht nur ein Mißbrauch, sondern ein regelrechtes Verbrechen sei, Information gegen meinen Willen zu benutzen.

Aaronsohn ließ Edmonds wissen, daß er eher aufzugeben beabsichtige, als die Kontrolle über »A« zu verlieren, und ging. Er traf sich mit Raphael Aboulafia und begab sich dann in sein Hotel, um die Ereignisse zu überschlafen. Letzterer hatte ihm die einzige gute Nachricht des Tages mitgeteilt. Sie hatten jetzt einen Freiwilligen aus den eigenen Reihen, der bereit war, mit ihm nach Atlit zu gehen. Aaronsohn brachte es nicht über sich, seinem Freund reinen Wein über die prekäre Lage einzuschenken, in der sich die gesamte jüdische Organisation befand. Er dankte ihm nur und bat ihn, ihren Botengänger vorerst in Bereitschaft zu halten.

Am nächsten Morgen setzte er zwei Briefe auf, den ersten an Edmonds, den zweiten an Gribbon in London. Zwar war sich Aaronsohn deutlich bewußt, daß er ein gefährliches Spiel spielte, wenn er die Briten mit einer Rückzugsdrohung zu erpressen suchte, doch konnte er Kontrolle und Führung von »A« und seinen Agenten nicht in die Hände der offensichtlich dilettantisch agierenden Offiziere legen und empfand deren Übernahmeversuch als groben Vertrauensbruch – was er sowohl Edmonds als auch Gribbon in deutlichen Worten erklärte. Aaronsohn schloß seinen Brief an Oberst Gribbon mit der Bitte, er möge die JAES-Direktoren telegrafisch auffordern, ihm Geld zu schicken. Mit bitteren Worten hob er hervor, daß er trotz seiner Schwierigkeiten bisher nicht die geringste Bezahlung von den Briten angenommen hatte: »Ich habe meine Hände nicht mit einem einzigen Penny von Ihnen befleckt. Wie auch immer Sie unsere Beweggründe auslegen, wir haben Ihnen keinen Anlaß gegeben, uns der Gewinnsucht zu zeihen, die man dem Juden gewöhnlich unterstellt.«[1]

Aaronsohn brachte beide Briefe um ein Uhr – zu einer Zeit, in der er Hauptmann Edmonds ganz sicher auswärts beim Mittagessen wußte – in das Büro an der Alexander the Great Street. Er wußte überdies, daß der Hauptmann seinen Brief an Gribbon lesen würde, bevor er ihn nach London weitersandte – und dieser Brief stellte die größte Bedrohung für den Ruf des Militärischen Nachrichtendienstes in Ägypten dar. Der Trick funktionierte: Nur fünf Stunden später, um sechs Uhr abends, rief Edmonds Aaronsohn in seinem Hotel an und bestellte ihn dringend zu sich.

Die Mission der Goeland

Nach seiner Ankunft bat ein recht nervöser Hauptmann Edmonds Aaronsohn, im Vorzimmer zu warten. Zehn Minuten später trat Oberst Simpson persönlich aus seinem Büro, um ihn zu begrüßen, und hielt ihn an, in seinem Zimmer Platz zu nehmen – für Aaronsohn ein Augenblick des Triumphes. Nun stand ihm die Rückkehr nach Atlit offen, und er behielt die eigentliche Kontrolle über »A«, auch wenn er mit Simpson übereinkam, während der Absetz- und Wiederaufnahmeoperation an Bord zu bleiben. Aaronsohn erhielt unverzüglich einen Paß, um in Begleitung von Aboulafia und Baruch – ihrem jüdischen Kurier – nach Port Said zurückzukehren. Plötzlich lagen auch Goldmünzen bereit, um sie nach einer gelungenen Landung an »A« zu übergeben. Am Mittag des Heiligen Abends traf sich Aaronsohn zu einer letzten Besprechung mit Smith in den EMSIB-Büros. Dann traten sie gemeinsam hinaus auf den geschäftigen Pier, wo eine Dampfbarkasse darauf wartete, die kleine Gesellschaft zu ihrem vor Anker liegenden Schiff zu bringen. Das EMSIB hatte die *Goeland*, einen französischen bewaffneten Trawler, für die Mission angefordert. Aaronsohn betrat das Deck und sah sofort, wie eng es an Bord war. Kapitän Baul räumte großzügig seine kleine Kajüte für Smith und Aaronsohn, während Aboulafia und Baruch in die Quartiere der 30 Mann starken Besatzung verfrachtet wurden. Um zwei Uhr nachmittags lichtete die *Goeland* den Anker und fuhr durch die Hafeneinfahrt auf die offene See hinaus.

Es sollte nicht lange dauern, bis Aaronsohn und Smith wieder aneinandergerieten, diesmal wegen eines Fernglases, ohne das die Versuchsstation bei der Ankunft der *Goeland* vor Atlit nicht auszumachen war. Das einzige an Bord vorhandene Gerät war ein Goertz-Feldstecher mit achtfacher Vergrößerung – beste deutsche Qualität. Er reichte allerdings nicht aus, um aus einer Entfernung von einer Meile vor der Küste Einzelheiten der Station zu erkennen, und war ohnehin defekt. Aaronsohn hatte auf seiner Liste, die Smith noch am Morgen erhalten hatte, einen Feldstecher mit der Stärke 20 geordert. Natürlich schäumte er vor Wut, als sein Gegenüber erwiderte, der defekte Goertz reiche völlig aus. Dieser Wortwechsel sollte nur ein Vorgeschmack auf die Schwierigkeiten sein, die folgen würden.

Die See war wie ein Spiegel, als die *Goeland* den Kurs nach Nordnordost auf die Küste Palästinas zu änderte, doch das Barometer fiel rasch, und am Himmel standen die Zeichen bald auf Sturm. Während Smith und Aaronsohn schliefen, dampfte die *Goeland* mit sechs Knoten durch die Nacht. Als der erste Weihnachtsmorgen graute, zeichneten sich steuerbord voraus die Minarette von Jaffa gegen die aufgehende Sonne ab. Gegen elf Uhr befand sich die *Goeland* vor den Ruinen von Cäsarea, und eine halbe Stunde später erreichte sie Tantura, den Hausstrand der Einwohner Zichron Ya'acovs. Beim Anblick der scheinbar ruhigen Küste fiel es Aaronsohn schwer, sich in Erinnerung zu rufen, daß dort jetzt ein Krieg tobte und somit der geplante Landungsversuch äußerst gefährlich war. Gemäß der letzten Anweisungen Woolleys an die JAES 1915 wurde am Masttopp eine Signalflagge gehißt. Der massige Umriß der Burg war jetzt gut zu sehen. Da Aaronsohn fürchtete, vor der gewohnten Mittagsstunde anzukommen, bat er Kapitän Baul, den Kurs gen

Westen zu ändern und weiter hinaus auf See zu fahren. Nach einer Stunde mit langsamer Fahrt machte die *Goeland* eine 180-Grad-Wende und hielt wieder auf die Küstenstraße zu. An ihr würde man sich orientieren, an Atlit und dem Wadi Dustrey nördlich der Burg vorüberfahren und so in die direkte Sichtlinie des Stationshauses kommen. Nach fünf langen Monaten sollte Aaronsohn wieder einen Blick auf seine Heimat erhaschen, wenn auch nur durch einen deutschen Feldstecher: *Wir kamen vor zwei Uhr nachmittags dort an. Für einen kurzen Augenblick erblickten wir unsere Gebäude – das Eingangstor und schließlich das Haus ... Sofort erschien jemand auf dem Balkon und schwenkte ein schwarzes Tuch. Ich konnte nicht besonders gut sehen, doch ich glaubte, es war eher Raab [einer von Aaronsohns Arbeitern] als Absa. Smith räumte schließlich ein, daß wir mit besseren Gläsern deutlicher gesehen hätten.*

Wie sich erweisen sollte, war dies der engste Kontakt, den die Expedition herstellen konnte. Baruch sollte nach demselben Muster abgesetzt werden wie Hauptmann Weldons Agenten von der *Aenne Rickmers.* Die *Goeland* sollte in der Nacht wiederkommen und ein Beiboot aussetzen, das seinerseits ein Ruderboot in die Nähe des Strandes zog. Doch als das Schiff nach dem Austausch der Erkennungszeichen wieder auf See hinaus in Richtung Haifa dampfte, verschlechterten sich die Chancen auf eine erfolgreiche Landung beim Wadi Dustrey von Minute zu Minute: Der Wind frischte von Westen her auf, und die See wurde immer rauher. Um neun Uhr abends war das Schiff wieder in Position – eine Meile vor dem Wadi Dustrey –, und selbst Aaronsohn mußte zugeben, daß das Wetter problematisch wurde: *Wir konnten nicht von Bord gehen. Wir fuhren ständig im Kreis und warteten, daß der Sturm abflaute. Blitze zuckten ununterbrochen über den Himmel und drohten unser Ruderboot und unseren Kutter zu verraten. Es kam nicht in Frage, eine Landung zu wagen, doch um ein Uhr früh klarte der Himmel auf, und obwohl die See noch rauh war, ließen wir den Kutter zu Wasser. Wir verloren wertvolle Zeit, und es war 1:40 Uhr, als wir ablegten. Ich sagte zu Hauptmann Smith, daß einem Mann, der den Weg nicht kannte, nicht genug Zeit – bis [Sonnenaufgang um] drei – bliebe, um zur Station und wieder zurück zu laufen. Doch er wurde wütend, sagte, ich wisse wohl nicht zu schätzen, daß er drei Wochen hart gearbeitet (!) habe, um den Trawler zu beschaffen – und daß wir in den nächsten drei keine bessere Gelegenheit finden würden. Ich bat schließlich darum, in den Kutter steigen zu dürfen, um den Kurier anzuleiten, doch er lehnte ab. Raphael nahm das Geld [Goldmünzen] und erhielt Anweisungen für unsere Leute. Ich gab Baruch mein Taschenmesser und meine Hastings-Lupe als Erkennungszeichen für meine Leute, und das Boot fuhr davon.*

Doch schon nach kurzer Zeit mußte es zurückkehren, da ein Lagerfeuer zu sehen war, das sowohl von einer türkischen Streife stammen als auch ein Warnsignal sein konnte. In der vergeblichen Hoffnung, der Sturm würde sich legen, tuckerte die *Goeland* langsam wieder nach Norden hinaus auf See. Um 5.30 Uhr jedoch konstatierte Kapitän Baul, was auf der Hand lag: Selbst wenn der Sturm nachließ, würde jeder weitere Landungsversuch in den folgenden Tagen noch immer mit einer hohen Brandung zu kämpfen haben, es war also besser für die Mission, die Verluste möglichst gering zu halten und nach Port Said zurückzukehren. Alle an Bord pflichteten dem bei, und Aaronsohn stellte sich schweren Herzens darauf ein, daß er nun die Zeit damit verbringen mußte, gemeinsam mit Smith eine Lösung für das schwierige Problem der künftigen Bord-Land-Kommunikation zu finden.

Flaggen mit einem Signalcode eigneten sich dafür allemal besser als Bettlaken oder ein schwarzes Tuch. Da sie nicht über Funk verfügten, war diese Maßnahme von entscheidender Bedeutung – hätten sich doch die Männer auf der *Goeland* bei diesem Wetter wenigstens mit Absalom Feinberg verständigen und grundlegende Informationen austauschen können. Die Frage der zukünftigen Kommunikation führte rasch zu einer erneut hitzigen Auseinandersetzung zwischen den beiden Männern.

Ich bat ihn, unseren Leuten zwei oder drei Signale vorzubehalten, damit sie ihnen möglicherweise drohende Gefahren melden konnten, etwa: Deportation, Massaker, Gefangennahme, woraufhin Hauptmann Smith entgegnete: »Das interessiert uns nicht besonders, da es keinen Einfluß auf die militärische Lage hat. Allein militärische Informationen zählen.« Ganz ruhig erklärte ich ihm, daß er sich zweifelsohne irre, denn es gebe einen Unterschied zwischen Freiwilligen, die sich selbst als Mitarbeiter anböten, und Männern, die gekauft werden und denen ein bestimmter Betrag gezahlt werden muß. »Wir sind nicht gekauft«, sagte ich, »und obwohl ich gehört habe, daß Ihr Land wohlhabend ist, bin ich sicher, daß Sie uns nicht kaufen können«, und fügte hinzu, »ich verlange nicht, militärische Operationen zu ändern, um unsere Leute zu retten, aber ich hoffe, daß, sollte sich diese Gelegenheit ergeben, sie alle nur mögliche Hilfe erhalten.«

Während die *Goeland* weiter auf Port Said zuhielt, fiel die Entscheidung für künftige Operationen: Der Austausch von Signalen zwischen den Briten und Atlit – oder vielmehr deren Ausbleiben – blieb, was die Operationssicherheit anging, nach wie vor die Achillesferse von »A«. Noch schlimmer war, daß Aaronsohns Vertrauen in das Wohlwollen der höheren Nachrichtenoffiziere gegenüber den Juden von »A« sich später als tragischer Irrtum erweisen sollte. Die starke Brandung lieferte ihnen letztlich einen Vorwand dafür, alle Spione ihrem Schicksal in den Händen der Türken zu überlassen.

Zurück in Port Said, forderte Smith den JAES-Leiter auf, nach Alexandria zu reisen und – wieder einmal – auf Instruktionen des EMSIB zu warten. Doch nach zwei Tagen ohne ein Wort von Edmonds war Aaronsohns Geduld am Ende. Am 28. Dezember schrieb er in sein Tagebuch, er werde *ausharren, bis eine neue Mission in Angriff genommen und erfolgreich eine Verbindung mit Atlit hergestellt ist.* Danach wollte er alle Beziehungen zu den Briten abbrechen und Absalom Feinberg die Leitung von »A« übertragen.

Dem EMSIB in seiner bürokratischen Schwerfälligkeit schien jedoch allmählich zu dämmern, daß Aaronsohns Kenntnis des Nahen Ostens – und nicht nur sein Spionagenetz – dem britischen Nachrichtendienst im bevorstehenden Kampf um Palästina von Nutzen sein konnte. Insbesondere jetzt, da die Vorstöße in Gallipoli und Mesopotamien so erbärmlich fehlgeschlagen waren. Am 2. Januar jedenfalls erhielt er einen Anruf von Hauptmann Jones, einem Nachrichtenoffizier des Arab Bureau in Kairo, der sich gerade bei Hauptmann Edmonds aufhielt. Im Zuge der Vorbereitung der neuen Offensive gegen die Türken und die Deutschen war Jones verantwortlich für die Beschaffung von Informationen über Südpalästina. Er wollte sich von Aaronsohn über das Straßen- und Eisenbahnnetz um Gaza und Beersheba berichten lassen. Nach ihrem ersten Treffen war Jones klar, daß sich Aaronsohn im Besitz unbezahlbarer Informationen befand und umgehend nach Kairo geschickt werden mußte, um dem Arab Bureau bei der Informationsbeschaffung behilflich zu sein. Aaronsohn ging darauf ein und bot überdies an, die dortige Dienststelle bei der Erstellung einer neuen Landkarte Südpalästinas zu unterstützen, während er auf besseres Wetter für einen neuerlichen Landungsversuch bei Atlit wartete. Er regte an, das von Lawrence 1914 vermessene Gebiet des Nordsinai nun nach Norden auszudehnen. Dieser Vorschlag sollte den späteren Sieg der Briten mit begründen. Damit erschöpfte sich jedoch keineswegs sein immenses Wissen, das er den Briten jetzt zusammen mit den Berichten von »A« zur Verfügung stellte.

Aaronsohn ging zu diesem Zeitpunkt mehr als bereitwillig nach Kairo. Die Beziehung zu Edmonds und Smith war zerrüttet, und abgesehen davon, daß er auf die Dienste der EMSIB-Flotte angewiesen war, setzte er keinerlei Vertrauen mehr in ihre Fähigkeiten als Agentenführer. Überdies war es von Kairo auch nicht weiter nach Port Said als von Alexandria, und er würde sich im Herzen des Militärapparats aufhalten. In Kairo gab es zudem eine einflußreiche Gruppe zionistischer Juden, die nach nunmehr zwei Kriegsjahren direkte Kontakte zu den höchsten Stellen des britischen Nachrichtendienstes unterhielten – und eine hilfreiche Hand benötigte Aaronsohn mittlerweile dringend. Zählen konnte er unter diesen Zionisten auf Norman Bentwich – er diente sogar als Major im EEF – sowie auf Jack Mosseri, der seit Kriegsausbruch alle möglichen Maßnahmen vorantrieb, das Los der Juden Palästinas zu erleichtern.

Im Herzen des Arab Bureau

Obwohl Aaronsohn bereits nach einer Woche in Kairo klar war, daß sich die Schwerfälligkeit des Nachrichtendienstes bei Entscheidungen nicht nur auf die EMSIB-Zweigstelle in Port Said beschränkte, sollten sich seine Lage und die von »A« bald ändern. Dank der guten Dienste von Jack Mosseri drang die Kunde von seinem überragenden Wissen in allen mit Palästina und den Türken zusammenhängenden Angelegenheiten bis zur Führungsspitze des Arab Bureau vor. Aaronsohn hatte sich im *Continental Hotel* einquartiert, nur einen Katzensprung entfernt vom *Savoy*, dem Sitz des britischen Nachrichtendienstes und des Arab Bureau. Dann erhielt er eine Vorladung.

Mosseri hatte Aaronsohns erste Kontaktperson im Arab Bureau gut gewählt: William Ormsby-Gore setzte sich bereits nachdrücklich für die zionistischen Ziele in Palästina ein, und im Mai 1917 kehrte er in die Ministerrunde von Lloyd Georges Kriegskabinett nach London zurück. Er hatte eine hohe Meinung von Aaronsohn und schätzte seine Ideen, was einige Monate später bei der Ausarbeitung der Balfour-Deklaration eine wichtige Rolle spielen sollte. Die erste Begegnung der beiden Männer verlief durchweg positiv. Ormsby-Gore legte das Benehmen an den Tag, das

Aaronsohn im EMSIB so vermißt hatte: *Er äußerte sich anerkennend über meinen Bericht in London und erklärte mir, er hätte nicht die leiseste Ahnung gehabt, daß ich in Ägypten sei. Er und seine Kollegen hatten mich ungeduldig erwartet. Er zeigte sich sehr interessiert an Informationen über einflußreiche jüdische Persönlichkeiten und andere ... Gore reichte mich an Hauptmann Philip Graves weiter, der sich mit den Straßen befaßt. Dieser hörte mit Entrüstung, daß ich einen Monat tatenlos geblieben war. Er fragte mich, wen ich in dieser Sache gesprochen hätte. Ich erwiderte: »Oberst Simpson.« Graves war wütend und sprach laut aus, was er von Simpson und anderen hielt.*

Dann erwähnte Graves beiläufig Einzelheiten aus dem Sykes-Picot-Abkommen, das 1916 für den Fall eines Sieges als Grundlage für eine Aufteilung Palästinas zwischen Franzosen und Briten ausgearbeitet worden war. Aaronsohn hatte sich zwar fünf Monate lang größtenteils auf alliiertem Gebiet aufgehalten, doch jetzt kam ihm zum ersten Mal etwas von einer solchen Übereinkunft zu Ohren. Was er hörte, gefiel ihm gar nicht: *Wenn ich einige Worte, die Graves entschlüpften, richtig verstanden habe, besteht bereits eine Art Abkommen zwischen den Engländern und Franzosen hinsichtlich Palästinas. Die Briten gehen nach Akko und in die Ebene von Israel (Esdraelon), so daß Jerusalem englisch und protestantisch bleiben würde, während die Franzosen das Hochland von Galiläa bekommen sollen, so daß Nazareth französisch und katholisch würde.*

Dies würde den Jischuw zweiteilen und jede Hoffnung auf ein vereintes Zion zerschlagen. Aaronsohn war das augenblicklich klar. Doch er begriff auch, daß man realistisch sein mußte: *Das wäre ein Unglück für uns, doch wir sind mittlerweile zu schwach, um in dieser Angelegenheit unsere Stimme zu erheben.*

Die Frage der territorialen Aufteilung und Kontrolle rückte bereits in den Mittelpunkt der Politik des Arab Bureau. Die Briten wußten längst, daß sie sich nach dem Krieg mit französischen Gebietsansprüchen in Syrien auseinandersetzen mußten, und das Sykes-Picot-Abkommen mit seinen gewundenen Grenzverläufen stellte einen diplomatischen Notbehelf bis zu einem Zeitpunkt dar, da die Türken vertrieben waren. Doch die britische Regierung und ihr Auswärtiges Amt behielten sowohl die Hoffnungen der 80000 jüdischen Siedler als auch ihre eigenen Beziehungen zur einheimischen arabischen Bevölkerung Palästinas im Auge. Das Arab Bureau stand nun im Brennpunkt eines Konflikts, der sich später zum schwierigsten Problem des Nahen Ostens auswachsen sollte. Und andere einflußreiche britische Offiziere wie Lawrence ergriffen bereits Partei für die Araber – im Gegensatz zu solchen wie Ormsby-Gore. Fürs erste beschränkte sich dieser Streit noch auf kurze Berichte, doch im Laufe des Jahres sollte die Situation Lawrence und Aaronsohn zu direkten Gegnern machen und die gesamte britische Palästinapolitik unmittelbar beeinflussen.

In der Tat orientierte sich das Arab Bureau, wie sein Name schon sagte, ganz an den künftigen Beziehungen Großbritanniens zu den Arabern, und sein Stab, nunmehr in voller Stärke, billigte im großen und ganzen diesen Blickwinkel. In direkter Abstimmung mit dem Außenministerium in London übte es unter David Hogarths Führung nun einen Einfluß aus, der weit über seine ursprüngliche Aufgabe der Informationsbeschaffung hinausging. Mit Aaron Aaronsohn hatte es dem EMSIB einen wichtigen Fang weggeschnappt. Hogarth, der mit seinem Mißtrauen gegen die Zionisten niemals hinter dem Berg gehalten hatte, hatte zunächst Bedenken, Aaronsohns Insiderwissen über Palästina und das jüdische Gemeinwesen für die Politik seines Büros zu nutzen. Im Grunde jedoch war der Stein bereits ins Rollen geraten – nur einen Tag nach dem ersten Treffen Aaronsohns mit Ormsby-Gore.

Der stellte klar, wem Aaronsohns Loyalität innerhalb des britischen Militärischen Nachrichtendienstes künftig zu gelten hatte. Nach der Aaronsohn vom EMSIB zuteil gewordenen Behandlung sollte sich Gores Aufgabe als einfach erweisen.

Mittwoch, 17. Januar 1917, Kairo: Suchte Gore um zehn auf. Er war reizend. Ich hoffe, endlich einen verständnisvollen Menschen gefunden zu haben. Ich berichtete ihm, wie ich in all der Zeit behandelt worden war, auch daß, falls wir zusammenarbeiteten, dies von einem nationalen Standpunkt aus erfolgen muß. Ich machte ihm mehrere Vorschläge, und er bat mich, sie schriftlich niederzulegen. Er gab mir die folgende Erklärung: 1) Oberst Simpson und sein gesamter Stab betreuen griechische Angelegenheiten. Ich gehöre daher nicht zu dieser Dienststelle, und es sei bedauerlich, daß man mich dorthin schickte. Simpson sei weg. Ein Major [Malcolm] betreue jetzt die Dienststelle und werde mit dem Port-Said-Major sprechen und mich ohne Schwierigkeiten mit dem Hauptquartier in Kontakt bringen.

Er erklärte das wenig entgegenkommende Verhalten, mit dem sich Aaronsohn konfrontiert sah, mit dem Scheitern des jüngsten britischen Versuchs, die türkische Frontlinie um Gaza auf die Probe zu stellen. Wenn man zwischen den Zeilen las, hatten zweifelsohne auch ein gewisses Mißtrauen gegen die Juden und ein latenter Antisemitismus in militärischen wie zivilen Führungskreisen in Aaronsohns Behandlung eine Rolle gespielt: *2) Als ich London verließ, hofften sie auf ein rasches Vorrücken nach Syrien [gemeint ist Palästina] hinein. Der türkische Widerstand kam überraschend und verzögerte die Sache. 3) Die britische Regierung scheint nicht in der Lage zu sein, Zionisten zu begünstigen. Sie befürchtet Rivalität [zwischen Arabern und Juden] und will daher völlig neutral und allen gegenüber »fair« bleiben.*

Sofort wandte Aaronsohn ein, die Mitglieder von »A«, er selbst eingeschlossen, seien von Anfang an auf Geringschätzung und schlichte Grobheit gestoßen, während die Loyalität der syrischen Agenten wie Charles Boutagys unhinterfragt geblieben war – was, wie Aaronsohn bereits argwöhnte, vom Feind ausgenutzt wurde. Ormsby-Gore versprach ihm im Nachrichtendienst in Kairo einen angemesseneren Umgangston, erinnerte ihn aber daran, daß er sich noch immer würde mit Edmonds und Smith vom EMSIB auseinandersetzen müssen. Bald werde zwar ein in Kairo sitzender Nachrichtenoffizier die Leitung von »A« übernehmen, doch auch in nächster Zukunft würde Aaronsohn mit Oberst Simpson in Alexandria zu tun haben.

Ormsby-Gore vermochte nur wenig zur Verbesserung der äußerst angespannten Beziehungen beizutragen, schließlich jedoch sollte das Winterwetter allen Streitereien ein Ende setzen. Außerdem hatte Absalom Feinberg die Sache bereits selbst in die Hand genommen. Während Aaronsohn für das Arab Bureau Berichte schrieb und sich mit dem EMSIB herumschlug, hatte sich die Lage in Atlit stetig verschlechtert. Infolge der Heuschreckenplage in zwei aufeinanderfolgenden Jahren und der Zusatzbelastung durch die Versorgung der türkischen Armee und ihrer deutschen und österreichischen Verbündeten erreichten die Nahrungsvorräte in Palästina einen absoluten Tiefststand. Auch im neuen Jahr gab es kein Lebenszeichen von Aaronsohn in Atlit, und obwohl man am 25. Dezember die *Goeland* mit gehißter Erkennungsflagge gesichtet hatte, war Feinberg nach dem mißlungenen Absetzversuch nun so weit, alle Vorsichtsmaßregeln über Bord zu werfen. Seit diesem Tag herrschte unausgesetzt schlechtes Wetter, und Mitte Januar entschloß er sich zu dem Wagnis, die Station zu verlassen und sich durch die Frontlinien im Sinai nach Kairo durchzuschlagen.

Zu dieser Entscheidung trug bei, daß die letzte Nachricht von Aaronsohn ein Telegramm aus Kopenhagen an Feinbergs Schwester Cela in Berlin gewesen war, das ihr seine Abreise nach Amerika mitteilte. Was Feinberg nicht wissen konnte: Aaronsohn hatte Atlit auf diese Weise nur signalisieren wollen, daß sein Fluchtplan geglückt war. Er hatte sich damit abgefunden, daß sein Freund nach Amerika gegangen und dort geblieben sein mußte – was ihn enttäuschte und verbitterte.

Während Aaronsohns Abwesenheit hatte Feinberg sich entweder auf der Station in Atlit oder im Haus der Aaronsohns in Zichron aufgehalten. Dort half er Sarah bei der Pflege ihres Vaters Ephraim. Sarahs jüngster Bruder Zvi lebte mit seiner Frau und zwei kleinen Kindern ganz in der Nähe. Auch er war jetzt aktives Mitglied von »A«. Nach anderthalb Jahren funktionierte das System der Nachrichtenbeschaffung perfekt, obwohl die Beziehungen zu den Haschomer stets gespannt blieben. Feinberg hatte genügend Ex-Gideoniten und Freunde der Familien Aaronsohn sowie Feinberg eingespannt, um ein Netz über ganz Palästina zu unterhalten – Na'aman Belkind und Joseph Lishansky führten die Operationen im Süden, und er und Sarah Aaronsohn, bei denen alle Fäden zusammenliefen, fügten das gesammelte Material dem wachsenden, unter den Dielenbrettern der Station versteckten Berg von Informationen hinzu.

Für den Fall eines erneuten Kontakts mit dem EMSIB während seiner Abwesenheit hinterließ Feinberg eine letzte Botschaft, die er am Tag seiner Abreise in die Blechbüchse legte. Immer noch ohne jede Ahnung vom Schicksal der *Zaida*, richtete er sie an Leutnant Woolley: »Ich habe beschlossen, komme, was wolle, die Wüste zu durchqueren und zu Ihnen zu gelangen. Ich muß meinen Weg zu Ende gehen, und ich bitte Sie zu beachten, daß ich dies im Dienste seiner Majestät Georgs V., des Königs von England, tue, der in meinen Augen bereits gekrönter König von Palästina und Mesopotamien ist. Sie werden weitere Einzelheiten von meinen Freunden auf der Station erfahren, die in Zukunft Ihre Waffengefährten sein werden.«[2]

In diesen Worten spiegelte sich eine dunkle Vorahnung, und als ob er einen Talisman suchte, hob Feinberg eine Handvoll Datteln von einer Washingtonia-Palme auf und steckte sie in seine Jackentasche, bevor er durch das Eingangstor der Station ritt. Mit sich nahm er Joseph Lishansky. Sarah Aaronsohn hatte sich gegen das Unternehmen gewehrt, doch da es keine Nachricht von ihrem Bruder gab, hatte sie die beiden

Aaron Aaronsohn mit Fernglas auf dem Dach des EMSIB-Büros in Port Said kurz vor einer weiteren Mission 1917

nicht länger davon abhalten können. Als die zwei Männer südwärts ritten, standen die Vorzeichen nicht gut. Aufgrund des letzten britischen Angriffs auf Gaza war die Lage an der Front gespannt, und Berichten zufolge nutzten die Beduinen, die Herren des riesigen Niemandslandes zwischen Gaza und dem Suezkanal, das Kriegschaos erneut, um Siedlungen zu überfallen. Am Abend des 18. Januar schlüpften Feinberg und Lishansky, verkleidet als arabische Landarbeiter, durch die türkischen Linien im Osten von Gaza und machten sich zu Fuß in die menschenleere Ödnis auf. Eine lange und gefährliche Reise lag vor ihnen.

Sie konnten nicht wissen, daß Aaronsohn am selben Tag die Aufforderung von Hauptmann Smith erhalten hatte, zu einem weiteren Kontaktversuch mit ihnen in Atlit nach Port Said zu kommen. Zwei Tage später, als die beiden Männer sich schon tief in der Sinai-Wüste befanden, hatte Aaronsohn in Port Said darauf gewartet, an Bord zu gehen. Diesmal hatte er sich selbst einen Feldstecher gekauft, und als er vom Dach des *Port Said Exchange Hotel*, wo er logierte, den Seegang beobachtete, ermutigte ihn das wenig. Er hatte als neuen Kurier Leibel Bornstein ausgewählt, einen Kutscher aus Petah Tiqwa bei Tel Aviv, den er noch aus Vorkriegszeiten kannte. Bornstein war Flüchtling, der jüngste Zuwachs von »A«, und hatte sich sofort freiwillig für die Mission gemeldet, die von Anfang an im Zeichen der schlechten Beziehung zwischen Aaronsohn und Hauptmann Smith stand: *Diesmal brachte Hptm. Smith – wie immer ein Idiot – einen großen Feldstecher mit. Wir liefen etwa um 2 Uhr aus, unter bedrohlichem Himmel. Nach einer Stunde Fahrt war der Nordwind dermaßen stark, daß ich darauf bestand umzukehren. Hptm. Smith wollte auf das Glück vertrauen – der Wind könnte nachlassen.*

Dennoch legten wir um 3.30 [wieder] am Marinegebäude an … Sollte sich innerhalb der nächsten 48 Stunden eine Wetterbesserung abzeichnen, könnten sie mich zurückholen. Leibel soll hier im Acropole Hotel auf mich warten.

Aaronsohn kehrte schweren Herzens in einem fast leeren Zug nach Kairo zurück. Er wußte, daß die Mission ohne eine Wetterbesserung zum Scheitern verurteilt war und daß sich seine Beziehung zu Edmonds und Smith mit jedem gescheiterten Versuch verschlechterte.

Nach zwei Tagen in Kairo bat ihn Oberstleutnant Wyndham Deedes, Nachfolger Simpsons und Stellvertreter Claytons, zu einem Gespräch. Die beiden Männer waren sich auf Anhieb sympathisch, und Aaronsohn fühlte sich ein wenig für seine üble Behandlung durch das EMSIB entschädigt.

Am folgenden Tag ging er seiner üblichen Arbeit in Ormsby-Gores Büro im *Savoy* nach, und am Nachmittag unternahm er mit Pascal, einem Mitglied der jüdischen Gemeinde Kairos und engem Freund und Vertrauten, eine Fahrradtour. Als er später am Tag wieder ins *Savoy Hotel* zurückkehrte, um seine Schreibarbeit fortzusetzen, wartete dort bereits Hauptmann Edmonds, der ihn mit unergründlicher Miene informierte, daß einer seiner Männer quer durch die Wüste bis nach Port Said gekommen sei: *Meine Gefühle lassen sich leicht denken. Es scheint, daß der Ankömmling Joseph Lishansky ist. Ist er verwundet, frage ich mich? Warum holen sie mich zu ihm, statt ihn herzuschicken? Diese Herren sind leider so sinnlos rätselhaft! Meine Vorbereitungen dauerten nicht lange. Ich rannte zu Pascal und erzählte es ihm und fuhr um 6.15 Uhr nach Port Said ab. Ich traf vor Mitternacht dort ein. Es war niemand am Bahnhof. Als ich an der Post vorüberfuhr, rief mir Charles Boutagy etwas zu, sprang in meine Kutsche und berichtete mir, Joseph sei in der Post, verwundet, die Beduinen hätten ihn angeschossen.*

Ging hinauf zu Joseph. Er sagte, er wolle mit mir allein sein. Dann teilte er mir mit, daß er mit Absa fortgegangen war, aber alleine angekommen – Absa fiel in der Wüste –, in den Rücken geschossen! Absa in der Hand beduinischer Banditen! Absa – unser »Ritter ohne Furcht und Tadel«. Schändlich ermordet am Samstag, dem 20. dieses Monats! Das erste Ergebnis des Mißtrauens seitens Edmonds und des ganzen Stabes!

Diese Hiobsbotschaft, die Bestätigung seiner schlimmsten Befürchtungen, schmerzte Aaronsohn zutiefst. Voller Trauer und Zorn über den Verlust seines Freundes kehrte er ins Hotel zurück. Seinem Tagebuch ist indes nicht zu entnehmen, daß er Lishansky etwas anderes unterstellte als ehrenhaftes Verhalten. Nach weniger als einer Stunde Schlaf beschloß er, zur Post zurückzukehren und zu handeln. Sobald für die bestmögliche Pflege Joseph Lishanskys gesorgt war, mußte unverzüglich ein neuer Versuch unternommen werden, Atlit zu erreichen.

Freitag, 26. Januar 1917, Port Said/Kairo: Ich döste eine gute Stunde und wachte etwa um 5 Uhr auf. Absa, der Tapfere, war also von gemeinen, räuberischen Beduinen erschossen worden – er fiel sterbend jenen in die Hände, die er am meisten verachtete. Und dazu noch der Gedanke, daß wir uns für ihn und für uns alle im besten Fall wünschen können, daß er entstellt und begraben wurde, ohne daß die geringste Spur zurückblieb. Wie viele Hunderte Menschen würden sterben, sollte seine Leiche je identifiziert werden! Dieser Gedanke macht mich wahnsinnig.

Daß Aaronsohn in seinem Tagebuch erwähnte, Feinbergs Leiche könnte heimlich von den Beduinen begraben worden sein, ist ein bedeutsames Detail. Hatte er diesen Schluß nur voreilig gezogen, oder hatte ihm Lishansky berichtet, daß Feinberg begraben worden war? In der Folgezeit sorgte Aaronsohn sich um die Behandlung Lishanskys, der entsetzliche Schmerzen litt. Er setzte alle Hebel in Bewegung, bis er ihn ins Krankenhaus nach Kairo geschafft hatte, wo er operiert wurde – man fand jedoch keine Kugel.

Angesichts der Katastrophe, die Lishansky geschildert hatte, verstummten die britischen Einwände gegen Aaronsohns Vorschläge. Im großen und ganzen zeigte sich die britische Führung nun außerordentlich entgegenkommend. Rasch wurde ein kleines Torpedoboot – die *Arbalete* – von der französischen Marine angefordert, um die wachsende Flottille unter dem Kommando des EMSIB zu verstärken. Nach einem Besuch bei Lishansky am Morgen des 27. Januar fuhr Aaronsohn nach Port Said, um gemeinsam mit Leibel Bornstein an Bord zu gehen. Am späten Nachmittag trafen die beiden Männer von »A« mit Smith und Boutagy zusammen, und die *Arbalete* verließ kurz nach 17 Uhr den Hafen. Sie rollte und stampfte in der Dünung, den Nachwehen des Sturms, was alle an Bord seekrank werden ließ.

Gegen 9 Uhr am folgenden Morgen aber befand sich das Schiff vor Jaffa, und am frühen Nachmittag kam die Burg von Atlit in Sicht. Im Regen hatte sich die See beruhigt, und es schien, als könnte es endlich gelingen, Leibel abzusetzen.

Sonntag, 28. Januar 1917, Arbalete: ... Kurz nach zwei kamen wir nach Atlit. Es stand ein Mann auf dem Balkon. Er gab ohne Begeisterung Signale. Wir fuhren weiter nach Norden und kehrten um Mitternacht zurück. Der Mond verschwand erst um 11 Uhr. Wir ließen das Boot zu Wasser – Abdallah und seine beiden Söhne [die syrischen »Bootsführer«], Hauptmann Smith, Boutagy und Leib stiegen ein. Sie legten um halb zwölf ab. 25 Minuten später signalisierten sie, daß der Kurier an Land gegangen sei – plötzlich kam heftiger Wind auf. Wir machten uns große Sorgen, daß es schwierig werden könnte, den Kurier wieder abzuholen.

Und Aaronsohns schlimmste Befürchtungen sollten sich bewahrheiten: *Bald erblickte ich Laternensignale an der Küste, und ich hörte Schreie. Meine Gefühle kann man sich leicht vorstellen. Schließlich kam das Boot zurück. Sie sagten, sie hätten Leib an Land gelassen. Was war geschehen?*

Da die See rauh war und die Wellen den Strand überfluteten, verlangte Hauptmann Smith, Leib solle aussteigen. Der entkleidete sich und schwamm an Land, begleitet von Abdallah. Dann zog er seine Kleider wieder an und verschwand. Nach einer Stunde kam er mit zwei Männern zurück – wahrscheinlich warteten Zeldine und Raab auf ihn und kamen ihm entgegen. Die Leute im Boot schrien Leib dann zu, wieder einzusteigen. Er sprang ins Wasser – und schaffte es nicht ... das Boot zu erreichen. Abdallahs Söhne sprangen ebenfalls beide ins Wasser, um ihm zu helfen – doch von Furcht ergriffen – begannen sie zu schreien – und kehrten schließlich zum Boot zurück und überließen Leib seinem Schicksal.

Abdallah war wieder sicher an Bord, doch jetzt saß Aaronsohns Agent am Strand fest, ohne sich verständigen zu können. Zuerst wollte Aaronsohn, daß Smith mit einem Seil zurückführe, um Leibel durch die Brandung zu ziehen,

Die Familie Aaronsohn 1913: Aaron (mitte oben), Rivka (links unten) und Sarah (Bildmitte)

Die Gideoniten, Zichron Ya'acov 1914

Leonard Woolley und Thomas Edward Lawrence (rechts) in Karkemisch 1910

Der Ort, an dem die Agenten landeten: der Strand vor dem Wadi Dustrey mit der Burg von Atlit im Hintergrund.

Djemal Pascha, Kommandeur der türkischen Armee für den Sinai und Palästina, fotografiert am Strand von Galilea 1915

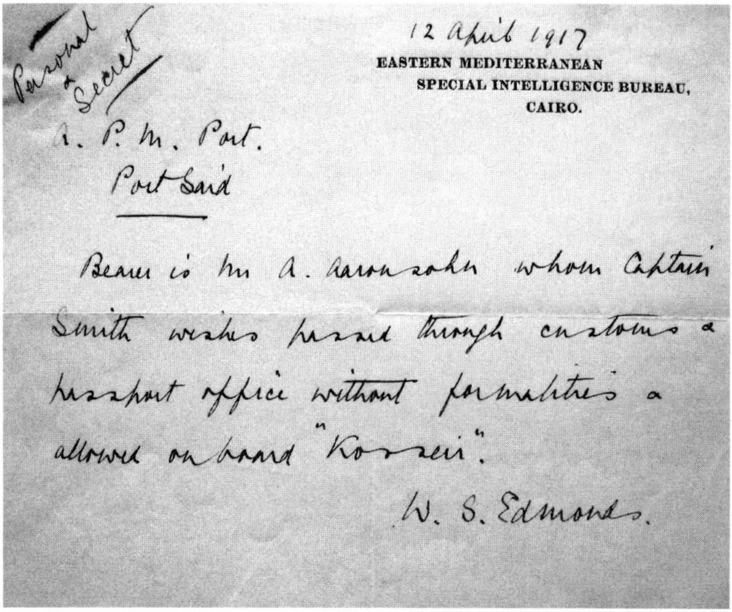

Personal & Secret

12 April 1917

EASTERN MEDITERRANEAN
SPECIAL INTELLIGENCE BUREAU,
CAIRO.

A. P. M. Port.
Port Said

Bearer is Mr A. Aaronsohn whom Captain Smith wishes passed through customs & passport office without formalities & allowed on board "Kosseir".

W. S. Edmonds.

Geheimes Schreiben von Hauptmann Edmonds, das es Aaronsohn erlaubte, ohne große Formalitäten an Bord der *S. S. Kosseir* zu gelangen

Thomas Edward Lawrence (links) im Gespräch mit David Hogarth (mitte) vor dem Hotel Savoy in Kairo 1917 (mit freundlicher Genehmigung des Imperial War Museum, London)

Julius William Mack, späterer Richter am Obersten Gerichtshof der Vereinigten Staaten und Aaronsohns engster Vertrauter und »Beichtvater«

Die Rettung, die nie kam: Mannschaft der *HYM Managem* mit Hauptmann Ian Smith (mitte links) und Hauptmann L. B. Weldon (mitte rechts) 1918.

Empfang der Jüdischen Gemeinde von Jerusalem für den Befreier General Allenby. Links daneben Chaim Weizmann, Aaron Aaronsohn (im weißen Anzug) steht rechts am Rand des Podiums, getrennt von den beiden durch eine Phalanx britischer Unteroffiziere, Mai 1918 (mit freundlicher Genehmigung des Imperial War Museum, London).

Der Freund, den T. E. Lawrence im Stich ließ: Prinz Faisal, fotografiert in Damaskus im Oktober 1918.

Oben: David Hogarth, Leiter des Arab Bureau in Kairo, empfängt den Emir von Mekka, Scherif Hussein, an Bord eines britischen Kriegsschiffes.
Unten: Die erste zionistische Kommission nach Palästina bei einem Halt in Rehevot am 5. April 1918. Aaronsohn steht rechts oben auf der Plattform, links neben ihm sein Freund Felix Frankfurter mit Strohhut.

Aaron Aaronsohn zur Zeit der Versailler Friedenskonferenz, einige Wochen vor seinem Tod 1919

Das Eingangstor zum Gelände der JAES kurz vor dem Verkauf um 1920

Luftaufnahme der JAES mit der Burg (links oben) und dem Strand

Aaronsohns Entdeckung: die sagenumwobene »Mutter des Weizens«.

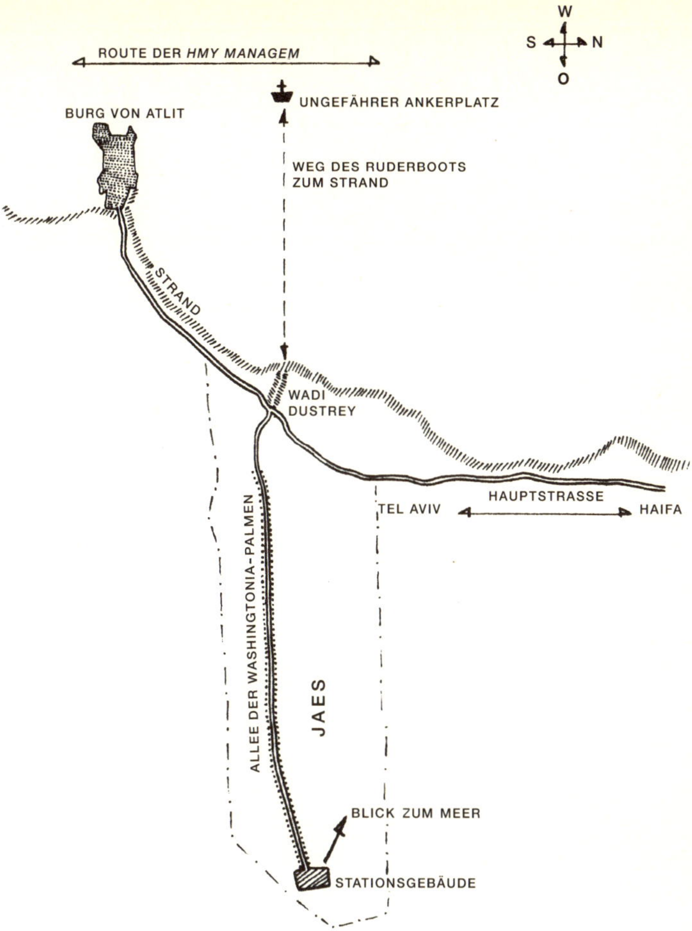

Umgebungskarte der JAES

doch nachdem er auf den üblichen Widerstand gegen seinen neuen Vorschlag gestoßen war, gab er die Idee bald angewidert auf. Statt dessen ging er unter Deck, und die *Arbalete* drehte auf Hauptmann Smiths Befehl nach Süden ab, auf die ägyptische Küste und Port Said zu. Als Aaronsohn im Mannschaftsquartier hockte, gab es nur einen Gedanken, mit dem er sich nach der ganzen Aktion trösten konnte: Zumindest war endlich wieder eine Art Kontakt hergestellt.

Getrübt wurde dieser Gedanke jedoch durch das traurige Wissen, daß Leibel seiner Schwester die Nachricht vom Schicksal Absalom Feinbergs überbringen würde

Zurück in Kairo und nach einer schlaflosen Nacht traf sich Aaronsohn mit Hauptmann Philip Graves vom Arab Bureau, der künftig als Verbindungsoffizier zu David Hogarth fungieren sollte. Da ihre beduinischen Scouts den Briten nicht bestätigen konnten, daß Feinberg begraben worden war, erfüllte sie Joseph Lishanskys Version der Ereignisse zunehmend mit Sorge. Die Sicherheit von EMSIB und »A« war gefährdet, falls Feinberg gefangengenommen war. Graves wurde angewiesen, Aaronsohn zu fragen, ob er nicht Näheres von Lishansky erfahren könnte: *Ich suchte diesen am Nachmittag auf, und er gab mir die verlangten Informationen. Er machte mir nicht den Eindruck, besonders schlau zu sein – aber er hat einen klaren Verstand und ist hinreichend »realistisch«.*

Tags darauf sollte Aaron Aaronsohn seine erste Begegnung mit Thomas Edward Lawrence haben, der gemeinsam mit Graves und Fielding im Büro unter Hogarth arbeitete. Zu diesem Zeitpunkt stand Lawrence – auf Anregung Hogarths – kurz vor dem großen Schritt, Teil des arabischen Aufstands im Hidjas zu werden. Gelangweilt von seinem Alltagstrott zwischen Karten, Vernehmungen und hie und da – dank EMSIB-Agenten wie Boutagy – einem flüchtigen Kontakt zur Spionage in Palästina und Syrien, präsentierte er sich Aaronsohn nicht gerade von seiner besten Seite.

Donnerstag, 1. Februar 1917, Kairo: Erwachte um 6 Uhr und unternahm eine Fahrradtour nach Heliopolis. Graves war sehr angetan von der Genauigkeit der Information. Ich arbeitete mit Fielding, der mich zum Mittagessen (im Italienischen Club) einlud. Im »Arab Bureau« gab es einen jungen Leutnant (Laurens) – ein Archäologe – sehr gut informiert über Palästinafragen – aber sehr eingebildet.

Hier trafen zwei gleichermaßen begabte Männer aufeinander und begegneten sich sogleich mit Skepsis. Aaronsohns Urteil über Lawrence sollte sein nachsichtigstes bleiben. In späteren Begegnungen verwandelte sich diese anfängliche Meinung über den »jungen Archäologen« in Mißtrauen, ein Gefühl, das Lawrence voll und ganz erwiderte.

Lawrences »eingebildetes« Benehmen, das Aaronsohn bei ihrer ersten Begegnung so mißbilligend zur Kenntnis nahm, entbehrte nicht einer gewissen Tragik. Zwar war sein Argwohn gegen Aaronsohns zionistische Kollegen in Kairo nicht ganz unbegründet, doch hätte er sich in dieser Phase des Krieges die Mühe gemacht, sich näher mit dessen politischer Einstellung zu befassen, beide Männer hätten vielleicht eine gemeinsame Basis gefunden, um als Verfechter einer Aufteilung Palästinas entlang vernünftiger Grenzen aufzutreten, an denen niemand vorbeigekommen wäre. Auch Aaronsohn stand dem politischen Flügel der Zionisten, die den Krieg in Kairo einfach aussaßen, ja keineswegs wohlgesonnen gegenüber, erhoben doch bestimmte Mitglieder, denen Gerüchte über seine Zusammenarbeit mit den Briten zu Ohren gekommen waren, offen Einwände. Am Tag nach seinem ersten Treffen mit Lawrence beschloß Aaronsohn, den Kritikern seinen Standpunkt ein für allemal klarzumachen: *Montag, 5. Februar 1917: Ich wurde mittags wieder von Youd und Glouskin belästigt. Um sie loszuwerden, traf ich eine Verabredung für heute abend mit Mosseri und Kahanoff. Bei besagtem Treffen erklärte ich ihnen klipp und klar, daß ich tat, was ich für meine Pflicht hielt, daß ich um die Mitarbeit der Zionisten weder gebeten noch darauf zurückgegriffen hatte und daß sie, wenn sie helfen wollten, sich ruhig verhalten und auf Anordnungen warten müßten, die ich sie bitten würde strikt zu befolgen.*

Aaronsohn überarbeitete nun Karten und ergänzte mögliche Wasserstellen, die für die kommende Offensive unverzichtbar waren. Noch mehr aber war er damit beschäftigt, dem Arab Bureau sein umfassendes Wissen über das feindliche Palästina – über die Türken, die Araber und das deutsche Expeditionskorps – zur Verfügung zu stellen. Daneben

Der verwundete Joseph Lishansky in Port Said, nach seiner Entlassung aus dem Krankenhaus, Februar 1917

half er Fielding bei der Erstellung eines genauen Berichts über Charakter und Loyalitäten anderer jüdischer Siedler. Bevor dieser an den Militärischen Nachrichtendienst ging, sollte ihn David Hogarth heimlich lesen. Aaronsohn drängte zudem darauf, die bevorstehende Invasion britischer Truppen durch eine geologische Kartierung zu unterstützen – eine entsprechende Karte würde seines Erachtens nicht nur die wahrscheinlichsten Wasservorkommen für die britische Kavallerie verzeichnen, sondern es auch den Kommandanten erlauben, das geeignete Terrain für den Vormarsch zu wählen. Doch obwohl Aaronsohn die besten nachrichtendienstlichen Informationen lieferte, die die Briten je erhalten hatten, hielt man ihn standhaft von der höchsten Stelle des Arab Bureau fern.

Gerade diese Abteilung des Nachrichtendienstes nämlich baute David Hogarth gegenwärtig zu einer wirklich einflußreichen aus, es ging um die künftige britische Zivil- und Militärpolitik den Arabern gegenüber. Am 10. Februar wurde Aaronsohn beim Mittagessen im *Savoy* Zeuge eines besonderen Spektakels: Zwei arabische Stammesfürsten aus Mesopotamien wurden von einer Eskorte hoher britischer »Kommißköpfe« an einen Nebentisch geleitet. Auch Hogarth war anwesend, ebenso »eine englische Frau«: *Daß hohe Offiziere arabische Scheichs an ihren Tisch bitten, ist schon schlimm genug, aber eine englische Dame an diesem Mittagessen teilnehmen zu lassen, verstößt gegen alle Regeln des Anstands. Ich kann nicht umhin, eine derartige Unschicklichkeit zu mißbilligen.*

Aaronsohn hätte nicht so schockiert zu sein brauchen. Man kann mit einiger Sicherheit annehmen, daß die englische Frau keine andere war als die Orientreisende Gertrude Bell, die 1910 auf ihrem Weg nach Mesopotamien Lawrence und Woolley in Karkemisch besucht hatte. Seither hatte sich Bell einen Ruf unter den arabischen Anführern erworben, auf den jeder Mann stolz gewesen wäre, und abgesehen davon, daß sie den mesopotamischen Nachrichtendienst für Hogarth fast selbständig leitete, war sie mittlerweile für jeden politischen Dialog zwischen den Arabern dieser Region und der britischen Verwaltung im fernen Kairo unentbehrlich geworden.

Aaronsohns Fehlurteil dürfte verzeihlich sein, hatte er doch andere Dinge im Kopf, die seine volle Aufmerksamkeit beanspruchten. Oberstleutnant Deedes hatte eine neue Mission nach Atlit vorbereitet, und der Leiter von »A« sollte sich in den nächsten Stunden für eine Fahrt nach Port Said und sein sofortiges Einschiffen bereithalten. Am Morgen des 19. Februar kam der Befehl, und Aaronsohn nahm den 7-Uhr-Zug nach Ismailia und ins Nildelta. In Port Said empfing ihn ein Bursche von Hauptmann Smith und fuhr ihn im Auto zum Marinegebäude, von wo aus sie ein Boot hinaus zu ihrem neuen Schiff brachte – der *Managem*.

Kapitel 10
Mit Leidenschaft und Trauer

Seit der letzten Fahrt an Bord der *Arbalete* fand Aaron Aaronsohn vieles verändert vor. Zunächst einmal war ihr künftiges Schiff – die *HMY Managem* – mit seinen 160 Tonnen beweglicher und besser geeignet für die Aufgaben, die es vor Atlit zu erfüllen galt.

Aaronsohn empfand die Unterbringung alles andere als komfortabel, doch Kapitän Morewood begrüßte ihn herzlich. Er war, formal gesehen, ein Angestellter der Ägyptischen Hafen- und Leuchtturmverwaltung, weshalb die Besatzung vorwiegend aus einheimischen Ägyptern bestand. Mit an Bord befand sich ein weiterer Offizier, der zu der Zeit, als Leutnant Woolley die Erkennungssignale gewechselt hatte, an den Kontaktversuchen des EMSIB mit Atlit teilgenommen hatte. Vor dem Abendessen verwickelte er Aaronsohn in ein Ge-

Die *HMY Managem* unterwegs, Spione abzusetzen, 1917

spräch: *An Bord war noch ein Hauptmann … der Absa gekannt hatte und Gutes über ihn sagte. Ich berichtete ihm von seinem traurigen Schicksal, von dem er nichts wußte. Er versicherte mir, daß sie unsere Signale nicht hatten verstehen können und daß sie keinen Kontakt hergestellt hatten, um Probleme zu vermeiden … Wir waren beim Dessert, als Hauptmann Smith und Hauptmann Weldon eintrafen. Wir begrüßten uns sehr förmlich, und Weldon hatte kein einziges Wort für mich oder den Toten übrig.*

Weldon und die Managem

Oberstleutnant Deedes hatte entschieden, daß »A« einen zielstrebigen Armeeoffizier zur Befehligung der Atlit-Operationen brauchte. So hoffte man das von wechselseitigem Mißtrauen geprägte Verhältnis zwischen Edmonds und Smith vom EMSIB einerseits und Aaronsohn und »A« andererseits wenigstens für die Dauer dieser Operation zu überwinden. Aufgrund seiner Erfahrung mit den Atlit-Touren der *Aenne Rickmers* hatte man Hauptmann Weldon für die *Managem* ausgewählt. Allerdings stand diesem die schwere Brandung vor dem Wadi Dustrey noch lebhaft vor Augen. Obwohl Weldon nach außen hin eine sachliche Einstellung zu seinem neuen Auftrag zur Schau trug, enthüllen doch seine Memoiren, welch tiefes Unbehagen es ihm bereitete, Missionen mit fremden Agenten durchzuführen. Wie Smith und Woolley bevorzugte auch er syrisch-arabische Bootsführer und Agenten, und das trotz der laxen, von Woolley eingeführten, aber immer noch praktizierten Rekrutierungsmethode und obwohl noch immer syrisch-arabische Gegenagenten durch das Sicherheitsnetz mitten hinein ins EMSIB schlüpften. Weldon räumte diese Mängel später selbst ein: »Am 4. Februar erhielt ich offiziell Befehl, meine militärischen Pflichten wiederaufzunehmen … und mich bei Hauptmann Ian Smith, dem Nachrichtenoffizier des EMSIB, zu melden … In den nächsten Tagen waren wir unaufhörlich damit beschäftigt, Pläne für das Absetzen und Abholen unserer Agenten auszuarbeiten und Männer zu befragen, die geeignet und willens waren, uns in dieser Hinsicht zu dienen. Bei der Auswahl mußte man natürlich sehr sorgfältig vorgehen. Wir wußten von Leuten in Syrien und Kleinasien, die bereit waren, für uns zu arbeiten, entweder aus Patriotismus oder gegen Bezahlung, und wir wollten vertrauenswürdige und intelligente Männer als Boten, um jene zu kontaktieren. Boten, die begriffen, was wir wollten, die Verbindungen herzustellen wußten und mit den von uns gewünschten Informationen zurückkehren konnten. Gewiß fanden wir einige gute Männer. Doch machten wir ein oder zwei Fehler, wie man später sehen wird. Ich verwandte auch einige Zeit darauf, ein einheimisches, für die Arbeit in der Brandung geeignetes Schiff auszuwählen und mir ein paar neue Funkcodes einzuprägen. So war ich erst ab 19. Februar abfahrbereit.«[1]

Aus diesem Eintrag geht eindeutig hervor, daß Hauptmann Weldon Aaronsohns Rückkehr nach Atlit beträchtlich verzögert hatte. Auf der Hand liegt auch, daß Weldon fest entschlossen war, Aaronsohn und seinen jüdischen Agenten keinesfalls Anerkennung für ihre bisherige Arbeit oder ihre Opfer zu zollen, die sie für die britische Kriegsanstrengung bereits erbracht hatten. »Auf dieser ersten Fahrt mit der *Managem* begleitete mich Smith. Unser Ziel war, zwei Agenten bei Atlit abzusetzen. *Dort gab es in der Nähe einige Leute, mit denen ich bereits zu tun gehabt hatte* [Hervorhebung des Autors], und ich hatte dort auch schon mal einen Agenten abgesetzt, *zu dem ich den Kontakt verloren hatte* [Absalom Feinberg].«[2] Bald sollte jedem klarwerden, daß Weldon mit den Juden von »A« noch bedenkenloser umging als mit seinen zugegebenermaßen dilettantisch agierenden syrischen Bootsführern. Kurzum, Hauptmann Weldons Sicht des Krieges war durch und durch britisch.

Aaronsohn beschloß jedoch, sich über alle Anzeichen von Gleichgültigkeit bei Weldon hinwegzusetzen und sich ganz ihrer Mission zu widmen. In der Nacht des 19. Februar kam die *Managem* durch ruhige See zügig nach Norden voran, und tags darauf um halb vier konnten sie auf der Höhe der JAES die Rauch- und Flaggensignale geben. Zur großen Freude Aaronsohns war zusätzlich zu seinem eigenen, neu erworbenen Feldstecher »eine gute Auswahl Marine-Ferngläser an Bord«, mit denen er – endlich – seine alte Wohn- und Arbeitsstätte genau betrachten konnte: *Als wir an der Farm vorüberfuhren sah ich keine Menschenseele. Dies ließ mich erschauern, insbesondere weil die Vorderseite geschwärzt schien – wie nach einem Feuer. Einen Augenblick hatte ich Todesangst, dann erkannte ich, daß dies vom Schatten unseres Windrads hervorgerufen wurde. Unterdessen erblickte ich zwei von unseren Männern im Gemüsegarten und zwei Leute, die einen schwarzen Teppich am Balkon aushängten. Der Weg war also frei.*

Als Aaronsohn das Antwortsignal der Station erkannt hatte, ließ Kapitän Morewood die *Managem*, Volldampf voraus, nach Norden abdrehen, damit eventuelle türkische Wachen keinen Verdacht schöpften. Die Rückkehr nach Atlit war für neun Uhr abends geplant, und bis dahin feilten der ehemalige JAES-Leiter und der britische Militär an ihren Plänen. Diesmal sollte Aaronsohn sogar bis zum Strand im Beiboot mitfahren dürfen. Da die *Managem* relativ klein war und wenig Tiefgang hatte, konnte sie näher an die Küste heranmanövrieren als die *Aenne Rickmers* und die *Goeland*. Kein Mondlicht gab ihnen Orientierung, daher mußte die eigentliche Annäherung mit größter Vorsicht erfolgen, und erst um 22 Uhr ankerte man eine halbe Meile vor der Mündung des Wadi Dustrey nördlich der Burg. Aus Sicherheitsgründen erwähnte Aaronsohn den Namen Joseph Lishansky jetzt nicht mehr in seinem Tagebuch: *Lotse Angoras erkannte den Ort als erster. Um genau 10 Uhr fuhren Weldon, ... die Bootsführer und ich in einem Kutter hin. Die See war ganz ruhig, doch nahe der Küste gab es starke Wellen ... Er verließ uns um 10.15. Wir warteten. Die See wurde immer ruhiger. Um Mitternacht war er ... noch nicht zurück.*

Um halb eins sahen wir ein Licht – unsere Leute waren da. Wir fuhren an Land. Es warteten drei Männer ... Liova und Reuven [Schwartz – Aaronsohns Cousin]. Liova sprang ins Boot. Reuven folgte ihm, im Wasser bis zu den Knien, und kam und küßte mich. Wir fuhren sofort ab – glücklich.

Aaronsohn freute sich, Liova Schneersohn zu sehen – die Mission war ein Erfolg, da er nicht nur Neuigkeiten von seinem Vater Ephraim, seiner Schwester und anderen Mitgliedern von »A« überbrachte, sondern vor allem auch Absalom Feinbergs und Sarahs gesammelte Informationen – ein großer Fang, der direkt an Hogarth und von dort an den britischen Generalstab weitergeleitet werden konnte. Dieser steckte mitten in der Planung des bevorstehenden Angriffs auf Djemal Paschas Vierte Armee bei Gaza. Zu Aaronsohns Erleichterung über diesen Erfolg kam jedoch auch die traurige Pflicht, den treuen Liova Schneersohn von Feinbergs Tod zu unterrichten. So wurde ihre Wiedersehensfreude am Wadi Dustrey bald getrübt von dem, was sich etwa sechs Wochen zuvor in der Wüste zugetragen hatte. Und es war an Joseph Lishansky, der in Atlit zurückgeblieben war, Sarah Aaronsohn ebenfalls diese Nachricht zu überbringen.

Während dem ehemaligen Stationsleiter all dies durch den Kopf ging, plante Hauptmann Weldon bereits die nächste Etappe seines eigenen Krieges. Er befahl Kapitän Morewood weiterzufahren – nicht südwärts, um die so wichtigen Informationen von »A« schnellstmöglich nach Port Said zu bringen, sondern nordwärts die syrische Küste entlang und dann mit westlichem Kurs auf Zypern. Morewood erfuhr außerdem, daß er nach der Proviantaufnahme in Zypern in südöstlicher Richtung zurück an die syrische Küste fahren sollte, wo Weldon auf dieselbe Weise wie bei Atlit heimlich einen seiner eigenen Agenten absetzen wollte. Weldons vormaliger Spion war kein anderer als der Vater der Bootsführer, die er von der *Aenne Rickmers* übernommen hatte, und er plante, »el Agouz« – den Alten – in dessen Heimatstadt Tyros (das heutige Sur) zurückzubringen. Während Weldon seine Pläne mit dem glücklosen Agouz machte und ihm versprach, ihn nach drei Wochen wieder abzuholen, »so er noch lebte«,[3] unterrichtete Aaronsohn den von seiner Spionagetätigkeit und Flucht erschöpften Schneersohn.

Aaronsohn und Schneersohn wollten die aus Atlit mitgebrachten Informationen keinem Risiko aussetzen und daher nicht an Bord der *Managem* bleiben, wenn sie zur syrischen Küste zurückkehrte, um »el Agouz« abzusetzen. So verließen sie das Schiff am 28. Februar in Limassol und nahmen für ihre Fahrt nach Port Said die *S. S. Kosseir* der Khedivial Mail Line – auf demselben Schiff hatten auch Leonard Woolley, Charles Boutagy und Nicola Datodi, der italienische Gegenagent, zwei Jahre zuvor Zypern verlassen.

Während der Reise an Bord der *Kosseir* hatte Aaronsohn über vieles nachzudenken. Jede neue Fahrt nach Atlit war abhängig von Mond und Seegang. Doch angesichts der Flut neuer Nachrichten, die es zu sichten und zu analysieren galt, bestand fürs erste keine dringende Notwendigkeit eines weiteren Kontakts. Trotz der Verzögerung durch Weldon hatte diese Nachrichtenausbeute für das britische militärische Oberkommando beträchtliche Bedeutung. »A«-Agenten in ganz Palästina berichteten über türkische und deutsche Truppenbewegungen, den Zustand der Straßen und Eisenbahnen und die Verfügbarkeit von Treibstoff, Wasser und Verpflegung für die türkische Armee. Überdies lieferten sie neue Informationen für das Arab Bureau, angefangen von der aktuellen wirtschaftlichen und politischen Lage des Jischuw bis hin zur aktuellen Stimmung im türkischen Oberkommando. Die britische Armee machte endlich Fortschritte in Mesopotamien, und da man für das Frühjahr den Fall Bagdads erwartete, nahmen die Vorbereitungen für die neue, für Spätsommer geplante Offensive gegen Palästina immer rascher Gestalt an. Als Aaronsohn am 2. März nach Kairo zurückkehrte, zeigte sich der Stab im Hauptquartier daher äußerst interessiert an den Informationen – niemals waren er oder »A« so gefragt gewesen.

In den beiden folgenden Wochen traf er auch mehrmals mit Graves und Fielding zusammen und beriet sie für die Strategie der kommenden Operationen in Palästina. Der Kavallerie kam dabei großes Gewicht zu – theoretisch eignete sie sich hervorragend für die riesigen Weiten der Negev und der Sharon-Ebene, die an die Küste Palästinas anschlossen. Die Royal Engineers legten bereits Depots von Eisenbahnschwellen und -gleisen an, um im Kielwasser des Vorstoßes eine Nebenlinie zu bauen. Dennoch blieben der Proviant und vor allem das Pferdefutter ein Problem. Aaronsohn betonte nicht nur die Notwendigkeit großer Wasservorräte, sondern warnte auch, noch vor der Gerstenernte im Mai ernsthaft einen Angriff über Beersheba hinaus in Erwägung zu ziehen. Nur wenn die britische Armee außerdem über Frischwasser verfügte, vermochte sie den Geißeln aller vorherigen Angriffsheere zu entgehen, Malaria und Ruhr. Aaronsohn wies auf die von Anopheles-Mücken heimgesuchten Sumpfgebiete hin, die der Angriff dringlichst meiden sollte. Zudem wurde er langsam, aber sicher in die politische Seite der Kriegsführung einbezogen. David Hogarth hatte eine Karte der Oberflächenbeschaffenheit Palästinas in Auftrag gegeben, an der Aaronsohn mitarbeiten sollte. Dies war Hogarths erster raffinierter Schritt, ihn als politischen Informanten einzuspannen. Später trug er ihm auch die Erstellung eines streng geheimen Handbuchs der Persönlichkeiten Südsyriens auf. Da es auch Palästina abdecken sollte, hatte dies zur Folge, daß Aaronsohns intime Kenntnisse und – was gefährlicher war – seine ehrliche Meinung über alle seine Siedlergefährten offiziell niedergelegt wurden. Sollte dieses Dokument jemals einem Mitglied des Jischuw, der zionistischen Exekutive oder gar den JAES-Direktoren in New York in die Hände fallen, würde ans Licht kommen, wer es verfaßt hatte. Aaronsohn wäre es damit nach dem Krieg unmöglich gewesen, seine Arbeit in Palästina fortzusetzen. Doch Hogarth hatte ihn richtig eingeschätzt. Er selbst hatte wenig übrig für die zionistischen Bestrebungen, und die Anwesenheit des schwarzen Schafs der Siedlerbewegung Palästinas in Kairo war eine Gelegenheit, die er nutzen wollte. Da er wußte, daß Aaronsohn sich von den anderen Juden isoliert hatte, spielte er diesen emotionalen Trumpf aus, denn schon die bloße Existenz von »A« mußte der zionistischen Gemeinde in Ägypten und auch allgemein verborgen bleiben. Außerdem glaubte er, Aaronsohn leicht überreden zu können, in einem Geheimdokument über die Zionisten und die Siedler »auszupacken«, da er ja seine Leute und sogar seine Schwester bereits dem Erfolg der Organisation verschrieben hatte – falls angesichts der schmeichelhaften Aufmerksamkeit der höchsten Stellen des britischen Oberkommandos, die ihm dieser Bericht eintragen würde, überhaupt noch Überredung erforderlich war.

Aaronsohn saß bereits an der Übersetzung der von »A« gesammelten Informationen für Hogarth – einen Großteil davon hatten Feinberg und seine Schwester auf französisch und hebräisch niedergeschrieben. Hauptmann Edmonds bestand darauf, die Übersetzung zu sehen, bevor sie dem Arab Bureau im *Savoy* übersandt wurde. Seiner Anfrage entsprach der Verfasser gern – die beiden Männer pflegten, da ihre jüngste Mission erfolgreich gewesen war, vorläufig freundliche Beziehungen. Aaronsohn seinerseits drängte Edmonds, »A« in Atlit ein Funkgerät zur Verfügung zu stellen. Als dieser im Prinzip zustimmte, wurde Liova Schneersohn sofort dazu ausersehen, sich für die entsprechende Technik ausbilden zu lassen. Dennoch bekam Aaronsohn auch in dieser Phase deutlich zu spüren, daß die Vereinbarungen mit dem EMSIB einseitig waren und daß die Situation dermaßen von Halbwahrheiten und fehlendem Entgegenkommen geprägt war, daß nicht einmal Oberstleutnant Deedes trotz seiner unablässigen Versicherungen und Bemühungen hatte Abhilfe schaffen können.

Am 6. März, mitten in dieser Zeit emsiger nachrichtendienstlicher Tätigkeit, suchte Aaronsohn Hauptmann Edmonds auf, nur um dafür gemaßregelt zu werden, daß er den militärischen Zwecken vorbehaltenen Telegrafendienst der Briten benutzt hatte. Er notierte in seinem Tagebuch, er sei zu dem Treffen gegangen *in der Hoffnung, daß alle diese Maßnahmen aufhören würden.* Doch was während des Gesprächs folgte, hatte viel weitreichendere Konsequenzen für die Zukunft als Telegramme: *Dienstag, 6. März, Kairo: ... Was mich vor allem erzürnte, war, daß Edmonds mir mitteilte, Smith würde mich nicht auf die nächste Fahrt mitnehmen können, weil er Leute an Bord hatte, die mich nicht sehen sollten. Ich erklärte ihm, daß er vielleicht unsere gesamte Arbeit zunichte machte ... Um 16 Uhr kam er [Liova] zu mir. Edmonds stellte ihn einem Offizier vor, der mit ihm Probleme der drahtlosen Telegrafie besprach – ich hatte Edmonds gebeten, mir diese von einem Experten erklären zu lassen, damit ich entscheiden konnte, wo und wie wir es [das Funkgerät] aufstellen könnten [in Atlit]. Wieder einmal stellt sich Edmonds in seiner Beschränktheit quer.*

Graves wird etwa Mitte März auf eine sehr wichtige Aufklärungsmission bei den Howeitat und anderen Beduinen gehen, die sie [das Arab Bureau] gern für die Region Akaba-Tebuk gewinnen würden.

Hauptmann Philip Graves war auf seiner Mission nicht allein. Seit November 1916 arbeitete Thomas Edward Lawrence als Verbindungsoffizier bei Prinz Faisal in Arabien. Da Mesopotamien gesichert war und die Invasion Palästinas für 1917 feststand, wandte das britische Oberkommando sein Augenmerk dem Gebiet zwischen dem Persischen Golf und dem Sinai zu. Von Derra in Syrien zweigte eine Nebenstrecke der Bahnlinie Berlin–Damaskus nach Süden ab, verlief östlich des Toten Meeres nach Akaba und von dort bis hinunter nach Medina. Vorgeblich zu dem Zweck gebaut, muslimische Pilger zu den heiligen Stätten der arabischen Halbinsel zu bringen, bedrohte diese Bahnlinie jeden Vorstoß nach Palästina, da die Türken sich leicht Verstärkung herbeischaffen und einer einmarschierenden britischen Armee von Osten her in den Rücken fallen konnten. Lawrence sollte vor allem die Araber, die auf der Halbinsel einen Aufstand gegen die Türken begonnen hatten, unterstützen und mit Gold aus England ihre Loyalität gewinnen. Dabei waren riesige Summen im Spiel: Scherif Hussein, Emir von Mekka und Führer des Aufstands, erhielt eine Apanage von bis zu 200000 Pfund pro Monat, sein Sohn, der Kronprinz Faisal, 75000 Pfund. Damit erkauften sich die Briten die Loyalität der Stämme des Hidjas – des Gebiets, das sich im Süden von Akaba an die Ostküste des Roten Meeres anschloß. Die britische Führung diskutierte verschiedene Pläne zur Einnahme Akabas, die einem Einmarsch in Palästina vorangehen mußte. Wenn eine frühzeitige, organisierte Invasion des Sinai, die Akaba vom Norden abschneiden würde, nicht in Betracht kam, blieb nur noch der Beschuß vom Meer her, gefolgt von einer Landungsoperation. Akaba war jedoch durch starke, meerwärts gerichtete Artillerie geschützt, so daß man eine endgültige Entscheidung nach dem Fiasko bei Gallipoli natürlich scheute.

Lawrence brütete unterdessen bereits über seinem eigenen Eroberungsplan, der Großbritannien den Hafen sichern und damit die Grundlage für den Einmarsch in Palästina legen sollte – und das gänzlich ohne den Einsatz britischer Truppen. Die Einnahme von Akaba sollte Lawrence bei den Arabern zu einer Legende machen, doch er war zuallererst ein Sohn des britischen Empire. Und so erschienen ihm die vereinten arabischen Wüstenstämme zwar als wild-romantische Vision, doch was die Frage der Herrschaft über den Nahen Osten nach dem Krieg anging, war er der Ansicht, dies müßten die Briten und die Franzosen unter sich ausmachen. Daher lag der Schwerpunkt seines Interesses weiter nördlich, in Syrien, dem ersten Land, das er 1909 als Student bereist hatte, dem Schauplatz seiner archäologischen Grabungen und dem Brennpunkt der französischen Nachkriegsambitionen.

In der letzten Februarwoche, als EMSIB und Arab Bureau gerade die nächste Mission an der Küste Palästinas und Syriens planten, war Lawrence wieder in die Räume des

Büros im *Savoy* zurückgekehrt. Er hatte zwar Prinz Faisal überzeugen können, daß das künftige Glück der Araber auf seiten der Briten lag, war jedoch unsicher, welche Rolle er selbst in dem geplanten Aufstand spielen sollte – schließlich war er erst ein kleiner Hauptmann. Dann entschied Brigadegeneral Clayton über sein Schicksal. Er erkannte zum einen, welchen strategischen Vorteil ein Flankenschutz von rechts für einen geplanten Vorstoß nach Palästina haben würde, und war zum anderen beeindruckt, wie gut Lawrence sich mit den komplizierten Verhältnissen der Stämme des Hidjas auskannte. So schickte er ihn zurück in Faisals Lager, damit er seine Arbeit als Verbindungsoffizier fortsetzte.

Trotz seiner späteren Ernüchterung, was den Krieg betraf, war er ein unverbesserlicher Romantiker geblieben, und im Frühjahr 1917 suchte er immer noch nach einer Rolle, die seiner abenteuerlichen Phantasie entsprach. Hegte er deswegen schon seit langem Pläne, wieder zu Hauptmann Weldon – seinem alten Kameraden aus dem Kartenbüro im *Savoy* und nun auf der *Managem* – zu stoßen und seine alte »geheime« Spionagearbeit an der syrischen und palästinensischen Küste wiederaufzunehmen? Wenn er an der nächsten Mission der *Managem* teilnahm, konnte er seinen Fuß erneut auf genau den Streifen Strandes im Schatten der Burg Atlit setzen, der nun von »A« genutzt wurde und den er 1909 als Student zum ersten Mal erblickt hatte. In Lawrences Briefen und Memoiren findet sich keine entsprechende Bemerkung, doch erstaunlich bleibt, daß Aaronsohn am 13. März, nur eine Woche nach dessen überstürzter Rückreise in den Hidjas, die überraschende Nachricht erhielt, daß das EMSIB die Taktik für die bevorstehende Mission nach Atlit geändert habe: *Dienstag, 13. März 1917, Kairo: Edmonds lud mich ein, mittags in sein Büro zu kommen … Ich wurde empfangen von Major Malcolm, der mir berichtete, daß, was das Schiff betreffe, Hauptmann Smith ihnen mitgeteilt habe, daß einer der Männer, der auf die Mission mitgehen sollte (und den ich nicht sehen sollte), verhindert sei und es da-*

her sehr wahrscheinlich sei, daß ich mitfahren könne. Auf jeden Fall würde Liova am Donnerstag fahren.

Daß Aaronsohn nur einen Mann »nicht sehen sollte«, ist auffällig. Im Netz der Spionage, das sich jetzt seit mehr als zwei Jahren über Palästina spannte, hatte er alle syrischen Agenten des EMSIB – Boutagy und »el Agouz« eingeschlossen – gesehen und umgekehrt. Könnte es sich dabei also wirklich um Lawrence gehandelt haben? Aaronsohn war ihm bereits begegnet, und er kannte ihn nicht nur vom Sehen, sondern wußte auch, daß er für das Arab Bureau arbeitete. Es mag allgemein bekannt gewesen sein, daß Lawrence und Aaronsohn bei ihrem ersten Treffen nicht unbedingt einer Meinung gewesen waren. Doch diese Gründe allein erklären nicht hinreichend, warum die beiden Männer sich nicht gemeinsam auf der *Managem* aufhalten sollten. Es spricht allerdings einiges dafür, daß Smith zu dem Schluß gekommen war, Aaronsohn hätte in Lawrences Anwesenheit an Bord einen weiteren Übernahmeversuch der »A«-Operationen durch das EMSIB sehen können oder – schlimmer noch – eine Abwertung seiner Organisation. Dieser Konflikt schwelte seit langem, und Smith hatte strikten Befehl von Oberstleutnant Deedes zur Deeskalation. Überspitzt gefragt: Stand tatsächlich zur Debatte, daß Lawrence die Operationen des EMSIB übernehmen und Smith von einer Pflicht entbinden sollte, die er von Anfang an, seit sie ihm nach dem Ausfall Woolleys zugefallen war, verabscheute? Wäre dies geschehen, das EMSIB wäre – mit Lawrence als Verantwortlichem – direkt David Hogarth unterstellt worden, und dieser hatte bekanntlich wenig übrig für den Zionismus. Aaronsohn wäre dann in seiner Rolle als nomineller Leiter von »A« nicht mehr geduldet worden, und die Organisation hätte bald die schwer erkämpfte Unabhängigkeit und Handlungsfreiheit verloren, für die er sich so hartnäckig eingesetzt hatte. Eines darf als sicher gelten: Von diesem Tag an bis zur Vernichtung von »A« im Oktober 1917 gab es wiederholte Versuche, Aaronsohn zum bloßen

Lieferanten und Interpreten militärischer und politischer (jüdischer) Informationen zu degradieren. Dafür spricht, daß Hogarth von seinem Büro in Kairo aus die Missionen des EMSIB unzulässig, aber erfolgreich beeinflußte.

Nur einige Monate später gelang Lawrence selbst eine Aufklärungsmission hinter die feindlichen Linien und tief ins syrische Kernland hinein. Er sondierte die politische Bereitschaft der dortigen Araber, sich einer Revolte anzuschließen. Obwohl er mit Prinz Faisal und dem arabischen Aufstand alle Hände voll zu tun hatte, fand er die Zeit, sich erneut mit Aaronsohn im *Savoy* in Kairo zu treffen. Bei dieser Gelegenheit lernte er auch Sarah Aaronsohn kennen – seither kursieren trotz aller Dementis nicht nur haltlose Spekulationen über eine Liebesaffäre zwischen beiden, sondern auch Gerüchte, es sei Lawrence schließlich gelungen, Atlit per Schiff und in allergrößter Heimlichkeit zu erreichen.

Unterdessen gingen die Versuche weiter, Aaronsohn aus allen künftigen Missionen von »A« hinauszudrängen. Hauptmann Edmonds erklärte, daß die »Gruppe« trotz des Rück-

Das Hotel *Savoy* in Kairo, Sitz des britischen Militärischen Nachrichtendienstes und der EMSIB-Büros sowie Treffpunkt von Thomas Edward Lawrence mit Aaron und Sarah Aaronsohn

zugs der geheimnisvollen Person fahren würde und daß Aaronsohns Beitrag zum *Military Handbook*, das nun kurz vor seiner Vollendung stand, viel zu wichtig sei, als daß er sich von Kairo entfernen dürfe. Aaronsohn beugte sich dem Druck einmal mehr und versprach, vor Ort zu bleiben.

Liova Schneersohn hatte seine technische Ausbildung mit Auszeichnung absolviert, und die *Managem* war bereit zum Auslaufen. Die Türken und die Deutschen wußten von ihren Spionen im EMSIB zwar mittlerweile, daß regelmäßig Fahrten an die Küste Palästinas stattfanden. Doch aufgrund der gesteigerten Aktivität an der Südfront, die einen alliierten Angriff ankündigte, konnten nur geringe Kräfte zum Wachdienst bei Atlit abgestellt werden. Dennoch bestand noch immer die Gefahr, entdeckt zu werden, und Schneersohn zeigte großen Mut, ein drittes Mal zur JAES zurückzukehren. Weldon, nunmehr ebenfalls ein Veteran der Atlit-Missionen, gestand ganz offen, daß er Angst hatte, doch ob diese eher mit der Brandung vor Atlit oder der Bedrohung durch die Türken zu tun hatte, ist unklar: »Meine freien Tage im Hafen waren recht angenehm, und die meisten brachte ich mit Golf- oder Tennisspielen zu und beschloß sie am Abend mit einer Partie Billard im Union Club. Allgemein gesagt, verlief mein Leben entspannt und sorglos, unterbrochen von Augenblicken höchster Angst.«[4]

Am Tag vor der Abfahrt der *Managem* packte Aaronsohn noch schnell einiges zusammen, was er Liova Schneersohn mitgeben wollte. Seine Liste spiegelt deutlich, welche Sorgen er sich um die Sicherheit und das Wohl von »A« machte: *Freitag, 16. März 1917, Kairo: Ich erhielt (aus Edmonds Büro) 150 Napoleons [die in türkischem Gebiet gebräuchliche Goldwährung], 2 automatische 7.5-mm-Pistolen (Herstal-Browning's Patent) … Ich kaufte 650 Gramm Jod bei Weiser (alles, was er da hatte) und 1 kg Chininsulfat. Ein wenig Tee (Colonial Brand), Schokolade und Kakao.* Auch wies er Schneersohn an, eine Pistole für die Absetz- und Aufnahmeaktionen zu behalten und die andere Sarah zu geben.

In der folgenden Woche wartete Aaronsohn auf Nachrichten von der *Managem* und fuhr durchschnittlich 50 Kilometer am Tag mit dem Fahrrad in nordwestlicher Richtung auf der Straße nach Gizeh. Auf seinen Fahrten sann er über Vergangenheit, Gegenwart und Zukunft nach. Er wußte, daß die Briten bei allem, was den Einsatz von »A« betraf, nach wie vor sparsam mit der Wahrheit umgingen, wollte jedoch noch immer glauben, daß dies nicht aus böswilliger Absicht geschah, sondern aus einer fortdauernden Gedankenlosigkeit heraus, die dem britischen Militär eigen war. Beispielsweise vermochte Edmonds auf Nachfrage nicht einmal zu bestätigen, ob Hauptmann Weldon sich an Bord der *Managem* befand, nachdem sie ausgelaufen war. Hätte Aaronsohn jedoch Bescheid gewußt, er hätte vielleicht weniger entgegenkommend gedacht – tatsächlich hatte man ihn zu ebendiesem Zeitpunkt buchstäblich ausgebootet: Weldon war in der Tat mitgefahren, ebenso Smith, was diese Mission gänzlich zu einer Angelegenheit des EMSIB machte. Aaronsohn wäre zudem sicher tief beunruhigt gewesen, hätte er den genauen Ablaufplan und das letztendliche Ziel der Mission gekannt. Die »Gruppe«, die Aaron »nicht sehen sollte«, bestand einzig und allein aus Charles Boutagy, Lawrences eigenhändig ausgebildetem Spion. Smith plante, ihn gemeinsam mit Schneersohn zur JAES zu schicken und ihn innerhalb von »A« in der Region Haifa einzusetzen. Am Ende jedoch scheiterten die Pläne, den operativen Teil von »A« durch Charles Boutagy zu unterwandern, wie es Weldon in der ihm eigenen, mit Ressentiments aufgeladenen Weise schildert: »Am 17. März – St. Patrick's Day – stachen wir in See. Hauptmann Ian Smith …, mein kommandierender Offizier, war wieder bei mir, und wir hatten auch zwei Agenten an Bord. Ich erinnere mich, daß der eine eine große, runde Brille trug. Wir tauften ihn – oder vielmehr nannten ihn, da er Jude war – ›die Eule‹. Der andere war ein hasenherziger syrischer Gentleman, der nicht so aussah, als hätte er viel ›Mumm‹. Später erfuhren wir, daß er seine Erscheinung nicht Lügen strafte.

Wir beabsichtigten, ›die Eule‹ bei Atlit an Land zu setzen, doch als wir ankamen, stellten wir fest, daß eine Landung aufgrund der schweren Brandung unmöglich war, weshalb wir draußen auf See blieben und die nächste Nacht abwarteten.«[5]

Die Brandung – Weldons ständiger Alptraum – war auch am folgenden Tag noch zu stark, woraufhin er beschloß, nach Zypern weiterzufahren und dort besseres Wetter abzuwarten. Am 22. März übermittelte die *Anne*, ein anderes Schiff der Ostmittelmeerflotte der Royal Navy, einen Funkspruch, daß der Seegang vor dem Wadi Dustrey stark nachgelassen habe, und die *Managem* verließ die Sicherheit des Hafens Famagusta, um einen erneuten Versuch zu wagen. Noch am selben Abend begleitete Hauptmann Weldon Schneersohn an Land und schickte ihn allein zur JAES. Es war zwar geplant gewesen, auch Charles Boutagy einzuschleusen, damit er mit Hilfe von »A« Kontakt zu Familie und Freunden in Haifa aufnehmen konnte, doch seine Nerven hatten dem ständigen Druck des an den Türken begangenen Verrats schließlich nicht mehr standgehalten. Seine Furcht war durchaus berechtigt. Die Boutagys waren den türkischen Behörden mittlerweile wohlbekannt – aufgrund der vergeblichen Fluchtversuche seines Vaters stand die Familie auf der polizeilichen Liste mutmaßlicher Verräter ganz oben. Charles selbst wurde seit 1914 vermißt und hatte wenig Gnade zu erwarten, sollte er sich auf türkischem Boden erwischen lassen. Im übrigen war er nicht einmal Muslim, sondern ein Christ der Tempelgesellschaft – einer ethnischen Gruppe also, die genauso wie die Juden nichts Gutes von der osmanischen Regierung zu erwarten hatte.

In seinen Memoiren ließ Weldon kein gutes Haar an Boutagy: »In Ägypten strotzte er vor Tollkühnheit und erzählte mir, er betrachte sich als einen Messias, da er seinen Freunden an Land die Botschaft überbringen werde, daß sie bald vom türkischen Joch befreit würden. Doch auf See verflüchtigte sich diese Kühnheit alsbald. Als ich ihm seine Instruktionen geben wollte, fand ich ihn in einem erbärmlichen Zustand vor, die Hosen gestrichen voll. Er lag in seiner Koje, mit einer aufgeschlagenen Bibel – verkehrt herum – auf der Brust, und betete, wenn ihn nicht gerade die Seekrankheit überwältigte. Als der Zeitpunkt gekommen war, mit mir im Boot an Land zu gehen, war er dermaßen außer sich vor Entsetzen, daß ich es mir sofort aus dem Kopf schlug, ihn abzusetzen.«[6]

»Die Eule« hingegen blieb gelassen. Nur wenige Stunden nach dem Absetzen war Liova Schneersohn von der Station zum Strand am Wadi Dustrey zurückgekehrt. Er bat Weldon, eine weitere Nacht draußen auf See zu bleiben, damit er sämtliche aktuellen Informationen, die gerade von den über ganz Palästina verstreuten »A«-Agenten hereinkamen, noch mitnehmen konnte. Der Hauptmann war einverstanden und holte in der nächsten Nacht Liova Schneersohn und Leibel Bornstein, der nach der Januarmission in Atlit hatte bleiben müssen, vom Strand ab. Die beiden führten nicht nur neueste militärische Informationen von der Gaza-Beersheba-Front mit sich, sondern auch einen Stapel von Sarah Aaronsohn erstellter Berichte. Mit dieser wertvollen Fracht an Bord lichtete die *Managem* den Anker und dampfte gen Norden, dem letzten Teil ihrer Mission entgegen. In Tyros konnte Weldon allerdings weder Kontakt zu seinem arabischen Agenten »el Agouz« herstellen noch dem am Strand vereinbarten Informationsversteck eine Botschaft entnehmen. Am 29. März befanden sich Schiff und Besatzung wieder innerhalb der schützenden Mauern des Hafens von Port Said – und »A« trug die Lorbeeren des Sieges allein davon.

Die letzten Berichte seiner Agenten rechtfertigten Aaronsohns Vorschlag einer jüdisch-britischen Kooperation voll und ganz. Schneersohn und seine Schwester hatten ihm die nötige Munition verschafft, um seine Kritiker endgültig zum Schweigen zu bringen. Der Zeitpunkt hätte nicht passender sein können. Am 26. März hatte er endlich zum ersten Mal

Brigadegeneral Clayton, den Chef des Militärischen Nachrichtendienstes, getroffen und ihm große Versprechungen hinsichtlich der eigenen Agenten gemacht. Aaronsohn kostete daher einen süßen Augenblick des Triumphes aus, als er nur drei Tage später die neuesten Nachrichten über türkische Truppenkonzentrationen übergeben konnte – im vollen Wissen, daß das britische Oberkommando über deren Urheberschaft und Herkunftsort wohl kaum im ungewissen bleiben würde.

Und siehe da: Bald schon verbreitete sich in militärischen Kreisen die Kunde von der außerordentlichen Qualität seiner nachrichtendienstlichen Informationen. Daß nun der Stern der jüdischen Organisation vermeintlich heller leuchtete, zog für Aaronsohn persönlich zwei Konsequenzen nach sich: Erstens war jetzt erwiesen, daß er die operative Leitung von »A« den Händen von Schneersohn in Port Said und seiner Schwester in Atlit überlassen konnte. Joseph Lishansky, mittlerweile auf dem Weg der Besserung, würde sie unterstützen. Und damit lief auch Hauptmann Smiths Strategie, ihn aus künftigen Missionen herauszuhalten und »A« so in die Bedeutungslosigkeit abzudrängen, ins Leere. Zweitens verfügte Aaronsohn innerhalb der militärischen Hierarchie von Kairo nach diesem letzten Coup über so viel Einfluß, daß er sich eine eigene Nische für eventuelle politische Verhandlungen zwischen der künftigen britischen Besatzungsmacht und der zionistischen Bewegung zu schaffen vermochte, was ihn nun fast gänzlich einnahm.

Die politischen Zionisten in London unter Führung Chaim Weizmanns hatten sich bei Mitgliedern der britischen Regierung bereits ausdrücklich für eine Erklärung zur Nachkriegsbesiedlung Palästinas eingesetzt. Sie sollte im weiteren Verlauf als Balfour-Deklaration bekannt werden. Aaronsohn begriff, daß die Spionagetätigkeit von »A« – und demzufolge auch sein Einfluß in britischen Kreisen – nach Lage der Dinge nur von begrenzter Dauer sein konnte und mit der Eroberung Palästinas ein Ende finden würde. Daher

Sarah Aaronsohn und Liova Schneersohn (rechts) in Kairo

war für die Zukunft seiner eigenen Vision von allergrößter Bedeutung, wie er »A« und die Beziehungen der Organisation zum Arab Bureau und zum Militärischen Nachrichtendienst handhabte. Deshalb hatte Aaronsohn in Erwartung einer erfolgreichen Mission Schneersohns nicht nur Brigadegeneral Clayton Versprechungen gemacht, sondern darüber hinaus auch begonnen, seine militärischen und politischen Kontakte in Kairo auf breiter Front zu verstärken.

Am Tag, als die *Managem* wieder heimischen Gewässern zustrebte, führte er ein langes Gespräch mit Major Malcolm vom Militärischen Nachrichtendienst. Es ging um die mutmaßlichen türkischen Rückzugslinien nach einem britischen Angriff und um die Frage, ob ein Luftbombardement der Verbindungswege den Krieg verkürzen konnte. Dieses Sondierungsgespräch erweiterte Aaronsohn um das Problem der Wasserversorgung Jerusalems: Seines Erachtens würde es dem Ansehen der britischen Eroberer weit mehr nützen als alle politischen Versprechungen, wenn sie den Mangel an sauberem Wasser, unter dem die Stadt seit Jahrhunderten litt, behoben. Der Major zeigte sich sehr angetan von seinem Wissen und Weitblick. Mit diesem Treffen begann die vollständige Integration Aaronsohns und seiner Agenten in das Herz des britischen militärischen Nachrichtennetzes für die bevorstehende Offensive. Wie nicht anders zu erwarten war, bat man ihn bald, sich mit seiner vollen Arbeitskraft dem Arab Bureau zur Verfügung zu stellen. Sogar David Hogarth übertrug ihm eine aktive Rolle in seinem persönlichen politischen Zuständigkeitsbereich. Aaronsohns Tagebucheintrag am Montag, dem 2. April 1917, zeigt das Ausmaß seines neugewonnenen Einflusses: *Heute morgen arbeitete ich mit Lt. McCrury und Seymour-Jones zusammen. Ich wies auf die Bedeutung von Luftaufklärungsmissionen über der Brücke bei Jericho hin. Empfahl 1. einen Flug nach Süden – über das Tote Meer. 2. Die Linie Ramla–Tul Keram ständig anzugreifen. 3. Afoula [wichtiger Eisenbahnknotenpunkt zwischen Haifa und Nazareth] mit Fliegern anzugreifen und dies mit Ablenkungsmanövern der Marine zu begleiten.*

Arbeitete mit Fielding an Palästinaaufzeichnungen. Ich erstattete ihm Bericht über die jüdische Kolonisierung 1909. Fielding wie Kommandeur Hogarth wünschten, daß ich den Bischof von Jerusalem [im Exil in Kairo] aufsuchen und ihn über die Lage in Jerusalem informieren sollte.

Im Flur stieß ich auf Hauptmann Smith, und wir tauschten einen herzlichen Händedruck. Ich vereinbarte ein Treffen mit Oberst Deedes für den Nachmittag und eines mit General Clayton für morgen.

Aaronsohn befürwortete noch immer eine Invasion bei Atlit und einen darauffolgenden Vorstoß nach Süden auf Jerusalem – eine Strategie, die er und Feinberg Leutnant Woolley bereits 1915 vorgeschlagen hatten. Mit den neuen Nachrichten von »A« über die Schwäche der Türken nördlich von Jerusalem hatte er weitere gute Gründe für den Versuch, die Briten zu diesem Vorgehen zu bewegen: *Deedes gratulierte mir zu meinem Erfolg. Wir sprachen über Strategie. Ich erläuterte meine Theorie: Jerusalem war noch nie vom Süden oder Westen her erobert worden, sondern immer vom Norden. Es gibt drei Zugangswege: Beersheba – Hebron [d. h. von Süden] – die Türken befestigen Daharyieh und werden uns dort zum Stehen bringen. Die Zugänge Wadi Sarar und Bab el Wad [von Westen her] sind beide gut mit Maschinengewehren zu verteidigen. Die drei Zugänge können aber wenigstens für Guerillataktik in Betracht gezogen werden. Wir müssen vom Norden her zuschlagen – Ebene von Esdraelon etc.*

Ich hob erneut hervor, wie wichtig es ist – nicht nur materiell und hygienisch, sondern auch politisch und moralisch –, sich umgehend mit dem Projekt der Wasserversorgung und Kanalisation Jerusalems zu befassen.

Aaronsohns Hinweis auf die Wasserversorgung wurde zur Kenntnis genommen. Diese umfangreiche, wichtige Arbeit, begonnen im 19. Jahrhundert von den Offizieren der Royal Engineers, Wilson und Warren, sollten die Briten schließlich nur wenige Jahre nach der Einnahme der Stadt 1917 abschließen. Dagegen hing über dem Vorschlag einer Landungsoperation bei Atlit immer noch drohend das Gespenst von Gallipoli, und man entschied sich vorerst für den direkteren Vorstoß auf Jerusalem von Süden und Westen. Aaronsohns letztes Gespräch an diesem Tag drehte sich um den entscheidenden Punkt der künftigen Kommunikation mit der Station. In Palästina begannen sich Gerüchte zu verbreiten, Djemal Pascha plane die Deportation der Juden, und Aaronsohn wußte, daß die Siedlungen Zichron Ya'acov und Atlit zu den ersten Opfern einer solchen Aktion gehören würden: *Edmonds, Smith und ich studierten unsere Pläne für das weitere Vorgehen. Wir zogen in Betracht, bei einer Evakuierung der Küste von unseren eigenen Leuten abgeschnitten zu werden. Wir beschlossen, die Post von Brieftauben befördern zu lassen. Major Malcolm ist angeblich der größte Taubenexperte in Ägypten.*

Brieftauben anstatt eines Funkgeräts zu verwenden – für diese einfache Lösung votierten Edmonds und Smith schon seit langem, und am Ende eines langen Tages ging diese Entscheidung ohne Widerstand von Aaronsohn durch. Er konnte nicht ahnen, als wie verhängnisvoll sich diese Entscheidung erweisen sollte.

Tags darauf forderte der Nachrichtendienstchef, Brigadegeneral Clayton, Aaronsohn höchstpersönlich auf, ihm seine Strategie eines Angriffs auf Jerusalem von Norden her zu erläutern. Die beiden Männer diskutierten lange miteinander. Aaronsohn verwies auf die historischen Präzedenzfälle der Feldzüge von Vespasian, Titus, Napoleon Bonaparte und Ibrahim Pascha, die allesamt für seine Route sprachen. Er verließ Claytons Büro hochgestimmt. Voller Optimismus notierte er in sein Tagebuch, daß seine langgehegten Überzeugungen in der bevorstehenden Offensive umgesetzt würden: *Gestern und heute waren ausgezeichnete Tage. Ich glaube, es ist mir gelungen, der richtigen Stelle verständlich zu machen, daß es nutzlos ist, um den heißen Brei herumzureden. Palästina ist eine reife Frucht. Einmal kräftig schütteln, und sie fällt einem in den Schoß.*

Die nächste Fahrt nach Atlit war für den 15. April, bei Neumond, geplant. Wieder hatte Aaronsohn unbedingt auf der *Managem* mitfahren wollen, obwohl seine neue Bedeutung den Briten diesmal einen echten Grund gab, ihn in Ägypten zu halten: Es gab Berichte über deutsche U-Boote im östlichen Mittelmeer, und das kleine Schiff mit seiner geringen Geschwindigkeit und leichten Bewaffnung wäre eine leichte Beute gewesen. Das Risiko einer Gefangennahme Aaronsohns war beträchtlich. Dem britischen Bestreben, ihn aus dem operativen Geschäft von »A« herauszuhalten, stand zudem sein voller Arbeitsplan innerhalb des Nachrichtendienstes zur Seite. Obendrein beschäftigte ihn jetzt wieder die Zukunft der JAES, vor allem das alte Problem der Finanzierung. Die Lebensmittel und medizinischen Vorräte sowie die kleine Menge Goldmünzen, die bei der vorherigen Mission der *Managem* nach Atlit gelangt waren, sicherten zwar das Überleben der Versuchsstation für die nächsten Monate, doch obwohl die Briten für den bevorstehenden Feldzug nun fast ausschließlich »A« als Nachrichtenquelle nutzten, hatte Aaronsohn gerade genug erhalten, um den Lebensunterhalt für sich und seine Gewährsleute in Ägypten zu bestreiten. Die seit 1915 aufgelaufenen Kosten von 1500 ägyptischen Pfund waren noch immer nicht beglichen. Aaronsohns Tagebucheintragungen spiegeln wider, daß er gerne den Kontakt zu den Amerikanern wiederhergestellt hätte. Dieser Wunsch erhielt am 4. April neue Nahrung, als die Agentur Reuters in Ägypten meldete, daß Präsident Wilson den Kongreß um seine Zustimmung zu einer Kriegserklärung an Deutschland gebeten hatte.

Da Amerika nunmehr kurz vor dem Kriegseintritt stand und die Mehrzahl des JAES-Vorstands nicht das geringste von seiner Spionagetätigkeit für die Briten wußte, sah sich Aaronsohn in einem moralischen Dilemma. Noch am selben Nachmittag suchte er seinen mittlerweile zum Oberst beförderten Freund Deedes auf, um die verzwickte Frage seiner Loyalität mit ihm zu besprechen: *Ich erklärte, in welcher Situation ich mich … befand. Wäre ich befugt, die jetzt dort herrschende Welle der Begeisterung zu nutzen, könnte ich Freiwillige zusammenrufen und Spenden sammeln. Vielleicht sollte ich mich freiwillig melden und um eine Offiziersstelle bei Teddys [Roosevelt] Rough Riders [Kavallerie-Freiwillige] be-*

werben – oder auch einen militärischen Rang hier verlangen. Ich fragte ihn um Rat. Er sagte, daß sie [der britische Militärische Nachrichtendienst Kairo und das Arab Bureau] nun überzeugt waren, daß ich nicht mehr versprach, als ich halten konnte, und daß sie nicht an der Wirksamkeit einer Propaganda meinerseits in den Vereinigten Staaten zweifelten. Allerdings wüßten sie noch nicht, ob sie diesen Schritt in London befürworten sollten – sie warteten jeden Augenblick auf Instruktionen. Seiner Meinung nach war ich hier nützlicher – auf eine stille, verborgene Weise. Er riet mir abzuwarten.

Aaronsohn nahm seinen Rat dankbar an, wußte jedoch nur allzu gut, daß die jüdischen Siedler nur dann eine Zukunft im Nachkriegspalästina hatten, wenn sie langfristige und massive finanzielle Unterstützung erhielten. Und in dieser Hinsicht war nur auf die Amerikaner, nicht aber auf die Briten Verlaß. Erstere waren es schließlich gewesen – Juden und Christen, Privatleute wie Regierungsbeamte –, die ihm vor dem Krieg geholfen hatten, damit er seine wissenschaftliche Forschung ausweiten und seine Versuchsstation einrichten konnte. Und es war die Neue Welt und nicht die Alte, die ihm in der Stunde der Not bei Ausbruch des Krieges beigestanden hatte. Von dort aus hatte man Botschafter und Schiffskapitäne angewiesen, Gold durch das osmanische Bankwesen nach Palästina einzuschleusen und verfolgte Juden zu retten. Der britische Staat und das britische Militär hatten sich dagegen stets mißtrauisch gegenüber Fremden gezeigt und alles andere als freigebig gegenüber allen, die sich ihren politischen Vorstellungen oder Maßnahmen nicht fügen wollten. Zweifellos war eine britische Armee nach dem Krieg in der Lage, Palästina provisorisch zu verwalten, doch nach zweijähriger Erfahrung mit der ägyptischen Bürokratie wußte Aaronsohn genau, daß alle Schwächen des »A« gegenüber so kompromißlosen Kolonialsystems sich letztlich auch auf eine künftige Verwaltung seines Heimatlandes übertragen würden. Die Vorteile des vorläufigen militärischen Schutzes würden dadurch zunichte gemacht.

Die Situation bei seinen zionistischen Gesinnungsgenossen war auch nicht ermutigender. Chaim Weizmann kam, Berichten zufolge, bei der britischen Regierung in London gut voran, was die Sicherung der jüdischen Zukunft in Palästina mittels der angestrebten Deklaration anging. Die Diskussion über den endgültigen Inhalt eines solchen Dokuments und dessen Auswirkungen auf die Zukunft der jüdischen Diaspora riefen jedoch eine Menge interne Differenzen hervor. Viele Juden wollten schlichtweg den Status quo in ihrer Wahlheimat unangetastet sehen, und die zionistische Organisation wurde mit großem Argwohn als das betrachtet, was sie schließlich ja auch war: eine politische Gruppierung, die sich die Errichtung einer jüdischen Heimstätte in Palästina auf die Fahnen geschrieben hatte, und zwar um jeden Preis.

Wie vor allem gebildete Juden in Europa und Amerika erkannten, mußte eine solche Kraft die Juden früher oder später in einen unausweichlichen Konflikt mit der größeren arabischen Bevölkerungsgruppe treiben. Einer von ihnen war Asher Hirsch Ginsberg, später bekannt als Ahad Ha'am. Wie Aaronsohn hatte er aus der palästinensischen Geschichte gelernt und in mehreren zwischen 1889 und Kriegsausbruch veröffentlichten Aufsätzen zu äußerster Vorsicht geraten. Aaronsohn hätte gerne mit dem Gleichgesinnten gesprochen, hatte ihn jedoch 1911 bei seinem Londonaufenthalt auf dem Weg in die Vereinigten Staaten nicht ausfindig machen können. Selbst als aktives Mitglied von Chowewe Zion (Liebhaber Zions), ein wichtiger Zweig der zionistischen Bewegung, warnte Ha'am davor, daß vor allem die Landspekulation jede Hoffnung auf eine dauerhafte nationale Heimstatt in Palästina in einer Katastrophe enden lassen würde: »Wir neigen gern zu dem Glauben, daß Palästina in diesen Tagen beinahe vollständig unbewohnt und eine unkultivierte Wildnis ist, in der jeder so viel Land erwerben kann, wie er möchte. Aber dies ist in Wirklichkeit nicht der Fall. Es ist schwer, irgendwo in diesem Land arabischen Grundbesitz zu finden, der brach liegt ... Wir neigen gern zu dem Glauben, daß alle Araber Wüstenbarbaren sind – ein Volk von Eseln, das nicht erkennt oder versteht, was um es herum vorgeht. Dies ist ein grundlegender Fehler ... Die Araber, und hier vor allem die Bewohner der Städte, verstehen sehr wohl, was wir wollen und was wir in diesem Land vorhaben; aber sie verhalten sich so, als ob sie es nicht bemerken, da sie im Augenblick keine Gefahr für sich oder die Zukunft in dem erblicken, was wir tun. Deshalb versuchen sie den besten Nutzen aus diesen neuen Gästen zu ziehen ... Aber wenn der Tag kommt, an dem der Lebensstandard unseres Volkes im Lande Israel eine derartig hohe Stufe erreicht, daß die örtliche Bevölkerung mehr oder minder verdrängt wird, dann wird diese nicht so einfach ihren Wohnsitz aufgeben.«[7]

Diese Warnung, die sich gleichermaßen auf den Konflikt zwischen den Ambitionen des politischen und des gemäßigten praktischen Zionismus beziehen ließ, galt für Aaron Aaronsohn in besonderer Weise. Er befand sich jetzt in der wenig beneidenswerten Lage, eben solch ein *praktischer* Siedler zu sein, wurde aber bezahlt von der amerikanischen *politischen* Zionistengemeinschaft und spionierte für die Briten. Er hatte selbst erlebt, welche Spannungen entstanden, wenn das beste Ackerland in Palästina mit Geld von zionistischen Organisationen gekauft und bewirtschaftet wurde, deren Vertreter nie einen Fuß nach Palästina gesetzt und die wahre Lage nie mit eigenen Augen gesehen hatten. Dazu waren noch Spannungen mit den politischen Führungsgremien der Siedlerbewegung gekommen, weil er bereit war, arabische Arbeitskräfte zu beschäftigen und seine Erkenntnisse mit seinen arabischen Nachbarn zu teilen. Und als ob das die Lage nicht schon kompliziert genug gemacht hätte, stellte Aaronsohn gerade jetzt, mitten im Krieg, immer weniger Berührungspunkte mit den politischen Zionisten in Ägypten fest. Er mißtraute ihnen aufgrund ihrer bürgerlichen Gesinnung und unrealistischen Ambitionen, obwohl er in dieser Zeit emotional und moralisch eigentlich dringend auf politische Verbündete aus seinem jüdischen Umfeld angewiesen war.

Am Abend des Gesprächs mit Oberst Deedes, in dem er sein Gewissen geprüft hatte, traf er sich mit Jack Mosseri im Salon des Hotels *Continental*: *Er zeigte mir das Telegramm vom Zionistischen Aktionskomitee in Kopenhagen, das ihm seinen hiesigen Vertreter nannte und ihn bat, selbst Mitarbeiter auszusuchen. Ich gratulierte ihm von ganzem Herzen. Jetzt, wo er die volle Macht hat, wird er zeigen können, was sowohl er als auch Ägypten mit oder ohne ihn zu leisten vermögen.*

Aaronsohns sarkastische Einschätzung der politischen Fähigkeiten Mosseris tat jedoch seiner eigenen Überzeugung keinen Abbruch, daß er in den Vereinigten Staaten viel für den praktischen Zionismus bewirken konnte. So beschloß er, Mosseris neugewonnene Bedeutung für seine eigenen Ziele zu nutzen: *Ich wollte Mosseri mit Deedes zusammenbringen, damit er diesem begreiflich zu machen versuchte, was ich in den Vereinigten Staaten ausrichten konnte und daß sie es sich gut überlegen sollten, ob sie diese Gelegenheit nutzten oder nicht.*

In der folgenden Woche machte sich Aaronsohn daran, von seinem Ansehen bei Mosseri zu profitieren und sich mit dessen Einfluß ein persönliches Darlehen von 75 ägyptischen Pfund aus zionistischen Bankguthaben in Kairo zu verschaffen. Er brauchte dieses Geld dringend, um die Spionageoperationen fortzusetzen und die Station in Betrieb zu halten. Wie er wußte, war ein Bericht an die Treuhänder der JAES längst überfällig. Ohne Zweifel ahnten diese nach einem derart langen Schweigen seinerseits, daß in Atlit etwas nicht stimmte. Nach langem Überlegen beschloß Aaronsohn, die türkische Deportationsdrohung als Trumpfkarte einzusetzen. Damit hoffte er eventuelle Zweifler in New York zu beschwichtigen und genügend Notfallgelder von Henrietta Szold zu erhalten, um sich in den nächsten sechs Monaten seiner Spionagetätigkeit über Wasser zu halten. Dieser Zeitraum sollte seiner Einschätzung nach ausreichen, bis den Türken Palästina genommen war und er selbst auf die Station zurückkehren konnte. Er nahm Kontakt zu seinem Bruder Alex in New York auf, um ihm von seiner Notlage zu berichten. Dann entwarf er den Text eines Telegramms an Henrietta Szold, das den Stein ins Rollen bringen sollte: »Bruder Alex und Magnes Treffen und Treuhändersitzung vereinbaren offiziell aber vertraulich von meiner Tätigkeit hier unterrichten. Nachrichten von Station 20. März befriedigend. Unsere Küstensiedlung direkt bedroht von Deportation ins Innere. Viel Geld nötig. Alle Stations- und Hilfsgelder verfügbar machen. Im Notfall hierher telegrafieren.«[8]

Besorgt über den Aufruhr, den er hervorrufen mochte, wollte Aaronsohn jedoch die nächste, für Mitte April geplante Mission nach Atlit abwarten, bevor er das Telegramm verschickte. Angesichts des Laufs der Ereignisse hätte er nicht zu warten brauchen: Bald sollten die Nachrichten aus Atlit seinen Drang, eine Vorwarnung auszusenden, rechtfertigen.

Die *Managem* sollte am 14. April mit Liova Schneersohn und Leibel Bornstein an Bord nach Atlit auslaufen. Hauptmann Weldon und Hauptmann Smith würden die Gruppe anführen. Aaronsohn wollte, daß seine Agenten »A« vor Ort verstärkten, insbesondere Lishanskys südliches Netz, denn zu diesem Zeitpunkt erreichte der Informationsfluß einen kritischen Punkt. Täglich liefen auf der Station Meldungen über türkische Truppenbewegungen ein, und bei dieser gesteigerten Aktivität bestand eine reale Gefahr, daß ein Kurier oder ein Agent den Verdacht der Türken erregte und verhaftet wurde, womit die Sicherheit aller gefährdet war. Zudem sorgte sich Aaronsohn in zunehmendem Maße um seine Schwester. Sie litt an Anämie, und die Entbehrungen des Krieges setzten ihrer Gesundheit sehr zu. Er dachte auch an Familie und Freunde in Zichron Ya'acov und klapperte am Tag vor der Abfahrt gemeinsam mit Liova Schneersohn Port Said nach größeren Mengen Zucker, Milch, Tee, Schokolade und Chinin ab. All das sollte am Wadi Dustrey an Land gebracht und von der Station aus an die Bedürftigsten verteilt werden. Schneersohn sollte Sarah bitten, nach Port Said zu kommen und sich auszuruhen, solange er die nachrichtendienstliche Arbeit und das Überleben der Station nicht beeinträchtigt sah. Aaronsohn trug ihm überdies auf herauszufinden, ob die Mitglieder des Jischuw in Zichron Ya'acov Geld und bewaffneten Beistand von »A« annehmen würden, um einer Vertreibung durch die Türken zuvorzukommen.

Die Mission am Strand vor dem Wadi Dustrey verlief glatt. Schneersohn wurde in der Nacht des 14. April abgesetzt und gelangte unbemerkt zur Station. In den wenigen Stunden bis zur Rückkehr der *Managem* überredete er Sarah Aaronsohn mitzukommen, indem er ritterlich anbot, an ihrer Statt zurückzubleiben. Noch vor der Morgendämmerung des folgenden Tages dampfte die *Managem* mit ihrer wertvollen Fracht nordwärts nach Zypern. Weldon hatte den Halt in Famagusta eingeplant, um eine Handvoll arabischer Agenten an Bord zu nehmen. Sie waren von einer neuen, kürzlich auf der Insel eingerichteten Abteilung des EMSIB ausgebildet worden. Diese Männer wollte er auf der Rückfahrt nach Ägypten an der syrischen Küste nördlich von Haifa einschleusen. Infolgedessen setzte er die Agenten von »A« in Famagusta an Land. Sie würden die neuesten Informationen an Bord der *Kosseir* nach Port Said bringen. Als die *Managem* in Zypern anlegte, sandte Hauptmann Smith eine telegrafische Botschaft an Aaronsohn. Die Neuigkeiten aus dem Inneren Palästinas waren beunruhigend. Die Mitglieder des Jischuw waren unmittelbar von Vertreibung bedroht, zögerten aber dennoch, Hilfe über »A« anzunehmen. Smith teilte ihm außerdem mit, daß neben seiner Schwester und Leibel Bornstein auch Joseph Lishansky an Bord der *Kosseir* sei. Diese letzte Information, ein Ausdruck der Unversöhnlichkeit seiner alten Gegner im jüdischen Gemeinwesen, versetzte Aaronsohn in Wut und Sorge zugleich: *Die Nachricht war beunruhigend. Die Juden lehnten es ab zu handeln. Die Behörden waren mißtrauisch. Joseph und Mrs. A sind an Bord. Sie werden morgen mit der Kosseir eintreffen. Meiner Meinung nach hatte J. kein Recht herzukommen, solange es noch eine Chance auf Fortsetzung der Arbeit gab. Ich beschloß, sofort mit dem 6.15-Uhr-Zug nach Port Said zu fahren.*

Angespannt wartete Aaronsohn den ganzen nächsten Tag auf die Rückkehr des Schiffes, bis er am Abend endlich die Gangway zum Deck hinaufstieg und ein bewegtes Wiedersehen mit seiner Schwester, Lishansky und Bornstein feierte. Am nächsten Morgen in der relativen Bequemlichkeit und Abgeschiedenheit des *Eastern Exchange Hotel* in Port Said tauschten die Spione erste Neuigkeiten und Einschätzungen aus. Mit Schrecken erfuhr der Kopf von »A«, daß die lähmende Angst des Jischuw vor den Türken seinen Spionagering jetzt noch mehr von der übrigen jüdischen Bevölkerung isolierte. So ärgerte er sich um so mehr über Lishansky und dessen Entscheidung, seine Schwester nach Port Said zu begleiten: *Sarati [Sarah] ist extrem anämisch. Ich sagte Joseph, was ich davon hielt, daß er von seinem Posten desertiert war. Leib war zufrieden. Wir nahmen den Mittagszug [nach Kairo]. Ich hörte von der Plünderung des jüdischen Jaffa. Zwei an Bäumen aufgehängte Jemeniten waren die einzigen Juden, die noch in der Stadt geblieben waren. Alles Jüdische wurde geplündert (von Arabern) – unter den beschützenden Augen der türkischen Polizei. Djemal Pascha behauptete zynisch, er vertreibe die Juden zu ihrem eigenen Besten. Der Widerstand unseres Volkes gegen unsere Arbeit ist – wie zu erwarten – auf Feigheit und Intrigen zurückzuführen, die aufkommen, wenn der Herr nicht im Hause ist. Wenn ich die Sache wieder in die Hand nehme, wird alles glatt laufen.*

Vor allem letzteres war wichtig für die Zukunft von »A«. Wenn die Mehrheit der jüdischen Gemeinde gegen seine Organisation war, konnte Aaronsohns Ansehen im britischen Nachrichtendienst tief fallen: vom wichtigsten jüdischen Nachrichtenoffizier zu einem isolierten, intrigenspinnenden Angehörigen einer Minderheit. Sobald er seine Schwester und Lishansky im Hotel *Continental* untergebracht hatte, ging er deshalb um die Ecke ins *Savoy*, um Hauptmann Edmonds und Major Malcolm im Arab Bureau darauf anzusprechen. Aaronsohn beeilte sich, insbesondere Malcolm zu versichern, daß eventuelle Berichte über einen Einflußverlust durch die gravierenden Ereignisse in Jaffa übertrieben wären und daß »A« immer noch die verläßlichste Informationsquelle für die Briten sei – im übrigen habe seine Schwester einen Berg Informationen mitgebracht, die dringend gesichtet werden müßten. Er verbürgte sich dafür, daß dieser Informationsfluß nicht abreißen würde, bis die Eroberung Palästinas erfolgreich abgeschlossen sei.

Natürlich stand Aaronsohn nach dieser Begegnung unter erheblichem Erfolgsdruck. Folglich vereinbarte er mit Miss Smith, einer Schreibkraft aus dem Arab Bureau, einen Termin für den nächsten Tag, um die von Liova Schneersohn angefertigten Übersetzungen des Materials der jüngsten Mission zu prüfen. Als er tags darauf in den Büros im *Savoy* eintraf, brachte er den Text des Telegramms an die JAES-Vorstandsvorsitzenden in New York mit, in dem er über die Bedrohung der jüdischen Bevölkerung von Tel Aviv informierte und um Geld bat. Beiläufig wies er die Typistin an, das Telegramm in den ausgehenden Nachrichtenverkehr zu geben. Zur Mittagszeit kehrte er ins *Continental* zurück.

Die Kunde von der Anwesenheit einer geheimnisvollen jüdischen Heldin verbreitete sich wie ein Lauffeuer in Nachrichtendienstkreisen und, da es bald kein Geheimnis mehr war, auch in der Gemeinde. Aaronsohn wollte sich ausführlich mit seiner Schwester unterhalten, bevor der Trubel um ihre Person begann: *Plauderte lange mit Sarati. Sie beharrte darauf, daß sie nicht hierbleiben könne. Ihre Pflicht riefe sie dahin, wo Gefahr war, und ich solle nicht versuchen, sie an der Rückkehr zu hindern. Sie ist so bescheiden in ihrer Größe – und sich ihres Seelenadels so wenig bewußt …*

Am Nachmittag redete ich wieder mit Sarati, Joseph etc. …

McCrury [Nachrichtendienst] teilte mir mit, daß er und andere gekommen waren, um Sarati in Augenschein zu nehmen, während sie, Pascal und ich bei Groppi Tee tranken. Die Menschen sehen immer gerne eine Heldin.

Am 21. April suchte Aaronsohn erneut Edmonds und Malcolm auf. In den 24 Stunden Bedenkzeit hatte er sein Versprechen an die Briten genauer betrachtet, und mit der ihm eigenen Ehrlichkeit beschloß er, ihnen klarzumachen, daß seine künftige Autorität im besetzten Palästina auch durch sofortiges Handeln ihrerseits unterstützt werden mußte. Natürlich gehörte dazu Geld, ein Wort, das, wie er sehr wohl wußte, im britischen Vokabular nicht vorkam, wenn es um die Juden und insbesondere um »A« ging: *Unter Berücksichtigung aller Faktoren konnte ich nichts anderes tun als folgendes: Ich erklärte meinen Vorgesetzten, wie ich – durch den Zwang der Ereignisse – zum Sprecher unseres Volkes vor Djemal Pascha geworden war und daher zu seiner Hoffnung. Als ich das Land verließ, machte ich meinen Einfluß zunichte. Es war nur natürlich, daß – angesichts der Gefahr einerseits und der sehr wenigen greifbaren Resultate andererseits – sie [die Agenten von »A« in Palästina und die jüdische Gemeinde] jetzt dagegen sind, daß unsere Organisation ihre Arbeit fortsetzt. Es war daher notwendig, das Ansehen wiederherzustellen, und zu diesem Zweck wollte ich ein Rundschreiben an die Anführer in Palästina schicken, damit sie wissen, wie die Sache steht, und ihnen zugleich namhafte Summen übersenden. Ich verlangte daher 2000 Pfund Sterling für diese erste Lieferung und 4000 Francs für die zweite.*

Nach Aaronsohns Überzeugung war es zudem Zeit für eine Evakuierung der Juden, bevor Djemal Pascha die armenische Lösung in großem Maßstab an seinem Volk praktizierte: *Darüber hinaus sagte ich, daß wir uns in Zukunft um die Flüchtlinge kümmern, sie organisieren und dafür sorgen sollten, daß sie zu einem – zuvor ausgewählten – Sammelpunkt geleitet werden, wo die Marine sie abholen und wegbringen wird …*

Edmonds und Malcolm verstanden, was ich meinte. Letzterer ging zu Deedes und kehrte nach einigen Augenblicken zurück und sagte, 2000 Pfund seien bewilligt und die Frage der Flüchtlinge und der Telegramme werde später diskutiert. Ich ging nach Hause [ins Hotel Continental] und berichtete Joseph und Sarati von meinem Erfolg in zumindest einem Punkt. Sie waren erfreut, beharrten jedoch darauf, daß das Ganze ohne Sarati ein Fehlschlag würde. Nach einer langen, schmerzlichen Auseinandersetzung war ich gezwungen, Sarahs Opfer anzunehmen. Wie tapfer und gefaßt sie sich selbst anbot!

Verglichen mit einem derartigen Beispiel an Mut kann ich mir Glouskins Wortreichtum gut vorstellen, wenn ich ihn bitten werde, mir die paar tausend Pfund zu geben, die sie besitzen.

In Aaronsohns kritischer Bemerkung über den Finanzverwalter des politischen Flügels des Zionismus in Kairo deutet sich an, wie isoliert er sich fühlte, ging es darum, jüdische Siedler vor Verfolgung durch die Türken zu retten. Er argwöhnte, daß die zionistischen Komitees in einem solchen Fall tun würden, was sie immer taten: einfach das Handeln zugunsten endloser Debatten auf die lange Bank schieben – genau wie Oberst Deedes, der offiziell die Meinung des Arab Bureau vertrat. Diese Einstellung hinderte jedoch die Offiziellen nicht daran, das Beispiel seiner Schwester Sarah zu bewundern. Diese bereitete sich unterdessen geistig und körperlich auf eine Rückkehr nach Atlit vor, an die Front eines gefährlichen Spionagekrieges. Mit Eintreten der richtigen Mondphase würde die *Managem* zu ihrer nächsten Operation aufbrechen.

Aaronsohn ging tief beunruhigt zu Bett. Die Abfahrt sollte allen, die seiner Familie nahestanden, schwerfallen; und alle, einschließlich der Offiziere des EMSIB und des Arab Bureau waren sich deutlich bewußt, daß der einmonatige Aufenthalt Sarah Aaronsohns in Kairo unweigerlich das Risiko erhöhte. Seit ihrer Flucht hatte kein weiterer Kontakt mit Palästina stattgefunden. War ihr Fehlen aufgefallen? Und falls ja, würde sie bei ihrer Rückkehr verhaftet werden?

Funktionierte »A« als Ganzes überhaupt noch? Aaronsohn machte in dieser Nacht kein Auge zu und hing verschreckenden Gedanken nach, doch bei Tagesanbruch wußte er, daß er seine Schwester weitermachen und ihr dabei jede menschenmögliche Unterstützung zukommen lassen mußte.

Am Nachmittag des 22. April 1917 lief die *Managem* aus – die Mission hatte begonnen, und Aaronsohn, der seine Schwester begleitet hatte, fuhr am selben Abend nach Kairo zurück. Ihm blieb nichts anderes übrig, als auf Nachrichten zu warten und zu hoffen, daß insbesondere Sarah sicher, und ohne den Verdacht der Türken oder ihrer Informanten zu erregen, nach Palästina zurückkehrte. Die Lage für »A« in Kairo war weiterhin prekär, und Aaronsohn verwendete in den folgenden drei Wochen seine ganze Energie darauf, seine Position in den sich überschlagenden politischen Ereignissen zu festigen. Während sich die Vorbereitungen der lange erwarteten Großoffensive gegen Palästina ihrem Abschluß näherten, kursierten Gerüchte von einer Ablösung General John Murrays als Oberbefehlshaber. Dieser hatte mit seiner Salamitaktik vor Gaza gerade eine zweite Niederlage erlitten. Im Mai sollte General Sir Edmund Allenby eintreffen, um den Angriff zu führen. Unterdessen suchten die Politiker – Franzosen, Briten und Zionisten –, noch bevor auch nur ein Schuß gefallen war, sich eine günstige Ausgangsposition zu verschaffen.

Um nicht den Anschluß zu verlieren, bemühte sich Aaronsohn eine Woche lang um ein Treffen mit Sir Mark Sykes, der als Chef des Nachrichtendienstes des EEF direkt General Allenby unterstellt sein würde. Er hatte bereits Verdacht geschöpft: *Sir Mark muß etwas vorbereiten, für das die Zeit noch nicht reif ist.* Sein Argwohn erwies sich als richtig, doch er ahnte nicht, wie weit der politische Prozeß bereits gediehen war. Sykes sondierte seit nunmehr vielen Monaten das facettenreiche Terrain der zionistischen Organisation. Unter anderem hatte er sich heimlich mit zwölf herausragenden jüdischen Persönlichkeiten getroffen. Zu diesen gehörten zwei Rothschilds – Lord Leopold und James –, der im britischen Kabinett höchst einflußreiche Herbert Samuel sowie die politischen Zionisten Nahum Sokolov und Chaim Weizmann. Als Militär war Sykes besorgt, die Franzosen und die Russen könnten nach einem alliierten Sieg historische Ansprüche ins Feld führen. Er war daher darauf aus, der versammelten Gesellschaft einzuschärfen, daß zum gegenwärtigen Zeitpunkt über etwas anderes zu sprechen bedeutete, das Pferd vom Schwanz her aufzuzäumen. Sykes konnte sich durchsetzen, und am Ende des Treffens wurden Weizmann und Sokolov stillschweigend zu den offiziell anerkannten Geschäftsträgern der Zionistischen Organisation Großbritanniens in Frankreich und Rußland ernannt. Um jedem Vorwurf einer Begünstigung der bereits verpflichteten politischen Zionisten vorzubeugen, hatte Sykes außerdem beschlossen, den praktischen Zionisten Aaronsohn als seinen örtlichen politischen Berater in Ägypten einzusetzen. So erhielt dieser am Freitag, dem 27. April, eine Einladung in das Hauptquartier des Nachrichtendienstes des EEF in Kairo: *Traf Sir Mark Sykes. Endlich! Wir schnitten sofort vertrauliche Themen an. Er sagte zu mir, da er mit einem jüdischen Patrioten spreche, werde er mir streng geheime Informationen anvertrauen, von denen manche nicht einmal dem Außenministerium bekannt seien.*

Sykes teilte Aaronsohn mit, was Nahum Sokolovs Entsendung nach Paris bewirkt hatte: Der französische Außenminister hatte zugesagt, daß die britisch-französische Entente die Verwirklichung der gemeinsamen palästinensischen Ambitionen sicherstellen werde, und hinzugefügt, das Außenministerium habe vor, über die Botschaft in Petersburg »Auskunft von jüdischen Anführern in Rußland zu erlangen, ob sie Zionisten sind oder nicht«. *Sir Mark hielt das für idiotisch. Die Juden werden davor zurückschrecken, sich zu erklären. Also schickte er ein Telegramm und verlangte, das Vorhaben fallenzulassen, und erinnerte daran, daß die Christen nach 1900 Jahren Verfolgung und Mißtrauen bei den Juden zu tiefe Narben hin-*

terlassen hätten, als daß man auf irgendwelche Ergebnisse eines derartigen Plebiszits hoffen dürfe, wenn es nicht von den Zionisten selbst angeordnet würde.

Aaronsohn verbrachte den folgenden Tag größtenteils im Arab Bureau, vertieft in Diskussionen mit Oberst Deedes. Beide Männer arbeiteten an einem gemeinsamen politischen Aktionsplan von EEF und »A«. Ergebnis war, daß Aaronsohn eine Reihe von Telegrammen an verschiedene zionistische Anführer in Europa und Amerika sandte, unter anderen an Nahum Sokolov und Julius Rosenwald, den er von dessen Besuch aus den Anfangstagen der Stationsarbeit gut kannte. Diese Telegramme enthielten eine Absichtserklärung, wonach das EEF nach der Eroberung Palästinas den Juden ein bestimmtes Gebiet zusicherte.

Aaronsohns persönliche Befriedigung über diesen großen Schritt nach vorn hielt jedoch nur so lange vor, bis er mit Hauptmann Edmonds sprach: *Ich ging auf eine Minute zu Edmonds nach oben und erfuhr das Neuste. Alle unsere Leute stiegen gestern in Port Said vom Schiff – die See war sehr rauh und sie konnten nicht an Land gehen und mußten wieder heimkommen ... Ich ging zum Bahnhof, um sie abzuholen. Sie haben furchtbar gelitten.*

Insbesondere Sarah Aaronsohns Anämie hatte sich unter den Bedingungen an Bord der *Managem* verschlimmert. Daß die Landung fehlgeschlagen war und sie dem Schicksal nicht die Stirn bieten konnte, hatte sie obendrein in eine Depression gestürzt. Zu allem Überfluß stritten sich Lishansky und Schneersohn, die sich noch nie besonders grün gewesen waren, jetzt unentwegt. Insbesondere Lishansky drohte Aaronsohns wohldurchdachte Pläne für die Zukunft von »A« zu gefährden: *Ich war erneut gezwungen, Joseph und Liova zurechtzuweisen, sich im Zaum zu halten. Wir hatten einen heftigen Streit nach dem Abendessen. Joseph sagte, daß die Öffentlichkeit nicht mit uns sei, daß das Volk aufgeklärt werden sollte ... kurzum, die ganzen bekannten demagogischen Theorien.*

Der nächste Landungsversuch vor Atlit sollte erst in mehreren Wochen stattfinden. Aaronsohn war klar, daß er Lishansky daran hindern mußte, Dummheiten zu begehen. So beschaffte er ihm eine neue Aufgabe: Er sollte zusammen mit einem britischen Offizier nochmals den Ort von Absalom Feinbergs Tod aufsuchen. Seit Lishanskys Bericht über das mysteriöse Verschwinden seiner Leiche nach dem Überfall brannte Aaronsohn darauf, das Gebiet genauer durchsuchen zu lassen, und da die Briten mittlerweile näher an Gaza herangerückt waren, lag die Stelle nun hinter der Front und war frei zugänglich. Der britische Offizier konnte überdies die Beduinen verhören, um ihre Version der mutmaßlichen Ereignisse zu erfahren. Fünf Tage nach dem Abbruch der Atlit-Mission schleppte Aaronsohn Lishansky zum Paßamt in Kairo.

Mittlerweile war wenigstens der Bitte Aaronsohns um Geld in seinem ersten Telegramm nach New York und in einem zweiten vom 28. April nach langem Hin und Her und etlichen Sitzungen des JAES-Vorstands stattgegeben worden. Besonders Henrietta Szold, Julius William Mack und Julius Rosenwald hatten sich massiv für ihn und die Station eingesetzt – schließlich hatte man den Ernst der Lage erkannt. Alle Gelder für Aaronsohn hingen jedoch von den Mitgliedsbeiträgen ab, und diesbezüglich bestand noch immer die Gefahr, daß man ihn Seitens der Geldgeber und des Vorstands finanziell im Stich lassen könnte. Ein von Henrietta Szold geführtes Protokoll einer außerordentlichen Vorstandssitzung gibt Aufschluß über den weiteren Ablauf:
Die Geschäftsführerin berichtete, daß eine Summe von 11 000 Dollar an Mitgliedsbeiträgen ausstünde (einschließlich Außenständen für 1914 in Höhe von 800 Dollar) und daß für 1916 keine Beiträge eingezogen worden seien.

Beschlüsse: Angesichts der Umstände, 1) daß absolut glaubwürdige Informationen vorlagen, daß die Arbeit der Station geordnet ablief, 2) daß die vordem überwiesenen Gelder seit Kriegsbeginn die Station erreicht hatten, und 3) daß die Be-

richte im Vergleich mit den von hier erhaltenen Überweisungen ergaben, daß die Stationsarbeit zu einer hohen Verschuldung führte, wurde einvernehmlich beschlossen, die Mitgliedsbeiträge für 1915 sowie für 1916 einzuziehen.

Es wurde darüber hinaus einvernehmlich beschlossen, daß beim Erhalt verläßlicher Information hinsichtlich der sicheren Weiterleitung von Geldern Mr. Aaronsohn eine ausreichende Summe überwiesen werden soll, um die Schulden und die laufenden Kosten der Station zu decken, soweit sie aus den ausstehenden Beiträgen bereitgestellt werden kann.

Binnen weniger Wochen nach der Sitzung gelang es Henrietta Szold, genügend ausstehende Beiträge einzutreiben, um eine »große Summe« – 5 000 Dollar – für Aaronsohn bereitzustellen und sie schließlich am 1. Juni telegrafisch an eine britische Bank in Kairo zu überweisen.

Sonderhilfskomitee und Sykes-Picot-Abkommen

Schon die Zusage weiteren Geldes reichte aus, um Aaronsohns sinkende Moral wieder zu heben. Als er nur zwei Tage nach der außerordentlichen Sitzung zu seinem morgendlichen Treffen mit Hauptmann Smith im EMSIB erschien und erfuhr, daß *jemand aus Amerika … angefragt [hatte], ob diese Dienststelle Geld für Palästina annehme*, fühlte er sich nicht mehr so allein gelassen. Gleich nach seiner Besprechung mit Smith und mit der Aussicht auf ein bald wieder gepolstertes Bankkonto beschloß er, nun eine Entscheidung über die Frage einer Zusammenarbeit der Zionisten mit »A« herbeizuführen. Er arrangierte Gespräche mit den führenden Vertretern des offiziellen Zionistischen Komitees in Kairo – Mosseri, Alexander, Glouskin, Idelovitch und Kahanoff. Diese Gespräche zogen sich den Rest des Tages hin, bis in den Abend hinein. Insgeheim verfolgte er die Absicht, sich einfach die nützlichsten Mitglieder des Komitees herauszupicken und mit ihnen sein eigenes Sonderkomitee zu bilden, welches dann als Verbindungsglied zwischen den Zionistischen Organisationen Europas und Amerikas sowie den Briten in Kairo dienen sollte. Chaim Weizmann, der berühmte Vorsitzende des Zionistischen Komitees in London, besuchte zwar gelegentlich Kairo, interessierte sich jedoch wenig für die örtliche Organisation. Da Aaronsohn das wußte, bezog er ihn nicht in seine Pläne mit ein, hielt es sogar für das beste, wenn Weizmann vorerst nichts weiter davon erfuhr.

Aaronsohns Tatkraft, seine klar umrissenen Vorstellungen und seine angeborene Abneigung gegen Politik machten ihn nicht gerade zu einem Idealkandidaten für Komiteearbeit. Er wußte jedoch nur allzu gut, daß er angesichts des immer näher rückenden Einmarsches nach Palästina sein Einzelgängertum aufgeben mußte. Er hatte sogar vor, zukünftige Entscheidungen des Sonderkomitees mitzutragen, nicht zuletzt um den Informationsfluß und dessen Inhalt zu kontrollieren. Doch zuerst mußte er einen mittlerweile scharfen Kritiker seiner Methoden unschädlich machen. Glouskin hatte nach Aaronsohns Bitte um finanziellen Beistand darauf bestanden, jegliches Darlehen an »A« aus zionistischen Mitteln an Transparenzbedingungen zu knüpfen, und gemeinsam mit seinem Gesinnungsgenossen Idelovitch Aaronsohn diesbezüglich ständig zugesetzt. Der sah sich bedrängt und isoliert, weshalb er dafür sorgte, daß Glouskin das Komitee verließ.

Kaum hatte Aaronsohn diesen Kampf ausgestanden, traf Joseph Lishansky ein, um über seine Suchaktion nach Absalom Feinbergs Leiche in der Region Khan Yunis zu berichten. Seine Auskünfte waren wenig ermutigend. Ein Trawler des EMSIB hatte Lishansky von Port Said nach Deir al Belah, südlich von Gaza, gebracht. Um von dort aus an den Ort des Überfalls zu gelangen, war er mit der neu gebauten britischen Eisenbahnlinie weiter gen Süden ins Landesinnere gefahren: *Dienstag, 8. Mai 1917, Kairo: Joseph sagte, er habe den Ort gefunden, wo sie angegriffen wurden und unser unglücklicher Freund getötet worden war. Doch seitdem haben sie [die Bri-*

ten] den Boden planiert – Eisenbahnschienen verlegt, Gräben ausgehoben –, und es war unmöglich, die sterblichen Überreste unseres unglücklichen Absa zu finden.

Lishansky hatte hinzugefügt, daß währenddessen in dem Gebiet schwere Artilleriegefechte stattgefunden und türkisch-deutsche Luftwaffenverbände Tieffliegerangriffe auf ihre Stellung geflogen hatten. Er versprach Aaronsohn, einen genaueren Bericht zu liefern, wollte aber vorher den Zug nach Alexandria erreichen – zweifelsohne um Sarah zu sehen. Falls Aaronsohn Zweifel an Lishanskys Geschichte hegte, so gab er sie in seinem Tagebuch nicht preis. Die Möglichkeit, daß dieser Absalom Feinberg verraten oder gar selbst ermordet hatte, wollte er nicht einmal in Erwägung ziehen. Allerdings störte ihn Lishanskys allgemeine Geisteshaltung, da er Verachtung für die anderen Mitglieder von »A« zur Schau trug und allein an Sarah interessiert schien. Doch angesichts der täglich zunehmenden Kriegsaktivitäten ließ Aaronsohn die Sache vorerst auf sich beruhen. Lishanskys Bericht und seine Behauptung, er habe die exakte Stelle des Überfalls gefunden, sollten sich erst 1967 als falsch erweisen.

Im Militärstab in Kairo wuchs derweil die Spannung. General John Murray hatte bislang zweimal vergeblich versucht, Gaza einzunehmen, und wie Joseph Lishansky zu berichten wußte, waren die Türken und die Deutschen auf der anderen Seite der Front noch immer zu Gegenangriffen imstande. Offensichtlich waren weitere Vorbereitungen nötig, bevor der Plan, die Linien bei Gaza zu durchbrechen, erfolgreich sein konnte. Überdies war es nur noch eine Frage der Zeit, bis General Murray zurückbeordert wurde. Ihm würden viele Offiziere folgen, wenn ein neuer Generalstabschef für die nächste Offensive mit seinen eigenen Leuten eintraf. Einstweilen wurden in Kairo die verschiedensten Strategien diskutiert, schon allein um keine Langeweile aufkommen zu lassen. Aaronsohn hatte seinen alten Plan, bei Atlit in Palästina einzufallen und die Türken zu einem Kampf auf dem alten Schlachtfeld der Ebene von Esdraelon bei Megiddo zu zwingen, nie aufgegeben und unternahm eine letzte Anstrengung, seinem Vorschlag Gehör zu verschaffen: *Mittwoch, 9. Mai, Kairo: … Da Sir Mark [Sykes] heute zurückkehrte, sprach ich mit McCrury [Stab] und diskutierte mehrere Pläne, die Türken im Rücken anzugreifen … Ich kam auf meinen Plan zurück, am Karmel [bei Atlit] zu landen und eine Schlacht auf der Ebene von Esdraelon zu schlagen. McCrury erklärte mir, das sei »eine Frage der Politik« und selbst Murray könnte nicht alleine darüber entscheiden. McCrury riet mir, mit dem CGS [Generalstabschef] darüber zu sprechen, wenn ich ihn treffe. »Was ist mit Sir Mark Sykes?« fragte ich. »Er ist doch unabhängig, nicht wahr? Ein politischer Offizier.« McCrury stimmte zu, daß er [McCrury] vielleicht nicht der richtige war, und drängte mich, die Idee ihm [Sykes] vorzutragen. Häufig werden solche Angelegenheiten auf einen Vorschlag von außen hin entschieden.*

Und zwei Tage später, am 11. Mai 1917, traf er Sykes: *Ich sprach mit ihm über einen Angriff von Norden. Er sagte, er sei lange derselben Meinung gewesen, doch seit der Gallipoli-Sache hatten sie Angst vor Landeoperationen – obwohl letztere eigentlich nicht die Ursache für das Scheitern waren, sondern schlechte Führung.*

Sir Mark meinte, ich sollte mich mit Picot treffen, und bot an, mich zu ihm zu bringen. Wir besprachen erneut die Frage der amerikanischen Juden und der Propaganda, die wir dort zur Rekrutierung für die palästinensische Front leisten könnten. Sir Mark bot an, Telegramme oder Briefe weiterzuleiten, die ich vielleicht zu verschicken wünschte.

Aaronsohn traf also George Picot, der sich über seine Aktivitäten gut unterrichtet zeigte. Picot war der führende französische Diplomat in Ägypten, und seine Arbeit mit Sykes sollte bald zu dem nach ihnen benannten Abkommen führen. Dieses sah nach dem Sieg über die Türken eine Aufteilung des Nahen Ostens zwischen Großbritannien und Frankreich vor. Picot befragte Aaronsohn nach seiner Arbeit, gab selbst jedoch wenig preis. Aaronsohn sah sich somit voll in militärische wie politische Angelegenheiten integriert, und alle Stellen in der Schaltzentrale des britischen Oberkommandos bedienten sich unablässig seiner Sachkenntnis. Dennoch verging nach dem abgebrochenen Einschleusungsversuch im April fast ein Monat, bis der Mond wieder in die richtige Phase eintrat und es für die *Managem* Zeit war, eine weitere Mission vorzubereiten. Die Abfahrt wurde auf den 16. Mai festgesetzt, und in der vorhergehenden Woche mußte Aaronsohn seine Agententruppe zusammenbringen und sich auf die Spionagetätigkeit konzentrieren, was nicht einfach war. Da Hauptmann Edmonds und Major Malcolm darauf bestanden, den Kredit für die nächste Fahrt von einer Bank zu beschaffen, fiel Aaronsohn die unangenehme Aufgabe zu, Jack Mosseri darum zu bitten. Am folgenden Tag ging Aaronsohn also zu der von Mosseri geleiteten Bank, auch um dort die Bildung des Sonderkomitees zur Unterstützung der Juden Palästinas bekanntzugeben.

Beiläufig hatte Malcolm erwähnt, die Brieftauben, die mit der nächsten Mission nach Atlit gebracht werden sollten, seien nicht »wie ausgemacht« trainiert worden. Malcolm hatte ein persönliches Interesse an Taubentraining, und die für Atlit ausgewählten Tiere hatte man laut Aaronsohn nur in einer Entfernung von »45 Meilen nördlich von El Arish« – dem Heimatschlag – fliegen lassen. Atlit aber lag doppelt so weit entfernt, und wenn man die Tauben freiließ, war ihr Heimkehrinstinkt zu schwach. Es scheint, daß Aaronsohn sich nicht für andere Nachrichtenübermittlungswege eingesetzt hatte. Ein Funkgerät beispielsweise war zwar klobig und schwer, hätte sich aber von der *Managem* aus an Land schaffen und auf der JAES leicht verstecken lassen. Einer der Benzin- oder Dieselmotoren auf der Station hätte, ohne Verdacht zu erregen, Batterien laden oder direkt Strom liefern können. Auch die kleine, zum Anfunken der *Managem* nötige Antenne hätte man nachts unauffällig aufrichten können. Die Briten hatten jedoch stets darauf beharrt, daß

Brieftauben den Ansprüchen von »A« vollauf genügten, und vielleicht wollte Aaronsohn diesen Streit in einer derart hektischen Zeit nicht erneut vom Zaun brechen, insbesondere da die nächste Mission schon in wenigen Tagen bevorstand.

Er beschloß, seine Schwester, Lishansky und Schneersohn wie üblich nach Port Said zu begleiten. Als sie im Zug saßen, erblickten sie durch die nach Osten weisenden Fenster Vorboten schlechten Wetters. Zwischen Ismailia und El-Qantara am Suezkanal zog ein Gewitter auf. Nach ihrer Ankunft nahmen sie zwei Droschken zum Kai unterhalb der örtlichen Büros des EMSIB. Dort trafen sie auf Hauptmann Weldon, der sie bat, sich direkt zum *Eastern Exchange Hotel* am Hafen zu begeben, da eine sofortige Abfahrt wegen des aufkommenden Sturms unmöglich sei. Am späten Nachmittag tauchte Weldon im *Eastern Exchange* auf und teilte Aaronsohn mit, daß die Abfahrt am folgenden Nachmittag ganz bestimmt stattfinden werde. Da dieser aber beschlossen hatte, noch am selben Abend nach Kairo zurückzukehren, blieb ihm nur wenig Zeit, sich von seiner geliebten Schwester zu verabschieden.

Tatsächlich aber lief die *Managem* erst zwei Tage später aus. Das Schiff war nur wenig nach Norden vorangekommen, als sich die Wetterverhältnisse auf See zusehends verschlechterten. Die kurze Windstille, in der sie hatten ablegen können, war nur die Ruhe vor einem Sturm gewesen, der jetzt von Süd nach Nord über das gesamte östliche Mittelmeer fegte. Weldon hielt die Verhältnisse schriftlich fest: »Wir hatten scheußliches Wetter und mußten jede Hoffnung aufgeben, die Agenten abzusetzen. Und da das Wetter immer schlimmer wurde, mußten wir uns eilends nach Famagusta in Sicherheit bringen. Wir hatten großes Glück, daß wir es bis dahin schafften. Kaum waren wir im Hafen, als ein regelrechter Orkan losbrach, der seit Jahren schlimmste Sturm in dieser Gegend.«[9]

Auch Aaronsohn in Kairo hatte den Sturm zu spüren bekommen. In seinem Tagebuch vermutete er richtig, daß seine drei Gesandten unmöglich an Land gegangen sein konnten. Er mußte jedoch warten, bis Hauptmann Weldon über das EMSIB Nachricht von der *Managem* geben würde, um zu erfahren, ob das kleine Schiff dem Unwetter überhaupt standgehalten hatte. Schließlich verständigte ihn seine Schwester, nicht der Hauptmann, per Telegramm aus Famagusta, daß alle wohlauf waren. So stand der Auftakt zur letzten Phase der Aktivitäten von »A«, die in die neue britische Offensive münden sollten, unter einem ungünstigen Stern. Eine längere Abwesenheit der nominellen Führer von »A« aus Palästina trug zwar wenig dazu bei, die Position der Organisation im Jischuw zu verbessern, doch gegen das Wetter waren sie machtlos. Verschlimmernd kam noch hinzu, daß Weldon mit der Rückfahrt nach Atlit keine Eile hatte. Statt dessen ließ er die jüdischen Agenten auf Zypern zurück, nahm seine arabischen Agenten an Bord und dampfte ab nach Tyros.

Aaronsohn hatte aber nicht nur mit diesem jüngsten Rückschlag für die Arbeit von »A« zu kämpfen – auch seine anderen hart umkämpften Pläne zeigten Auflösungserscheinungen. Oberst Deedes lehnte, entgegen seinem sonstigen Verhalten, den Vorschlag ab, Jack Mosseri nach Basra und Bagdad – erst kürzlich von den Briten befreit – zu entsenden, um dort die jüdischen Interessen zu wahren und zu bündeln. Statt dessen trug ihm Deedes auf, sich mit dem Generalstab (GHQ) abzustimmen, bevor er etwas unternahm. Nach dieser Abfuhr durch seinen engsten Verbündeten brauchte Aaronsohn nicht lange zu warten, bis sich der Grund der veränderten Haltung der Briten gegenüber ihrem bevorzugten Agentenführer herauskristallisierte: Auf unerfindliche Weise war ein von ihm verfaßter Rohentwurf eines Manifests über die Ziele des Sonderhilfskomitees, den er an Glouskin und Kahanoff zum privaten Gebrauch weitergegeben hatte, auf einen Schreibtisch im Generalstab gelangt, und sein Inhalt hatte auf dem Weg von einem Schreibtisch zum nächsten immer höhere Schockwellen in der Kommandokette ausgelöst. Der brisanteste Vorschlag des Entwurfs war, eine jüdische Division aufzustellen, die Seite an Seite mit der britischen Armee für die »Befreiung« Palästinas kämpfen sollte. Binnen Stunden war das Papier in Kairo an allerhöchste Stellen weitergegeben worden. Am späten Abend des 21. Mai übermittelte ein britischer Soldat Aaronsohn eine Nachricht vom GHQ. Man verlangte eine sofortige Bestätigung, daß er der Autor war – außerdem sollte er sich am folgenden Tag unbedingt bei General Murray einfinden. Aaronsohns Entwurf hatte die imaginäre politische und militärische Demarkationslinie zwischen Briten und Franzosen berührt, die sich in diesem Stadium des Krieges in einem fragilen Zustand befand.

Mark Sykes, sein Verbündeter im britischen Stab, und der Franzose George Picot, den er kürzlich als so zurückhaltend in politischen Diskussionen erlebt hatte, hatten bereits im Februar 1916 vereinbart, den Nahen Osten nach dem Krieg aufzuteilen. Der türkische Sanjuk Jerusalem, also das Gebiet des alten Palästina von Galiläa bis zur Negev-Wüste und zum Jordan, sollte unter internationale Verwaltung gestellt, und ein großes dreieckiges Gebiet, das es von Anatolien im Norden bis zum Persischen Golf im Südosten und zum Sinai im Südwesten umgab, sollte zwischen Großbritannien und Frankreich aufgeteilt werden.

Diese Kompromißlösung erlaubte es beiden Parteien, die komplizierte Frage der Zukunft Palästinas offenzulassen und zugleich lange vor einer Eroberung die Ansprüche auf das umliegende Territorium zu regeln. Mark Sykes wollte die Russen mit ihrem seit jeher bestehenden Wunsch nach einem Mittelmeerzugang über das Schwarze Meer keinesfalls gegen Großbritannien aufbringen und hatte im März 1916 Petersburg besucht, um den russischen Außenminister in die britisch-französischen Pläne einzuweihen. Sykes war sich gleichzeitig bewußt, daß die Russen einen legitimen Anspruch auf den Zugang zu ihren orthodox-religiösen Stätten in Jerusalem besaßen, insbesondere zur Grabeskirche im Herzen der Altstadt. Mit Billigung des britischen Außenministeriums hatte er seinen Besuch genutzt, um zu sondieren, wie die Russen zur Schaffung einer jüdischen Heimstätte innerhalb des anvisierten »internationalen« Gebietes Palästina standen. Außenminister David Lloyd George, zu jener Zeit durch Chaim Weizmanns Lösung des Azetonproblems günstig gestimmt, hatte dieses Vorhaben ausdrücklich unterstützt, wohingegen Premierminister Herbert Henry Asquith sich gegen feste politische Zusagen ausgesprochen hatte. Doch im Dezember 1916 war Lloyd George an Asquiths Stelle getreten, und Arthur James Earl of Balfour war Außenminister geworden. So hatten Sykes und die Zionistische Organisation in London plötzlich zwei mächtige Fürsprecher, die den Gedanken einer nationalen Heimstätte aus dem britischen Kabinett heraus propagierten. Infolgedessen schickte Weizmann mit stillschweigender Zustimmung Lloyd Georges seinen Stellvertreter Nahum Sokolov auf das europäische Festland. Sokolov brachte bei seiner Rückkehr die Kunde mit, daß die französische und die italienische Regierung sowie der Vatikan – die allesamt ein Interesse an der Zukunft der heiligen Stätten hatten – keine Einwände gegen eine allgemeine Deklaration zugunsten einer nationalen jüdischen Heimstätte innerhalb eines »internationalen« Palästina erhoben. Diese höchst sensiblen Entwicklungen waren als »streng geheim« eingestuft worden, ermutigte doch gerade die britische Regierung – durch ihren Agenten Lawrence – die Araber, sich zu vereinigen und das türkische Joch abzuschütteln. Als daher Aaronsohn am Morgen des 22. Mai 1917 das GHQ aufsuchte, wußte er nichts davon, daß Chaim Weizmann mit voller Rückendeckung des britischen Kabinetts bereits den Grundstein für das britische Dokument gelegt hatte, das als »Balfour-Deklaration« bekannt werden sollte. Doch selbst wenn er von diesen Vorgängen hinter den Kulissen gewußt hätte, sie hätten ihn mit aller Wahrscheinlichkeit nicht so sehr beunruhigt wie die Nachricht, die er eben beim Frühstück über die Agentur

Reuters erhalten hatte: Der Jischuw hatte mehrere alarmierende Berichte über Vertreibungen und Plünderungen in Jerusalem, Judäa und vor allem Galiläa herausgeschmuggelt.

Als Oberst Deedes also einen sehr besorgten Aaronsohn in General Murrays Büro geleitete und ihm riet, *keine neuen [politischen] Fragen aufzuwerfen und sich damit zu begnügen, eventuelle Fragen des Chefs zu beantworten*, rannte er damit offene Türen ein. Wie sich zeigte, kam John Murray rasch zum Gegenstand der Vorladung: Aaronsohns jüngster Versuch, den Einfluß seines eigenen Sonderhilfskomitees über Kairo hinaus zu erweitern, war schlicht und einfach nicht erwünscht. Kurzum, General Murray pochte auf seine Position als Oberbefehlshaber des EEF und wünschte, daß Aaronsohn seine Nase nicht in die Politik steckte und sich statt dessen auf die Leitung von »A« konzentrierte. Es lag dem General fern, einen seiner besten Mitarbeiter zu verärgern, und er gab sich alle Mühe, ihm seine Zwangslage verständlich zu machen, wie sein Gegenüber pflichtschuldig aufzeichnete: *Er entließ Deedes, und als wir allein waren, sagte er zu mir: »Ich möchte Ihnen persönlich und ganz unter uns sagen, wie tief mich die Vorkommnisse in Palästina bewegen. Es schaudert mich, wenn ich daran denke, daß die Juden dasselbe Schicksal erleiden wie die Armenier, und ich bedauere zutiefst, daß wir so machtlos sind. Was die Telegramme betrifft, so möchte ich Ihnen mitteilen, daß eine jüdische Division keinen Wert hätte. Ich brauche gut ausgebildete Soldaten. Sie wissen besser als ich, daß ich die türkischen Abwehrstellungen und die Infanterie, deutsche Maschinengewehre und österreichische Artillerie sowie treulose Russen in deren Rücken gegen mich habe. Außerdem muß ich – mit meiner einzigen Eisenbahnlinie – jeden Mund stopfen, und jeder Mann und jedes Pferd in meiner Truppe werden auf die Probe gestellt. Ich kann nur mit einer ausgewählten Minderheit gewinnen.*

Angesichts einer solch vernünftigen Argumentation blieb Aaronsohn kaum eine andere Wahl, als General Murrays Urteil zuzustimmen. Er verließ das Büro jedoch als veränderter Mann. Was ihn auf dem Weg zum Sonderhilfskomitee am meisten beschäftigte, war die Erkenntnis, daß Glouskins und Kahanoffs verräterisches Handeln seinem eigenen zaghaften Versuch, eine Brücke zum offiziellen Zionismus zu schlagen, ein Ende bereitet hatte: Sie waren das Leck für sein Manifest gewesen. Bittere Erinnerungen wurden in ihm wach. Ebenso verraten und verkauft hatte er sich damals in Metullah gefühlt, wo er als landwirtschaftlicher Berater gearbeitet hatte und vom Siedlerkomitee unter erfundenen Diebstahlsbeschuldigungen vertrieben worden war. Das Verhalten von Glouskin und Kahanoff rief ihm darüber hinaus ins Gedächtnis, in welch festgefahrenen Bahnen der Jischuw dachte und wie halsstarrig er sich den Gideoniten und »A« gegenüber gezeigt hatte. So konnte er denn in der vorzeitigen Bekanntmachung seiner Telegramme durch zionistische Gesinnungsgenossen nur eine Bestätigung dafür sehen, daß der offizielle Zionismus von einer Bande nur an sich selbst interessierter Politiker geführt wurde. Und deren Ziele standen seiner in autokratischer, aber bewährter Weise geführten und seit langem bestehenden Geheimorganisation sowie seinem neuen Sonderhilfskomitee diametral entgegen. Als Krönung ihres Verrats hatten die beiden mit ihrer Tat auch noch das Bündnis mit der britischen Militärführung schwer belastet. In Zukunft würde er nur noch im Interesse seiner unmittelbaren Getreuen handeln.

Ob die Weitergabe des Manifestentwurfs ein bewußter Racheakt gewesen war, um Aaronsohn ein für allemal aus den zionistischen Kreisen zu verdrängen, ist schwer zu beurteilen. Der Vorfall fügte jedoch den britisch-zionistischen Beziehungen in Kairo erheblichen Schaden zu, bestätigte er doch die im GHQ und im Arab Bureau weitverbreitete Meinung, daß die Juden im allgemeinen und die Zionisten im besonderen intrigant und niemals vertrauenswürdig seien.

Aaronsohn selbst überstand den Zwischenfall; doch nur weil die Nachrichten seiner Agenten die einzig verläßlichen Informationen über Feindbewegungen waren, die aus Palästina herauskamen. Sogar David Hogarth forderte – obwohl mittlerweile selbst ein politisches Gewicht in arabischen Kreisen und mißtrauisch gegen alles Jüdische – weiterhin eigene, ganz spezielle Informationen über die aktuelle Lage im Lande sowie deren Interpretationen durch Aaronsohn an. Im Licht der letzten Berichte, die Sarah Aaronsohn nach Kairo mitgebracht hatte, war dies ganz offensichtlich die klügste Strategie, und infolgedessen durfte ihr Bruder seine privilegierte Stellung im GHQ behalten.

So lernte Aaronsohn nur einen Tag nach dem Gespräch mit General Murray Richard Meinertzhagen kennen. Dieser war gerade aus London eingetroffen, um den Nachrichtendienst des EEF zu inspizieren. Aaronsohn fühlte sich in der Gegenwart dieses Mannes sofort wohl, als er ihm in den Räumen des Arab Bureau vorgestellt wurde. Major Meinertzhagen war ebenfalls von Haus aus Wissenschaftler – ein begeisterter Ornithologe. Außerdem war er Jude und ein glühender Verfechter des Zionismus. Glücklicherweise sollten sich ihre Pfade künftig häufiger kreuzen, so daß »A« in der kommenden schweren Zeit die so dringend benötigte Unterstützung erhielt.

Fürs erste jedoch mußte Aaronsohn mit den letzten Berichten aus Zypern fertig werden. Der Orkan, in den die *Managem* geraten war, hatte sich gelegt, jedoch bei Atlit eine hohe Brandung zurückgelassen, die schon den bloßen Gedanken an eine Landung zunichte machte – auch die jüngste Mission war demnach fehlgeschlagen. Am 31. Mai kehrten seine drei Gesandten wieder nach Ägypten zurück: *Sarati und ihre Gefährten trafen am Nachmittag ein. Sie haben an Bord der Managem grausam gelitten – verbrachten zehn Tage in Larnaka, wo sie sich Malaria zuzogen – und kamen mit der Kosseir zurück. Es wäre grausam, Sarati noch einmal zurückzuschicken. Ich sehe dafür keine Notwendigkeit ... Einzig beruhigend war, daß die Signale [Laken auf dem Balkon] am 17. dieses Monats auf der JAES immer noch zu sehen waren.*

Die jüngsten Meldungen über Deportationen in Galiläa

hatten ihn alarmiert. Er erkannte, daß die Gefahr für seine Agenten und insbesondere seine Schwester nun einen kritischen Punkt erreicht hatte. Schon bei einer simplen Polizeikontrolle in Zichron Ya'acov und auf der Station würde das unerklärliche Fehlen der allseits bekannten Sarah Aaronsohn auffallen, und wenn sie nach einer solchen Kontrolle wieder auftauchte, würde sie zum Verhör direkt ins Gefängnis wandern.

Kapitel 11
Tanz auf dem Vulkan

Dienstag, 5. Juni 1917, Kairo: … Verbrachte eine Stunde mit Edmonds und Hauptmann Smith, überprüften die Einzelheiten des nächsten Einsatzes – der mittlerweile für den 12. des Monats festgesetzt ist. Smith schlug mir vor, daran teilzunehmen. Werde darüber nachdenken. Sie drückten alle ihre Besorgnis darüber aus, daß Sarati die Fahrt mitmacht, und konnten nicht verstehen, warum ich dem zustimmte.

Aaronsohn wußte besser als Edmonds oder Smith, welchen Gefahren sich seine Schwester erneut aussetzen wollte – und das trotz ihrer gesundheitlichen Probleme wie der Blutarmut und nun auch noch der Malaria, die sie sich in Zypern eingefangen hatte. Doch sein wahres Motiv für die Zustimmung zu Sarahs Plänen wollte Aaronsohn aus einem naheliegenden

Sarah Aaronsohn und Joseph Lishansky kurz vor ihrer Rückkehr nach Atlit 1917

Grund nicht preisgeben: Wenn seine Schwester in Ägypten blieb, würde Joseph Lishansky die Verantwortung für die Feldoperationen bei Atlit übernehmen, und dessen Urteil traute er nicht mehr. Andererseits wußte er, daß die beiden ineinander verliebt waren, Lishansky wäre also kaum freiwillig allein nach Atlit zurückgegangen.

Am Tag darauf kümmerte Aaronsohn sich um die Aktionen seines Sonderkomitees: Er schlug Mark Sykes vor, die Tätigkeiten auf Rußland auszudehnen. Dieses Land beherbergte eine große jüdische Diaspora, die neuerlich unter Pogromen zu leiden hatte. Seit den 1880er Jahren waren diese immer wieder aufgeflammt. Weil er auf französische Unterstützung hoffte, gestattete Sykes ihm, Picot die Angelegenheit zu schildern, sofern Brigadegeneral Clayton dem zustimmte. Aaronsohn hatte kaum Sykes Büro verlassen, als man ihn auf dem Korridor abfing. Die undurchsichtigen Ereignisse im Zusammenhang mit Absalom Feinbergs Tod holten ihn wieder ein: *Donnerstag, 7. Juni 1917, Kairo: Eine wichtige Nachricht brachte gestern meine Pläne durcheinander. Barlow [Nachrichtendienst] teilte mir mit, daß ein gewisser Hag Ahmed Agha aus Khan Yunis verhaftet worden sei. Er wird verdächtigt, Absas Mörder zu sein. Ich ließ sofort Woods anrufen, um zu erfahren, ob Josephs Zeugenaussage, wenn man sie jetzt aufnimmt, später vor Gericht gültig wäre – in diesem Fall würde ich mit Joseph an die Front gehen. Major Greenwood war sich dessen nicht sicher und hieß uns warten.*

Hinter Aaronsohns Bestreben, Lishansky umgehend zu einer Zeugenaussage zu zwingen, stand hauptsächlich sein Wunsch, die Wahrheit zu erfahren. Er konnte mittlerweile Lishanskys Version der Geschehnisse um Feinbergs Tod nicht mehr vorbehaltlos akzeptieren. Allerdings kam nie eine Antwort von Major Greenwood, und da bis zur Abfahrt der *Managem* nur mehr eine Woche Zeit blieb, wurde die Sache ad acta gelegt. Damit verstrich die letzte Gelegenheit, Genaueres über Feinbergs Ermordung und den Verbleib seiner Leiche in Erfahrung zu bringen.

Am 8. Juni nahm Aaronsohn seine wie immer dicht gedrängten Termine in Sachen Politik, Nachrichtendienst und Spionage wahr. Vor allem mit George Picot unterhielt er sich lange unter vier Augen. Offenbar hatte er das Vertrauen des Franzosen gewonnen: *Hatte eine lange und interessante Unterhaltung mit Picot. Er war immer für ein französisches Palästina gewesen – gab aber … nach, als er erkannte, daß dies unmöglich ist. Daher kann jede Propaganda zugunsten eines britischen Palästina nur Schaden anrichten, da sie [die Franzosen] dann den Verdacht hegen würden, daß England seine Entscheidung überdenkt.*

Italienische Intrigen lassen sich nicht verhindern. Italien entsendet 400 Männer an die palästinensische Front – um die Hand im Spiel zu haben. Dasselbe bei Rußland. Die beste Lösung wäre daher Internationalisierung oder Kondominium.

»Wo war je eine Internationalisierung erfolgreich?« fragte ich.

Picot erwiderte, daß diese nicht vollauf zufriedenstellend wäre, aber das einzig Machbare. Da ich mir vorgenommen hatte, versöhnlich zu sein, … sagte ich, ich sei zwar prinzipiell gegen eine Internationalisierung, könne verstehen, daß man sagt, Internationalisierung habe bis jetzt keine zufriedenstellenden Ergebnisse erbracht, vielleicht aufgrund des Verschuldens der Leute, die davon hätten profitieren sollen – untergeordnete Leute. Mit den Juden aber – dürften die Ergebnisse weitaus besser sein. Ich erklärte ihm, wie ich die Fruchtbarkeit Palästinas einschätzte, und auch, daß jüdisches Kapital – geeint durch Nationalgefühl – am Ende seine Ambitionen durchsetzen würde … Ich schnitt die syrische Frage an. Warum wollen sie [die Franzosen] Araber aus Syrern machen? – sie sind alle mehr oder weniger proarabisch … Syrien ist eine französische Erfindung, tief verwurzelt in der Phantasie französischer Politiker … Ich persönlich glaube nicht, daß sie eine Nation werden, wenn sie nicht ihre nationale Sprache wiederbeleben. Bis jetzt haben allein die Juden dieses Wunder vollbracht.

Dann fragte Aaronsohn Picot über Arabien aus, das neuerdings in den Mittelpunkt von David Hogarths Interesse gerückt war. Gerüchten zufolge reiste der aufgestiegene Archäologe Lawrence in politischer Mission unter den Arabern des Hidjas umher. Gleichzeitig erfuhr er die neuesten Nachrichten aus Deutschland. Der deutsche Reichstag hatte dementiert, daß die Juden Palästinas von den Deutschen oder ihren türkischen Verbündeten vertrieben werden sollten, doch Aaronsohn schöpfte sofort Verdacht: *Alles deutsche Abstreiten … ist Beweis, daß die von uns erzeugte Aufregung sich auszahlt. Die Türken und Deutschen mußten bald einsehen, daß Juden nicht ungestraft ermordet werden können wie die Armenier. Die Kriegsanleihe in Deutschland hätte wegen der Juden Schaden genommen. Sie stoppten daher weitere Deportationen.*

In seinem Tagebuch schlägt sich seine damalige Einstellung gegenüber allem Deutschen nieder. Er mochte zwar seine Wissenschaftlerkollegen in Berlin immer noch sehr schätzen, doch sein Pessimismus, was die Anhänger und Förderer des deutschen Militarismus betraf, kannte keine Grenzen. Seiner Überzeugung nach ermutigten die Deutschen ihre türkischen Verbündeten aktiv zu Repressionen gegen die einheimische Bevölkerung. Aaronsohn sah hier ein gigantisches, zynisches Feldexperiment an der Bevölkerung, von dem letztlich die Deutschen als künftige Herren der Region profitieren könnten. Zu dieser Zeit des Krieges jedoch, wo allein die Verluste an der Westfront wöchentlich in die Tausende gingen, war er ein einsamer Mahner in der Wüste.

Der Tag der nächsten Atlit-Mission rückte näher. So mußte sich Aaronsohn wieder auf seine Geheimdienstorganisation konzentrieren und die internationale Politik vorerst beiseite schieben. Es war beschlossen, daß »A« mit Beginn der britischen Invasion eine Zermürbungstaktik gegen die türkische Armee starten sollte. Dazu gehörten Sprengstoffanschläge auf Bahnlinien und Brücken, ähnlich wie es Lawrences Pläne im Hidjas vorsahen. Am 9. Juni begleitete Aaronsohn daher Lishansky in die Wüste am Rand von

Kairo, wo man ihnen die Verwendung von Schießbaumwolle vorführte.

Zwei Tage später suchte er das Hauptquartier des EEF auf; dort übergab man ihm 5000 Dollar für die Station, die ihm sein Bruder aus New York geschickt hatte. Er erfuhr nicht, ob es sich um sein ausstehendes Gehalt, um Gelder für die Station oder einfach um allgemeine Hilfsgelder handelte, doch die Zahlung kam gerade rechtzeitig und war höchst willkommen, minderte sie doch Aarons Abhängigkeit von Jack Mosseri und Co. und dem Banksystem der zionistischen Zentrale. Zusätzlich erhielt er rückwirkend die Summe von 1413 ägyptischen Pfund – die Ausgaben Feinbergs während seiner Arbeit für Leutnant Woolley im Jahr 1915. Nach dem Tod seines Freundes hatte er jede Hoffnung aufgegeben, dieses Geld je wiederzusehen.

Frühmorgens am 12. Juni traf er sich mit Hauptmann Edmonds zu einer letzten Einsatzbesprechung. Diesmal sollten mit Lishansky und seiner Schwester Vorräte, Waffen, Munition und Sprengstoff an Land gebracht werden. Bald gerieten die beiden Männer in Streit über den geeigneten Waffentyp für »A«. Der Hauptmann wollte ihnen das Lee-Enfield-.303-Gewehr geben, das seit seiner Einführung 1906 bewährte britische Infanteriegewehr. Aaronsohn widersprach: Diese Waffe hatte man in Palästina noch nie gesehen, und außerdem waren in jeden Schaft Herstellungsjahr und -ort eingeprägt, so daß ihr bloßer Besitz auf türkisch besetztem Gebiet die Todesstrafe bedeuten konnte. Auch wenn viele dieser Gewehre aus der Zeit vor 1914 stammten, waren sie oft von Büchsenmachern instand gesetzt worden und trugen mehrere kleine, aber spätere Datumsstempel auf dem Lauf. Zudem hatte die Munition für das .303 einen Datumseindruck auf jeder Patronenhülse – ein türkischer oder deutscher Spionageabwehroffizier konnte einen solchen schlagenden Beweis für eingeschmuggelte Waffen kaum übersehen. Schließlich ließ sich Edmonds erweichen, Aaronsohns Wahl zuzustimmen: dem alten 577/450-Martini-Henry-Gewehr.

Dieselbe Vorsichtsmaßnahme mußte man bei der Beschaffung des Goldes des Sonderhilfskomitees beachten, das Sarah Aaronsohn im Jischuw verteilen sollte: Jeder Goldfranc und jeder Goldsovereign mußten überprüft und jede Münze mit einem Datum nach 1914 aussortiert werden.

Aaronsohn ließ Waffen und Gold so genau prüfen, weil er zutiefst um die Sicherheit seiner Schwester fürchtete. In seinen abschließenden schriftlichen Instruktionen ordnete er an, daß Lishansky zunächst allein an Land gehen und feststellen sollte, ob die Luft rein war. Erst wenn er zurückkam, durfte auch Sarah das Schiff verlassen. Außerdem sollte Schneersohn für die Fahrt nach und von Zypern an Bord bleiben. Er hatte die Aufgabe, an Land zu gehen, wenn die *Managem* auf dem Rückweg nach Port Said an Atlit vorüberfuhr, und für die Übergabe der zusammengestellten Berichte zu sorgen. Am 13. Juni übergab Aaronsohn auf dem Bahnhof von Kairo seine Anweisungen an Hauptmann Edmonds, der die Gruppe begleiten sollte, und bat ihn, den Brief nach seiner Ankunft in Port Said an seinen Kollegen Ian Smith weiterzuleiten. Da er sich eine weitere schmerzliche Trennung in Port Said ersparen wollte, verabschiedete er sich vorzeitig von seiner Schwester, Lishansky und Schneersohn. Leibel Bornstein war ebenfalls mit von der Partie.

Die *Managem* lief noch am selben Nachmittag aus. Das Wetter war gut, das Schiffslogbuch verzeichnet einen gleichbleibend leichten südöstlichen Wind. Bei der Annäherung an Atlit ließ Hauptmann Weldon vor Abu Zebura einen Schwarm Tauben frei und brachte damit einen nutzlosen Versuch zu Ende, den abzubrechen ihn das schlechte Wetter auf der letzten Mission gezwungen hatte. Später notierte er in seinen Memoiren, alle Tauben hätten Port Said »sicher« erreicht. Die Würfel für das Schicksal Sarah Aaronsohns und der gesamten Organisation waren gefallen.

Ihre Landung verlief glatt, doch wie Weldon in seinen Erinnerungen eindeutig berichtet, mißachtete er Aaronsohns letzte Instruktionen bezüglich seiner Schwester: »In der

Nacht des 15. liefen wir auf Atlit zu. Ich legte mit den Agenten in einem Boot vom Schiff ab, und ein zweites, mit Material (das aus Bomben, Gewehren und Munition bestand) beladenes folgte. Ich ließ das Boot mit dem Material etwa dreihundert Meter vom Strand entfernt ankern und ging dann mit Sarah und Joseph (unseren Agenten) an Land. Sie liefen hinauf zum Haus, um Hilfe zum Ausladen und Verstecken des Materials zu holen, während ich am Strand blieb. Nach anderthalb Stunden kamen sie zurück, und ich ruderte zu dem Materialboot, brachte sämtliches Zeug an Land und übergab es ihnen. Glücklicherweise war die Brandung nicht stark. Als ich die Berichte für die letzten drei Wochen erhalten hatte, kehrte ich zum Schiff zurück.«[1]

Die *Managem* dampfte noch in der Nacht nach Zypern weiter, von wo aus Hauptmann Weldon die wichtigsten Einzelheiten aus den jüngsten Berichten verschlüsselt nach Port Said funken sollte. Dank Aaronsohns weiser Voraussicht war Schneersohn zur Hand, um die Meldungen zu codieren. Knapp zwei Wochen später fand sich die *Managem* auf ihrer Rückfahrt nach Port Said wie geplant vor Atlit ein. Die Brandung war zu stark, um mit dem Boot an Land zu gehen. Deshalb ließ Weldon so nah wie möglich an den Strand heranfahren und hieß dann Schneersohn und Bornstein ins Wasser zu springen und an Land zu schwimmen. Nach einer Stunde kehrten die beiden Männer mit schlechten Nachrichten zurück. Die Berichte der über ganz Palästina verstreuten Agenten waren nicht rechtzeitig auf der Station eingetroffen. Schneersohn teilte Hauptmann Weldon mit, Sarah Aaronsohn lasse bitten, »ein paar [gemeint: zwei] Nächte später« noch einmal zurückzukommen. Weldon tat ihnen den Gefallen, doch in der Nacht des 26. Juni stieß er auf etwas, das gefährlicher war als die Brandung – türkische Wachen: »Ich landete mit zwei Männern [Schneersohn und Bornstein] und ging zu Fuß zum Treffpunkt, doch niemand war da. Wir warteten eine Zeitlang und beschlossen dann, zum Boot zurückzukehren. Doch auf dem Rückweg jagte man uns einen tüchtigen Schrecken ein. Plötzlich wurde auf uns geschossen, und die Kugeln pfiffen uns unangenehm nah um die Ohren. Dies war einer der vielen Augenblicke, in denen ich ein kaltes Grauen vor dem Krieg empfand – besonders vor der Agentenführung. Doch unsere Angreifer zeigten sich nicht, und wir kamen ungeschoren davon.«[2]

Schlechte Nachrichten verbreiten sich schnell, und am 27. Juni wußte Aaronsohn bereits, daß die *Managem* in Schwierigkeiten geraten war. Weldon hatte eine unbestimmte Meldung an Hauptmann Edmonds im EMSIB gefunkt; wieder in Kairo, berichtete Schneersohn in allen Einzelheiten. Offenbar hätte Weldon eine Nacht früher nach Atlit zurückkehren sollen. Nachdem er dies erfahren hatte, beschloß Aaronsohn, sich über die schlechte Vorbereitung der Operation bei Malcolm zu beschweren. Doch er hatte einen unglücklichen Zeitpunkt erwischt, und die britische Militärführung nahm seine Beschwerde übel auf. Dahinter steckten Rivalitäten, von denen Aaronsohn nichts ahnte. Die Entwicklung des arabischen, teilweise von Lawrence eingefädelten Aufstandes im Hidjas hatte das Arab Bureau von einer kleinen politischen zu einer Dienststelle mit großem Einfluß auf die Militärhierarchie Kairos aufsteigen lassen, und die eifersüchtig bewachte Grenze zwischen Militärischem und Politischem Nachrichtendienst wurde jetzt regelmäßig überschritten. David Hogarth als der Hauptverantwortliche hatte Kairo kürzlich verlassen und war nach London gereist, um Sir Mark Sykes zu einer Position zu verhelfen, die der von Brigadegeneral Clayton, dem Chef des Militärischen Nachrichtendienstes, gleichkam. Dieser Schachzug sollte das Arab Bureau in eine neue, unangreifbare Stellung versetzen. Das EMSIB, mittlerweile für die Drecksarbeit des Militärischen Nachrichtendienstes zuständig, saß damit zwischen allen Stühlen. Es mußte beiden Parteien Information liefern und durfte niemand verärgern. Der Stab des EMSIB – Malcolm, Smith und Edmonds, reguläre Armeeoffiziere und traditionell loyal gegenüber dem Militärischen Nachrichtendienst –

nahm an den Einmischungen von Oberst Deedes unentwegt Anstoß. Aaronsohns Beschwerde an Wyndham Deedes wirkte daher wie ein gezielter Versuch, sich über die Autorität des EMSIB hinwegzusetzen. Vor dem Hintergrund der ohnehin schon starken Spannungen zwischen politischem und militärischem Lager in Kairo galt dies als Verrat, den man keinesfalls dulden durfte. Am Sonntag, dem 1. Juli, wurde Aaronsohn herbeizitiert, um den Grund seiner Beschwerde zu erläutern. Bezeichnenderweise fand die Besprechung nicht im *Savoy*, dem Sitz von EMSIB *und* Arab Bureau, sondern in Brigadegeneral Claytons Hauptquartier in »R« (für »Residence«), dem Sitz der Militärregierung, statt: *Ich ging hin und fand Major Malcolm, Hauptmann Smith und [Hauptmann] Edmonds vor. Sie machten alle sehr ernste Mienen. Er sagte, wenn ich wollte, daß er Anteil an meinen Belangen nähme, sollte ich nicht Deedes mit ihnen verwechseln und umgekehrt. Ich gab meinem Erstaunen Ausdruck. Ich glaubte nicht, etwas Unpassendes getan zu haben. Ich hatte erst mit Deedes gesprochen, nachdem ich mit Malcolm geredet hatte.*

Was meine Beschwerden anging, so versuchten sie, diese abzutun. Malcolm wollte sich versöhnlich geben. Doch Smith war es ernst. Er sagte, die Berichte, die ich [von Schneersohn] erhalten hatte, wären falsch. Meine Leute seien nicht gut, die Arbeit könnten andere viel besser machen. Zwischen dem 16. – Datum der Landung – und dem 23. – Datum der 2. Operation – seien sie [Sarah Aaronsohn, Joseph Lishansky und die übrigen »A«-Agenten] nicht fähig oder nicht willens gewesen, Berichte aus Afoula beizubringen – nur 25 Meilen entfernt. Acht Tage hätten dafür nicht ausgereicht!

Hauptmann Smith kennt mich offensichtlich nicht und weiß nicht, daß er mir, wenn er einen derartigen Ton anschlägt, meine ganze Selbstbeherrschung zurückgibt und mich meine übliche Aufrichtigkeit und Überschwenglichkeit vergessen läßt.

Aaronsohn war sich sicher, daß Smith und auch Weldon nichts mehr wünschten, als die durchweg jüdische Gruppe »A« loszuwerden, um ihre syrischen Agenten ganz nach ihrem Gutdünken einsetzen zu können. Er verließ die Sitzung schweren Herzens. Angesichts derartiger Feindseligkeit und Kritik mußte sich »A« schon aus Prinzip aus britischen Diensten zurückziehen. Sein letzter Tagebucheintrag für diesen Tag spiegelt seine ganze Betrübnis: *Zwei Jahre Arbeit und Absa verloren! Wahrlich ein hoher Preis! Doch Absa wäre der erste gewesen, der zu mir sagte: »Herr und Meister, du hast es gut gemacht«, und er hätte mich womöglich noch mehr geliebt. Ob manche das Donquichotterie nennen würden? Vielleicht.*

Daß ihn eine Clique der britischen Militärhierarchie in Kairo außer Gefecht setzen wollte, hatte noch eine andere Auswirkung auf den Enttäuschten. Von Kindesbeinen an und während seiner gesamten Laufbahn bis hin zu den jüngsten Auseinandersetzungen mit seinen Mit-Zionisten hatte er sich isoliert gefühlt, und nun machte sich dieses Gefühl auch in bezug auf »A« und sein Verhältnis zu den Briten breit. Am 2. Juli notierte er den Wunsch in sein Tagebuch, »A« aus jeder weiteren Beteiligung am Krieg zurückzuziehen. Oberst Deedes mußte eingreifen, um alle wieder zur Vernunft zu bringen.

Am 6. Juli entschuldigten sich die Offiziere des EMSIB persönlich bei Aaronsohn, und Smith nahm seine Äußerung vollständig zurück. Man einigte sich darauf, die Operationen in Atlit fortzuführen und die Spionagetätigkeit von »A« sogar noch weiter auszubauen. Trotzdem war Aaronsohn noch immer beunruhigt, da Smith seine eigenen Agenten vorzog und insbesondere einen Mann weiter einsetzte, der, wie Aaronsohn vermutete, von der türkischen und deutschen Spionageabwehr enttarnt worden und somit ein echtes Sicherheitsrisiko war: *Freitag, 6. Juli 1917, Kairo: ... Ich suchte Deedes auf und besprach: – Botschaften mit Tauben übermitteln – häufige Patrouillen französischer Kriegsschiffe, die unsere Signale auf der JAES empfangen könnten – ich wies darauf hin, wie gefährlich es war, Boutagy einzusetzen.*

Mit dem Hinweis auf einen möglichen Einsatz von Beobachtungsschiffen erklärte Aaronsohn dem Oberstleutnant, daß ihm die Verwendung von Tauben noch immer Unbehagen bereitete. Philip Graves, der Lawrences Platz im Arab Bureau eingenommen hatte, hatte sein anhaltendes Mißtrauen gegen eine derart riskante Methode kürzlich bestätigt, als er einräumte, daß frühere Erfahrungen der Briten mit Brieftauben im Senussi-Krieg *höchst entmutigend* gewesen seien. Allerdings stand eine weitere Fahrt nach Atlit unmittelbar bevor, so daß das Problem der Kommunikation zwischen der Station und Port Said Major Malcolm, Hauptmann Smith und ihren unzuverlässigen Vögeln überlassen blieb. Da Neumond nahte und ihnen die Zeit davonlief, mußte Aaronsohn, wenn er nicht selbst mitfahren konnte, einen geeigneten Agenten auswählen, der Liova Schneersohn und Leibel Bornstein auf der nächsten Mission begleitete.

Seine Wahl fiel auf Raphael Aboulafia. Ihn hielt er für zuverlässig und reif genug, sich nicht in die aktuellen Ränkespiele hineinziehen zu lassen – *einen* Agitator wie Lishansky im Griff zu behalten, war mehr als genug für den bedrängten Agentenführer. Doch obgleich das EMSIB seine Kritik an »A« und den Methoden der Organisation revidiert hatte, fand es umgehend einen Einwand gegen die Mannschaftsliste. Die Einstellung zu Juden an Bord der *Managem* hatte sich, wenn überhaupt, nur zum Schlechteren verändert. Kapitän Morewood, Kommandant des Schiffes seit dem ersten Kontaktversuch mit der Station im Februar, hatte schon im Mai das Kommando abgegeben, da er wieder zu seinem Vorkriegsarbeitgeber, der Hafen- und Leuchtturmverwaltung in Port Said, zurückkehren mußte. Seinen Platz hatte ein Kapitän A. Cain eingenommen. Dieser hatte es sich nach nur einer, wenn auch teilweise erfolglosen, Fahrt nach Atlit bei Edmonds und Smith im EMSIB schon sehr bequem eingerichtet. Cain, in Weldons Worten »ein wirklich beherzter Kerl«, war offensichtlich aus demselben Holz geschnitzt wie sein kommandierender Offizier, und die beiden Männer bildeten nun gemeinsam mit Smith an Bord der *Managem* eine prosyrische Offiziersclique. Für die Zukunft von »A« verhieß das nichts Gutes. Allerdings hatte Hauptmann Weldon auf der Rückfahrt von Zypern nach der letzten Mission den Kontakt zu »el Agouz« in Tyros durch eigenes Verschulden verloren, und um ein Haar hätten ihn die Türken erwischt. All dies hatte er vor Aaronsohn zu verheimlichen versucht – erfolglos, weil Hauptmann Edmonds es versehentlich ausplauderte. Möglicherweise hatte sich das EMSIB nun, da es das Debakel mit den Syrern hatte eingestehen müssen und man wußte, daß die Katze aus dem Sack war, nachgiebig gezeigt, und Aaronsohn durfte sein volles Kontingent von drei Männern mitschicken.

Doch wie es das Schicksal wollte, fanden sich am Nachmittag des 13. Juli nur *zwei* Männer, Schneersohn und Aboulafia, auf der *Managem* ein. Bornsteins Kind war in der Nacht des 12. Juli schwer erkrankt. Infolgedessen wies Aaronsohn ihn an, sich auf der *Kosseir* einzuschiffen, sobald sein kleines Mädchen außer Gefahr war, und in der zweiten Phase der Mission, bei der Rückkehr von Zypern, dazuzustoßen. So verließ die *Managem* Port Said am Abend des 13. Juli mit einer weiteren großen Menge Schießbaumwolle und mehreren Beuteln sorgfältig sortierter Goldmünzen. Letztere entsprachen im Wert fast 3000 ägyptischen Pfund und setzten sich zusammen aus von Aaronsohns Sonderhilfsfond für den Jischuw gesammelten Geldern und einem Teil der 5000 von Henrietta Szold übersandten Dollar. Diesen Betrag hatten zwar die Treuhänder ausschließlich zur Erhaltung der Station gedacht, doch auf Anweisung Aaronsohns sollte seine Schwester heimlich etwas davon abzweigen, um den mageren britischen Beitrag zum Unterhalt von »A« aufzustocken.

Außerhalb des Hafenbeckens von Port Said war die See rauh, und Aaronsohn, der das Gold persönlich auf die *Managem* gebracht hatte, hegte Zweifel, daß am 14. oder 15. Juli eine erfolgreiche Landung am Wadi Dustrey stattfinden konnte. Auf der Zugfahrt zurück nach Kairo ging ihm der Gedanke durch den Kopf, daß seine Organisation jetzt, da seine Schwester wieder in Atlit und Schneersohn Stammgast an Bord der *Managem* waren, den Kinderschuhen entwachsen war und auf eigenen Füßen stehen konnte. Allein der zurückgebliebene Anführer wußte um den politischen Drahtseilakt vor, während und nach jeder Mission. Und ungeachtet des britischen Zögerns, der jüdischen Gruppe Anerkennung für ihre bemerkenswerten Leistungen zu zollen, hatten sich Aaronsohn und Schneersohn vor kurzem einen eigenen, aus der Bibel entlehnten Namen für ihre kleine Truppe überlegt – ein Zeichen von Stolz auf die eigene Arbeit.

Als ein Besatzungsmitglied der *Managem* Schneersohn um eine Parole für »A« bat, griff er auf diese Stelle des Alten Testaments zurück. Es war ein verbreiteter, uralter Brauch des jüdischen Volkes, Codenamen aus der Bibel zu entlehnen. Besagte Passage aus dem ersten Buch Samuel beschreibt, wie der Seher König Saul die Folgen verkündet, da dieser dem Wort des Herrn nicht gehorcht hat. Als Samuel sich zum Gehen wendet, ergreift Saul einen Zipfel von Samuels Rock, so daß dieser abreißt. Samuel sieht darin ein Vorzeichen für die Zerstörung Israels und spricht: »Auch lügt der nicht, der Israels Ruhm ist, und es gereut ihn nicht.« Beeindruckt von der Bedeutung dieses Passus für das gegenwärtige Ringen von »A« und der Zionisten um das Land ihrer Vorväter, hatte Schneersohn die Idee, aus den Anfangsbuchstaben der hebräischen Wörter des ersten Satzteils »Netzach Israel lo Ishakare« das Wort »Nili« zu bilden – ein Kennwort, das nun nicht nur von der Besatzung der *Managem* benutzt wurde, sondern bald schon innerhalb der gesamten Organisation.

Bornstein fuhr am 15. Juli nach Zypern weiter, und in der folgenden Woche hörte Aaronsohn nichts von der *Managem*. Doch wie gewöhnlich lenkte ihn vieles ab oder nahm ihn gar völlig in Anspruch. Der lang erwartete Nachfolger von General Murray war in Ägypten eingetroffen, und schon am 17. Juli arrangierte der allmächtige Oberst Deedes eine persönliche Vorstellung Aaronsohns, wie sie nur wenigen Auserwählten zuteil wurde.

General Sir Edmund Allenby hatte seit Kriegsbeginn als Kavallerieoffizier in Flandern gekämpft und besaß Erfahrung in seinem Handwerk. In den Schlachten von 1915 und 1916 hatte er sich ebenfalls reichlich Meriten im statischen Stellungskrieg in den Schützengräben erworben. Dieser wurde nirgendwo in einem so großen Ausmaß praktiziert wie im Wytschaete-Frontbogen von Ypern, dem »Menschenfleischwolf«. Dort hatte Allenby beim jüngsten Angriff auf die Messines-Höhen die Dritte Armee befehligt. Dieser Angriff markierte eine neue Art der Kriegsführung an der Westfront: begrenzte Angriffsziele, unterstützt durch massiven Beschuß. Zu Beginn der Offensive wurden 19 Minenschächte unter die deutschen Linien vorgetrieben und mit jeweils mehreren Tonnen TNT, gemischt mit Ammoniumnitrat und Schießbaumwolle, gefüllt. Als die Minen synchron gezündet wurden, meinte noch Premierminister Lloyd George in der Downing Street auf der anderen Seite des Kanals die Erschütterung der Explosion zu spüren – eine Erinnerungshilfe für den britischen Politiker, so denn eine nötig war, welch unermeßlichen Beitrag sein Freund Chaim Weizmann zur alliierten Kriegsanstrengung beigesteuert hatte. Der Premier hoffte wie viele andere auch, daß der Schock der Explosion die Kampfmoral der Deutschen so weit brechen würde, daß der Krieg, der das britische Empire und den europäischen Kontinent buchstäblich ausbluten ließ, rasch zu einem Ende kam. Drei Generationen lagen an der Westfront unter der Erde. Die jüngsten britischen Gefallenen waren mit 15 Jahren gestorben, die ältesten mit 60. Allein die Minen hatten schätzungsweise 10000 Deutsche das Leben gekostet – eine fast zehn Kilometer lange Reihe Soldaten Schulter an Schulter. Die offiziellen britischen Verluste in den ersten fünf Tagen der Offensive vom 7. bis 12. Juni beliefen sich auf 20940 Gefallene, Verwundete und Vermißte. Da diese Zahl einem knappen Drittel der Gesamtverluste des ersten Tages der Somme-Schlacht 1916 entsprach, galt dies als vertretbar. Allenby wollte den Krieg in Frankreich bis zum Ende ausfechten, doch da ein paar armselige Meilen Geländegewinn an den Messines-Höhen alles blieben und die Truppen im Morast des Sommerregens festlagen, wurde sein ersehntes Ziel, wie 1914 mit seiner Kavallerie durchzubrechen und die Deutschen in die Flucht zu schlagen, immer unwahrscheinlicher. Trotzdem war General Allenby ausgesprochen unglücklich, als er den Befehl erhielt, als Oberbefehlshaber des EEF nach Ägypten zu gehen. Er konnte noch nicht wissen, daß sich seine militärische Bestimmung im Nahen Osten und nicht in Frankreich erfüllen sollte.

Die modernen militärtechnischen Erfindungen wie Sprengstoff und Gewehre hatten ihm seine Aufgabe, das Heilige Land zu erobern, nicht gerade leichter gemacht. Wichtigste Grundvoraussetzung, um erfolgreich zu sein – wie sie auch für jede einzelne Invasionsstreitmacht der Vergangenheit gegolten hatte –, war schlicht und einfach Wasser. An zweiter Stelle kam ein zuverlässiges und aktuelles militärisches und ziviles Nachrichtennetz. Als er seinen Stab diesbezüglich um eine rasche Lagebeurteilung bat, wagte niemand außer Oberst Deedes, einen Namen zu nennen. Wyndham Deedes aber wußte, wenn es einen Mann gab, der Allenbys Probleme zu lösen vermochte, dann Aaron Aaronsohn.

Deedes wollte vermeiden, daß zwei so starke Charaktere gleich zu Beginn aneinandergerieten, und hatte daher seinen neuen Oberbefehlshaber gut auf das Treffen vorbereitet. Aaronsohns harte Arbeit für das Arab Bureau hatte sich unter anderem in einem detaillierten wirtschaftlichen und geophysikalischen Bericht über Palästina niedergeschlagen, der nun auf General Allenbys Schreibtisch lag. Der Bericht war eine ausgezeichnete Arbeit, führte er doch alle in der Antike, dem Mittelalter und der Neuzeit bekannten Süßwasservorkommen – artesische Brunnen und Quellen – vom Sinai ganz im Süden Palästinas bis zum Litani im äußersten Norden auf.

Beigefügt war ein Exemplar eines politischen Berichts, den das Arab Bureau gerade zum internen Gebrauch herausgegeben hatte. Auch dieser war ganz und gar das Werk Aaronsohns. Allerdings hatte David Hogarth ihn sofort mit einem 75jährigen Verbreitungsverbot belegt, da er brisante Enthüllungen über Aarons palästinensische Landsleute enthielt: über Muslime und Griechisch-Orthodoxe, Protestanten und Jerusalemsfreunde, Maroniten und Katholiken.[3]

Das *Handbook Personalities of South Syria-North Palestine* trug bereits den Vermerk »GEHEIM«; auf der ersten Seite stand jedoch noch eine zusätzliche Anweisung: »Streng geheim. N. B. – Diese Veröffentlichung ist ausschließlich für die höchsten britischen Verantwortlichen bestimmt und darf unter keinen Umständen Personen syrischer oder ägyptischer Herkunft bekannt werden.«

Der Inhalt war tatsächlich atemberaubend, politisch brisant und sehr persönlich. Aaronsohns Insiderwissen und die jüngsten nachrichtendienstlichen Berichte waren zu einem Dokument verschmolzen, das Charakter und politische Neigungen aller Personen von Rang und Einfluß in allen größeren Städten oder Regionen des türkisch-osmanischen Palästina beschrieb. Während einige Urteile, etwa das über Aaronsohns eigenen Vater, großzügig ausfielen, sprach er sonst – wie es seine Art war – alles vollständig und unzensiert aus, was er für wahr hielt. Das Handbuch spiegelte die ethnischen Kräfteverhältnisse innerhalb Palästinas wider. Das Rückgrat der Gesellschaft bildeten dabei die einflußreichsten arabischen Familien. Aaronsohn führte sie Region für Region auf, und sein Urteil über diese muslimischen Araber wirkt im großen und ganzen erstaunlich ausgewogen, wie das Beispiel Nablus zeigt. Aus diesem Abschnitt geht hervor, wie sehr die armen Araber, denen eindeutig Aaronsohns Sympathien galten, unter den Türken gelitten hatten:

»NABLUS (SICHEM)

Muslime.

Familie HAMAD.

Seit einiger Zeit die politisch führende Familie, aufgrund der Protektion durch den Mutessarif [Vorsteher eines Regierungsbezirks].

Hadji Taufik Hamad, 50. Grundbesitzer. Besitzt das Dorf Zawata. Früher Gegner der Jungtürken, jedoch von einem Freund dazu veranlaßt, sich ihnen anzuschließen. Leistete dem CUP [Comité Union et Progrès, die 1909 gegründete Partei der Jungtürken] einen Treueeid, worauf er zum Parlamentsabgeordneten für Nablus gewählt wurde. Soll jedoch grundsätzlich Gegner der türkischen Partei sein. Ist Weizenlieferant für die Regierung von Nablus, Kerak und Salt. Im Juli 1916 versuchte er, Weizen von den *Beni Sakhr* einzuziehen, die ihn jedoch nicht herausgaben. Die Regierung wagte es nicht, seine Forderung durchzusetzen.

Hadji Hasan Hamad. Neffe des Vorgenannten und noch einflußreicher. Wurde als einer der ersten von den Türken zum Tode verurteilt, entkam jedoch und ist jetzt wahrscheinlich irgendwo bei den Beduinen.

Familie ABDUL HADI.

Traditionell die wichtigste Familie von Nablus. Landbesitzer. Sehr intelligent und im Grunde nicht fanatisch, trotz des Auftretens. Unterdrücken aber die Landbevölkerung sehr, welche sie fürchtet und verabscheut.

Ibrahim Effendi el-Kasim Abdul Hadi. Neffe von Rauf Abdul Hadi, jetzt Mitglied der Regierung des Scherifen in Mekka [das Herz des arabischen Aufstands]. War inhaftiert und zum Tode verurteilt, entging jedoch der Hinrichtung. Soll sich noch immer bei Nablus aufhalten.

Amin Bey Abdul Hadi. Vetter des Vorgenannten. War Parlamentsabgeordneter für Nablus. Stark antitürkisch. Sein Bruder Selim wurde im Sommer 1915 hingerichtet. Gebildet und mit europäischem Anstrich. Ist Großgrundbesitzer und wurde nach seiner Haft unter strengen polizeilichen

Auflagen entlassen, um seine Ländereien zu bebauen und Lebensmittel für die Armee zu erzeugen. Lieferant wie sein Partner Taufik Hamad (oben).

Hadji Abdul Hadi Kasim Abdul Hadi. Naher Verwandter und Freund von Selim (siehe oben). Mit drei Söhnen deportiert nach Angora, sein Besitz eingezogen. Ein Sohn, *Auni*, war eines der Gründungsmitglieder der Arabischen Gesellschaft in Paris, wo er sich immer noch aufhält, allerdings zum Erscheinen vor einem Kriegsgericht verurteilt.

Familie DARI.

Familie von Geschäftsleuten. Unehrlich und genauso unterdrückerisch wie die vorgenannte.

Sheikh Nimr ed-Dari, 50–60. Früher Mufti [Rechtsgelehrter], doch entlassen. Schlau und nicht vertrauenswürdig. Einer der Ulemas [Repräsentant der religiösen Institutionen des Islam]. Wurde verhaftet und vor das Kriegsgericht gestellt, aber freigesprochen. Djemal [Pascha] setzte, unzufrieden mit den Ergebnissen, das Kriegsgericht ab und ließ ihn erneut vor Gericht stellen. Diesmal wurde er verurteilt, jedoch danach mit Amin Abdul Hadi (oben) entlassen. Soll immer noch in Nablus sein. Antitürkisch.

Sheikh Omar es-Zowaitar, 40–50. Insgeheim sehr antitürkisch, doch auf gutem Fuß mit der Regierung und begünstigt von Djemal [Pascha]. Mitglied des Verwaltungsrats. Die Regierung benutzt ihn als Weizenlieferanten mit der Vollmacht, Weizen zu beschlagnahmen. Hat diese Möglichkeit der Bereicherung seit dem Krieg weidlich ausgenutzt und verfügt jetzt in Nablus über großen Einfluß.

Sämtliche vorgenannten Personen außer Taufik Hamad waren vor dem Krieg Anführer der Arabischen Partei. Infolgedessen haben alle mit Ausnahme von *Omar es-Zowaitar* seit Kriegsbeginn viel zu erdulden. Sie sind wohlhabende Männer und haben viel Einfluß, nicht nur durch ihren Reichtum, sondern auch aufgrund ihres religiösen Standes und Ansehens.«

Als ob Aaronsohn zeigen wollte, daß er von Natur aus

nicht zu Parteilichkeit neigte, widmete er einen besonderen Abschnitt des Handbuchs seinen jüdischen Landsleuten, Siedlern wie Geschäftsleuten, einschließlich der Mitglieder der Gemeinden Atlit und Zichron Ya'acov und seines eigenen Vaters. Allem Anschein nach behandelte er sie genauso wie die muslimischen Araber, obgleich die Persönlichkeiten des Bezirks Haifa beachtliche Kritik einstecken mußten, höchstwahrscheinlich aufgrund seiner persönlichen Erfahrungen mit diesen Leuten:

»*Fauzi Bey*, 35. Türke. Sohn von Sadik Pascha (Bruder von Kiamil Pascha). Ein prächtiger Brigant im Stile der mittelalterlichen deutschen Räuberhauptmänner. Führt eine Bande von rund 100 Raufbolden an und terrorisiert die ganze Region. Intelligent und charmant. Lebt in Zarghanieh. Sehr anglophil.

Familie KHOURY.

Yusuf Bey Khoury, 40–45, Maronit. Sehr reicher Grundbesitzer. Beschäftigt eine große Anzahl *Fellahin* auf seinem Land bei Yajur und Harbesh, in der Nordwestecke der Ebene von Esdraelon. Geizig und feige. Lebt jetzt in Damaskus und versucht sich bei Djemal [Pascha] einzuschmeicheln.

Familie MANSUR.

Mikhail Habayeb, 50. Griechisch-Orthodoxer. Regierungsbeamter. Soll im Exil sein. Oberster Freimaurer des Bezirks. Erpresser und ein Halunke besonderer Güte.«

In der Einschätzung, die Aaronsohn – zu Recht oder Unrecht – deutschen Ortsansässigen zukommen läßt, spiegelt sich nicht zuletzt seine Schwäche für Frauen, die er stets hatte.

»*Nasrah (Nazareth).*

Deutsche.

Herr Lindley, 45. Deutscher Offizier, niedergelassen in Nazareth. Soll vor etwa zehn Jahren aus Deutschland verbannt worden sein. Römisch-katholisch. Vermesser. Heiratete vor etwa acht Jahren eine Tochter von Heselschwert (siehe unten). Spricht Arabisch und arbeitet wahrscheinlich hierzulande immer noch für deutsche Interessen.

Herr Wagner. Lebt schon sein ganzes Leben lang in Nazareth. Örtlicher Agent der Deutschen Palästinabank. Als der Krieg ausbrach, verbreitete er prodeutsche Nachrichten und diente allgemein deutschen Interessen.

Herr Heselschwert. Der einzige europäische Hotelbesitzer (Hotel Germania). Berüchtigter Betrüger und Heuchler.

Frau Müller, bekannt als *Sitt Lena*, 50, in Syrien geboren. Spricht perfekt Englisch, Französisch, Deutsch und Arabisch. Der deutsche Konsul pflegte sie zu politischen Zwecken einzusetzen. Sehr einflußreich bei den Beamten. Kleine Landbesitzerin. Wurde von einem deutschen Pfarrer an Kindes Statt angenommen. Äußerst klug und fähig und ein anständiger Mensch.

Schwester Frieda. Deutschschweizerin. Krankenschwester. Ausgebildet in Edinburgh. Pflegte die bei El Arish [erste und zweite Schlacht um Gaza] verwundeten Engländer und kehrte danach nach Nazareth zurück.«

Insbesondere die von Aaronsohn beschriebenen Deutschen verdächtigte das Arab Bureau jetzt, in den Diensten der türkisch-deutschen Spionage und Spionageabwehr zu stehen. David Hogarth und Philip Graves hatten in Wagner mit seinen früheren diplomatischen und geschäftlichen Kontakten bereits den Hauptverdächtigen hinter der von den Deutschen gelenkten türkischen Gegenspionage ausgemacht. Zu jenem Zeitpunkt war noch nicht bekannt, daß er das EMSIB über die miteinander befreundeten Mittelsmänner Nicola Datodi und Charles Boutagy schon 1915 unterwandert hatte. Im Arab Bureau und im Militärischen Nachrichtendienst in Kairo bestanden jedoch kaum Zweifel, daß die Deutschen sehr wohl wußten, daß das EMSIB irgendwo an der Küste Syriens und Palästinas Agenten ein- und ausschleuste.

Infolge der überaus nützlichen Informationen des Handbuchs und der ausgezeichneten topographischen und geophysikalischen Berichte mit allen Wasserstellen fand der Leiter von »A« in General Allenby einen aufmerksamen Zuhörer: *Dienstag, 17. Juli 1917, Kairo: Um 11 Uhr war ich zu Deedes gebeten worden. Letzterer nahm mich mit zum CGS [Chief of General Staff] (General Lynden-Bell). Wir sprachen über Straßen, Transport etc. ... Der CGS stellte mich dem C/C [Commander in Chief] vor. Letzterer (Allenby) begrüßte mich überaus zuvorkommend. Er sagte, man habe ihn unterrichtet, daß ich mit dem Land gründlich vertraut sei, und fragte mich nach meinen Ansichten.*

1) Allgemeine Bedingungen: unerträgliche Lage – Bevölkerung geht vor die Hunde – hohe Sterblichkeit – allgemeines Elend.

2) Bezüglich Gesinnung der Bevölkerung: Von keiner Seite ist etwas zu befürchten. Gegen die zu erwartende gewohnheitsmäßige Hinterlist auf seiten des proislamischen Elements müssen die üblichen Vorsichtsmaßnahmen getroffen werden. Es ist nicht wahrscheinlich, daß die verschiedenen Bevölkerungsgruppen, deren Erwartungen enttäuscht wurden und die wissen, daß sie Schlappen hinnehmen mußten, den Invasoren zujubeln werden, doch sie werden mit Sicherheit keinen Widerstand leisten. Ich erklärte die Situation – Anzahl und Art der jüdischen Ziele.

3) Türkische Armee: insgesamt unter-, doch unseren Erwartungen unendlich überlegen, da sie im Vergleich zu früher bemerkenswert gut gerüstet ist [deutsche Mauser-Gewehre, Artillerie und Flugzeuge].

4) Kommandierende Offiziere: Djemal Pascha halte ich vom militärischen Standpunkt aus für absolut unbedeutend – doch er ist eitel, oberflächlich und neigt sehr zum Intrigenschmieden, und das sehr gerissen.

Kress von Kressenstein – ein Offizier von Wert. Abenteuerlustig, fast leichtsinnig und entschlossen. Ein gefährlicher Gegner – um so mehr, als er wahrscheinlich das Unerwartete tut.

Der C. in C. [Allenby] lauschte mit Interesse und stellte mir kluge Fragen »auf den Punkt«. Er machte einen ausgezeichne-

ten Eindruck auf mich. Sagte, er würde mich nicht vergessen. Bevor ich ging, versicherte ich ihm, daß ich, falls er Männer brauche, um die Befreiung des Landes zu beschleunigen, wüßte, wo solche zu finden seien.

Aaronsohn hatte bei General Allenby ebenfalls einen ausgezeichneten Eindruck hinterlassen. Was er in dem Handbuch dargelegt hatte, war, abgesehen von den persönlichen Details, die historische Realität der arabischen Uneinigkeit und des jüdischen Zusammenhalts – ebendiese Voraussetzungen sollten letztlich auch den Frieden jedes Mandats und jede künftige Stabilität der Region zunichte machen. Zudem ging aus dem Bericht hervor, daß die kollektive Struktur des Jischuw die Türken davon abgehalten hatte, die Methode des »Teile und herrsche« anzuwenden, anders als gegenüber dem arabischen Klansystem mit seinem schwächeren nationalen Zusammenhalt. Die Türken fürchteten offenbar die bürokratischen, geschäftlichen und juristischen Verwicklungen, wenn sie mit der gebildeteren und vereinten jüdischen Bevölkerung in derselben Weise umsprangen. Doch obwohl sie sich mit willkürlichen Verhaftungen und Hinrichtungen – gegenüber der arabischen Bevölkerung an der Tagesordnung – weitgehend zurückhielten, wußte Aaronsohn, daß es nur eine Frage der Zeit war, bis Djemal Paschas Geheimplan, die jüdische Bevölkerung zu deportieren und sie wie die Armenier der osmanischen Obrigkeit vom Hals zu schaffen, in die Tat umgesetzt würde. Aus diesem Grund hatte Aaronsohn sein Hilfskomitee so energisch auf die Beine gestellt und General Allenby rückhaltlos jede nur mögliche Hilfe angeboten.

In dieser Hinsicht waren sich die beiden Männer also einig. Das militärische Hauptziel des Generals bestand darin, die Türken mit einem erfolgreichen Feldzug aus dem Heiligen Land zu vertreiben – und falls er vor Weihnachten 1917 Jerusalem einnehmen konnte, lieferte er damit Premierminister Lloyd George einen politischen Triumph und der Moral der alliierten Truppen einen kräftigen Schub. Nur Aaronsohn konnte dem General einen entscheidenden Vorsprung gegenüber seinem Feind verschaffen: Er allein kannte besser als jeder andere Denkweise und Methoden von Allenbys beiden Hauptgegnern im bevorstehenden Feldzug – Djemal Pascha und General Kress von Kressenstein.

In den nächsten Tagen erstellte er für General Allenby ein ausführliches Dossier über diese beiden und wartete währenddessen angespannt auf Neuigkeiten von der Atlit-Mission. Bald jedoch stellte sich heraus, daß die neue Leitung an Bord der *Managem* nichts davon hielt, sich mit ihm in Kairo in Verbindung zu setzen. Abgesehen von einem kurzen Funkspruch Raphael Aboulafias aus Zypern, in dem er Aaronsohn bat, seiner Frau mitzuteilen, er sei *wohlauf und werde gegen Ende des Monats zurückkehren*, hörte er nichts genaueres von der Mission, bis ihn am 25. Juli Hauptmann Edmonds ins EMSIB-Büro bat: *Er gab mir Kopien von Telegrammen … Liova wird morgen nachmittag hier sein – Raphael eine Woche später. Diese lakonische Mitteilung ließ mich erschauern. Was bedeutet sie? Edmonds wußte es nicht oder wollte nichts sagen.*

Als Schneersohn tags darauf eintraf, vermochte er indes seine schlimmsten Befürchtungen zu beschwichtigen. Allen drei Agenten war es geglückt, im Schutz der Dunkelheit ohne Schwierigkeiten an Land zu gehen. Sie fanden die Station unbesetzt bis auf einen einsamen Wachposten. Sarah Aaronsohn und Lishansky waren nicht da. Schneersohn nahm die neuesten Agentenberichte aus dem Versteck unter den Dielenbrettern, meinte jedoch, dem Wachhabenden Menashe Bronstein die Verantwortung für eine solch große Menge Goldes nicht aufbürden zu können. Dann war die *Managem* nach Zypern weitergefahren, wo Schneersohn die *Kosseir* bestiegen und die Berichte nach Ägypten gebracht hatte. Bornstein und Aboulafia waren mit Hauptmann Weldon zurückgeblieben. Sie würden hoffentlich auf der Rückfahrt der *Managem* Aaronsohns Schwester wieder auf der Station vorfinden. Das nachrichtendienstliche Material, das

Schneersohn mitgebracht hatte, war von der üblichen hohen Qualität und enthielt auch eine von einem Nili-Agenten angefertigte Zeichnung des neuesten, nahe der Küste bei Atlit gesichteten deutschen U-Bootes. Seit 1916 waren zahlreiche britische Truppentransportschiffe unter großen Verlusten vor der ägyptischen Küste versenkt worden, und über jedem Plan, das EEF von Großbritannien aus über das Mittelmeer zu verstärken, hing jetzt wie ein Damoklesschwert die U-Boot-Bedrohung. Zudem hatten General Allenby und sein Stab vor, die türkischen Stellungen an der Front zwischen Gaza und Beersheba zu bombardieren und so die türkischen Linien zu durchbrechen. Ein Angriff von stationären Schlacht- und Panzerschiffen aus war jedoch unmöglich, falls sich ein feindliches U-Boot vor Ort befand. Am 27. Juli unterbrach Aaronsohn die Übersetzung und Redaktion der Nili-Berichte, um sich mit Oberst Deedes zu treffen. Er eröffnete das Gespräch mit der Bitte, Deedes möge prüfen lassen, warum seine Telegramme an die jüdische Diaspora, in denen er zur Unterstützung aufgerufen hatte, unbeantwortet blieben. Zum Dank überreichte er ihm das Glanzstück der neuesten Nili-Nachrichten. *Wir sprachen lange miteinander. Er nahm die Zeichnung des Unterseeboots, die ich erhalten hatte, an sich – und trug sie im Triumph zum CGS.*

Am 28. Juli, registrierte Aaronsohn die in der britischen Führung herrschende Gespanntheit, die seit dem Eintreffen des neuen Oberbefehlshabers in der Residenz nicht nachgelassen, sondern sich im Gegenteil so gesteigert hatte, daß sie den Zuständen in der Zionist Agency nicht unähnlich war: *Die Mißgunst zwischen den verschiedenen Dienststellen ist nervenaufreibend. »R« verlangt kategorisch, daß ich ihnen den Großteil meiner Zeit widme – insbesondere weil sie der Meinung sind, daß sowohl IB [Intelligence Branch] als auch AB [Arab Bureau] politische Information aus erster Hand von mir abrufen.*

Im Vorfeld der Offensive wurde auch an den Wochenenden durchgearbeitet, und am selben Tag, an dem das ägyptische Schatzamt Lawrence weitere 200000 Pfund in Gold für seine Großtaten in der Wüste bewilligte,[4] notierte Aaronsohn – unbezahlt, aber immer noch guten Willens –, daß Allenbys Generalstab seine Bemühungen als unzureichend ansah: *Sonntag, 29. Juli, Kairo: »R« ist wütend. Sie warten ungeduldig auf die Übersetzung der technischen Berichte [von Nili] bezüglich der Brücke von Delamieh. Ich bat Edmonds und Newman, nichts zu unternehmen, ich bin allein – tue, was ich kann – und schaffe nicht mehr …*

Die beiden folgenden Wochen erwiesen sich für Aaronsohn als ermüdende Schufterei unter ständigem Druck und mit wenig ermutigenden Nachrichten. Am 2. August traf auch Raphael Aboulafia wieder in Kairo ein. Er berichtete, daß die Mission auf der Rückfahrt erfolgreich gewesen sei, allerdings nur teilweise: Er hatte Sarah Aaronsohn auf der Station angetroffen und ihr das Gold übergeben, jedoch waren weder der Sprengstoff noch das übrige Material an Land gelangt.

Aaronsohn fühlte sich von den Briten in Kairo so sehr in Anspruch genommen, daß er sein Tagebuch bis zum 10. August aussetzte. An diesem Tag spitzte sich die offene Frage der Finanzierung seines Sonderkomitees durch den organisierten Zionismus zu, weshalb er bestimmte Fakten schriftlich festgehalten sehen wollte. Der Hilfsfonds verfügte bereits über einen ansehnlichen Grundstock, in erster Linie den Kredit der Briten und das Geld von den Treuhändern der JAES in New York. Das Geld der von Mosseri geleiteten Bank allerdings glaubte Aaronsohn so bald wie möglich zurückzahlen zu müssen. Überdies hatte er ausgerechnet, daß seine Agenten pro Monat mindestens 2000 ägyptische Pfund in Goldmünzen über Atlit einschmuggeln mußten, um die jüdische Bevölkerung Palästinas vor Deportation und Hunger zu retten. Da der Zeitpunkt der nächsten Mission rasch näher rückte, beschloß er in heller Verzweiflung, sich auf ein Telegramm zu berufen, das ihm Chaim Weizmann etwa drei Monate zuvor geschickt hatte. Er erlaubte damit dem Sonderkomitee, über eine britische Bank in Kairo auf Guthaben des Londoner Central Zionist Committee zuzugreifen.

Am Morgen des 10. August bat Aaronsohn daher Oberst Deedes, die Abhebung von 4000 ägyptischen Pfund aus den zionistischen Guthaben zu veranlassen – genügend, um Mosseri auszuzahlen und 2000 Pfund für die nächste Mission in Goldmünzen zu wechseln. Als sich jedoch am selben Abend die Mitglieder des Sonderkomitees zum Abendessen um Mosseris Tisch versammelten, wies ein Anwalt darauf hin, daß Weizmanns Telegramm keine Unterschrift trug und dieser somit juristisch berechtigt sei, jedes Mitglied des Komitees auf sofortige Rückzahlung zu verklagen. Da die *Managem* Port Said am 14. August verlassen sollte, lief Aaronsohn die Zeit davon. Angesichts der von juristischer Seite aufgezeigten Sackgasse drohte er dem Oberstleutnant erneut, sich zurückzuziehen, sollten die Briten nicht endlich ausreichende Mittel bereitstellen. Die Ereignisse enthüllten den wahren Kern des Problems: Aaronsohns Stolz war verletzt, weil er aus Weizmanns innerem Kreis ausgeschlossen war – eine Kränkung, die sich in seinem alten Gegner Glouskin verkörperte: *Samstag, 11. August 1917, Kairo: Suchte Deedes vor 6 Uhr auf. Ich erzählte ihm, daß wir, wenn wir nicht vor Mittag 2000 L. hätten, die Expedition nicht durchführen könnten. Er vereinbarte einen Termin in einer Stunde mit mir und wandte sich an die »Residence«. Als ich zurückkam, strahlte er. Alles sei geregelt. Glouskin erhielt das Geld von Weizmann! Ich erklärte, daß Glouskin nicht zu unserem Komitee gehörte. Falls Weizmann unter diesen Bedingungen ihm Geld anvertraut hatte – das beleidigte uns nicht weniger –, hätte ich nicht die geringste Lust weiterzumachen. Ich sagte, ich wollte vor allem klare Verhältnisse. Was haben sie zu Glouskin gesagt? Deedes erwiderte, er könne mir dieses Telegramm nicht zu lesen geben, da es nicht an mich adressiert sei. »Sehr gut«, sagte ich, »die Expedition wird nicht stattfinden.« Ich fügte hinzu, daß ich bereit sei, im Hintergrund zu bleiben, aber nicht, für die Intriganten [Zionisten des Central Committee] die Kastanien aus dem Feuer zu holen … Deedes wurde ärgerlich. »Wir geben Ihnen 2000 L. für die Bedürftigen in Palästina – wollen Sie die Annahme verweigern, wo Sie doch wissen, wie die Menschen dort leiden?« »Ja«, erwiderte ich, »schicken Sie sie durch neutrale Kanäle, wenn Sie Mildtätigkeit üben wollen.«*

Der Streit wurde beigelegt, als Oberst Deedes Major Richard Meinertzhagen hereinrief, ein unter diesen Umständen recht geschickter Schachzug. Aaronsohn respektierte Meinertzhagen in seiner neuen Stellung als Chef der Feldaufklärung, und da er als solcher vor Ort relativ neu war, konnten ihn die kleinlichen Rivalitäten, die jetzt im britischen Nachrichtendienst wie unter den Zionisten um sich griffen, noch kaum angesteckt haben. Die Vernunft gewann wieder die Oberhand, und Meinertzhagen versprach, Aaronsohn das Telegramm zugänglich zu machen, wenn der sich im Gegenzug bereit erklärte, das angebotene Geld zu nehmen und die Atlit-Missionen fortzuführen.

Doch nach wie vor drohte der Mangel an Geld die Arbeit von »A« zu behindern. Kaum hatte Aaronsohn die Angelegenheit mit den Briten geregelt, mußte er sich mit einem weiteren Problem auseinandersetzen. Leibel Bornstein, einer seiner tapferen Nili-Agenten, verlangte für jede Mission eine höhere Bezahlung. Ursprünglich waren 35 ägyptische Pfund ausgemacht. Nun wollte Bornstein auf Drängen seiner Frau 50. Aaronsohn hielt diese Forderung zwar für berechtigt – 50 Pfund waren eine erbärmliche Summe, wenn der Ernährer der Familie sein Leben aufs Spiel setzte. In der herrschenden konfliktschwangeren, gespannten Atmosphäre jedoch weigerte er sich aus Prinzip, und Bornstein stieg – trotz seines unbestrittenen Mutes und der zahlreichen hinter ihm liegenden Missionen – als erster und einziger Nili-Agent aus der Organisation »A« aus.

An dem Tag, als Aaronsohn beschloß, Aboulafia und

Schneersohn allein nach Atlit zu schicken, hatte er seine zweite persönliche Begegnung mit Lawrence: *Sonntag, 12. August 1917, Kairo: Plauderte mit Hauptmann Lawrence heute morgen. Unsere Besprechung bar jeder Liebenswürdigkeit. Er war in jungen Jahren zu erfolgreich – und ist in sich selbst verliebt. Er hielt mir eine Vorlesung über unsere Kolonien – die Mentalität des Volkes – die Gefühle der Araber etc. pp. Beim Zuhören hatte ich fast den Eindruck, die Konferenz eines antisemitischen preußischen Wissenschaftlers zu besuchen, der Englisch sprach. Ich fürchte, daß der deutsche Geist im Hirn von Pfarrern und Archäologen tiefere Wurzeln geschlagen hat.*

Aus dem obigen Gespräch könnte man folgern, daß man in Judäa und Samaria, wohin [Kronprinz] Faisal niemals gelangen wird, nichts ausrichten kann. Es könnte etwas in Galiläa zu machen sein. Aber Lawrence wird mit seinen eigenen Methoden Nachforschungen anstellen, um sich ein Bild von der Mentalität der Juden in den galiläischen Kolonien zu verschaffen. Wenn sie für die Araber sind, werden sie verschont werden, sonst schneidet man ihnen die Kehle durch. Er ist immer noch in dem Alter, in dem die Menschen nicht an sich selbst zweifeln – glücklicher junger Mann! Er ist uns offen feindlich gesinnt. Er muß aus einer Missionarsfamilie stammen.

Aaronsohns Vermutung über Lawrences Abkunft traf zu, hatte ihm doch seine Mutter von klein auf ein strenges Christentum eingeimpft. Doch er bekam auch die volle Wucht von dessen unverblümter Selbstgefälligkeit zu spüren. Ihm war, wie Aaronsohn anmerkte, sein außerordentlicher Erfolg im Alter von nur 26 Jahren zu Kopf gestiegen. Tatsächlich hatte Lawrence gerade einen legendären Sieg errungen, der das britische Oberkommando und den Feind bis ins Mark erschüttert hatte. Er war mehrere Monate lang ohne Verbindung zu den Briten in Kairo gewesen, als er am 10. Juli in Brigadegeneral Claytons Büro marschierte und verkündete, er habe an der Spitze einer arabischen Streitmacht den strategisch entscheidenden Hafen Akaba eingenommen. Wie es seinem Wesen entsprach, hatte er eine neuartige, kühne Taktik ein- und einen großen Bogen durch die Wüste geschlagen, um die Stadt von Norden her anzugreifen. Die Türken, die ihre Artillerie, Maschinengewehre und Schützengräben allesamt zum Meer hin ausgerichtet hatten, wurden völlig überrumpelt und in die Flucht getrieben. Der Besitz von Akaba war entscheidend, um den Vormarsch General Allenbys nordwärts nach Palästina zu decken, und das Oberkommando in Kairo hatte vor der unangenehmen, aber einzig verbleibenden Option gestanden, eine weitere Landungsoperation wie bei Gallipoli anzuordnen – als Lawrence ihm Akaba auf dem Silbertablett servierte. Dann bot er an, die rechte Flanke Allenbys beim Vorstoß auf Jerusalem von der Armee der Scherifen decken zu lassen, wies allerdings darauf hin, daß man die Hauptbrücke über den Yarmuk zerstören müsse, bevor man Damaskus ins Auge fassen könne. Dieses Gebiet kannte Lawrence von seinen Wanderungen und Grabungen vor dem Krieg wie seine Westentasche. Es ist kaum zu bezweifeln, daß er zum Zeitpunkt seines Gesprächs mit Aaronsohn im August von seinem Sekundanten David Hogarth, der als Chef des Arab Bureau nominell auch dem EMSIB vorstand, über die Arbeit von »A« und Nili voll unterrichtet worden war. Folglich dürfte Lawrence sehr wohl gewußt haben, daß bei den jüngsten Missionen nach Atlit – bereits 1915 von seinem Partner Leonard Woolley begonnen – Sprengstoff nach Palästina geschmuggelt wurde, ausdrücklich, um damit Brücken zu sprengen, auch die über den Yarmuk. Mutmaßen darf man überdies, ob er Einblick in das ausgezeichnete und höchst informative *Handbuch der Persönlichkeiten Südsyriens* genommen hatte.

Lawrences Großtat vor Akaba war in Kairo Tagesgespräch, und es stimmt traurig, daß zwei Männer von solchem Format, die beide so viel für eine gemeinsame Sache geleistet hatten, so wenig Übereinstimmung fanden. Ihre Wege sollten sich abermals kreuzen. Lawrence sollte sich Aaronsohn gegenüber dann respektvoller und in bezug auf die zionistischen Ziele aufgeschlossener zeigen, auch wenn er das als »Ungekrönter König Arabiens« niemals öffentlich zugab.

Glücklicherweise erfuhr Aaronsohn nie, welch riesige Geldsummen in den arabischen Aufstand flossen – allein im Juli etwa zweieinhalb Millionen Pfund Sterling. Nach Lage der Dinge setzte ihm sein »einsamer Kampf« ohnehin schon derartig zu, daß er bereits Anzeichen einer Depression zeigte. In der Woche nach seinem Treffen mit Lawrence trat Chaim Weizmann in London mit den Briten in Kairo in Verhandlungen über ein Vereinigtes Zionistisches Komitee für die Zukunft Palästinas ein. Aaronsohn bot man den Titel eines Geschäftsführers in Kairo an. Das klang zwar vielversprechend, war jedoch in Wirklichkeit nur ein recht bedeutungsloser Posten, da die Unabhängigkeit seines Sonderhilfskomitees hinfällig gewesen wäre, hätte er ihn angenommen. Aaronsohn betrachtete daher dieses Angebot als Trick, um seinen Einfluß bei den Briten zu beschneiden. Er wußte zudem nur allzu gut, daß er damit das Schicksal des Jischuw, das bereits auf der Kippe stand, der Unschlüssigkeit der Zionistischen Föderation überlassen würde. Seinen Worten zufolge wurde diese nicht von Männern der Tat geführt, wie er selbst einer war, sondern von *Intriganten und Verschwörern.* Als bekannt wurde, daß in London eine Delegation nach Kairo entsandt werden sollte, um das neue Komitee zu gründen, wußte Aaronsohn, daß die Tage seines Sonderhilfskomitees gezählt waren. Da er jedoch weiter dringend Geld zur Unterstützung des Jischuw benötigte, sah er sich gezwungen, an alte Freunde und Förderer zu appellieren.

So kam er am 26. August zu dem Schluß, daß er Ägypten verlassen und nach Paris zu Baron Edmond de Rothschild und zu Chaim Weizmann nach London fahren und sich dann nach Amerika einschiffen mußte. Dies bedeutete weit mehr als eine zeitweilige Abwesenheit. Die Organisation seines Geheimdienstrings und alle damit verbundenen Pflichten mußten für einen Zeitraum von schätzungsweise zwei Monaten in verantwortungsbewußte Hände übergeben werden. Eine Woche vor seiner endgültigen Entscheidung beschloß Aaronsohn, seine Schwester aus Atlit abzuziehen. Seine geplante Abwesenheit von Kairo machte dies notwendig. Doch als er Oberst Deedes und Brigadegeneral Clayton seine Entscheidung mitteilte, lehnten sie es ab, Agenten zurückzuholen. Diese Einstellung überraschte Aaronsohn nicht. Die Briten hatten zwar erst Einspruch dagegen erhoben, daß sich seine Schwester derart in Gefahr begab, wußten jedoch mittlerweile, daß ohne sie in Atlit ihre wichtigste Informationsquelle für die bevorstehende Offensive versiegen würde. Aaronsohn beschloß, sich über diese letzte Weigerung hinwegzusetzen, und hatte sich bereits mit Schneersohn an Bord der *Managem* in Verbindung gesetzt. Er sollte Sarah bei der ersten Landung seine Entscheidung mitteilen und sie auf der Rückfahrt des Schiffes nach Port Said mitnehmen. Doch am Nachmittag des 26. kehrte Schneersohn allein zurück: *Liova kam alleine an. Das Wetter war schlecht. Sie konnten am 23. nicht landen. Sie versuchten es am nächsten Tag. Unmöglich. Sie kamen daher unverrichteter Dinge zurück ... Liova sagte, im Haus schien alles ruhig zu sein. Sarati will nicht fort. Joseph ist unglücklich bei dem Gedanken, alleine zurückzubleiben.*

Diese Nachricht zwang Aaronsohn, einen neuen Entschluß zu fassen. Da seine Schwester sich seinen Anweisungen widersetzte und Lishansky ohne ihre Unterstützung offenbar nicht einsatzfähig war, traf er die verhängnisvolle Entscheidung, Ägypten so bald als möglich zu verlassen und im Ausland um Unterstützung für sein Sonderhilfskomitee zu werben. In den folgenden fünf Tagen regelte Aaronsohn alles Nötige: Er telegrafierte seinem Bruder in New York, dieser möge seinen Platz in Ägypten einnehmen, und dem leistete Alex Aaronsohn im September Folge. Raphael Aboulafia kam mit einem Entgelt von monatlich 25 ägyptischen Pfund auf die offizielle, auf Mai 1917 zurückdatierte Lohnliste und erhielt die Garantie, daß seine Familie im Falle seines Todes finanzielle Unterstützung erhielt. In einer

Anwandlung von Nachgiebigkeit, zweifelsohne bedingt durch seine baldige Abreise, beschloß Aaronsohn, Leibel Bornstein in Anerkennung für seine mutigen Dienste auf seinen beiden letzten Fahrten 30 ägyptische Pfund zu zahlen. Am 28. August überwies das US-amerikanische Landwirtschaftsministerium ihm gerade rechtzeitig 1 000 Dollar, sein jährliches Gehalt für die Stationsarbeit.

Am nächsten Morgen schrieb er den letzten Tagebucheintrag für viele Monate. Noch am selben Tag erteilte ihm General Allenby eine Reisegenehmigung – Sir Reginald Wingate, der Generalgouverneur von Ägypten, setzte sich sogar dafür ein, daß er sein Wissen in die Erstellung der Balfour-Deklaration einfließen ließ. In der folgenden Woche reisten Aaronsohn und Oberst Deedes also gemeinsam nach Alexandria, um eine Schiffspassage nach Marseille zu organisieren. Deedes gab ihm einen Paß als »diplomatischer Kurier«, der ihm seine Reise erleichtern sollte, und am 12. September verließ das Schiff schließlich Ägypten.

Das britische Oberkommando in Kairo sah ihn mit Wohlgefallen ziehen. Beunruhigt über das offene Gezänk der Zionisten, glaubte man, ein persönliches Gespräch Aaronsohns mit Chaim Weizmann in London würde den Streit um die Kontrolle des Sonderhilfskomitees endlich beilegen, und dann müsse man sich in Kairo nur noch mit *einem* Zionistenstandpunkt auseinandersetzen statt mit vielen, einander widersprechenden Meinungen. Sir Reginald Wingate legte sogar Wert darauf, daß Aaronsohn so lange wie nötig in London blieb, um allen wichtigen Mitgliedern des britischen Kabinetts eine vollständige Beurteilung der politischen und militärischen Lage innerhalb Palästinas vorzutragen. Wingate, der mit David Hogarth Hand in Hand arbeitete, hatte Aaronsohn auch schon den Weg dazu geebnet. Bereits im Februar 1917 hatte er von der »Residenz« eine Botschaft (Nr. 24) direkt an den Außenminister Arthur James Earl of Balfour gesandt: »Sir, ich habe die Ehre, Ihnen zu Ihrer Information ein vom Arab Bureau vorbereitetes

Memorandum zum Thema Landwirtschaft und Versorgungsgüter in Palästina zu übersenden. Die in dem Memorandum enthaltene Information wurde beschafft von Hauptmann Ormsby Gore, hauptsächlich durch Mr. A. Aaronsohn, Leiter der Landwirtschaftlichen Versuchsstation Zichron Jacob, und sie könnte für Zwecke der wirtschaftlichen Aufklärung vermutlich nützlich sein. Das Arab Bureau hat Abschriften an das Ägyptische Expeditionskorps, den Leiter des Militärischen Nachrichtendienstes London und den Leiter der Nachrichtenabteilung der Admiralität gesandt.«[5]

Im weiteren Verlauf sollte die Tragweite der Balfour-Deklaration – deren Vorbereitung kurz vor dem Abschluß stand – das ganze innerzionistische Hickhack in Kairo ins politische Abseits fegen. Auch die beiden Hauptmänner Weldon und Smith waren sehr erleichtert. Wenn Aaronsohn fort war, konnten sie die Atlit-Missionen künftig ungestört fortsetzen, wie sie es immer gewünscht hatten.

Tod und Vernichtung

Aaron Aaronsohns neue Mission war es, die prekäre Lage der Juden ins Licht der Weltöffentlichkeit zu rücken, was viel mehr Zeit in Anspruch nehmen sollte als erwartet. Allein seine Funktion als Informationsvermittler in London erforderte einen Aufenthalt von mehreren Monaten, bevor er in die Vereinigten Staaten weiterfahren konnte. Nach seiner Abfahrt aus Ägypten wurden die beiden nächsten Atlit-Fahrten zwar zum geplanten Zeitpunkt unternommen, allerdings tobten im September und Oktober die Äquinoktialstürme, und wieder einmal machte das Wetter dem EMSIB und »A« einen Strich durch die Rechnung. Zudem bahnte sich etwas an, das Tod und Verderben über die Nili-Agenten bringen sollte: Sarah Aaronsohn hatte die Briten über die neuesten türkischen Truppenkonzentrationen um Beersheba unterrichten wollen und am 3. September – eine volle

Woche vor der Abreise ihres Bruders nach London – eine von Major Malcolms Brieftauben losgelassen, die Hauptmann Weldon im August nach Atlit gebracht hatte. Sie sollte nach Süden fliegen, an Hadera und Tel Aviv vorbei, bis hinter die britischen Linien südlich von Gaza. Tatsächlich aber flog sie nur einen Kilometer über Abu Zebura hinaus und landete im Taubenschlag des *Moudir*, des Polizeichefs von Cäsarea. Als er aus seinem Haus trat, um seine Tauben zu füttern, bemerkte er das fremde Tier, fing es ein und fand die an seinem Bein befestigte Botschaft. Sie war zwar verschlüsselt, doch die Türken erkannten, daß »Playfair« verwendet worden war. Während also eine bewaffnete Eskorte die Botschaft samt der Taube nach Konstantinopel zur Entschlüsselung durch deutsche Spezialisten brachte, lief eine breit angelegte Untersuchung an, um den Spionagering aufzudecken, den man jetzt irgendwo in der Region vermutete. Sämtliche jüdischen Siedlungen im Umkreis gerieten sofort in Verdacht, allen voran Hadera, Zichron Ya'acov und die Station.

Am 10. September unternahm die *Managem* vor der Küste von Atlit einen Landungsversuch, scheiterte jedoch an der rauhen Witterung. Auf der Rückfahrt von Zypern nach Port Said, um den 21. August, sollte ein neuer Versuch stattfinden. In der Zwischenzeit jedoch spitzte sich die Lage an Land dramatisch zu. Am 13. September wurde Na'aman Belkind, der Nili-Agent, der in Joseph Lishanskys altem Gebiet bei Beersheba operierte, verhaftet: Die Türken hatten mit deutscher Unterstützung einen Durchbruch erzielt, der sie, Verschlüsselung hin oder her, direkt ins operative Herz von »A« führte.

Am 3. Oktober erhielt Aaronsohn einen Brief aus Alexandria. Die darin enthaltenen Nachrichten stammten von Liova Schneersohn, der am 21. September und nochmals am 25. hatte an Land gehen können – und waren beängstigend. Sarah hatte erkannt, daß es nur noch Wochen, wenn nicht Tage dauern würde, bis Na'amans Verhör die Türken nach Zichron und zur Station führte, und erbat eine umfassende

Evakuierung der Mitglieder von Nili und ihrer Familie. Und noch eine dramatische Entwicklung wurde in dem Brief geschildert: »Gegen Ende September wurden zwei Syrer nach Haifa eingeschleust. Sie hatten ›Gepäck‹ dabei und wußten nichts Besseres zu tun, als es einem gewöhnlichen *Hamel* [Träger] aus Haifa zu überlassen. Den Rest kannst Du Dir denken. Einige Stunden später gaben sie [den Türken] eine vollständige Liste aller christlichen Familien, die sie in der Nacht aufgesucht hatten. Darüber hinaus verrieten sie, daß am 13. Oktober ein französisches Schiff kommen soll, um sie abzuholen.«[6]

Das EMSIB unter Hauptmann Smith hatte kürzlich seine Operationen ausgeweitet und setzte jetzt auch den französischen Trawler *Veresis* ein. Die unter britischer Flagge neu in Dienst gestellte *H. M. T. Veresis* war an einer Landeoperation syrischer Agenten nördlich von Atlit beteiligt gewesen, und die beiden gefangenen Agenten hatten zu ihr gehört. Der britische Offizier war sich durchaus bewußt, wie nahe bei Atlit diese Operation stattfand und daß das Risiko stieg, wenn mehr als ein Schiff zur selben Zeit Spione am selben Küstenstreifen absetzte. Am 25. September war er sogar mit der *Managem* und der *Veresis* gemeinsam von Famagusta an Atlit vorüber bis nach Port Said zurückgefahren. Er hatte jedoch keinen Einspruch dagegen erhoben, daß die *Veresis* und ihre arabischen Agenten so nah waren, mit dem Ergebnis, daß »A« sich ausgerechnet im Augenblick einer inneren Krise noch stärker gefährdet sah: Der türkische Nachrichtendienst brauchte nicht lange, um die Teile des Puzzles – die Brieftaube in Cäsarea und die in Haifa aufgegriffenen Agenten – zusammenzusetzen: Genau in der Mitte zwischen beiden Orten lag die Jewish Agricultural Experimental Station.

Schneersohn hatte die Nachricht von der verirrten Taube und den gefangenen Agenten nach Port Said überbracht und schilderte den Hauptmännern Edmonds und Smith im EMSIB die Lage von Nili. Wäre Aaronsohn noch in Kairo gewesen, dies alles wäre wohl vor den Briten geheimgehalten worden, da für ihren Nachrichtendienst die eiserne Regel galt, fremde Agenten fallenzulassen, falls eine Mission ernsthaft gefährdet war. Als Schneersohns Darstellung der Ereignisse bis zum 25. September in Kairo eintraf, befahl der Stabsnachrichtendienst dem EMSIB, sofort alle Verbindungen nach Atlit zu kappen. Mittlerweile war Alex Aaronsohn aus den Vereinigten Staaten zurückgekehrt, um den Platz seines Bruders einzunehmen. Als Schneersohn ihm einen Brief von Sarah übergab, in dem sie flehentlich um eine sofortige Evakuierung bat, brachte er ihn zu Hauptmann Smith. Da diesem aber weitere Operationen jetzt offiziell untersagt waren, konnte er frühestens am 12. Oktober – dem Datum der nächsten geplanten Mission der *Managem* – wieder nach Atlit zurückkehren. Allerdings gab es gewichtige moralische Gründe *für* eine sofortige Rettungsaktion: Nili hatte im Dienste der Krone bereits Absalom Feinberg verloren, und jetzt schwebten weitere 30 Männer und Frauen, die der britischen Kriegsanstrengung ebenso hingebungsvoll dienten, in Lebensgefahr. Als kommandierender Offizier der *Managem* trug letztlich Hauptmann Weldon die Verantwortung für »A«, doch der hielt sich zurück und berief sich vielmehr auf das schlechte Wetter, das jeden früheren Rettungsversuch zunichte machen würde. In der Woche um den 5. bis 7. Oktober herrschte im östlichen Mittelmeer jedoch kein übermäßig rauher Seegang. Man muß dem Hauptmann wenigstens zugute halten, daß er sich bereiterklärte, Atlit am 12. Oktober anzulaufen. Mittlerweile hatten sich auch höhere Stellen eingeschaltet.

Am 6. Oktober hatte sich Aaronsohn, der über Paris endlich nach London gelangt war, mit Chaim Weizmann getroffen. Er wählte diesen Augenblick – ihr erstes Wiedersehen seit dem Treffen vor dem Krieg in *Cohen's Restaurant* –, um Weizmann reinen Wein über die aufopferungsvolle Arbeit von »A« einzuschenken. Der war verständlicherweise überrascht, wenn nicht sogar schockiert, welche Risiken Nili eingegangen war, und man darf sicher behaupten, daß auch er die dringende Notwendigkeit sah, sich hinter die Arbeit der Organisation zu stellen – um so mehr, als er dem Außenministerium gemeinsam mit Lord Rothschild noch kurz zuvor den Entwurf eines Abkommens über »eine nationale Heimstätte für die Juden in Palästina« nach dem Krieg zur Billigung vorgelegt hatte. Also sandte Weizmann nach dem Treffen mit Aaronsohn ein Telegramm an die »Mitglieder von Nili«, adressiert an das britische Oberkommando in Kairo: »Wir tun unser Bestes, um sicherzustellen, daß Palästina jüdisch [wird] unter britischem Schutz. Euer heldenhafter Einsatz bestärkt uns in höchsten Anstrengungen. Unsere Hoffnungen sind groß. Seid stark und guten Mutes bis zur Wiedererlangung Israels. Weizmann.«[7]

Diese Botschaft sickerte schließlich über Hauptmann Edmonds bis zu Alex Aaronsohn durch. Ihren praktischen Nutzen unter den gegebenen Umständen schätzte er eher gering ein, doch da er wußte, daß sie die Nili-Leute in ihrer dunkelsten Stunde moralisch unterstützen würde, steckte er sie sich in die Tasche, bevor er am 12. Oktober in Port Said an Bord der *Managem* ging. Schneersohn und Bornstein, letzterer wegen des Notstandes reaktiviert, sollten mit ihm gemeinsam den Landungstrupp bilden, und auch drei Neurekrutierte hatten sich angeschlossen, um bei der Evakuierung zu helfen. Schneersohn nahm Gold im Wert von 5000 ägyptischen Pfund mit sich, von dem der Großteil als Bestechungsgeld für Na'aman Belkinds Freilassung gedacht war. Und alle trugen Feuerwaffen. Die *Managem* kam jedoch nur langsam nach Norden voran und traf zu spät am Abend vor Atlit ein, als daß man noch ein Zeichen vom Stationshaus hätte erkennen können. Also setzte man, um das Risiko eines Hinterhalts so gering wie möglich zu halten, in der Nacht des 12. Oktober nur Liova Schneersohn am Wadi Dustrey ab. Bereits eine Stunde später kam er mit schlechten Nachrichten zurück: Das Haus und die gesamte Station lagen völlig verlassen da.

Als im Osten der Morgen über dem Karmelgebirge dämmerte, dampfte die *Managem* hinaus aufs offene Meer bis an den von Atlit aus sichtbaren Horizont, wo sie bis zum Einbruch der Nacht langsame Kreise zog. Hauptmann Weldon hielt die folgenden Stunden fest: »In der Nacht danach wollten wir es wieder versuchen, wurden jedoch von Nebel behindert, so daß wir unseren Landeplatz nicht ausmachen konnten. Also beschlossen wir, in der dritten Nacht die Sache zum Abschluß zu bringen und drei Agenten abzusetzen. Sie gingen direkt hinauf zur Siedlung, kehrten jedoch nach etwa zwei Stunden zurück und berichteten, daß diese, soweit sie es erkennen konnten, verlassen sei. Das machte uns unruhig, und am folgenden Tag dampften wir ganz nahe an die Küste heran, als ob wir auf einer zwanglosen Kreuzfahrt wären, und warfen durch unsere Feldstecher einen genauen Blick auf das Dorf. Doch weder in der Nähe der Häuser noch auf den Feldern konnten wir Zeichen von Leben entdecken, und wir mußten uns eingestehen, daß die Türken aller Wahrscheinlichkeit nach eine Razzia durchgeführt hatten. Später hörten wir, daß diese Vermutung zumindest teilweise richtig war. Die Türken hatten eine Durchsuchung gemacht und Sarah festgenommen, eine unserer beiden führenden Agenten. Joseph, dem anderen, war es gelungen zu fliehen ... Sie schreckten nicht vor Folter zurück. Doch Sarah war mutig bis zum Schluß. Sie weigerte sich, ihren Peinigern irgend etwas zu verraten, und schließlich ergriff sie das Gewehr einer ihrer Wachen und erschoß sich. Ein solcher Freitod verdient einen Ehrenplatz in der Ruhmeshalle tapferer Frauen.

Josephs Ende war nicht weniger glanzvoll. Er war den Türken entkommen, als sie über das Dorf herfielen. Nichts konnte ihn auf seinem Weg zum Strand aufhalten, wo er eine gute Chance gehabt hätte, von uns auf die *Managem* aufgenommen zu werden. Doch – nun, die Türken ließen bekanntmachen, daß sie die gesamte jüdische Kolonie niedermetzeln würden, wenn er sich nicht stellte ... Er ergab sich freiwillig und ging lieber in den Tod, als seine Freunde leiden zu lassen.«[8]

Das tatsächliche Schicksal Sarah Aaronsohns war jedoch

weit entsetzlicher und das Joseph Lishanskys weit weniger heldenhaft. Ob nun die entschlüsselte Botschaft der Brieftaube oder aus Na'aman Belkind herausgepreßte Informationen dazu geführt hatten, am Ergebnis änderte dies nichts. Zwischen dem 27. September und dem 1. Oktober hatten sich Aaronsohns Schwester und Lishansky in der Hoffnung auf Rettung mehrmals hinunter zum Strand am Wadi Dustrey geschlichen – vergeblich. Am 2. Oktober waren sie hinauf in das Haus der Familie Aaronsohn gegangen, um den Beginn des Sukkot, des Laubhüttenfestes, zu feiern. Plötzlich waren türkische Soldaten und Polizisten aufgetaucht. Zichron Ya'acov war praktisch abgeriegelt gewesen, als Hassan Bey, der Ka'im-makam von Haifa, öffentlich die Auslieferung von Lishansky (auch bekannt unter seinem Decknamen Joseph Tuvin) forderte, den die Türken für den Anführer des Spionagerings hielten. Sarah wurde gemeinsam mit ihrem Vater Ephraim und ihrem jüngsten Bruder Zvi unter Arrest gestellt und das Haus der Aaronsohns in eine Verhörzentrale umgewandelt. Die türkische Armee kannte sehr wirksame Methoden, um an Informationen zu gelangen. Eine davon war die Bastonade. Während eine Suche nach Lishansky und den anderen, in den Weinbergen am Rande des Ortes versteckten Mitgliedern von Nili – Reuven Schwartz, Menashe Bronstein, Yitzak Halperin und Nissim Rootman – eingeleitet wurde, nahm sich Hassan Bey Ephraim Aaronsohn vor und brach ihm nacheinander sämtliche Knochen beider Füße. Als der Abend hereinbrach, weigerte sich der Alte noch immer, den Aufenthaltsort Lishanskys preiszugeben, und am nächsten Morgen begannen die türkischen Soldaten Sarah zu foltern – sie prügelten sie in aller Öffentlichkeit am Türpfosten ihres Hauses. Ihr Martyrium fand erst ein Ende, als Schwartz, Bronstein, Halperin und Rootman ins Dorf kamen und sich ergaben. Sarah hoffte, daß das Gold, das sie dem Dorfkomitee gegeben hatte, zur Bestechung der Türken benutzt würde, doch der Terror hatte bereits ein solches Ausmaß erreicht, daß die Mitglieder des Jischuw fürchteten, jedes Herantreten an Hassan Bey würde die bereits eindeutig aus dem Ruder gelaufene Situation nur verschlimmern. Daß sich die vier Nili-Mitglieder gestellt hatten, erwies sich ebenfalls als sinnlos. Die Türken wollten Lishansky haben, und sie steckten alle Verdächtigen in ein altes Büro im Zentrum des Dorfes, das Aaronsohn gehört hatte, und folterten sie abwechselnd, um Informationen aus ihnen herauszupressen. Die größte Aufmerksamkeit widmeten sie Sarah. Im Verlauf von drei Tagen rissen sie ihr nach und nach die Fingernägel heraus, verbrannten ihr die Handflächen und rissen ihr die Haare aus. Am Morgen des 5. Oktober beschloß Hassam Bey, alle Verdächtigen nach Nazareth vors Kriegsgericht zu schleppen, und Sarah nutzte diesen Augenblick, um die Erlaubnis zu erbitten, in ihr Haus zurückzukehren und ihre blutgetränkte Kleidung zu wechseln. Dies wurde ihr gestattet: Sie durfte sogar allein hineingehen. Dort angekommen, holte sie die kleine 7.65-mm-Pistole hervor, die ihr Bruder ihr in Kairo zur Selbstverteidigung beschafft hatte, schloß sich im Bad ein, zog den Schlitten der Browning zurück, um eine Kugel in die Kammer zu legen, und schob sich den Lauf in den Mund. Erst eine Woche zuvor hatte Sarah Mendel Schneersohn, Liovas Bruder und ebenfalls Nili-Agent, angesichts der düsteren Aussichten für Nili gefragt, wie man sich mit einer Pistole umbringen konnte. Der verblüffte Mendel hatte beiläufig geäußert, sie brauche nur den Lauf in den Mund zu schieben und den Abzug zu betätigen, und die Kugel würde den Rest erledigen. Doch die 7.65-mm-Patrone war so leicht, daß sie das Gehirn ganz genau treffen mußte, sollte der Tod augenblicklich eintreten. Als Sarah abdrückte, traf die Kugel ihre Wirbelsäule an der Schädelbasis und blieb dort stecken. Der Aufschlag verletzte das Rückenmark und lähmte sie auf der Stelle, doch der Tod war noch weit entfernt.

Es sollte drei Tage dauern, bis sie an Sepsis und Schock verstarb, so lange litt sie grauenhafte Qualen. Am Morgen des 8. Oktober, als sie aus einer Ohnmacht erwachte, versagte endlich ihr Herz. Es war der erste Tag des Monats *Tischri*, dem mosaischen Gesetz zufolge das Ende des alten und der Beginn eines neuen Lebenszyklus, und nach den Regeln der Tradition wurde sie innerhalb von 24 Stunden beerdigt. Man bettete Sarah neben ihrer Mutter auf dem kleinen Friedhof am Anwesen der Aaronsohns. Die übrigen Nili-Leute hatte man nach Nazareth geschafft. Anders als Reuven Schwartz und seine Gefährten hatte sich Lishansky jedoch nicht ergeben, und als die Türken merkten, daß er den Maschen ihres Netzes um das Dorf entschlüpft war, bliesen sie zu einer landesweiten Jagd auf ihn. Zugleich nahmen sie die Ältesten von Zichron Ya'acov bis zu seiner Ergreifung in Geiselhaft. Wie sich erweisen sollte, war Lishanskys Schicksal am Ende so erbärmlich wie das von Sarah Aaronsohn ehrenhaft.

Er floh nach Norden. Zum ersten Mal machte er in der jüdischen Siedlung Karkur halt, wo er um Unterschlupf bat. Der wurde ihm jedoch verwehrt. Da er jetzt in ganz Palästina als Krimineller gesucht wurde, hätte dies Tod und Zerstörung über die gesamte Gemeinde bringen können. So setzte er seine Flucht nach Norden in der Hoffnung fort, sich in den Bergen Südsyriens verstecken zu können. Dabei traf er auf die Widerständskämpfer der Haschomer – die »Nachtwachen« der abgelegeneren jüdischen Siedlungen der Region. Zu diesem Zeitpunkt des Krieges waren sie bereits gut organisiert und bewaffnet. Sie nahmen Lishansky unter ihre Fittiche und versteckten ihn im Dorf Hamrah. Jedoch fürchteten sie, daß er im Falle einer Gefangennahme reden würde, und beschlossen, ihn umzubringen und seine Leiche den Türken zu übergeben. Dieser Akt scheinbarer Loyalität würde, so hofften sie, den Jischuw vor weiteren Repressalien bewahren. Lishansky aber witterte den Verrat und glaubte Zuflucht bei den Drusen im Hermon finden zu können. Es gelang ihm, seiner Gefangenschaft in der Siedlung in Richtung Metullah zu entfliehen (wo Aaronsohn 1909 das erste Mal mit dem Jischuw aneinandergeraten war). Er wurde jedoch angeschossen. Von einer Gewehrkugel in die Schulter getroffen, stürzte er eine Felsspalte, unerreichbar für seine Verfolger.

Geschwächt vom Blutverlust und unter Schock schaffte er es in den folgenden vier Tagen irgendwie, sich unerkannt in entgegengesetzter Richtung zurück zur JAES durchzuschlagen, wo er sich in den verwaisten Gebäuden ausruhte. Unten am Wadi Dustrey entdeckte er einen versteckten Vorrat Goldmünzen; bei der letzten Mission der *Managem* hatte man die Dose für eben einen solchen Notfall in einer Sanddüne vergraben. Versehen mit diesem Geld, machte er sich auf den Weg nach Petah Tiqwa, wo er sich im Haus von Peretz Pascal – Aaronsohns engem Freund in Kairo – Hilfe zu erkaufen hoffte. Die Frauen der Pascals verbargen ihn zehn Tage, gaben ihm zu essen und versorgten seine Wunde, doch der Arm von Hassan Bey war lang, und als in Petah Tiqwa eine Häuserdurchsuchung begann, forderte man ihn auf zu gehen. Das Glück verließ ihn im arabischen Dorf Nebi Rubin bei Rishon Le Zion. Dort durchschaute man seine beduinische Verkleidung und lieferte ihn gegen eine Belohnung an die Türken aus. Beim Verhör verriet Lishansky die Namen aller Haschomer, denen er auf seiner Flucht begegnet war. Von Jerusalem aus brachte ihn eine bewaffnete Wache mit dem Zug nach Damaskus, wo er, in eine Zelle mit Na'aman Belkind gesperrt, Prozeß und Hinrichtung erwartete. Im selben Zellenblock wie die beiden Männer saßen all die anderen Nili-Mitglieder aus ganz Palästina, mit Ausnahme von Aaronsohns Vetter Reuven Schwartz, den Hassan Bey ein paar Tage zuvor vor dem Gefängnis von Nazareth hatte hängen lassen. Den Nili-Gefangenen folgten bald die von Lishansky verratenen Mitglieder der Haschomer.

Kapitel 12
Eine verlorene Vision

Alles Wissen ist eitel außer dem, das durch Erfahrung gewonnen ist.

Leonardo da Vinci

Durch eine grausame Laune des Schicksals muß die *Managem* Lishansky um weniger als 24 Stunden verfehlt haben – falls Weldon tatsächlich in dem besagten Zeitraum die Küste absuchte. Zweifellos jedoch war dies das letzte Mal, daß sich der Hauptmann in der Gegend von Atlit der Küste näherte. Als sein Schiff wieder im Außenhafen von Port Said ankerte, nahm er ein Fährboot zum Kai. Dort entließ er Schneersohn, Bornstein und Alex Aaronsohn und erstattete Hauptmann Smith im EMSIB-Büro Bericht. Daß die JAES erwiesenermaßen verlassen worden war, konnte nur bedeuten, »A« war endgültig aufgeflogen. Die Dossiers und Akten aller Nili-Agenten auf palästinensischem Boden wurden daraufhin geschlossen. Hauptmann Smith wechselte ins Generalhauptquartier, und Weldon übernahm seine Aufgabe, arabische Agenten in die Küstenregion Nordpalästinas und Syriens einzuschleusen. Das britische Oberkommando war von der Vernichtung von »A« relativ wenig tangiert, da die letzten von ihnen verfaßten Berichte zusammen mit den zuvor gelieferten General Allenby mit so breitgefächerten politischen und militärischen Informationen versehen hatten, daß seine kühnsten Träume bei weitem übertroffen wurden.

Am 7. Oktober wurde Kurt Wagner – aufgeführt in Aaronsohns *Handbuch der Persönlichkeiten Südsyriens* und seit langem als deutscher Agentenführer enttarnt – auf britischem Territorium verhaftet, was der feindlichen Gegenspionage den Garaus machte. Aber die Zeit der Informationsbeschaffung war ohnehin vorbei. Der »Tag X« war festgelegt auf den frühen Morgen des 31. Oktober. General

Allenby begann seinen lang erwarteten Angriff auf Gaza mit einer Bombardierung durch die Flotte und dem Einsatz von Feldartillerie, Kavallerie und Infanterie. Zuerst jedoch machte er sich eine raffinierte List des mittlerweile zum Oberst aufgestiegenen Richard Meinertzhagen zunutze. Dieser war verantwortlich für den Feldnachrichtendienst an der Gaza-Beersheba-Front. Er hatte erkannt, daß nur gezielte Desinformation den Erfolg des Feldzuges gewährleisten konnte. Aus den jüngsten Nili-Berichten über die feindlichen Truppenbewegungen ging hervor, daß die türkischen Streitkräfte mit ihren deutschen Beratern über ausreichend Soldaten sowie Maschinengewehre und Artillerie verfügten, um der angreifenden Streitmacht aus neuseeländischer, indischer, australischer und britischer Infanterie erhebliche Verluste zuzufügen. Die Länge der Linie Gaza–Beersheba betrug jedoch fast 30 Kilometer, was die Verteidiger durchaus überfordern konnte – falls sich die Türken durch eine List darauf einließen, ihre Truppen in einem Gebiet zusammenzuziehen. So ersann Oberst Meinertzhagen ein Täuschungsmanöver, das den türkischen und deutschen Nachrichtendienst glauben machen sollte, er hielte den vollständigen und endgültigen britischen Angriffsplan in Händen. Allenbys wahre Absicht war, zuerst Beersheba einzunehmen, dann die türkische linke Flanke aufzurollen und den Gegner so zu zwingen, sich aus seinem besser verteidigten Zentrum und der Region Gaza am Mittelmeer zurückzuziehen. Waren die Türken erst einmal im Rückzug begriffen, konnte der General seine Kavallerie einsetzen, um nach Norden durchzubrechen und durch das Hügelland von Judäa direkt nach Jerusalem zu marschieren – und das, wie er hoffte, mit einem Minimum an Verlusten. Für diese Strategie gab es noch einen weiteren, wichtigeren Beweggrund. Die britische Armee benutzte rund 100000 Maultiere, Esel, Kamele und Pferde und konnte nur in einem Umkreis von höchstens 25 Kilometern um den Ausladebahnhof operieren, der die Tiere mit Wasser versorgte. Die Royal Engineers hatten eine Bahnlinie von El-

Qantara am Suezkanal bis zur Front bei Gaza gebaut und dann eine Stichstrecke ins Zentrum ihrer Linien bei Shellal gelegt. Dort befand sich eine alte, von Aaron Aaronsohn wiederentdeckte Quelle. Er hatte überdies darauf hingewiesen, daß das umgebende Wadi Ghuzze von seiner geologischen Beschaffenheit her für das Vorhandensein eines natürlichen Reservoirs sprach. Wenn also Beersheba in den ersten Tagen des Kampfes eingenommen werden konnte, stand der gesamten britischen Front von Gaza bis Beersheba ausreichend Wasser zur Verfügung, um tiefer nach Palästina hinein vorzustoßen.

Am 10. Oktober, drei Wochen bevor die ersten Schüsse des Angriffs fallen sollten, ritt Oberst Meinertzhagen allein quer durch die Wüste auf die türkischen Linien zu. Dabei führte er deutlich sichtbar eine Ledermappe mit sich. Nachdem er die Aufmerksamkeit einer türkischen Patrouille geweckt hatte, die ihn aus großer Entfernung beschoß, kehrte er in Richtung der britischen Stellungen um und klammerte sich an den Hals seines Pferdes, als ob er getroffen sei. Dann beobachteten die Türken, wie der Major in wilder Flucht sein Gewehr verlor, angemessen mit Blut beschmiert, ebenso seinen Feldstecher und eine Mappe. In dieser fanden sie Geld und, neben erfundener persönlicher Korrespondenz voller Klagen über General Allenbys Strategie eines Frontalangriffs auf Gaza, Exemplare der *Ordonance Survey* für den Nordsinai von Kitchener und Conder. Eingetragen in diese Karten war der angebliche britische Angriffsplan mit Gaza als erstem Ziel. Meinertzhagens Theater funktionierte. Die Türken, die durchaus von einem bevorstehenden Angriff wußten, waren überzeugt, am Vorabend der Schlacht einen echten Coup gelandet zu haben. Auch die Deutschen ließen sich davon überzeugen, daß die vom Major verlorenen Karten Allenbys wahre Absichten verrieten. Infolgedessen setzte General Kress von Kressenstein das Gros der zweiten türkischen Verteidigungslinie nordwestwärts nach Gaza in Marsch. Die türkischen Truppen führten

50 in Kisten verpackte Flugzeuge mit sich – fast die gesamte österreichisch-deutsche Luftwaffe im Süden Palästinas.

Der britische Plan funktionierte, und da Kavallerie und Infanterie im Licht des Vollmonds in den kühleren Nachtstunden operieren konnten, fiel Beersheba am 5. November. Am 7. November befanden sich die Türken in vollem Rückzug nach Norden und gaben Gaza samt ihren starken Verteidigungsstellungen auf. Da Thomas Edward Lawrence und seine arabischen Kämpfer den Türken östlich des Jordans ständig zusetzten und die Hidjas-Bahn lahmlegten, konnten General Allenbys Befehlshaber rasch an der Küste Palästinas entlang und durch die judäischen Hügel ins Zentrum des Landes vorstoßen. Am 14. November hatten britische Truppen den strategisch wichtigen Eisenbahnknotenpunkt sieben Kilometer westlich von Latrun eingenommen. Dort trennten sich die Bahnlinien nordwestlich nach Jaffa und östlich gen Jerusalem. Danach konnte man Lokomotiven für den Transport von Tieren, Verpflegung, Wasser und Munition von der alten Linie Beersheba–Gaza einsetzen, die jetzt etwa 60 Kilometer südlich des Expeditionskorps lag. Am 16. November vertrieb die alliierte Vorhut die Türken aus Jaffa und Tel Aviv. Jerusalem mit seiner hohen Lage und seinen beschränkten Zugangswegen einzunehmen war eine andere Sache, und die Türken und Deutschen setzten hier dem britischen Vormarsch vorerst erbitterten Widerstand entgegen. Doch man muß ihnen zugute halten, daß sie sich angesichts eines überlegenen Feindes letztendlich rasch zurückzogen und so die Heilige Stadt vor Schaden bewahrten. In einer einmaligen Szene, wie sie sich nur im Heiligen Land abspielen konnte, begab sich der Bürgermeister von Jerusalem, Husseini, in Begleitung des Polizeichefs und zweier Gendarmen eines Morgens zu Fuß aus den Stadtmauern heraus und hinauf auf die Hügel. Dort traf er auf einen britischen Außenposten und übergab zwei britischen Soldaten in aller Form die Schlüssel seiner Amtsräume.

Jerusalem war am 9. Dezember gefallen, und die Nachricht davon löste in London einen wahren Freudentaumel aus. Insbesondere Premierminister Lloyd George konnte sich nun im Ruhm einer Eroberung sonnen, die einer christlichen Armee zum ersten Mal seit 1188 wieder zur Macht über die Heilige Stadt verholfen hatte. General Sir Edmund Allenby zog am 11. Dezember offiziell in Jerusalem ein. Um sich vom Besuch des deutschen Kaisers im Jahre 1898 abzuheben, betraten der General und seine Offiziere – einschließlich Lawrence, der sich für diesen Tag eine britische Uniform geborgt hatte – die Stadt zu Fuß durch das ursprüngliche Jaffa-Tor. Die für die kaiserliche Kavalkade geschaffene Erweiterung ließen sie links liegen. Allenby verlas eine Proklamation, die jedem gesetzmäßigen Gewerbe und allen heiligen Stätten den Schutz der Armee garantierte, und verließ dann die Stadt, wiederum zu Fuß.

Die Eroberung Nordpalästinas und Syriens sollte länger dauern. Die britische Armee stand nun an einer Linie, die etwa in ostwestlicher Richtung von Jericho über Jerusalem bis Jaffa an der Mittelmeerküste verlief. Zichron Ya'acov und die Jewish Agricultural Experimental Station allerdings lagen noch nördlich davon und damit auf türkischem Gebiet. Bis ein zweiter Angriff den Weg über die Ebene von Esdraelon auf die Golanhöhen zu und nach Damaskus frei machte, sollte eine zehnmonatige Konsolidierungsphase nötig sein. Erst dann sollte ein überwältigender Sieg bei Meggido den Krieg mit den Türken zum Abschluß bringen. Als der Winter 1917/18 nahte, drangen daher kaum Nachrichten über die Lage von Nili und des Jischuw nach Kairo durch. Wenn etwas durchkam, waren es schlechte Neuigkeiten. Hauptmann Edmonds hielt Aaronsohn mit Telegrammen auf dem laufenden, allerdings ohne nähere Einzelheiten.

Der hatte unterdessen den Oktober und November in London verbracht und sein Ansehen beim britischen Kabinett und bei Chaim Weizmann gefestigt, damit man ihm einen Platz in der zionistischen Interessenvertretung einräumte.

Mit der Verwirklichung von General Allenbys Plänen erhielten die zionistischen Ambitionen weiteren Auftrieb. Noch während an der Linie Gaza–Beersheba die Geschütze donnerten, hatte die letzte Fassung der Balfour-Deklaration ihre endgültige Form angenommen. Veröffentlicht mit Datum vom 2. November in Form eines Briefes von Außenminister Arthur James Balfour an Lord Rothschild erklärte sie folgendes: »Seiner Majestät Regierung betrachtet die Schaffung einer nationalen Heimstätte in Palästina für das jüdische Volk mit Wohlwollen und wird die größten Anstrengungen machen, um das Erreichen dieses Zieles zu erleichtern, wobei klar ist, daß nichts getan werden soll, was die bürgerlichen und religiösen Rechte bestehender nichtjüdischer Gemeinschaften in Palästina oder die Rechte und die politische Stellung der Juden in irgendeinem anderen Land beeinträchtigen könnte.«[1]

In diesem letzten Satz schlug sich die Sorge vieler Juden der Diaspora nieder, sie könnten gezwungen werden, in die Fußstapfen ihrer zionistisch gesinnten Brüder zu treten. Nach Jahrhunderten des Exils fern vom Heiligen Land hatten sich viele jüdische Gemeinden im großen und ganzen in ihren jeweiligen Ländern integriert. Der von einer Minderheit der Juden vertretene Zionismus drohte nun Macht über alle zu gewinnen. Diese Empfindung spiegelte sich in den nichtjüdischen Gemeinschaften Palästinas, die fürchteten, zu Bürgern zweiter Klasse zu werden, sollte sich das Versprechen einer »nationalen Heimstätte« zur Garantie einer staatlichen Souveränität auswachsen. Zweifelsohne jedoch deutete die britische Regierung es genauso.

Die meisten Araber sahen, daß der zweideutige Ausdruck »Heimstätte« – von Theodor Herzl auf dem Ersten Zionistischen Weltkongreß geprägt und danach zum Kernstück der Politik der Zionistischen Organisation aufgestiegen – mit der Balfour-Deklaration im Rücken sich rasch in »Staat« verwandeln könnte. Obgleich manche arabischen Anführer, etwa der Scherif von Mekka und sein Sohn, Prinz Faisal, die jüdische Emanzipation prinzipiell begrüßten, barg sie doch auch eine vermeintliche Bedrohung für die Zukunft der in Palästina lebenden Araber. Insbesondere Faisal hegte keine Feindseligkeiten gegen die alteingesessenen jüdischen Gemeinden, die ja bereits auf eine Zeit vor den muslimischen Eroberungen zurückgingen. Mit den Einwanderern aus Europa verhielt es sich allerdings anders. Seit der Ankunft der ersten jüdischen Siedler in den 1880er Jahren hatte sich die jüdische Einwohnerschaft Palästinas fast vervierfacht und zählte 1914 schon 90000 Menschen. Dagegen hatte das Wachstum der muslimischen und christlichen arabischen Bevölkerung praktisch stagniert und war im selben Zeitraum um nur 30000 Menschen auf 500000 gestiegen. In einem armen Land wie Palästina, das außer Sonnenschein und einer bewegten Vergangenheit wenig natürliche oder touristische Reichtümer zu bieten hatte, war es den Juden dank ausländischer Investoren wie den Rothschilds gelungen, viele Hektar des fruchtbareren Ackerbodens in ihren Besitz zu bringen. Die einheimischen Araber fanden sich bald in einem Dilemma wieder. Sollten sie den Neuankömmlingen ihr kostbares Land, ihre einzige Ressource, verkaufen oder nicht? Zwar erhielten sie gutes Geld dafür, doch die jüdischen Erfolge in der Landwirtschaft, verkörpert durch Aaron Aaronsohn und seine Versuchsstation, ließen die Kluft zwischen den eingeborenen palästinensischen Arabern und den zionistischen Siedlern größer werden. Auch sonst unterschieden sie sich. Die Juden hielten als ethnische Gruppe zusammen, während sich das Solidaritätsgefühl der Araber meist auf ihre direkten Familienangehörigen beschränkte. Und während die Juden von Zefat, Tiberias, Jerusalem und Hebron seit den Zeiten von Byzanz friedlich in einer überwiegend arabischen Gesellschaft gelebt und orientalische Lebensgewohnheiten übernommen hatten, brachten die neu angekommenen Juden aus Europa neue Maßstäbe für Handel und Wandel mit. Diese unterschiedlichen Lebensstandards der Ethnien – um 1914 bereits stark ausgeprägt – sollten schließlich eine unüberbrückbare Kluft zwischen Arabern und Juden in Palästina schaffen.

Anders als ihre politischen Gegenspieler in London waren sich die britischen Offiziere in Kairo mit ihrer Nahost-Erfahrung durchaus bewußt, welche Schwierigkeiten da kommen mochten. Thomas Edward Lawrence hatte mit Aaron Aaronsohn über das Problem der Siedlungen diskutiert. Nach diesem Treffen verfolgte er die Angelegenheit in einem freimütigen Brief vom 7. September 1917 an Sir Mark Sykes weiter: »Ich traf Aaronsohn in Kairo, und er sagte sogleich, die Juden beabsichtigten, die Grundrechte in ganz Palästina von Gaza bis Haifa zu erwerben und in diesem Gebiet praktisch autonom zu sein. Soll dieser Erwerb durch ehrlichen Kauf oder durch Zwangsverkauf und Enteignung vor sich gehen? Die heutigen Kleinpächter waren einst Freisassen und mögen unter moslemischen Grundherren zwar geschunden worden und dadurch heruntergekommen sein, aber sie haben Dauerpachtrecht. Araber werden von jüdischen Siedlungen in der Regel nicht beschäftigt. Beabsichtigen die Juden die völlige Vertreibung der arabischen Bauernbevölkerung oder deren sozialen Abstieg zu einer Klasse von Tagelöhnern?«[2]

Dieser etwas dramatisierende Eindruck, zweifellos hervorgerufen vom Aufeinanderprallen zweier starker Persönlichkeiten, traf allerdings den Kern aller künftigen Probleme zwischen Arabern und Juden in Palästina: Geld und die Macht, Land zu kaufen – der ewige Fluch in Gottes auserwähltem Land. Fürs erste jedoch entschieden die Politiker in London, da ja noch ein Krieg zu führen war und die Alliierten zu Rate gezogen werden mußten, daß das Problem nach Kriegsende gelöst werden sollte. Das Außenministerium wußte, daß die der Balfour-Deklaration innewohnende Zweideutigkeit die nichtzionistischen Juden beschwichtigen sollte, und machte keine Anstalten, den Text im Ausland zu verbreiten. Das überließ es der Zionistischen Organisation in London. In Palästina wurde die Balfour-Deklaration sogar erst 1920 in gedruckter Form öffentlich verbreitet.

Trotz dieser Entscheidung, die Verantwortung zu delegieren, nahm im September 1917 das britische Interesse an der

Zukunft des Nahen Ostens täglich zu. Noch bevor Aaronsohn in London eintraf, deutete sich an, daß eine weitere Großmacht ein Auge auf die mögliche Kriegsbeute aus dem Besitz des Osmanischen Reiches geworfen hatte. Während Aaronsohns Aufenthalt in Paris trat ein gewisser William Yale an ihn heran. In dessen Tagebuch findet sich eine Notiz über dieses Treffen: »25. September 1917, Gespräch mit Aaronsohn: Er ist ein starker und klarblickender Zionist, der wie [Rabbi] Gaster den Zionismus stark und gesund heranwachsen sehen möchte, nicht durch plötzliche, massive Einwanderung, sondern durch langsames Wachstum, er zieht es vor, daß die [jüdischen] Kolonien Arabern gleichgestellt [werden] und begrüßt sogar eine Regierung, unter der beide [Seiten] dieselben Rechte haben. Er behauptet …, daß die Kolonien, auch wenn sie auf Widerstand von den Effendis [herrschende osmanische Klasse] träfen, bereits das Vertrauen des Fellahin gewonnen hätten, der seine Kinder in ihre Schulen schicke, der bereit sei, seine eigenen und ihre Streitigkeiten mit Juden vor den Schiedsgerichten der Juden zu schlichten …

Er möchte gegenwärtig keine jüdische Autonomie oder einen jüdischen Staat sehen und sagte, nichts würde den Zionisten mehr schaden als die Wünsche, entweder eine englische, amerikanische oder internationale Regierung Palästina beherrschen zu sehen. Eine Fortsetzung des türkischen Regimes hält er für untragbar, er räumt ein, daß es gewisse Elemente in Zion gibt, die vielleicht eine türkische Herrschaft begrüßen würden. Er sagt auch, daß es leider ziemlich viele Stimmen gibt, die einen von den Alliierten garantierten oder verfügten unabhängigen jüdischen Staat wünschten, er bricht gerade auf zu einer Reise durch Frankreich, England und Amerika, um seine Vorstellungen vom Zionismus zu verbreiten.

Er sagt, daß die Freimaurer Frankreichs protürkisch sind und Einwände gegen eine Teilung des Osmanischen Reiches erheben werden.«[3]

William Yale war ein erfahrener Beobachter Palästinas und des Nahen Ostens. Er war 1887 in Dobbs Ferry im Staat New York geboren worden und stammte aus einer schon früh nach Amerika ausgewanderten Familie. Ein Jahr lang hatte er als Vermesser beim Bau des Panamakanals mitgearbeitet, bevor er 1910 einen naturwissenschaftlichen Abschluß an der Yale-Universität erlangte. 1912 reiste er für die Standard Oil Company ein Jahr lang im Ausland, und von 1913 bis 1914 war er kreuz und quer durch Palästina gefahren und hatte in der Wüste um das Tote Meer nach Ölvorkommen gesucht. Wie Aaronsohn sprach er Arabisch und Französisch und hatte viele wichtige Kontakte zum türkischen Militär, wo man ihn gut kannte. Als 1917 der Kriegseintritt Amerikas auf seiten Großbritanniens und der Alliierten unausweichlich schien, war Yale mit der Berlin-Bagdad-Bahn von Jerusalem nach Konstantinopel gefahren. Zurück in Amerika, sandte er dem Leiter der Nachrichtenabteilung der Armee der Vereinigten Staaten Lebenslauf und Bewerbung, der ihn wiederum an das Außenministerium in Washington verwies. Am 17. August, vier Monate nach dem Kriegseintritt der USA, wurde Yale offiziell als Special Agent des Außenministeriums rekrutiert: Er sollte nach Ägypten gehen und dort die Briten und Franzosen wie auch die Türken für sein Land ausspionieren. Als er auf dem Weg nach Kairo in Paris Station machte, war Aaronsohn gerade unterwegs in die entgegengesetzte Richtung. Seine Unterredung mit diesem einzigartigen Wissenschaftler Palästinas, der seit Kriegsausbruch im Schnittpunkt von türkischen Interessen, britischer Spionage und zionistischer Politik gestanden hatte, war für Yale ein enormer persönlicher Erfolg. Er kam geradewegs aus London, wo er ein Gespräch mit Rabbi Gaster geführt hatte. Als Leiter der spanischen und portugiesischen Kongregation war Gaster am Puls der jüdischen Gemeinde von London und der dortigen Zionist Agency. Er hielt es wie Aaronsohn für klug, die zionistischen Ambitionen in einem befreiten Palästina auf die Teilhabe an lokalen

Angelegenheiten zu beschränken. Doch anders als Aaronsohn meinte Gaster, daß die türkische Hohe Pforte nicht völlig ausgeschlossen werden und daß eine internationale Gruppe mit Regierungsfunktion diese komplizierte Konstruktion aus alten Herrschern und neuen Mitwirkenden stützen und überwachen sollte.

So bekam William Yale durch seine Gespräche in zwei benachbarten Hauptstädten Europas Einblick in zwei mit großem Nachdruck vertretene jüdische Sichtweisen der Zukunft Zions. Falls diese beiden Eindrücke maßgebend waren, drohte die Zukunft eine Flut von Meinungsverschiedenheiten zu bringen. Und mit Chaim Weizmann, dem Kopf der Zionistischen Organisation und Vertreter der »offiziellen« zionistischen Ansicht, hatte Yale noch nicht einmal gesprochen.

Yales amerikanische Auftraggeber hegten hochfliegende Hoffnungen nicht nur auf einen Zugang zu Erdöllagerstätten, sondern auch auf den Handel mit Kaffee aus dem Jemen und Opium aus Mesopotamien. Von seinen Reisen sandte Yale weitschweifige Berichte nach Washington, die das Salär von 2000 Dollar (plus Spesen), das er in den beiden folgenden Jahren erhalten würde, rechtfertigten sollten. Im Außenministerium studierte man seine Kommentare mit großem Interesse.

Aaron Aaronsohn seinerseits benutzte den Amerikaner als Kurier für einen versiegelten Brief an seinen Bruder Alex in Kairo – selbstverständlich auf hebräisch, damit er unterwegs nicht von den Falschen gelesen werden konnte. Aus dem Inhalt geht hervor, daß er den Eindruck hatte, mit seiner eigenen Vision der Zukunft Palästinas auf Granit zu beißen. Besonders sarkastisch äußerte er sich über die Haltung seines alten Förderers – des »Philanthropen« Baron Edmond de Rothschild – anläßlich eines Treffens mit Chaim Weizmann und Nahum Sokolov: »Ich reise morgen von hier [nach London] ab. Ich traf ... den Philanthropen am Samstagnachmittag. Ich sprach mehr als eine Stunde mit ihm ..., doch er wollte mich nicht auf bestimmte Themen kommen lassen. Wollte nicht, daß ich darüber sprach ... Ich hätte nie gedacht, daß der alte Mann so ein feines Gespür hat und so darauf bedacht ist, nicht preiszugeben, was ich wissen wollte ... Er denkt wie wir alle, daß, wenn Großbritannien nur über unser Land herrschen würde, wir Großes erreichen könnten. Doch da niemand etwas weiß, darf er sich keinen Freimut erlauben ... Ich bin froh, daß ich gemerkt habe, daß er mir nicht völlig traute, weil er mich verließ und hinüber zu Mr. Chaim und Mr. Nahum ging, und es ist offensichtlich, daß er auf Nahum hörte, er sprach sehr vertraulich mit ihm.«[4]

Da man in London und Kairo nun den Vorschlag der zionistischen Anführer, eine offizielle Kommission für den Nahen Osten zu berufen, ernsthaft erwog, sah Aaronsohn sein eigenes, unabhängiges Sonderhilfskomitee – und die Erfolge von »A« – in der Gefahr, von Weizmann vereinnahmt und den Forderungen seiner zionistischen Politikerkollegen unterworfen zu werden. Im weiteren Verlauf des Briefes drängte er also seinen Bruder, sich für ihre eigene Sache einzusetzen: »Picot [der französische Handlungsbevollmächtigte für Syrien] wird Paris in zwei bis drei Wochen verlassen und sich in Kairo niederlassen, er wird mit Brigadegeneral Clayton zusammenarbeiten. Das ist der Mann, den anzusprechen ich dich bat. Er wird den Platz von Sykes einnehmen. Wir müssen an sie beide herankommen, wie bei Picot wird dir Pascal sagen, wie wir beobachten können, was er unternimmt.«

Dann brachte Aaronsohn die wahre Ernte seiner eigenmächtigen Spionagetätigkeit für die Briten ein: »Mit Ausnahme des Philanthropen habe ich niemanden getroffen, der uns von Nutzen sein kann. Ich habe viele meiner Freunde aufgesucht, doch die meisten von ihnen sind wie zu Stein erstarrt, und manche zeigten mir sehr verdrießliche Gesichter ... ich habe William Yale getroffen, der mich aus Jerusalem kennt, wo er bei der [Standard] Ölgesellschaft war. Er interessiert sich sehr für Fragen des Ostens ... Freunde dich so sehr mit ihm an, wie du kannst, denn du wirst die Informationen von ihm bekommen, die du brauchst, insbesondere über Ereignisse in Ägypten ... Mark Sykes kam vorgestern hierher. Er erzählte mir alles und führte mir vor Augen, wie viele Feinde wir haben, die meisten Gegner stammen aus unserem eigenen Volk, und das ist gefährlich ... Er erzählte mir, daß mein Brief an Weizmann [wegen der Finanzierung des Sonderhilfskomitees] letzterem ein Dorn im Auge war ...«[5]

Am Tag nachdem Aaronsohn dem amerikanischen Special Agent den Brief übergeben hatte, reiste er gemeinsam mit Sir Mark Sykes, der selbst kürzlich aus Kairo eingetroffen war, von Paris nach London. Er hoffte, an der Seite eines derart einflußreichen Gefährten mit seiner Vision für die Zukunft Palästinas in London besser voranzukommen als in Paris. Er sollte schwer enttäuscht werden. Chaim Weizmanns offizieller Zionismus, durch die Balfour-Deklaration ins Rampenlicht gerückt, ließ wenig Raum für seine liberaleren Vorstellungen. Überhaupt kam jetzt seitens der Briten ein Interesse an Aaronsohn als unabhängigem, selbständigem zionistischen Politiker gar nicht mehr in Betracht. Zudem war er ein Spion, und wie in Paris gab man ihm sehr bald zu verstehen, daß Spione kaum Freunde hätten. Dennoch verbrachte er mehr als einen Monat in London. Eine seiner ersten Aufgaben war, sich einen britischen Paß zu verschaffen, damit er nach Amerika reisen konnte. Dazu mußte er sich in New Scotland Yard polizeilich vernehmen lassen, und die Polizei mußte dem Außenministerium darüber Bericht erstatten. Das Gespräch fand an dem Tag statt, als Sarah Aaronsohns Folter in Zichron Ya'acov ihren schrecklichen Höhepunkt erreichte, und am Tag darauf, dem 5. Oktober, als sie sich in den Mund schoß, traf der Bericht im Außenministerium ein. Die drei Schreibmaschinenseiten schilderten ihren Bruder in einem günstigen Licht und stellten klar, daß die große Menge genauer Informationen über Wasser,

Politik und Persönlichkeiten im türkisch besetzten Palästina, von der General Allenby jetzt profitierte, ausschließlich Aaronsohn und seinem Geheimdienst geschuldet waren. Es folgte die Empfehlung, ihm den verlangten Paß zu bewilligen, woraufhin das Außenministerium die notwendigen Schritte in die Wege leitete. Da die Mühlen der Bürokratie sehr langsam mahlten, dauerte die Prozedur allerdings mehrere Wochen.

Die britische Regierung war nur allzu erfreut, ihn gehen zu sehen. Nach allgemeinem Dafürhalten hatten Aaronsohn und Nili ihre Schuldigkeit getan. Außerdem lieferten Weizmann und seine Zionistische Organisation bereits mehr als genügend politische Informationen für die Minister in London. Insbesondere ein Bericht, der das Kabinett im Juli erreichte, ragte heraus. Sir Richard Paget, der britische Botschafter in Kopenhagen, berichtete darin dem Oberhausmitglied und ehemaligen indischen Vizekönig, Lord Hardinge, eine schier unglaubliche Geschichte: Die Vereinigten Staaten waren in einen Handel verwickelt, der, wäre er zustande gekommen, die Weltgeschichte verändert hätte.

1917 glaubten die Deutschen immer noch an einen für sie vorteilhaften Ausgang des 1914 begonnenen Krieges, trotz des kürzlichen Kriegseintritts der Vereinigten Staaten. Seit der Besetzung Polens und Litauens mit ihrer großen jüdischen Bevölkerung lief auch in der offiziellen deutschen Presse eine Kampagne, den Zionismus als bedeutenden politischen Faktor in die künftige Politik der Zentralmächte einzubinden. Nicht nur die Wiener *Neue Freie Presse* (deren Korrespondent Theodor Herzl früher einmal gewesen war) und die ebenso liberale *Frankfurter Zeitung*, sondern auch die konservativeren Blätter brachten prozionistische Artikel. Gerüchte, daß die Briten planten, die Zionisten der Entente-Länder mit einer Deklaration für ein Gelobtes Heimatland zu umwerben, gaben den deutschen Schreibern weiteren Ansporn; man hatte sofort erkannt, daß, falls Großbritannien bei einer künftigen jüdischen Besiedlung Palästinas die

Federführung übernähme, das deutsche Bestreben, nach dem Krieg mit Hilfe der kaiserlichen Eisenbahn Einfluß auf die Wirtschaft der Türkei, Syriens und Mesopotamiens zu nehmen, nicht mehr zu realisieren war. Als die Nachricht von der neuen pro-zionistischen Haltung Deutschlands den Botschafter in Kopenhagen erreichte, beschloß dieser, die britische Regierung vor möglichen Machenschaften zu warnen: »Die Politik ... zielt darauf ab, einen Keil in die Zionistische Organisation zu treiben, die jüdische Meinung zu beeinflussen, insbesondere in Amerika und Rußland, und sie im Interesse der deutschen Propaganda gegen die Entente zu nutzen.«[6]

Mit ebendieser Marschrichtung hatte es die deutsche Militärführung unter Mithilfe von Dr. Arthur Zimmermann – Staatssekretär im Auswärtigen Amt und prominenter deutscher Zionist – bereits geschafft, den sogenannten »Entente-Zionisten-Deal« zu ruinieren: »Daß Deutschland angesichts der Arbeit der Zionisten in den Ländern der Entente, insbesondere in England, beunruhigt ist, geht aus folgendem hervor ..., für dessen Richtigkeit sich Dr. Weizmann verbürgt: In der geheimen Sitzung des Reichstags vor zwei Monaten erklärte Dr. Zimmermann, daß die Türkei bereit gewesen sei, Palästina an Amerika zu verkaufen, und daß der Handel beinahe schon abgeschlossen war, als es ihm, Dr. Zimmermann, gelungen sei, ihn gegen eine beträchtliche Geldzahlung an die Türken wieder rückgängig zu machen. Sein Eingreifen hat den Abbruch der diplomatischen Beziehungen zwischen Amerika und der Türkei beschleunigt.«[7]

Am 18. November schiffte sich Aaronsohn in Liverpool auf der *S. S. St. Paul* nach den Vereinigten Staaten ein. Er war immer noch ohne jede Nachricht von Sarah und Nili – als einziges hatte ihm Hauptmann Edmonds aus dem Büro des EMSIB telegrafieren können, daß die Verbindung zeitweise abgerissen war. Obwohl man allgemein wußte, daß General Allenby in Palästina gut vorankam, hatte Aaronsohns Begegnung mit Baron Edmond Rothschild und mit seinen Freunden in Paris praktisch keine Unterstützung für das Sonderhilfskomitee erbracht, und London hatte sich als noch unergiebiger erwiesen. Insbesondere Weizmann bereitete Aaronsohn Verdruß. Jetzt mißtraute er dem Zionistenführer sogar. Weizmanns widerwillige Zustimmung zu seiner Amerikareise galt nur für die untergeordnete Aufgabe, Juden für den Dienst im Zionist Mule Corps der britischen Armee (einer jüdischen Hilfstruppe, die bei Gallipoli mit Maultieren Munition und Proviant zu den Schützengräben brachte) zu gewinnen. Hinter den Kulissen hatte er Aaronsohn jedesmal, wenn dieser die Frage einer offiziellen Unterstützung des Sonderhilfskomitees anschnitt, hingehalten und im dunkeln gelassen. Nach Aaronsohns Überzeugung war Weizmanns argwöhnische Einstellung wenig hilfreich gewesen und hatte alle seine Bemühungen torpediert, eine Organisation, die die unmittelbaren Probleme des jüdischen Gemeinwesens in Palästina lindern sollte, öffentlich bekannt zu machen. Angesichts der gegenwärtigen, extremen Gefahr für viele aus dem Jischuw hielt er Weizmanns Verhalten für unverzeihlich. Tatsächlich hatte Chaim Weizmann eigene Spione in Deutschland sitzen, und einer von diesen verbreitete am selben Tag, an dem Aaron Aaronsohn nach Amerika abreiste, die ersten Gerüchte über das Schicksal von Nili und dessen Auswirkungen auf den Jischuw: »Entschlüsselung eines Telegramms von Sir R. Paget (Kopenhagen [Exilsitz eines Teils der deutschen Zionistischen Organisation], 18. November 1917) Zionistischer Geschäftsführer verlangt Bekanntgabe folgenden Berichts durch Reuters, der seiner Behauptung zufolge voll und ganz vertrauenswürdig ist. Als Ursprungsort des Berichts sollte Kairo oder jedenfalls nicht Kopenhagen angegeben werden, da dies seine Informanten in Deutschland massiven Risiken aussetzen würde.

›Deutsche und Türken begehen furchtbare Greueltaten in Palästina. Djemal Pascha verlautbarte, er werde ein zweites Armenien aus dem Land machen. Am 10. Oktober wurden alle Anführer der jüdischen Kolonie von Jaffa der Spionage angeklagt und von einem deutschen Kriegsgericht aufgrund falscher Zeugenaussagen gedungener beduinischer Denunzianten oder aufgrund von durch Folter erzwungenen Geständnissen verurteilt. Sie wurden mit vielen Familienangehörigen in Anwesenheit deutscher Offiziere gehängt.‹«[8]

Vielleicht war es unglücklich, daß Weizmanns Organisation eine Veränderung der Quelle verlangte, da dies zwar ihre eigenen Agenten schützte, jedoch die »Enthüllung« den Überresten von Nili zur Last legte. Zwei davon – Alex Aaronsohn und Schneersohn – arbeiteten zu der Zeit in General Allenbys Feldaufklärung in Palästina und setzten sich daher immer noch einem großen Risiko aus. Und nicht zum ersten Mal spiegelte diese Situation die enorme Kluft zwischen dem praktischen und dem politischen Zionismus. Chaim Weizmann bedrängte die britische Regierung ganz offen, ihn zum Führer der geplanten zionistischen Kommission, die nach Ägypten entsandt werden sollte, zu ernennen (und war daher unglücklich über Aaronsohns Amerikareise und die gesteigerte Aufmerksamkeit, die sie ihm bringen konnte). Gleichzeitig hatte er diesen gebeten, während seines Amerikaaufenthalts alle Reden und Interviews zu vermeiden, denn ihm war sehr wohl bewußt, wie tiefgreifend Aaronsohns vermögende, einflußreiche Freunde in Amerika diesen Kampf innerhalb des Zionismus zu beeinflussen vermochten, wenn der Krieg vorbei war. Dennoch hielten es weder Weizmann noch Sykes – der ja Zugang zu sämtlichen Informationen des Außenministeriums über den Nahen Osten hatte – für nötig, Aaronsohn über das Schicksal von Nili oder dessen schlimme Auswirkungen auf den Jischuw zu unterrichten.

Während der langsamen Fahrt der *St. Paul* zu den Ufern der Neuen Welt und in Unkenntnis davon, was sich hinter seinem Rücken in London abspielte, belebten sich Aaronsohns ermattete Lebensgeister allmählich wieder. Sein alter Freund und JAES-Treuhänder, Richter Julius William Mack, holte ihn nach der Ankunft ab. Zur Mittagszeit erhielten die beiden die Hiobsbotschaft vom Schicksal Nilis, Zichrons und des Jischuw. Henrietta Szold hatte an diesem Morgen ein Telegramm von Sam Aaronsohn erhalten, der vor kurzem zu Alex nach Ägypten geschickt worden war: »27. Nov. 1917. Wir bestätigen den Empfang des folgenden von Samuel an A. A., das wir mit unserem tiefempfundenen Mitgefühl weitergeben: Mehrere wurden verhaftet, einschließlich Vater, Hirsch, Sara, Joseph, was von einem Gefangenen bestätigt wurde. Nach Folter starb Sara tapfer von eigener Hand. Der Schock brachte Vater um. Naaman wurde hingerichtet. Liova und Alex unterwegs nach Palästina ... Das Schicksal der anderen unbekannt.«[9]

Obwohl die Nachricht nicht ganz korrekt war – Aarons Vater war nach der Bastonade noch am Leben, und Na'aman Belkind im Gefängnis von Damaskus lebte zu diesem Zeitpunkt ebenfalls noch –, war nicht mehr von der Hand zu weisen, daß Nili und insbesondere die Familie Aaronsohn teuer bezahlt hatten. Aaron hatte es vermutet, wie er noch am selben Tag in seinem Tagebuch notierte: *Das Opfer ist vollzogen. Ich wußte, daß uns das allergrößte Unglück noch bevorstand. Doch es ist eine Sache, es zu fürchten, und eine andere, zu wissen, daß alle Hoffnung verloren ist ... Armer Vater, arme Sarati ... ihr Verlust ist das grausamste.* Dann ließ ihn die Trauer für einen Zeitraum von drei Monaten nichts mehr schreiben.

Und die schlechten Nachrichten sollten nicht abreißen: Da General Allenbys Armee den Winter über an der Jerusalem-Front verharrte, fiel die türkische Militärpolizei wieder über die jüdischen Siedlungen her, von denen die meisten auf noch nicht befreitem Gebiet lagen. Es gab weitere Verhaftungen und Hinrichtungen, und wie Aaronsohn vorausgesagt hatte, drohte dem Jischuw nun auch noch eine Hungersnot, da die türkischen Requirierungen von Lebensmitteln, Tieren und Gütern mittlerweile an der Tagesordnung waren. Nur die Vertreibung blieb der jüdischen Bevölkerung erspart, da Djemal Pascha die Negev-Wüste und das Ödland um das

Tote Meer an die Alliierten verloren und daher keinen Verbannungsort mehr hatte. Wie um ein Zeichen zu setzen, hatten die Türken Joseph Lishansky und Na'aman Belkind am 11. Dezember in Damaskus hingerichtet – an ebendem Tag, an dem General Allenby Jerusalem offiziell befreite. Die beiden Nili-Agenten wurden öffentlich auf einem Blutgerüst gehängt, das man auf dem schneebedeckten Boden einer belebten Straße errichtet hatte. Ihre Leichen ließ man mehrere Tage lang am Galgen baumeln, mit einem Schild um den Hals, das sie als Verräter und Spione brandmarkte.

Zvi Aaronsohn entging dem Strick nur, weil er so schwer gefoltert worden war, daß er im Gefängniskrankenhaus bleiben mußte. Na'amans Bruder Eytan kam aufgrund seines Alters davon – mit 19 Jahren war er dem Gesetz nach zu jung für den Galgen. Nissim Rootman, Menashe Bronstein, Dr. Neumann und die anderen Mitglieder von Nili und des Jischuw blieben dagegen im Gefängnis, mußten jedoch täglich mit der Hinrichtung rechnen. Aaronsohn war sich der Brutalität des türkischen Regimes nur allzu bewußt. Doch der Tod seiner Schwester hatte ihm seinen gewohnten Drang, alle Hebel in Bewegung zu setzen, genommen. Da außerdem der britische Oberbefehlshaber sich auf einen letzten Angriff auf Damaskus im kommenden Frühjahr vorbereitete, konnte er nun kaum noch etwas zur alliierten Sache beitragen, und er fühlte auch kein Verlangen, nach Ägypten zurückzukehren, da seine Nili-Agenten auf die Gefängnisse Syriens verstreut waren. So beteiligte sich Aaronsohn im letzten Monat des Jahres 1917 und während des Januar 1918 an der langsam, aber stetig fortschreitenden Vorarbeit seiner Mit-Zionisten für die geplante Kommission, während er zugleich Chicago und Washington besuchte, um für seine eigene Vision eines neuen Palästina zu werben. Darüber hinaus hielt er Kontakt zum EMSIB – Hauptmann Edmonds kondolierte ihm in einem bewegenden Brief nach dem Verlust seiner Schwester, der alle im Kairoer Nachrichtendienst Bewunderung zollten –, und auch sein Bruder

Alex telegrafierte ihm ab und zu. Daß Aaronsohn sich zuletzt 1916 auf der Station in Atlit aufgehalten hatte, konnte nun nicht länger vor den Treuhändern geheimgehalten werden. Einige von ihnen waren mehr als aufgebracht darüber, daß er den Standort verlassen hatte. Als sie jedoch von seinem persönlichen Verlust erfuhren, und weil die getreue Henrietta Szold und Richter Julius Mack ihre schützenden Hände über ihn hielten, ließen sich seine Kritiker erweichen, eventuelle Sanktionen hintanzustellen, bis Atlit befreit war und sich die Schäden auf der Station vollständig ermitteln ließen.

Die zionistische Kommission von 1918

Am 31. Januar schiffte sich Aaronsohn gemeinsam mit seinem Freund Felix Frankfurter an Bord der *S. S. Adriatic* ein – Ziel London. An der Themse angekommen, trafen sie sich mit Chaim Weizmann und den anderen Mitgliedern der zionistischen Kommission: Joseph Cowen, Präsident der englischen Zionistischen Föderation, Leon Simon, Präsident der Zionistischen Gesellschaft der Universität London und Übersetzer von Ahad Ha'ams *Ausgewählten Aufsätzen*, Dr. Eder, britischer Delegierter, M. D. Levontin, russischer Delegierter, M. Rosenbeck, französischer Delegierter, und Walter E. Mayer, ein New Yorker und Weizmanns spätere rechte Hand. Die Briten hatten der zionistischen Kommission nun gestattet, nach Kairo zu reisen und von dort aus auf Inspektionstour durch die befreiten Gebiete Palästinas zu gehen. Begleitet von zwei britischen Offizieren – Hauptmann Ormsby-Gore, Aaronsohns altem Verbündeten von 1916, und James de Rothschild, Neffe seines Mentors Baron Edmond –, trafen die Kommissionsmitglieder am 21. März in Kairo ein, wo sie der Vizegouverneur, unterstützt von einer mehrtausendköpfigen Menge und einer Kapelle der Maccabi Scouts, offiziell in Empfang nahm. Nachdem Aaronsohn zwei Jahre lang in Kairo im geheimen für sein Volk gekämpfte hatte, staunte er nicht schlecht über diesen Ausbruch nationalistischer Gefühle bei der zu ihrer Begrüßung versammelten jüdischen Bevölkerung. Für Chaim Weizmann dagegen war die Demonstration keine Überraschung. Während Aaronsohns Aufenthalt in Großbritannien und Amerika war seine alte Clique von Freunden und Bekannten für die gemeinsame Sache zusammengewachsen. Katalysator dieser Einigung war die Nachricht von der Balfour-Deklaration, die Ägypten Anfang November erreicht hatte. Am 26. November hatte Special Agent William Yale über Ereignisse nach Washington berichtet, die er zwar nicht selbst miterlebt, die ihm aber seine neueste Informantin bis ins kleinste Detail geschildert hatte. Die Dame mit Namen Miss Annie Landau war, Yales eigenen Angaben zufolge, eine »messianische Zionistin« und eine »persönliche Freundin« von Jack Mosseri.[10]

»Neuere Entwicklungen in der Palästinasituation. Jüdische Aktivitäten.

Im Gefolge der Balfour-Deklaration wurde in Alexandria eine große Massenversammlung abgehalten, auf der alle Klassen und Kategorien von Juden unbändige Begeisterung zeigten; orthodoxe und nichtorthodoxe Juden, Nichtzionisten wie Zionisten.

Alexandria hat in den letzten drei Monaten zwei große Kundgebungen in Sachen Zionismus erlebt. Die erste fand im Alhambra Theatre statt, das zu diesem Anlaß vom Parkett bis zum Olymp hinauf bis auf den letzten Platz gefüllt war ... Die Veranstaltung endete mit einer leidenschaftlichen und wortgewaltigen Rede von Mr. Jack Mosseri, dem Präsidenten der Zionistischen Organisation Ägyptens ... Mr. Mosseri rief die Juden Ägyptens auf, aus ihrer Lethargie in jüdischen Angelegenheiten zu erwachen, und appellierte an sie ..., sich dieser Sache anzuschließen. Die zweite große Kundgebung fand am Sonntag, dem 11. November statt ... Außerordentliche Begeisterung durchdrang die Atmosphäre dieser Versammlung, ausgelöst von der Veröffentlichung der sogenannten ›Balfour-Deklaration‹ am Versammlungstag.«

In Yales Bericht heißt es weiter: »Redner folgte auf Redner ... Mr. Alex Aaronsohn, Bruder des Leiters der Landwirtschaftlichen Versuchsstation Atlit, gerade zurückgekehrt von einer zweijährigen Propagandaarbeit in Amerika, donnerte den Juden Ägyptens seine Vorwürfe in lautem Hebräisch entgegen, sprang auf den Tisch des Vorsitzenden und ergriff in seiner unkontrollierbaren Erregung alles, was ihm in die Hand kam, und zerschlug es, Wasserflasche, Gläser, Glocke ... Nach den Auswirkungen dieser Versammlungen zu beurteilen, fiel der Zionismus in Zions nächstem Nachbarland sicherlich auf fruchtbaren Boden.

Bald nach der Versammlung reiste Alex Aaronsohn, eines der Mitglieder des Hilfskomitees für die jüdischen Siedlungen, nach Palästina, unter dem Schutz der britischen Nachrichtenabteilung, für die er seit einiger Zeit arbeitet ... Im Hinblick auf die Einwanderung der Juden sagte Mr. Mosseri, daß unter günstigen Bedingungen innerhalb von 50 Jahren 500000 Juden in Palästina angesiedelt werden könnten. Was die arabische Bevölkerung anginge, so behauptete er, die Zionisten hofften, daß die einheimische Bevölkerung nicht zunehme, und sie hofften sogar, daß sie abnehme. Er meinte sogar, daß die arabische Bevölkerung allmählich von den Juden aufgesaugt würde. Er fügte hinzu, da Araber wie Juden Semiten seien und Hebräisch und Arabisch verwandte Sprachen, gebe es keinen stichhaltigen Grund, weshalb es zwischen Arabern und Juden Reibungen und Mißhelligkeiten geben sollte ... In Gesprächen darüber, ob der König des Hidjas gegen die Übergabe Palästinas an die Juden protestieren würde, sagen die Briten: ›Der König des Hidjas ist ein vernünftiger Bursche, und wir erwarten diesbezüglich keine Schwierigkeiten von ihm.‹«[11]

Chaim Weizmann plante bereits, möglichem Unwillen seitens des Königs des Hidjas durch eine persönliche Begegnung mit dessen Sohn Faisal vorzubauen. Jedoch hielten nicht alle Briten in Kairo dies für eine gute Idee. Ein besonders Prominenter – David Hogarth – bezeichnete das Vorhaben einer zionistischen Kommission als »hoffnungslos verfrüht«.[12] Trotz dieses verbalen Widerstands vom Chef des Arab Bureau erhielt die Kommission von Sir Reginald Wingate eine Einladung zum Mittagessen in die Residenz. Der Generalgouverneur hörte sich Weizmanns Warnung an, wonach der Antizionismus gegen britische Interessen verstoße, und erinnerte alle Mitglieder der Kommission daran, daß Aaron Aaronsohn für ihre Zukunft unverzichtbar sei, da nur er über die Erfahrung und die Kenntnisse zur Lösung der zahlreichen Probleme verfüge, die sich vor, während und nach ihrer Reise stellen würden.

In den nächsten beiden Wochen bereitete Aaronsohn den Aufbruch der Kommission nach Palästina vor. Am 4. April war der Zeitpunkt der Abreise gekommen – sehr zu seiner Erleichterung, da Kairo mehr denn je zu einem Nest zionistischer *Intriganten und Verschwörer* geworden war. Manche von ihnen beobachteten mißtrauisch Aaronsohns Rolle in der Kommission – schließlich hatte er früher in Palästina Kontakte zu den Türken unterhalten und pflegte noch immer eine Beziehung zum britischen Nachrichtendienst in Ägypten. Seine Funktion als Agentenführer war mittlerweile ein offenes Geheimnis. Unter seinen zionistischen Gesinnungsgenossen in Ägypten besaß Aaronsohn sogar noch weniger Freunde, als er selbst annahm.

Nachdem Special Agent Yale über sein Treffen mit ihm in Paris Bericht erstattet hatte, forderte ihn Washington auf, soviel wie möglich über diesen palästinensischen Zionisten herauszufinden, der anscheinend alle jüdischen Millionäre in Amerika nach seiner Pfeife tanzen lassen konnte. Als Yale Miss Landau rekrutiert hatte, stellte er fest, daß sie mehr als nur eine Beschreibung der jubelnden Massen in Alexandria und des exaltierten Verhaltens von Alex Aaronsohn zu geben bereit war. Sie lieferte Yale zusätzlich eine Beurteilung des Charakters des älteren Aaronsohn, und jedes Wort aus

Miss Landaus Mund entsprach dem Gegenteil dessen, was Yale bisher über oder von Aaronsohn selbst gehört hatte. Obwohl ihre Meinung eher auf Rufmord denn auf ein sachliches Urteil hinauslief, fühlte Yale sich verpflichtet, seine Informationen Wort für Wort nach Washington zu melden. Zweifelsohne bewogen ihn dazu dieselben Gründe, aus denen er Aaronsohns privaten Brief an Alex, den ihm jener gutgläubig anvertraut hatte, öffnen und übersetzen ließ, um den Inhalt zu erfahren: »Während seines Aufenthalts in Paris in der zweiten Jahreshälfte 1917 begegnete der Verfasser dieses Berichts Mr. Aaronsohn, der ihm einen Empfehlungsbrief an seinen Bruder Alexander Aaronsohn in Ägypten mitgab, dessen Übersetzung beigefügt ist.

Obwohl Mr. Aaronsohn die Lage in Palästina von Grund auf kennt und die Schwierigkeiten und Hindernisse untertreibt, die der jüdischen Besiedlung Palästinas im Wege stehen, und obwohl seine Vorstellungen und Pläne für das künftige Wachstum der Kolonien solide und vernünftig scheinen, gehen die Meinungen über ihn unter den Juden Ägyptens dennoch sehr weit auseinander.

Aaron Aaronsohn und sein Bruder Alexander scheinen gemeinsam mit Mr. Pascal, einem bekannten jüdischen Kolonisten und Landwirt in Palästina ..., die Leitung des zionistischen Komitees in der Hand zu haben. Mr. Jack Mosseri, der Präsident der Zionistischen Organisation Ägyptens, hat absolutes Vertrauen zu den Aaronsohns und steht völlig unter ihrem Einfluß ... Andererseits gibt es prominente und wichtige Juden, etwa den Geschäftsführer des Weinguts von Rishon Le Zion, die sich von der Selbstsicherheit und dem Draufgängertum der Aaronsohns abgestoßen fühlen ... Miss Landau kennt Palästina durch und durch ..., und sie ist ehrlich und furchtlos in ihren Ansichten und Meinungen ... Sie charakterisiert Mr. Aaronsohn als einen ungebildeten, unkultivierten Emporkömmling und egoistischen, skrupellosen Opportunisten, der unter dem Deckmantel des Zionismus sein eigenes Schäfchen ins trockene bringen will. Sie hält ihn für unehrlich und seine Methoden für hinterlistig. Sie behauptet, Aaronsohn habe sich unter den Zionisten in Amerika zuerst mit der Behauptung einen Namen gemacht, der Entdecker des wilden Weizens zu sein.

Miss Landau versichert, daß Aaronsohn die Idee mit dem wilden Weizen einer gewissen Miss Baldensperger gestohlen hat, einer armen, christlichen Elsässerin, deren Familie [Jerusalemsfreunde] seit vielen Jahren in Palästina lebt. Sie habe eine Sammlung der Flora Palästinas erstellt. Miss Landau sagt, daß sich Aaronsohn die Sammlung von Miss Baldensperger ... verschafft hat und daß er unredlich handelte und sich zum Entdecker des wilden Weizens erklärte.«[13]

Diese gemeine, ehrenrührige Tirade bezog an keiner Stelle die Information mit ein, daß Aaronsohn Wissenschaftler und fest angestellter Leiter der Jewish Agricultural Experimental Station war. Zwar traf es zu, daß Miss Baldensperger über viele Jahre hinweg eine solche Sammlung angelegt hatte, doch er hatte sie in gutem Glauben gekauft, um sie seiner wissenschaftlichen Datenbank hinzuzufügen. Der im Hermon entdeckte Weizen war allerdings niemals darin enthalten.[14] Miss Landau meinte, ihre üble Nachrede mit einem Anklang von Neid abschließen zu müssen: »Miss Landau zufolge hat Aaronsohn eine breite, begeisterte Anhängerschaft in den Vereinigten Staaten, wo er viele zum Zionismus bekehrt hat (darunter, wie er behauptet, Richter Brandeis vom Supreme Court), und er erhält von prominenten Juden aus Chicago ein hohes Privateinkommen.«[15]

Der Zug der Kommissionsmitglieder verließ währenddessen den Bahnhof El-Qantara-Ost, und die Gruppe begab sich in einem für sie provisorisch hergerichteten Schlafwagen zur Ruhe. Aaronsohn konnte in dem schlingernden Zug, der nordwärts nach Gaza ruckelte, keinen Schlaf finden. So verbrachte er einen Teil der Nacht damit, hinaus in die mondbeschienene Wüste zu starren, tief in Gedanken ob der bevorstehenden Rückkehr in sein Heimatland. Als der Zug im ersten Morgenlicht Khan Yunis passierte – den Ort des mysteriösen Todes und Verschwindens von Absalom Feinberg –, hing er dem Verlust seines besten Freundes und seiner Schwester Sarah nach. In Rehovot wurde die Kommission neben den Gleisen stehend fotografiert. Aaron stand im Lokomotivführerstand, offensichtlich verstimmt über die ganze Prozedur, in Gedanken versunken.

Die Arbeit der Kommission begann in Tel Aviv am 5. April und dauerte bis Ende Mai. In den Augen der britischen Regierung diente sie einem doppelten Zweck: Sie sollte einerseits die Absicht der Balfour-Deklaration bekräftigen, den Juden nach dem Krieg eine Heimstätte zu verschaffen, und andererseits den zionistischen Führern, insbesondere Chaim Weizmann, eine Chance geben, den örtlichen arabischen Anführern zu versichern, daß dieser Plan unter dem Protektorat einer britischen oder internationalen Autorität umgesetzt würde, die die Bürger- und Eigentumsrechte der einheimischen Bevölkerung garantierte. Den die Kommission begleitenden britischen Offizieren wurde jedoch bald klar, daß für die meisten Juden der Gesandtschaft die geplante Heimstätte nur den ersten Schritt auf dem Weg zur Errichtung eines neuen Staates darstellte und daß ihre offizielle Anwesenheit in Palästina, obwohl das Land noch nicht völlig befreit war, die Araber beunruhigte, wie es David Hogarth vorausgesagt hatte. Nichtsdestotrotz leistete die Kommission nützliche Arbeit: Zum ersten Mal seit Theodor Herzls Idee eines Judenstaats gewährte der politische Flügel der zionistischen Bewegung den jüdischen Siedlern in Palästina selbst praktische Unterstützung. Auf einer Reihe von Versammlungen wurden so der Zustand der Landwirtschaft, die natürlichen Ressourcen und die Situation und gegenwärtige Verfassung der jüdischen Siedlungen ermittelt. Während sich Weizmann mit Anführern des Jischuw traf, entschied sich Aaronsohn für die Feldforschung und verwendete fast sieben Wochen für eine Bestandsaufnahme der landwirtschaftlichen Bedingungen zwischen Rafah und Jaffa, der Region, die Flavius Josephus in der Antike als

Garten des Ostmittelmeers bezeichnet hatte. Seine Studie erfuhr eine Unterbrechung von mehreren Tagen, als er am 24. Mai nach Jerusalem reiste, um bei einem Empfang der jüdischen Gemeinde für General Allenby zugegen zu sein – ein bedeutsamer Anlaß von politischer, religiöser und nationaler Tragweite. Aaronsohn ließ die Maccabi Scouts mit Begrüßungsspruchbändern antreten, und die Zivilbevölkerung konnte allerlei Reden lauschen, während Weizmann und Allenby Seite an Seite auf einem erhöhten Podium saßen, flankiert von muslimischen und jüdischen religiösen Würdenträgern der Stadt. Ein eigens für den Anlaß engagierter Fotograf hielt den Augenblick fest, als Weizmann zur Rechten General Allenbys Platz nahm, und wie zum Beweis, daß ein Bild mehr sagt als tausend Worte, steht Aaronsohn, Allenbys wichtigster Agentenführer und Gewährsmann für die rasche Einnahme Jerusalems, isoliert und fast schon außerhalb des Bildes. Ein Gedränge britischer Offiziere und zionistischer Offizieller, alle um eine günstige Position rangelnd, versperrt ihm den Zugang zu den beiden Hauptpersonen.

Für den Abend des 24. war ein Galadiner zu Ehren General Allenbys vorgesehen. Aaronsohn gehörte jedoch nicht zu den geladenen Gästen: Seine ständigen Differenzen mit Weizmann und dessen politischer Gefolgschaft setzten den Zionisten so zu, daß sie beschlossen hatten, ihn künftig nur um seines Einflusses und nicht um seiner Ratschläge willen hinzuzuziehen. Am 27. Mai fand in Tel Aviv die 16. Sitzung des zionistischen Komitees statt. Aaronsohn nahm daran teil, ebenso Hauptmann Ormsby-Gore, Major James de Rothschild, Hauptmann E. Waley und Leutnant Edwin Samuel, dieselbe schnatternde Schar britischer Offiziere, die sich bei den Feierlichkeiten in Jerusalem auf dem Podium zwischen Allenby und Aaronsohn gedrängt hatte. Die Sitzung in Tel Aviv konstatierte die Notwendigkeit, mit vereinten Kräften den Lebensstandard der ärmeren jüdischen Einwohner Palästinas auf dasselbe Niveau zu heben wie im übrigen Jischuw. Dies betraf insbesondere die Jemeniten, die aufgrund ihres ethnischen Hintergrunds, was Löhne, Bildung und Gesundheit anging, benachteiligt wurden. Weizmann konnte zudem über Fortschritte bei seinen Gesprächen mit dem Jerusalemer Rabbinat berichten. Es war ihm gelungen, alle 35 Vertreter der verschiedenen jüdischen Gemeinden – Chassidim, Mitnagdim, Aschkenasim, Sephardim und Jemeniten – unter einem Dach zusammenzubringen, um ihre verschiedenen Probleme zu besprechen. Dies allein war schon eine beachtliche Leistung. Doch darüber hinaus hatte hiermit die erste offizielle Begegnung derjenigen Gruppen stattgefunden, die später die weltliche und die religiöse Seite des künftigen Staates Israel vertreten sollten.

Chaim Weizmann, von Haus aus Wissenschaftler, empfand einen starken inneren Widerstand gegen die religiöse Autorität, da er sie eher als Hemmnis des Fortschritts betrachtete. Seine Vorbehalte gegen die Einbeziehung des Rabbinats in offizielle Gespräche zwischen der Zionistischen Organisation und den Briten resultierten aus einer Politik, die er als grundsätzliche Richtlinie für das künftige Israel anstrebte: Eine Anwendung des mosaischen Gesetzes kam seiner Überzeugung nach nicht in Frage, da es einem fortschrittlichen Denken im Wege stand. Überdies würde niemand, der in London, geschweige denn in der Entente, etwas zu sagen hatte, den Gedanken eines jüdischen theokratischen Staates vor der Haustür eines im Entstehen begriffenen arabischen Nahen Ostens auch nur in Erwägung ziehen. Chaim Weizmann teilte daher der versammelten Gesellschaft seiner Mit-Zionisten sichtlich erleichtert mit, daß beide Seiten im guten auseinandergegangen waren und dem Wunsch Ausdruck verliehen hatten, für das gemeinsame Interesse eines jüdischen Staates zu arbeiten, ohne die wechselseitigen Empfindlichkeiten zu verletzen. Wie die Geschichte im großen und ganzen zeigt, sollte dieser Burgfriede während des gesamten britischen Mandats und des ersten halben Jahrhunderts eines neuen Israel halten. Weizmanns nächsten Gesprächstermin hatten die Briten festgesetzt, die es natürlich für wichtiger hielten, daß der anerkannte Führer des Zionismus Kronprinz Faisal beruhigte als eine relativ unbekannte Gruppe von Rabbinern. Am 30. Mai verließ Weizmann Tel Aviv mit der Bahn und kam drei Tage später in Akaba an, das mittlerweile zur Operationsbasis des arabischen Aufstands geworden war.

Die Guerillaangriffe der arabischen Streitmacht auf die türkischen Verbindungs- und Nachschubwege entlang der Bahnlinie östlich des Jordan waren nunmehr in vollem Gange. Lawrence befand sich daher gerade auf einer seiner häufigen Reisen nach Kairo, als Weizmann am 4. Juni Prinz Faisal in dessen Hauptquartier aufsuchte. Vertreten wurde Lawrence von Oberst Joyce. Weizmann zeigte sich beeindruckt, wie ungezwungen die britischen Offiziere in einem arabischen, von der Wüste geprägten Umfeld lebten und arbeiteten. Als er auf dem Weg zum Kronprinzen gemeinsam mit Joyce einige Lager verschiedener Stämme besuchte, staunte er auch über die Einmütigkeit, die zum ersten Mal seit einem Jahrtausend alle Stämme Arabiens, des Hidjas, des Sinai und des Hauran unter einer Flagge versammelt hatte. Zu diesem Zeitpunkt umfaßte die arabische Armee nur 3000 bis 4000 reguläre Soldaten und eine schwankende Anzahl Beduinen, organisiert und finanziert durch Thomas Edward Lawrence. Sie hatten nicht nur die türkische Bahnlinie durch den Hidjas zerstört, sondern zwangen mit ihren überaus wirksamen Guerillaüberfällen die türkischen Garnisonen, an der Strecke nach Norden verteilt in einem regelrechten Belagerungszustand auszuharren. Beim Eintritt in Faisals Zelt stellte sich Weizmann förmlich vor und überreichte dann Empfehlungsschreiben von Sir Reginald Wingate, Brigadegeneral Clayton und Oberst Deedes. Den weiteren Gedankenaustausch zwischen den beiden, aus dem der Beweggrund für Weizmanns Besuch klar hervorgeht, schildert der offizielle zionistische Bericht wie folgt: »Er [Weizmann] wünschte Faisal deutlich zu machen, daß die Juden, sollten sie in Palästina siedeln und sollten sie ihre Ziele verwirklichen, zur Kooperation mit dem arabischen Volk bereit seien. Er fügte hinzu, daß wir willens seien, unter der Oberhoheit Großbritanniens zu leben. Es bestehe keine Absicht, irgendwen aus dem Lande zu treiben. Es sei genügend Raum für alle. Allerdings würden die Juden auf Dauer nach Palästina kommen und sich frei entfalten. Faisal erwiderte, daß er den Wert der Juden für Palästina erkenne und daß er den jüdischen nationalen Ambitionen durchaus wohlgesonnen gegenüberstehe. Er mußte jedoch seine Worte öffentlich sehr sorgfältig wählen, da türkische und deutsche Agenten nur darauf warteten, aus allem, was die arabischen Interessen in Palästina berührte, Kapital zu schlagen, insbesondere da die arabischen Palästinenser und Beduinen alle Aussagen übertrieben. Man mußte vorsichtig sein. Er unterstrich jedoch, wie zwingend notwendig eine enge Zusammenarbeit zwischen Juden und Arabern sei.

Dr. Weizmann vertiefte das Thema Zusammenarbeit noch etwas weiter. Er sagte, Juden und Araber hätten gleichgerichtete Interessen, und so sei es den Juden mit ihrem weitreichenden Einfluß möglich, ihm bei der Realisierung seiner großen Ambitionen zu helfen. Wir könnten ihm behilflich sein, sich Zugang nach Damaskus und zum Gebiet im Norden zu verschaffen. Dort dürften die Mächte, die keinerlei echte Interessen hätten, sich keine Übergriffe leisten. Damit spielte er auf Frankreich an.

Faisal schien sehr befriedigt über dieses Zeichen guten Willens und bemerkte, die Unterstützung der Juden in dieser Hinsicht spreche für einen ernsthaften Wunsch nach Zusammenarbeit. Er fügte hinzu, daß die großen politischen Fragen jetzt nicht beigelegt werden könnten, daß er uns jedoch helfen und sich über unsere Kooperation und unseren Beistand freuen würde.«[16]

Mit viel Stoff zum Nachdenken kehrte Weizmann, begleitet von Oberst Joyce, nach Kairo zurück. Kronprinz Faisal, selbst kein geringer Diplomat und ein wacher Geist, hatte nur die unumstößliche Tatsache unterstrichen, daß die Zukunft des Nahen Ostens allein von den zwischen Frankreich und Großbritannien getroffenen Beschlüssen abhing. Die Nagelprobe für Loyalität und Kooperation zwischen Arabern und Juden sollte also in dem entscheidenden Augenblick noch unbekannten Datums kommen, da der Krieg beendet, die Türken besiegt und Damaskus, die »Perle des Orients«, befreit waren. In Wirklichkeit jedoch sollten sich die Ereignisse so rasch überschlagen, daß es weniger als neun Monate dauerte, bis sich Faisal und Weizmann wieder begegneten – auf der Friedenkonferenz in Versailles.

Auch Aaronsohn sollte dort zugegen sein, und nur er allein hatte einen territorialen Lösungsvorschlag für die jüdische Besiedlung Palästinas, der die von Faisal prophezeite Gefahr eines Konflikts zwischen Juden und Arabern bannen konnte. Dennoch war sein politischer Stern im Sinken begriffen. Auf der Sitzung des zionistischen Komitees am 27. Mai hatte ihn Weizmann erfolgreich aller Verantwortung für sein Sonderhilfskomitee enthoben. Damit hatte er erreicht, was Glouskin in Kairo zuvor mißlungen war. Dann setzte Weizmann noch eins obendrauf: Er bestimmte Aaronsohn neben seinem politischen Handlanger Israel M. Sieff zum Leiter des Zionistischen Pressebüros mit einem erbärmlichen Budget von 850 englischen Pfund. Wahrscheinlich begleitete Aaronsohn ihn auf seiner Reise nach Akaba zu Faisal deshalb nicht, sondern kehrte vielmehr nach Kairo zurück. Aller Illusionen beraubt und immer noch erschüttert vom Tod seiner Schwester, hörte er auf, Tagebuch zu schreiben, und tauchte in der geschäftigen Stadt unter. Seine Arbeit für General Allenby, für die er persönlich nie auch nur einen Penny erhalten hatte, war nun praktisch vorüber. Er besaß noch etwas von den 4500 Dollar, die ihm Henrietta Szold im Oktober 1917 überwiesen hatte, und fristete davon ein bescheidenes Dasein. Da die Zukunft der Region nun in eine neue, entscheidende politische Phase eintrat, lösten ihn von jetzt an die offiziellen Stellen der Zionist Agency als Ansprechpartner der Briten und Juden ab.

Nach seinem Treffen mit Kronprinz Faisal und vor seiner Einschiffung nach London Ende Juli bat Weizmann Aaronsohn, an der Einrichtung eines Fonds zum Bodenerwerb mitzuwirken. Doch der zeigte wenig Neigung, mit Jack Mosseri zusammenzuarbeiten. So nahm man die spätere Palestine Land Development Company ohne ihn in Angriff. Dennoch wollte Weizmann einen Fachmann mit seinem Wissen und seinen Fähigkeiten nicht gern verlieren. Er spürte deutlich die Animosität zwischen den beiden Männern und besorgte daher Mosseri eine Stellung als Dolmetscher beim Jerusalemer Gouvernement. Die beiden Gegner wurden also getrennt, und Jack Mosseris hochgeschätzter Posten als Präsident des Zentralen Zionistischen Komitees in Ägypten ging über an einen gewissen Joseph Cicurel.

Aaronsohns Beziehung zu Weizmann befand sich ebenfalls an einem absoluten Tiefpunkt. Seines Einflusses bei den Briten beraubt, blieb er in Kairo, unschlüssig, was er tun und wohin er gehen sollte. Noch immer setzte er große Hoffnungen darauf, daß seine Kontakte zu den amerikanischen Zionisten ihm einen Platz am Konferenztisch einbringen würden, doch bevor er reiste, mußte er sich Klarheit darüber verschaffen, welches Schicksal dem Rest seiner Familie, seinem Spionagering und der Station in Atlit widerfahren war. Er brauchte nicht lange zu warten: Im September brachten General Allenbys Truppen Djemal Pascha auf der Ebene am Berg von Meggido eine vernichtende Niederlage bei. In weniger als einer Woche waren der Norden Palästinas einschließlich Atlit und der Jewish Agricultural Experimental Station befreit. Am 1. Oktober fiel Damaskus in die Hände von Lawrences arabischer Armee, und als Allenbys erste Einheiten wenige Stunden später eintrafen, war der Krieg gegen die Türkei praktisch vorüber. Alex Aaronsohns vorgesetzter Offizier, Hauptmann McCrury von der Feldaufklärung, begab sich als erstes ins Gefängnis von Damaskus und sorgte für die Freilassung der überlebenden Mitglieder von Jischuw und Nili. Nissim Rootman, Menashe Bronstein und Dr. Naumann hatten ihre Leidenszeit im Todestrakt überstanden. Zvi Aaronsohn kehrte nach seiner Entlassung aus dem Gefängniskrankenhaus nach Zichron Ya'acov zurück, um seinen Vater Ephraim zu pflegen, den die Türken endgültig zum Krüppel geschlagen hatten. Sam Aaronsohn war von Kairo nach Zichron gereist, um wieder bei Vater und Bruder zu sein, und schickte Aaron am 29. Oktober einen Bericht über den Zustand der Station nach Kairo.

Die JAES lag in Trümmern. Die Türken hatten alles zerstört und mitgenommen, was nicht niet- und nagelfest war. Türen und Fenster des Stationshauses waren beschädigt, ebenso die Nebengebäude. Alle von den Türken zurückgelassenen Einrichtungsgegenstände hatten die arabischen Nachbarn weggeschleppt. Sämtliche Kleingeräte und Werkzeuge waren fort, ebenso das Saatgut. Aaronsohns Sammlung der mit dem Wildweizen gezüchteten Ähren und Körner war vernichtet, und auf den für sie vorgesehenen Versuchsfeldern hatte ein ortsansässiger Araber von den Dar Madi Hirse gesät. Er hatte die Station seit 1917 von den Türken gepachtet. Die Stationsbibliothek fehlte gänzlich – sogar die Regale waren gestohlen worden. Die Obstbäume zeigten sich durch Vernachlässigung und mangelnde Bewässerung in einem derart schlechten Zustand, daß sie wahrscheinlich nicht zu retten waren. Aaronsohns Windrad war mutwillig zerstört. Nur die Washingtonia-Palmen hatten den Vandalismus überlebt und standen nun als flüsternde Wächter über einem Streifen der Verwüstung, der sich in gerader Linie vom Stationshaus hinunter zum Wadi Dustrey zog. Da sein Bruder Alex bei der britischen Armee in Syrien vollauf beschäftigt und die meisten Fragen nun beantwortet waren, schiffte sich Aaronsohn ein, wieder einmal nach England. Während der Überfahrt schrieb er an Richter Julius William Mack und versprach, die Weihnachtswoche 1918 in New York zu verbringen. Sein Tagebuch gibt über diesen Herbst keinen Aufschluß, doch im November, etwa zwei Wochen nach der Unterzeichnung der Waffenruhe zwischen Deutschland und der Entente, griff er wieder zur Feder. Er hielt den Beginn einer Kette von Ereignissen fest, die die verbleibenden Monate seines Lebens bestimmen sollten.

Die Versailler Friedenskonferenz

In Paris erwartete man den amerikanischen Präsidenten Woodrow Wilson, und aufgrund dieses Besuchs im Vorfeld der Friedenskonferenz in Versailles startete Aaronsohn einen letzten Versuch, Einfluß auf die internationale Politik zu nehmen. Trotz seiner eigenen negativen Erfahrung mit Nili war er noch immer der Meinung, daß nur die Briten über den Einfluß und die Mittel verfügten, als Schutzmacht die jüdischen Interessen in Palästina zu wahren. Man übertreibt wohl kaum mit der Feststellung, daß Aaronsohn an diesem historischen Wendepunkt besser über die amerikanische Politik Bescheid wußte als jeder andere damalige Zionist, und nach seinem Tagebuch zu urteilen, besaß er auch ein feineres Gespür für den richtigen Zeitpunkt als alle Angehörigen des Auswärtigen Amtes.

24. Nov. 1918, Sonntag, London: Frühstück mit Loring [Auswärtiges Amt]. Er ist ebenfalls beunruhigt über die öffentliche Meinung in den U.S. über den sogenannten britischen Imperialismus … Mein Vorschlag: um die Öffentlichkeit und die offizielle Meinung in den U.S. aufzuklären, zumindest soweit es unsere Probleme in Palästina und Nahost anbetrifft, sollten Männer wie Alex, Jabotinsky [britischer jüdischer Offizier] etc. sofort in die Staaten geschickt werden. Was sie über die kulturellen Leistungen und die kulturelle Welt der Briten zu sagen haben, wird dazu beitragen, Vorbehalte zu zerstreuen.

Noch am selben Tag nahm Aaronsohn eine Fähre nach Frankreich: Er wollte im Brennpunkt eines internationalen politischen Ereignisses sein, das sich rasch zum Spektakel

Thomas Edward Lawrence auf dem Balkon in Damaskus kurz vor seiner Abreise nach England 1918

entwickelte. Vor der Abfahrt telefonierte er mit Chaim Weizmann in Paris über seinen Vorschlag, eine offizielle Delegation in die Vereinigten Staaten zu entsenden. Seine Anregung kam jedoch ungelegen. Vladimir Jabotinsky beäugten die Briten aufgrund seiner pointierten, ausgesprochen sozialistischen Ansichten bereits mit großem Argwohn, und Chaim Weizmann zögerte insgeheim, einen aus der Familie Aaronsohn in sein eigenes zionistisches Revier hineinregieren zu lassen. Auf der Fähre nach Boulogne traf Aaronsohn auf Lawrence, dem er zuletzt 1917 in Kairo begegnet war. Es war ein seltsames Wiedersehen: Wie in Ägypten spielten beide eine quasi-offizielle Rolle mit unklarem Auftrag. Aaronsohn war inoffizieller Berater der zionistischen Delegation und Lawrence unterwegs nach Marseille zu Prinz Faisal, um diesen für die Dauer der Konferenz zu unterstützen.

Der Besuch des amerikanischen Präsidenten erwies sich schließlich als Debakel auf ganzer Linie. Mangelnder politischer Scharfsinn und die Interessen amerikanischer Finanzleute blockierten jedes vernünftige Gespräch über die Neuverteilung von Gebieten und nationalen Rechten. Diese Interessen ließen Aaronsohn für die Zukunft der Konferenz und der Palästinafrage Böses ahnen. Am 29. November traf er sich mit Walter Lipmann, einem Mitglied der amerikanischen Friedensdelegation unter der Führung des gesundheitlich angeschlagenen und verschlossenen Texaners Oberst House, der in dieser Position auch Präsident Wilsons wichtigster Berater war.

Aß mit Walter [Lipmann] bei Voisin zu Mittag. Er ist unzufrieden mit seiner Arbeit, mit Obst. House und der ganzen Wilson-Regierung. Er hat den Eindruck – zu Recht oder nicht –, daß alle Liberalen aus der Regierung hinausgedrängt werden sollen … Dem Oberst geht es jetzt recht gut, doch er empfängt niemanden … Walter ist zu denselben Schlußfolgerungen gelangt wie ich, nämlich daß der Imperialismusverdacht der Vereinigten Staaten gegen Britannien den ganzen Schaden anrichtet. Das Ergebnis ist, daß Frankreich mehr Stärke gewinnt, daß die Interessen der Hochfinanz sich durchsetzen und daß die Chancen auf einen wirklich demokratischen Frieden verspielt werden. Als ich Voisin verließ, wurde ich auf meinem Weg zu Walters Büro in der Rue Royale von einem Soldatenkordon aufgehalten. Als ich genau davorstand, erblickte ich König Georg … in kaum zehn Metern Entfernung.

Näher sollte Aaronsohn dem britischen Monarchen nicht kommen, für den er und seine Gefährten fast vier Jahre Leib und Leben aufs Spiel gesetzt hatten. Nach dem Ende von Pomp und Parade in Paris kehrte König Georg V. nach London zurück und überließ die Zukunft den Händen der britischen Delegation – die ebensowenig wie die amerikanische auf die bevorstehende gewaltige Aufgabe vorbereitet war. Die Verhandlungen bewegten sich mittlerweile auf dem Niveau von Kuhhandel und Intrigenspiel. Da die Gespräche über Palästina erst in einigen Wochen anstanden, verbrachte Aaronsohn viel Zeit damit, die Vertreter Armeniens in ihrem Unabhängigkeitskampf zu unterstützen.

Während des Krieges hatten Völkermord und Vertreibung die armenische Bevölkerung um die Hälfte dezimiert. Nun setzte sie sich gegen das französische Bestreben zur Wehr, Armenien einem Großsyrien einzuverleiben – diese Friedensoption weckte für sie schlimme Vorahnungen. Die Sache der Armenier lag Aaronsohn am Herzen; zum einen erinnerte er sich noch lebhaft an die Schilderungen seiner Schwester von den Leiden dieses Volkes, als sie 1916 aus Konstantinopel nach Palästina zurückkam. Zum anderen hatte er am eigenen Leib erfahren, was türkische Herrschaft bedeutete. Er drängte die Armenier, dem zionistischen Vorbild zu folgen und auf Unabhängigkeit zu pochen. Nachdem er sich mehrmals mit Nubar Pacha von der armenischen Delegation getroffen und seine Hilfe angeboten hatte, stellte er sich nach seinem Gespräch mit Walter Lipmann am 29. Sokolov, Marks und Tolkowsky aus der zionistischen Delegation.

Ich berichtete ihnen alles, was ich getan und erfahren hatte, und schlug vor, morgen nach London zu fahren [als Abgesandter der Armenier]. Dies wäre eine Hilfe für die Armenier und würde unseren englischen Freunden auch zeigen, daß wir vor Schwierigkeiten nicht haltmachen, wenn es darum geht, ihre Interessen [im Hinblick auf die Franzosen] zu schützen. Sie stimmten mir zu. Ich beschloß daher, Vorkehrungen zu treffen, um sofort nach London zu reisen … Ich suchte Nubar auf – 12, Avenue du President Wilson. Er war verblüfft, als ich ihm mitteilte, daß wir beschlossen hatten, mich nach London zu schicken. Er wußte nicht, wie er mir danken sollte.

Die [armenische] Unabhängigkeitserklärung wurde Clemenceau heute morgen übergeben – nachdem ihre endgültige Form letzte Nacht beschlossen worden war … Ging um 5.30 zu Sokolov. Verabschiedete mich von ihm und ging zum Hotel, wohin Nubar mir Dokumente geschickt hatte, die ich mitnehmen sollte. Ich konnte auf regulärem Weg keine Schiffspassage bekommen, doch als ich zehn Franc Trinkgeld in Aussicht stellte, war sofort eine verfügbar.

Aaronsohns Eingreifen half den Armeniern zweifelsohne, die Ambitionen der Franzosen abzuwehren. Dies war der erste Schritt auf dem Weg zu ihrer Unabhängigen Republik, die aufgrund eines verhängnisvollen Laufs der Geschichte nur bis 1920 Bestand haben sollte. In diesem Jahr fiel eine wiedererstarkte türkische Armee unter Kemal Atatürk in das Land ein und unterwarf es erneut türkischer Herrschaft. Vorerst jedoch konnte sich Aaronsohn, nachdem er seine Aufgabe als Abgesandter der Armenier erfüllt hatte, wieder dem Problem der Zukunft seines eigenen Landes zuwenden. Im Dezember reiste er nicht weniger als achtmal zwischen Paris und London hin und her und mühte sich verzweifelt, die zionistische Delegation dazu zu bringen, ihr Anliegen mit derselben Dringlichkeit zu verfechten, die den Armeniern zum Erfolg verholfen hatte. Doch bereits nach seiner ersten Reise sah er sich in einer ungünstigen Ausgangsposition: Es bestand die Gefahr, daß es dem praktischen Zionismus in Palästina nicht gelang, der Friedenskonferenz stichhaltige Argumente vorzulegen, weil die von Weizmann geführte politische Zionistische Exekutive die Sache verschleppte. In einem Brief an seinen alten Freund und Vertrauten, Richter Julius William Mack, geschrieben auf dem offiziellen Briefpapier der Zionistischen Organisation, wiederholte er seine Überzeugung, daß sich die Zionisten nur durch eine Intervention der Amerikaner, insbesondere seines alten Verbündeten Richter Louis Brandeis vom Supreme Court, würden durchsetzen können. Mit Hilfe der ersten zionistischen Palästina-Kommission unter Leitung Chaim Weizmanns hatte die Zionistischen Exekutive in London einen Fuß in die Tür der britischen Politik bekommen, und obwohl über offizielle zionistische und britische Kanäle gerade eine zweite, überwiegend amerikanische, zionistische Palästina-Kommission auf die Beine gestellt wurde und Rabbi Stephen S. Wise, der energische Anführer der Zionistischen Föderation von Amerika, sie leiten sollte, erkannte Aaronsohn nur zu deutlich, daß deren mögliche Schlußfolgerungen angesichts des geplanten Zeitrahmens für die Friedenskonferenz ein wenig zu spät kommen würden. Er schrieb an Mack: »Lieber Richter, ich war so beschäftigt und so oft unterwegs, seit ich Sie verließ, daß ich nicht zum Schreiben kam. Es gibt so viele vertrauliche Dinge, von denen ich Sie unterrichten möchte, daß ich sie nicht irgendeinem Stenographen diktieren wollte, und deshalb haben Sie bis jetzt nichts von mir gehört ...

Aus unserer offiziellen Korrespondenz ersehen Sie, was hier vorgeht und woran wir arbeiten. Ihre Anwesenheit hier ist dringend nötig, insbesondere zum jetzigen Zeitpunkt. Ich bin überrascht, daß nicht Sie die Wise-Expedition leiten ... L. D. B.s [Brandeis] Anwesenheit hier ist ebenfalls absolut notwendig. Es mag enttäuschend für ihn und für uns sein, daß er nicht offiziell nach Paris entsandt wurde, doch ich persönlich hoffe, er erkennt, daß ihm in diesem schicksalhaften Moment nur ein Weg offensteht, nämlich alle anderen Interessen zurückzustellen und die ungeteilte Führung in unserer Sache zu übernehmen. Er besitzt die nötige Größe, um dies zu tun, gleich welche Opfer er dafür mag bringen müssen.«[17]

Aaronsohn nutzte diese Gelegenheit auch, um bekanntzugeben, daß er nicht beabsichtige, seinen Posten als Leiter der JAES wieder anzutreten: »Ich schicke Ihnen eine Abschrift von Sams Bericht über der Zustand der Station. Er ist eine bittere Lektüre und bedarf keines Kommentars. Ich habe eine Abschrift an J. R. [Julius Rosenwald] und [Louis] Marshall geschickt. Sie wissen, daß ich unsere Treuhänder nicht drängen möchte weiterzumachen, selbst wenn noch die kleinste Chance dafür bestünde. Doch mir scheint, es ist ihre Pflicht, den Zustand unverzüglich und in würdiger Weise zu beenden. Wie es allerdings um die finanzielle Seite bestellt ist, kann ich nicht sagen. Ich habe um eine Abrechnung gebeten, doch aufgrund der Vernichtung aller unserer Bücher und Dokumente könnte es schlichtweg unmöglich sein, eine zufriedenstellende Abrechung zu erstellen.«

Nachdem er diese Bombe hatte platzen lassen, wandte sich Aaronsohn wieder dem Thema Zionismus zu. Er berichtete Mack, er sei bei Weizmann abgeblitzt und versuche jetzt die britischen Stellen dazu zu überreden, seinen Bruder Alex und Jabotinsky auf eine Aufklärungskampagne in die Vereinigten Staaten zu schicken. Und bevor er seinen Brief schloß, sprach er eine letzte, fast verzweifelte Bitte um amerikanischen Beistand aus: »Wir haben ein Telegramm erhalten, daß Felix [Frankfurter] möglicherweise kommt. Ich wünschte, Sie könnten Max [Dr. Max Schlössinger – Augenchirurg und Fachkollege von Dr. Harry Friedenwald] dazu bewegen, nach Palästina zu kommen. Wir brauchen ihn dringend. Die Arbeit hier liegt in den Händen so schrecklich kleingeistiger und engstirniger, feiger Männer!«

Dies war sein letzter schriftlicher Kontakt mit Julius William Mack. Als sein Brief in New York eintraf, war Aaronsohn wieder in Paris, beschäftigt mit der, wie sich erweisen sollte, letzten Verhandlungsrunde für 1918, bevor der Friedenskommission im neuen Jahr der zionistische Antrag vorgelegt wurde. Am Heiligen Abend nahm er die letzte Fähre von Boulogne zurück nach Dover und erreichte dort noch den Zug nach London. Es sollte auch seine letzte Kanalüberquerung per Schiff sein. Thomas Edward Lawrence und viele andere wichtige Delegierte bedienten sich schon länger eines neuen Flugdienstes, der eigens zum Transport von Personen und Post von und nach Paris eingerichtet worden war. Aaron Aaronsohn sollte ihrem Beispiel folgen.

Kapitel 13
Eine Karte Israels

Eine Schande und ein Unglück …
Aus Aaronsohns Rücktrittsbrief an Weizmann, 16. Februar 1919

Aaron Aaronsohn verbrachte Weihnachten 1918 in einem Londoner Hotel. Während seines letzten Parisaufenthalts war ihm das wahre Ausmaß von Chaim Weizmanns Ausgrenzungstaktik ihm gegenüber aufgegangen. Verletzt und gekränkt zog er sich zurück und konnte sich nicht entscheiden, ob er seinen Rücktritt anbieten oder seine Randexistenz in der zionistischen Delegation fortsetzen sollte. An Silvester startete sein Flugzeug vom Hendon Aerodrome im Nordosten Londons, der Basis der 2. Fernmeldestaffel, zum Rückflug nach Paris. Diese gehörte zum 86. Fernmeldegeschwader und bediente die Strecke nach und von Frankreich. Im März sollte sie auf die entgegengesetzte Seite Londons, nach Kenley, umziehen, von wo auch das Flugzeug zu Aaronsohns letztem, mysteriösem Flug am 15. Mai startete. Das Geschwader flog umgebaute Handley-Page-Bomber und De-Havilland-Kampfflieger. In der Hendley-Page, einer riesigen und schwerfälligen viermotorigen Vorläuferin des im Zweiten Weltkrieg benutzten Bombers, mußte ein Passagier in einem offenen Cockpit sitzen, doch fünf von den wesentlich kleineren und wendigeren De-Havilland-Maschinen Typ 4 mit ihrem Rolls-Royce-Motor der Eagle-Baureihe waren für Passagierflüge zum Modell 4A umgewandelt worden: Man hatte den hinteren Rumpfaufbau nach vorne gezogen, so daß ein geschlossenes Cockpit mit einer Kabine entstand. Pilot, Passagiere und Post blieben so vor den Unbilden der Witterung geschützt.

Aaronsohns Flug in einer DH 4A verlief ohne Zwischenfälle, und am Abend des 31. Dezember saß er sicher und bequem in seinem Pariser Hotel, um das erste friedliche neue Jahr seit 1913 zu begrüßen. Verständlicherweise schweiften seine Gedanken, wie die Millionen anderer Hinterbliebener in aller Welt, auch zu jenen, die im Krieg ihr Leben verloren hatten. In Geheimdienstkreisen kursierte eine ziemlich geschmacklose Weihnachtskarte des EMSIB, die Aaronsohn in aller Deutlichkeit vor Augen führte, daß Nili mittlerweile nur noch als historische Randnotiz der Geschichte des nachrichtendienstlichen Erfolgs in Palästina galt.

Im Gedanken an die Gefährten schrieb er am 4. Januar, als das Leben wieder seinen normalen Gang ging, einen Brief an seinen alten Kameraden von 1916, Oberst Walter Gribbon, der nach wie vor für das Kriegsministerium in London arbeitete. Trotz Einstellung der Kampfhandlungen war ungehindertes Reisen noch schwierig, und für viele, die der Krieg in die Fremde verschlagen hatte, war es nahezu unmöglich, wieder in ihre Heimat zurückzukehren. Aaronsohn hatte früher schon eine Genehmigung für seine jüngere Schwester Rivka beantragt, damit sie von Amerika wieder nach Palästina zurückreisen durfte. Er rief Gribbon diesen Fall ins Gedächtnis und bat ihn dann um Hilfe für die Schwester Absalom Feinbergs: »Bei unserem letzten Gespräch erwähnte ich den Fall von Miss Zila Feinberg, die sich jetzt in Berlin aufhält. Darf ich mich erneut für sie verwenden?

Ihr Bruder Absalom Feinberg, der sich seinerzeit als erster an Lt. Woolley wandte, fiel den Türken als verdächtig auf, wurde dreimal vor ein Kriegsgericht gestellt, freigelassen und schließlich bei dem Versuch, die feindlichen Linien zu durchqueren, in der Wüste getötet.

Absalom Feinberg hinterließ seine auf ihn angewiesene Mutter und eine Schwester. Diese Schwester studierte an der Berliner Universität Botanik (und hielt mit uns Kontakt) und scheint nach der Vernichtung unserer Organisation von den Deutschen inhaftiert worden zu sein. Unsere Freunde sind bereit, ihr aus Deutschland herauszuhelfen. Man könnte sie nach Kopenhagen schicken. Wollen Sie sich

Weihnachtskarte des EMSIB von 1918

bitte bemühen, die entsprechenden Stellen dort anzuweisen, sich nach ihrem Eintreffen um sie kümmern und sie nach London und von dort aus nach Palästina zu schicken? Ihr Haus und Besitz haben durch die Türken schwer gelitten. Dennoch wünscht Miss Feinberg nichts mehr, als zu ihrer armen, alten Mutter nach Hause zurückzukehren.«[1]

Während Aaronsohn seinen Brief an Oberst Gribbon verfaßte und über die Vergangenheit mit »A«, Nili und seine Zukunft am Rande des Friedensprozesses nachsann, fand er die Lage in Paris wenig verändert. Da er von der zionistischen Politik weitgehend isoliert war, hatte er nicht einmal mitbekommen, welches historische Ereignis am Nachmittag zuvor in London stattgefunden hatte: Chaim Weizmann und Kronprinz Faisal hatten ein Abkommen über Palästina unterzeichnet, dessen künftige Stabilität – von den Folgen für die künftigen politischen Machtverhältnisse ganz zu schweigen – jedem Beobachter äußerst unsicher erscheinen mußte. Die bevorstehende Intervention der Vereinigten Staaten sorgte für große Furcht und wilde Spekulationen unter den nichtjüdischen Bevölkerungsgruppen des Nahen Ostens. Am 18. Dezember hatte der Imam der Jerusalemer Al-Aksa-Moschee, einst das Hauptquartier des Templerordens auf dem Haram el Sharif, dem Tempelberg, über den britischen Militärstab in Palästina eine Petition an die USA gerichtet: »Alle Einwohner Jerusalems und der Dörfer, Christen und Moslems, bestätigen, daß wir gestern eine große Menge Juden in der Stadt umherziehen sahen. Sie trugen Fahnen, sangen und riefen Worte, die die Gefühle verletzten, die Gemüter erregten, und behaupteten vielstimmig, Palästina, das Heilige Land, sei das Land ihrer Väter und der Friedhof ihrer Großväter, das die Araber vor langer, langer Zeit als ihre Heimat an sich genommen hätten und das sie sehr liebten und für dessen Verteidigung sie gestorben seien. Daß dies die nationale Heimstätte für sie sei. Diese Worte werden den Himmel spalten, die Erde auseinanderreißen und die Berge einstürzen lassen.

Wie können die Juden zu hoffen wagen, daß Palästina ihre nationale Heimstätte werde, wo doch die Araber, die Muslime und die Christen, Palästina nie als nationale Heimstätte der Araber verlangt haben … Falls es das Ziel der Juden ist, in ebendiesem Land nationale Freiheit zu genießen, warum sollten dann nur die Juden dieses Recht haben … Was für ein Unterschied zwischen unseren freundlichen Empfindungen, die wir ihnen zuvor entgegenbrachten, und ihrer Einstellung uns gegenüber, wenn sie eine fremde Nation in unser Land holen und sie auffordern, es als nationale Heimstätte zu erobern und uns zu regieren, wie es ihr gefällt. Wenn Sie die Geschichte betrachten, werden Sie sehen, daß Arabien lange Zeit die Heimat von Heiden war, und als der Islam erschien, mischten sich Heiden, Christen und Juden in Arabien, haben irgendwelche von diesen nun das Recht, sich zu erheben und Arabien als ihre nationale Heimstätte zu fordern?

Die Araber eroberten Spanien und lebten dort mehr als 700 Jahre lang, dann wurden sie in die ganze Welt zerstreut, haben sie jetzt das Recht, sich zu erheben und ihre alte Heimat zurückzuerobern? Nationen erheben sich auf den Ruinen anderer, deshalb hat diese Nation jetzt, im 20. Jahrhundert, kein Recht, religiösen Fanatismus zu wecken und Eigennutz und Selbstsucht aufzustacheln … Die USA haben aller Welt verkündet, daß sie in diese Welt gekommen sind, ausschließlich um Gerechtigkeit zu üben und den schwachen Nationen zu helfen. Überdies waren die USA dafür bekannt, die Meinung der Nationen zu achten – sie werden niemals eine solche Ungerechtigkeit zulassen, daß unser Land eine nationale Heimstätte für die Juden wird, was die Schwächung der arabischen Bevölkerungsgruppe in Palästina und ihre allmähliche Vertreibung aus ihrem eigenen Land bedeutet.

Wir richten nun einen Appell an Ihre gerechte Regierung und möchten Sie bitten, ihn freundlichst an die richtigen Stellen weiterzuleiten, damit diese über die Empfindungen, Hoffnungen und Neigungen der Palästinenser unterrichtet sind. Zugleich bitten wir dringend, gegen jede Entscheidung zu protestieren, die sich in irgendeiner Weise als ungerechtfertigt und gegen unsere guten Rechte erweisen könnte, und sprechen klar und deutlich aus, daß wir gegen alles Derartige protestieren und uns entschieden dagegen verwahren.«[2]

Gemessen an einem solchen verbalen Antizionismus aus Palästina selbst war das Abkommen mit Prinz Faisal für Weizmann ein glänzender politischer Coup zur rechten Zeit. Darüber hinaus würde er, wie Weizmann hoffte, die Briten dazu bewegen, nicht nur die geplante amerikanische Delegation zu akzeptieren, sondern auch deren – Weizmanns und Aaronsohns Hoffnung zufolge weitgehend prozionistische – Ansichten in den Friedensprozeß einzubeziehen. Weizmann hatte das Abkommen um so leichter zuwege gebracht, als Faisals Hauptsorge nicht der Zukunft Palästinas galt, sondern dem viel umfassenderen arabischen Bestreben, von Mekka aus die Kontrolle über Damaskus sowie das spätere Transjordanien und den Libanon zu erlangen. Dieses Ziel spiegelt sich deutlich in der Präambel seines Abkommens mit dem jüdischen Verhandlungsführer:

»Abkommen zwischen Faisal und Weizmann und zionistische Vorschläge für die Friedenskonferenz. Im Namen Seiner Königlichen Hoheit, Emir FAISAL, der das Königreich Hidjas vertritt; im Namen von DR. CHAIM WEIZMANN, der die zionistische Körperschaft vertritt: Mit Hinsicht auf die Rassenverwandtschaft und alten Bindungen zwischen den Arabern und dem jüdischen Volk; unter Verständnis dessen, daß es das sicherste Mittel zur Verwirklichung ihrer gemeinsamen nationalen Ziele ist, in enger Zusammenarbeit bei der Entwicklung des arabischen Staates und Palästinas zu wirken. Außerdem wünschen sie, das gute Einvernehmen zu festigen, das zwischen ihnen herrscht, und haben darum folgende Artikel beschlossen:

ARTIKEL I: Hinsichtlich ihrer gegenseitigen Beziehungen und anläßlich der Verhandlungen, die stattfinden könnten, gehen der arabische Staat und Palästina von dem Wunsch nach Einvernehmen und gegenseitigem gutem Willen aus, der sie bewegt. Zu diesem Zweck sollten ordnungsgemäß beglaubigte arabische und jüdische Vertreter in beiden Ländern eingesetzt werden.

ARTIKEL II: Sobald die Beratungen der Friedenskonferenz ein Ende genommen haben, sollen die endgültigen Grenzen zwischen dem arabischen Staat und Palästina von einer Kommission festgelegt werden, die von beiden Parteien in Übereinstimmung ernannt wurde.

ARTIKEL III: Bei der Schaffung der Konstitution und Administration Palästinas sollen alle Maßnahmen getroffen werden, um die Ausführung der Deklaration der britischen Regierung vom 2. November 1917 [Balfour] voll zu gewährleisten.

ARTIKEL IV: Es sollen alle Maßnahmen getroffen werden, um die Einwanderung der Juden in Palästina in größerem Ausmaß zu fördern und anzuregen und die jüdischen Einwanderer so bald wie möglich durch eine dichte Kolonisation und eine intensivere Bebauung des Bodens fest anzusiedeln. Bei der Ausführung dieser Maßnahmen müssen die Rechte der arabischen Bauern und Landbesitzer selbstverständlich geschützt werden, und ihnen wird alle zu ihrer wirtschaftlichen Entwicklung notwendige Hilfe zugestanden werden.

ARTIKEL V: Kein Gesetz und keine Reglementierung dürfen der Religionsfreiheit in irgendeiner Weise Abbruch tun. Außerdem soll gegen die Würdenträger der Religionen oder die Ausübung der verschiedenen Glaubensformen niemals eine nachteilige Maßnahme getroffen werden. Bei der freien Ausübung der zivilen und politischen Rechte wird nicht nach der religiösen Herkunft gefragt.

ARTIKEL VI: Die heiligen Stätten werden der Aufsicht der Moslems unterstehen.

ARTIKEL VII: Die zionistische Körperschaft beabsichtigt, eine Expertenkommission nach Palästina zu schicken, die alle wirtschaftlichen Möglichkeiten des Landes erfassen und einen Rapport über die besten Methoden abfassen soll, wie man deren Entwicklung sichern kann. Die zionistische Körperschaft wird obenerwähnte Kommission dem arabischen Staat zur Verfügung stellen, damit sie auch tiefschürfende Nachforschungen über die wirtschaftlichen Mittel des arabischen Staates anstellen und einen Rapport verfassen kann, der Bedingungen ihrer höchstmöglichen Entwicklung festlegt. Endlich wird die zionistische Körperschaft all ihre Kraft einsetzen, um dem arabischen Staat zu helfen, die zur Entwicklung seiner natürlichen Schätze und wirtschaftlichen Möglichkeiten unerläßlichen Mittel zu erlangen.

ARTIKEL VIII: Die unterzeichnenden Parteien sind sich einig, auf der Friedenskonferenz in völliger Übereinstimmung und vollkommenem Einklang über alle einschlägigen Fragen zu handeln.

ARTIKEL IX: Jede Streitigkeit, die zwischen den Vertragsparteien aufkommen sollte, wird dem Schiedsspruch der britischen Regierung unterstellt.«[3]

Rückblickend erwies sich Artikel VIII – eine Grundvoraussetzung für den Erfolg beider Interessenvertretungen – prompt als schwächster Punkt, denn zum Leidwesen der Nachwelt sollte gegen Ende der Konferenz zwischen beiden Seiten herzlich wenig Übereinstimmung und absolut kein Einklang mehr bestehen. Allein die Artikel V und VI, die die heikelsten religiösen Fragen behandelten, sollten sich bewähren. Die übrigen Vereinbarungen drohten wie Artikel VIII schon unrealisierbar zu werden, bevor noch die Unterschriften Weizmanns und Faisals trocken waren. Überdies waren einzelne Teile des Abkommens schon vor dessen Ausarbeitung hinfällig: Prinz Faisal wußte nicht, daß die in Artikel VII zugesagte »Kommission für wirtschaftliche Möglichkeiten« ihre Arbeit schon 1918 getan hatte und die »zweite«, von den Vereinigten Staaten zu leitende Kommission als rein politische Unternehmung angelegt war, wie der Imam der Al-Aksa-Moschee richtig erahnt hatte. Die sie leitenden Zionisten hegten keineswegs die Absicht, »dem arabischen Staat zu helfen«. Überdies hing die Frage eines »arabischen Staates« von den Grenzen eines jüdischen ab, und Stand der Dinge bei diesem brisanten Thema war, daß niemand außer dem beiseite gedrängten und geflissentlich übersehenen Aaron Aaronsohn irgendeine Vorstellung davon hatte, wie diese Grenzen aussehen könnten.

Aus dem Vertrag spricht der deutliche Wunsch beider Seiten, eine klar definierte Grenze zwischen den künftigen »jüdischen« und »arabischen« Staaten festzulegen. Jeder Beobachter der jüdischen Einwanderung hielt dies mittlerweile für unabdingbar. Doch schon zu einem Zeitpunkt, als das Faisal-Weizmann-Abkommen gerade festgeschrieben war, galt es bereits in Teilen als schon wieder überholt und stand damit in der Reihe der langen, fehlerhaften Eingriffe von außen: Angefangen mit dem Sykes-Picot-Abkommen von 1916 und dann 1917 mit der Balfour-Deklaration, wollten die Mächtigsten – aber auch Sachunkundigsten – die Zukunft der einheimischen Bevölkerung von Türkisch-Palästina regeln. Letztlich war das Faisal-Weizmann-Abkommen also nur der nächste Schritt auf einem Weg, der alle Einwohner Palästinas in eine Zukunft mit tödlichen Folgen führen sollte.

Am 5. Januar, dem Tag der Bekanntgabe des Abkommens, schrieb Henry Sacher, ein Redaktionsmitglied des *Manchester Guardian*, einen Brief an Major Norman Bentwich, der als jüdischer Anhänger des Zionismus Dienst in der britischen Armee in Palästina tat. In den finsteren Tagen von 1917 in Kairo hatte sich Major Bentwich Aaronsohns angenommen und ihm die seltsamen Verhältnisse von Über- und Unterordnung in dem Netzwerk »alter Kameraden« innerhalb des britischen Nachrichtendienstes erklärt. Nun war er zum Obersten Gericht von Jerusalem abkommandiert und belieferte die Zionisten, die nicht bei den Pariser Gesprächen dabei waren, mit sämtlichem Klatsch und Tratsch, den er aufschnappen konnte. Sein gleichgesinnter Verbindungsmann bei der Zeitung half ihm gerne weiter: »Wir [die Zionisten Großbritanniens] sind alle sehr besorgt, nun, da die Friedenskonferenz bevorsteht und die Regierungen aufgefordert sind, Farbe zu bekennen ... Da haben wir die Franzosen, die zu Geheimverträgen stehen und die sowieso keine Freunde von uns sind. Und da haben wir die Briten, die nie überlegt haben, was sie mit der [Balfour-]Deklaration wollten. Wir tun unser Bestes, um für die Delegation scharf nachzudenken ... Wir sind nicht einmütig ... Achad Ha'am ... will das politische Minimum ... Wir werden die Befugnis fordern, den Effendi [die arabische herrschende Klasse] hinauszuwerfen (dabei aber die Rechte der Fellahin [der arabischen Arbeiterklasse] wahren), um Juden anzusiedeln ... Es hat keinen Sinn, wenn die Mächte oder Großbritannien lediglich schöne Worte bieten ... Ich fürchte, daß uns der britische Offizier in Palästina nicht viel helfen wird, bis wir unsere Eigentumsurkunden von der Friedenskonferenz bekommen, und dann wird man ihm beibringen müssen, daß es an uns ist und nicht an ihm, ein jüdisches Palästina zu schaffen.

Seltsamerweise kommen wir bei Faisal sehr gut voran ... Die Franzosen, die er verabscheut, haben ihn an der Kehle. Er kann nicht erkennen, was die Briten vorhaben. Und er betrachtet uns fast als seine einzigen Freunde ... Die Zeitung [Manchester Guardian] ist sehr auf uns bedacht. Scott [Verleger] traf [Präsident] Wilson in Manchester und sprach Palästina an. Wilson sagte, er sei sehr interessiert, wüßte jedoch nichts darüber ... Weizmann ist gerade mit Scotts Empfehlungsschreiben an Wilson nach Paris hinübergefahren ... Allmählich werden wir etwas skeptisch gegenüber Amerika.«[4]

Dann deutete Harry Sacher Auflösungserscheinungen in der zionistischen Delegation an: »Wir sind stark mit der Neuorganisation des IAC (Internes Aktionskomitee) beschäftigt. Die Amerikaner wollen zwei Amerikaner und zwei Engländer dabeihaben und Weizmann als Vorsitzenden. Wir alle ... sind für die Veränderung. Nur Nahum Sokolov lehnt sie ab. Er will gar keine Veränderung: Er will keine Engländer oder Amerikaner, und er sagt sowieso, daß der Vorsitzende aus einem Kondominium kommen oder er selbst Vorsitzender sein muß.«

So war es Anfang Januar um die Palästinafrage wie folgt bestellt: Bei Emir Faisal herrschte Verwirrung, der amerikanische Präsident war eingetroffen, hatte aber keine Ahnung, die amerikanische (zionistische) Kommission drohte aufgrund des Durcheinanders beim IAC nicht zustande zu kommen, und die Frage einer Landkarte, die es der Konferenz vorzulegen galt, stand noch nicht einmal auf der Tagesordnung. Darüber hinaus wandten sich viele Juden weltweit wie Achad Ha'am gegen die Ziele und Bestrebungen der Zionisten. Sie befürchteten zum einen eine Schwächung ihrer hart erkämpften gesellschaftlichen Stellung und fürchteten zum anderen, daß die Errichtung eines neuen Zion nur den allgemeinen Antisemitismus wiederaufflammen lassen würde, unter dem die Juden der Diaspora seit Jahrhunderten zu leiden hatten, wenn sie nach sozialer Gleichheit strebten. Achad Ha'am bewies überdies Weitblick: Er sagte voraus, daß sein Volk in einen immer stärkeren Konflikt mit der gesamten arabischen Welt geraten würde, wenn die ungeregelte Besiedlung Palästinas weiter zunahm.

Tatsächlich sollte sich das Faisal-Weizmann-Abkommen bald als bloßes Wunschdenken beider Parteien erweisen. Während die emotionaleren Verfechter des Zionismus, darunter Premierminister Lloyd George, für die Wiederherstellung eines biblischen Israel von Dan im Norden bis Beersheba im Süden eintraten – was offensichtlich unmöglich war – und Kronprinz Faisal auf die Vernunft der Zionisten hoffte, schmiedeten andere, mächtigere Kräfte bereits insgeheim eigene Pläne – Pläne, die Faisal und Weizmann letztlich so bedeutungslos machen sollten, wie die einheimische Bevölkerung für sie gewesen war.

Der Schlußartikel des Abkommens setzte auf die Briten als Vermittler, doch das britische Außenministerium gab dem Drängen seines französischen Verbündeten auf eine Abmachung über die osmanischen Gebiete in Syrien nach und trat in Geheimverhandlungen ein. Thomas Edward Lawrence und Gertrude Bell, Ex-Mitglieder des Arab Bureau und insofern diejenigen, die sich in der syrischen beziehungsweise mesopotamischen Politik auskannten, bekamen diese schwierige und heikle Aufgabe übertragen – eine Aufgabe, die sich für Lawrence als besonders unangenehm erweisen sollte, da sie letztlich auf einen Verrat an seinem alten Freund und Verbündeten Prinz Faisal hinauslief.

Im ganzen Januar und bis in den Februar hinein setzte sich Aaronsohn unermüdlich für eine Stärkung der praktischen zionistischen Position ein, vor allem für die konkrete Ausarbeitung von Grenzen in Palästina. Seine Bemühungen fruchteten wenig, da ihm die Aktionen der Antizionisten und das Gezänk zwischen den verschiedenen zionistischen Lagern ständig Steine in den Weg legten. Weizmanns Kollegen und Berater waren außerdem zu sehr mit ihren politischen Aktivitäten beschäftigt, als daß sie sich für dieses entscheidende Problem interessiert hätten.

Aaronsohn wollte nicht länger in Paris bleiben und zog die britische Hauptstadt vor. Er verschob seine Abfahrt, als er am 18. Januar erfuhr, daß demnächst Albert M. Hyamson eintreffen sollte. Hyamson war einer von sechs Männern, die der Chef des britischen Militärischen Nachrichtendienstes vom Militärdienst freigestellt hatte, da »ohne deren Beistand die Sache der Zionistischen Bewegung in diesem Lande [Großbritannien] nicht weiter vorangetrieben werden könnte«[5]. Die anderen waren Marks, Sieff, Sacher, Simon und Landmann. Aaronsohn hoffte sehr darauf, Hyamson würde sich wenigstens anhören, wie er sich eine Karte Israels vorstellte. Auch hoffte er auf die Aufforderung weiterzumachen und nicht zuletzt auf Unterstützung. Er sollte bitter enttäuscht werden. Hyamson hatte wie Weizmann wenig für ihn übrig. So flog er am 22. Januar zurück nach London und gönnte sich eine kurze Atempause in der komfortablen Umgebung des Hotels *Claridge*. Am 27. Januar erhielt er eine schwammige, nicht weiter spezifizierte Anweisung aus Paris, doch noch eine Karte für die zionistischen Anträge auszuarbeiten. Also kehrte er am Tag darauf nach Paris zurück, um ein letztes Mal in seinem Sinne auf die zionistische Delegation einzuwirken. Es kursierten Gerüchte, wonach es eine anglofranzösische Kommission für Syrien und Palästina geben sollte, und Aaronsohn sah die Aussichten für die geplante Palästinakommission unter amerikanischer Leitung zusehends schwinden. Verzweifelt nahm er Kontakt zu Oberst Gribbon auf, der gerade als Mitglied der britischen Militärabordnung zu den Gesprächen in Paris eingetroffen war. Aaronsohns alter Kollege spürte, welche Bedeutung dessen Karte nicht nur für die Zionisten, sondern auch für den gesamten künftigen Friedensprozeß hatte, und war begierig auf eine Zusammenarbeit.

Montag, 3. Februar 1919, Paris: Gribbon kam mich um 10 Uhr abholen. Das Problem ist, die Nord- und die Nordostgrenze Palästinas festzulegen und so zu präsentieren, daß sich Lloyd George und die anderen sofort ein Bild davon machen können. Wir wählten die Form: »Der Jordan und seine sämt-

lichen Nebenflüsse«, wodurch wir das gesamte Wadi el Teim und alle Nebenflüsse des Yarmuk in unsere Grenzen einbeziehen können. Die gesamte Ostgrenze südlich von Sheikh Miskin muß zwischen Juden und Arabern ausgehandelt werden.

Sir Henry Wilson [General Sir Henry – Empire-Generalstabschef und Mitglied des Interalliierten Generalstabs] wurde über das Projekt unterrichtet und billigte es.

Wilson und Gribbon erachteten es für notwendig, daß Chaim [Weizmann] sich sofort mit Lloyd George trifft und ihn an die Palästina-Idee gewöhnt – »das Land des Jordan und seiner Nebenflüsse«. Er ist sehr interessiert am Palästinaproblem.

Aaronsohn hatte die Frage der Südgrenze absichtlich offengelassen. Er hoffte, daß sich dadurch eventuelle Verhandlungen auf diese unfruchtbare Region konzentrierten und vom Yarmuk-Fluß abgelenkt würden. Das Yarmuk-Gebiet war für seine Vision eines jüdischen Staates entscheidend. Zunächst einmal gab es, wie er wußte, in dieser Region reichlich Wasser. Somit eignete sie sich ideal für die Bewirtschaftung durch Einwanderer – schließlich konnten die Juden in einem Land ohne Bodenschätze keine Fabriken errichten, wohl aber ihre eigenen Nahrungsmittel für die Selbstversorgung erzeugen. Zweitens wohnten in diesem relativ großen Gebiet nur wenige Einheimische, so daß sich jüdische Einwanderer in dem von Weizmann vorgesehenen Umfang relativ problemlos dort niederlassen konnten – was angesichts der um Jerusalem und an der Küste Palästinas bereits zutage tretenden Spannungen zwischen Juden und Arabern nicht unwichtig war. Drittens konnte Haifa zu einem jüdischen Hafen ausgebaut werden, eine entscheidende Infrastrukturvoraussetzung für ein neues Land. Letztens ermöglichte der von Aaronsohn skizzierte Staat wohlweislich eine Verteidigung aus der Tiefe, sollte er irgendwann einmal von seinen arabischen Nachbarn angegriffen werden.

Am selben Tag traf er sich mit Hauptmann Ormsby-Gore, dem pro-zionistischen Offizier, der ihm bei den Anfangstagen in Kairo geholfen hatte wie Oberst Gribbon in London.

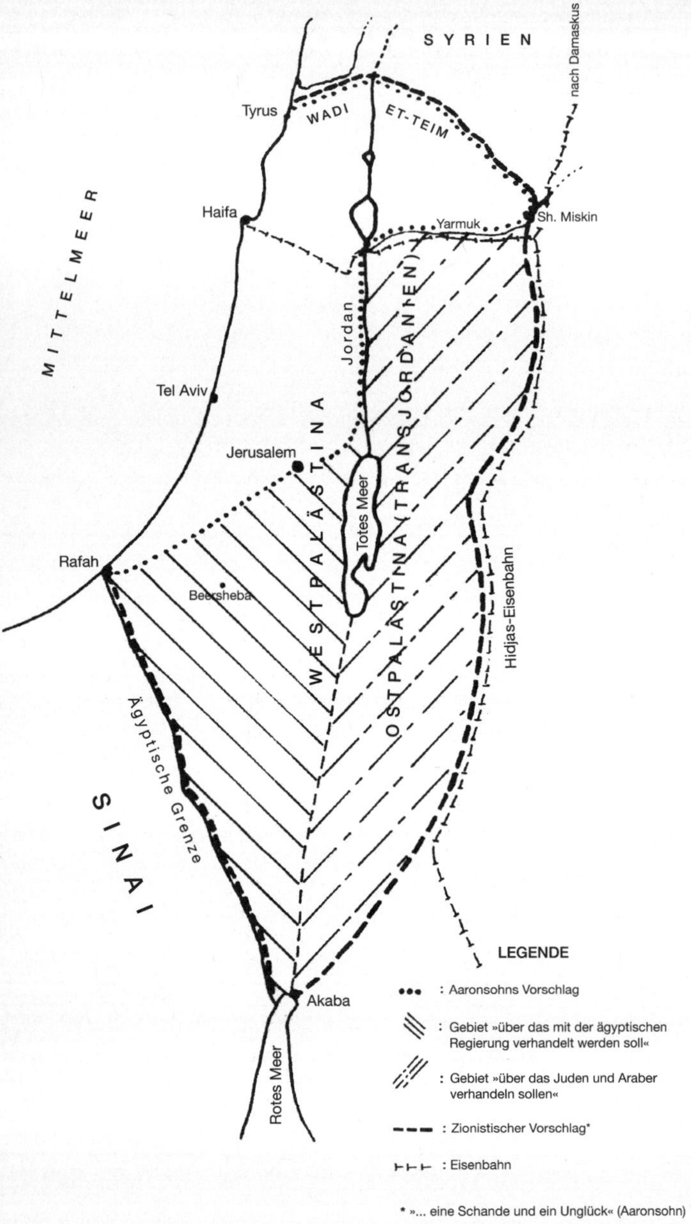

Aaronsohns Vorschlag für die Grenzen eines Staates Israel, rekonstruiert aus seinen Aufzeichnungen

Die beiden Männer sprachen über das Problem der Franzosen und Syriens und wie weit der Herrschaftsbereich der Franzosen nach Süden reichen sollte. Mit der Lösung dieses Problems stand und fiel jeder den Yarmuk einschließende Plan. Es gab auch noch das Problem Faisal. Dieser begriff jetzt allmählich, daß er in Paris ganz allein dastand. Die Briten schuldeten ihm Dank für den arabischen Aufstand, und viele im pro-arabischen Lager hielten es für logisch, ihn mit dem Gebiet östlich des Sees Genezareth und des Jordan vom Yarmuk im Norden bis zum Sinai im Süden zu belohnen – die Juden sollten und konnten sich ihrer Meinung nach auf das Palästina westlich des Jordan beschränken, wo sie ja bereits Siedlungen gegründet hatten. Diese Ansicht mißachtete jedoch die Souveränität der Mehrheit der palästinensischen Araber, die sich trotz einer Bevölkerungsmehrheit von fünf zu eins schon jetzt durch die jüdische Expansion unter Druck gesetzt fühlten. Gespannt auf das offizielle britische Urteil, ging Aaronsohn am Tag nach diesem wichtigen Gespräch über die Grenzen des neuen Staates in Oberst Gribbons Büro.

Dienstag, 4. Februar 1919, Paris … Ich suchte Gribbon um 11 Uhr auf und blieb bis zur Mittagszeit bei ihm … Er sagte, unsere britischen Freunde würden sich für meine Nord- und Nordostgrenze einsetzen, wollten jedoch Faisal nicht dadurch verstimmen, daß sie uns bezüglich des Ostens und Südens zufriedenstellten.

Damit hatte Aaronsohn den Beweis, daß in der Debatte sowohl über die geographische Lage als auch die genauen Grenzen des neuen jüdischen Staates – einschließlich der Region östlich des Jordan und bis weit nördlich des Sees Genezareth – die Briten vernünftigen Argumenten zugänglich waren. Diesen Verdacht hatte bereits das Faisal-Weizmann-Abkommen unterstrichen, das wiederum das britische Kabinett vorher offiziell abgesegnet hatte. Zwei Jahre enger Umgang mit britischem Militär und Staatsdienst während des Krieges hatten Aaronsohn allerdings nur allzu deutlich vor Augen geführt, daß die günstige Gelegenheit vergeudet zu werden drohte, wenn man sich jetzt nicht weiter bemühte. Der Brite, der jeden Zoll des Empire mit unglaublicher Präzision festgehalten hatte, achtete den Kartographen sehr hoch. Dies war eine Sprache, die sie verstehen und würdigen konnten. Eine gute Karte eines neuen Zion war daher das entscheidende Mittel, um die Mehrheit der britischen Delegierten zu gewinnen. Wurde diese Karte zudem durch einen vernünftigen Bericht erläutert, bekämen die Briten damit ein nützliches Werkzeug in die Hand, um die französischen Ambitionen in Syrien abzuwehren, womit sie auch Prinz Faisal leichter zufriedenstellen konnten. So begab sich Aaronsohn direkt zu einer Versammlung der Zionistischen Exekutive, beflügelt von der guten Nachricht, daß die britische Delegation den mit Oberst Gribbon besprochenen Plan akzeptierte und der somit in den offiziellen zionistischen Antrag eingehen konnte.

Als Albert M. Hyamson ihn aufgefordert hatte, eine Art Karte zu erstellen, hatte Aaronsohn nur unter der Bedingung Informationen preisgegeben, daß der endgültige Inhalt überarbeitet und geprüft wurde, bevor eine Endfassung an die Öffentlichkeit ging. Als er nun in den Sitzungsraum der zionistischen Delegation eintrat, schlug seine Hochstimmung in Verzweiflung um. In den Gesprächen drehte sich alles um den Gesundheitszustand von Oberst House. Fragen nach dem Stand der Karte rückten in den Hintergrund, und sein Appell an die zionistischen Gesinnungsfreunde, Genaueres in Sachen Yarmuk einzufügen, stieß auf taube Ohren. Wütend ging er, und trotz weiterer Bemühungen in den folgenden zehn Tagen vermochte er Chaim Weizmann, Albert M. Hyamson oder andere Delegierte nicht zu der Einsicht zu bewegen, daß die Stunde gekommen war, die politischen Debatten beiseite zu lassen und sich ernsthaft mit den Details einer konkreten Karte zu befassen. Am 15. Februar kam ihm zu Ohren, daß Weizmann am selben Abend offiziell mit dem Außenminister Earl of Balfour zu Abend essen würde, um ein weiteres Treffen mit dem britischen Kabinett zu besprechen. Doch wie bei dem Diner mit General Allenby in Jerusalem stand Aaronsohn nicht auf der Gästeliste: *Sonntag, 16. Februar 1919, Paris: Zionistische Vertreter verschiedener Delegationen treffen sich im Meurice. Natürlich waren sie sorgfältig darauf bedacht, mich nicht einzuladen. Ich traf Chaim, der mich mit zwei Worten über das Gespräch mit Balfour gestern abend unterrichtete, nämlich: »Sehr nett.«*

Die Lage ist absolut unerträglich geworden. Es ist unmöglich, sich unter solchen Bedingungen seine Selbstachtung zu bewahren. Chaim sagte beiläufig zu mir: »Sie kommen doch auch nach London, nicht wahr?« »Wozu?« erwiderte ich, »um weitere Beleidigungen einzustecken? Vielen Dank.«

Wie zur Krönung dieser Demütigung übergab er Aaronsohn zunächst den endgültigen Entwurf des zionistischen Antrags – einschließlich einer Karte – und teilte ihm dann mit, daß dieser »offiziell« und bereits als gedrucktes Dokument auf dem Weg zu Oberst House von der amerikanischen Delegation sei – ein klarer Bruch der zuvor getroffenen Vereinbarungen. Weizmann bemerkte Aaronsohns Bestürzung und bat daher seinen fachkundigsten Berater rasch zu einem Abendessen. Der nahm die Einladung an. Doch an diesem Tag, an dem nichts klappen wollte, war auch dieser letzte Verständigungsversuch zum Scheitern verurteilt, als Major Malcolm – mit den Tauben für Nili zu traurigem Ruhm gelangt – schnurstracks auf ihren Tisch zuhielt: *Malcolm überbrachte uns eine herzzerreißende Neuigkeit: Mark Sykes ist tot! Lag zwei Tage mit Grippe danieder. Ein großer Verlust! Chaim und ich suchten das Lotti auf, um den sterblichen Überresten unseres Freundes die Ehre zu erweisen. Wilson [Empire-Generalstabschef] weinte. Lady Sykes empfing uns und dankte uns. Es ist schrecklich für diese arme Frau, allein in einem Hotelzimmer zu sitzen – ohne Freunde oder Verwandte.*

Sir Mark Sykes, der große Förderer von Nili, hatte nach Aaronsohns Dafürhalten gerade »nach dem Posten des Gouverneurs von Palästina geangelt«. Wäre er ernannt worden, Aaron hätte nach Palästina zurückkehren und sich in den Ruinen der JAES wieder so etwas wie ein normales Leben aufbauen können. 1919 forderte die Grippe täglich ebenso viele Menschenleben wie die Westfrontoffensiven 1916 und 1917. Zweifelsohne war dieses eine Opfer der Tropfen, der für Aaronsohn an diesem Tag des Zorns das Faß zum Überlaufen brachte: Nach der Rückkehr in sein Hotel studierte er Antrag, Karte und den Bericht dazu gründlich. Dann schrieb er einen Rücktrittsbrief an Chaim Weizmann.

»Paris, 16. Februar 1919.

Mein lieber Freund, das letzte Mal, in London, als ich von den Methoden und der Einstellung unseres IAC bis zur Übelkeit entmutigt war, flehte ich Sie an, mich gehen zu lassen. Sie bestanden darauf, daß ich blieb ... Wieder war ich so schwach, Ihnen nachzugeben – ein Jude ist ein so unverbesserlicher Optimist. Ich würde immer noch gerne glauben und hoffen, trotz all der schlimmen Vorzeichen.

Wir haben in diesen vergangenen zwei Wochen erlebt, daß, wie sich [andere] Dinge ändern, die [unsrigen] aber gleich schlecht bleiben ... Es scheint absolut unmöglich, sowohl zu einem Anschein von Abstimmung als auch zu einer einfachen, würdigen Zusammenarbeit zu kommen. Sokolov ist der schädliche ›Großherzog‹, der sich nicht dazu zwingen läßt, mit anderen zusammenzuarbeiten, das Büro und die Organisation sind nichts als ein unbeschreibliches Wirrwarr, so sehr, daß auch der gesündeste Optimismus ins Wanken gerät! Ich glaube, mich in einem wahren Augiasstall zu befinden ... Wenn ich weiter in diesem Stall bleibe, kann ich anderen nicht von Nutzen sein, und ich erfahre tagtäglich Erniedrigung ... und daher muß ich, um ein ehrlicher und auf seine Würde bedachter Mann zu bleiben, mich zurückziehen.«[6]

Nachdem er seinen persönlichen Empfindungen Luft gemacht hatte, kam Aaronsohn auf den wunden Punkt der Sache:

»In diesen Monaten habe ich immer wieder betont, daß es erforderlich ist, sich mit sorgfältig zusammengestellten, hieb- und stichfesten Dokumenten auf die Friedenskonferenz vorzubereiten. Alle wurden gefragt außer denen, die die notwendige Arbeit zu leisten imstande waren. Und so gab man im letzten Augenblick die Grenzfrage an mich weiter. Zufällig war ich gerade in London. Ohne eine Karte und ohne ein Begleitschreiben erhielt ich um 13.30 Uhr am Montag, dem 27. Januar, einen Befehl ..., jenseits aller üblichen Höflichkeit formuliert, noch am selben Abend ein Memorandum über unsere Grenzen und deren Begründung vorzulegen. Irgendwie schaffte ich das. Da ich bereits seit Jahren Überlegungen zu diesem Problem anstelle, konnte ich eine nie zuvor in Erwägung gezogene Nord- und Nordostgrenze skizzieren und detailliert wissenschaftlich begründen ... Die erste Fassung ... enthielt einige gefährliche Torheiten ... Als die zweite Fassung des ›Antrags‹ schließlich sogar mir zugänglich gemacht wurde, fand ich darin neue und bestürzende Torheiten, aber auch unverzeihliche Zugeständnisse: Ich erinnere nur an das grundlose Geschenk von Haifa – ›Internationalisierter Hafen‹ –, das, ohne Gegenleistungen zu verlangen, mit einer Handbewegung entschieden wurde, ohne Beratung, sogar ohne Nachdenken ... Dies gab uns die Gelegenheit, auf mein Verlangen einen Ausschuß, bestehend aus Ihnen, Haas und mir, zu benennen, der das Kapitel über die Grenzen entwerfen sollte ... Was ich fürchtete, ließ nicht auf sich warten. Die offizielle Übergabe des Dokuments fand statt, bevor die Fachleute die Möglichkeit erhalten hatten, ihre Meinung zu der von Unwissenden überarbeiteten Endfassung abzugeben. Und diese Fassung ist eine Schande und ein Unglück ... der endgültige Text war unverständlich, unrealistisch geworden, wahrlich ohne Sinn und Verstand. Die Bestimmung bezüglich der international garantierten Uferrechte am Litani und die Anspielung auf den möglichen Nutzen für den Libanon öffnen Tür und Tor gefährlich weit für Zank und Fesseln ...

Nun ist es zweifelsohne nicht zu spät und sicherlich nicht nutzlos, der Konferenz einen Text vorzulegen, der die Grenzen korrekt beschreibt. Doch leider ist dies symptomatisch und beweist, welch breiter Graben uns trennt. Aus diesem Grund habe ich, obwohl wir in derselben Stadt, demselben Hotel wohnen ..., auf die Schriftform zurückgegriffen, um Ihnen noch einmal zu sagen: Die Arbeitsmethoden, die in dem, was man gerne unsere Organisation nennt, vorherrschen, sind für mich zu entmutigend. Mich dazu zu verpflichten, in dieser Atmosphäre auszuharren, hieße, mich zu einem langsamen und schmachvollen Selbstmord zu verurteilen. Ich kann nicht von Nutzen sein, weder Ihnen noch der Aufgabe, die uns beiden teuer ist. Ich schade mit meinen ständigen Einwänden Ihrem Schwung, Ihrem Erfolg, Ihren Freuden. Lassen Sie uns daher das einzig Würdige tun: Lassen Sie mich gehen, setzen Sie dem allen ein Ende.

Von ganzem Herzen,
Aaron Aaronsohn«

Diesen Brief schickte er per Kurier an Weizmann und ließ ihm nur zwei Tage Zeit für eine offizielle Antwort. Prompt suchte ihn Weizmann am 18. Februar auf. Trotz Aaronsohns schriftlichem Rücktritt drängte er ihn, an einer für den 20. Februar angesetzten Zionistischen Konferenz in London teilzunehmen: *Hatte eine Unterredung mit Chaim. Er berichtete mir heute nur von seinem Gespräch mit Balfour. Wir diskutierten über mein Ultimatum. Es ist immer dieselbe alte Geschichte. Doch diesmal gab ich nicht nach. Ich sagte ihm klipp und klar, daß ich nicht nach London gehen werde – daß ich mit ihrer Konferenz nichts mehr zu tun haben wollte etc ... Am Abend plauderte ich [erneut] mit Chaim. Er hatte House besucht und war sehr zufrieden mit dem Gespräch. Er bestand darauf, daß ich nach London zu der Konferenz [Weizmanns Treffen mit dem Kabinett] gehen sollte, und sagte, es sei meine Pflicht. Ich weigerte mich weiter. So schieden wir.*

Am nächsten Tag begleitete er Weizmann zur Gare du

Nord. Dieser drängte ihn noch immer, sich nicht zurückzuziehen. Im Grunde hatte Aaronsohn beschlossen, nach London zu fahren, nicht aber wegen der Konferenz, sondern um sich mit einem Freund der Familie zu treffen. Er erklärte Weizmann, er werde am Sonntag, dem 23. Februar, in London sein. Am Donnerstag, dem 20. Februar, erhielt er die überraschende Nachricht, daß die Friedensgespräche in Versailles sich zu eben der Zeit mit den zionistischen Fragen zu Palästina befassen würden, während er, Weizmann und die Schlüsselfiguren der zionistischen Delegation sich in London aufhielten: *Die Friedenskonferenz wird sich nächste Woche mit unserer Frage beschäftigen, genau dann, wenn alle weg sind. Ich versuchte [Ormsby-]Gore zu finden, doch er war nicht zu erreichen. Ich sprach mit Sokolov, bekam jedoch wieder zu hören, ich sei ein Panikmacher und übererregbar. Hat keinen Zweck! Bei einer derart guten Organisation wie der unsrigen müssen wir auf das Schicksal vertrauen … Allah karim [Gott sorgt] …*

Am Freitag, dem 21. Februar, schrieb Aaronsohn einen kurzen, jedoch unvollständigen Eintrag in sein Tagebuch. Er notierte, er habe die Büros der Zionistischen Organisation aufgesucht, um diese vor einer drohenden Katastrophe zu warnen. Da sein Heft damit voll war, hatte er ein neues Tagebuch angefangen und das alte in seinem Gepäck im Hotel gelassen. Das neue führte er in seiner Aktenmappe mit sich. Dieses neue Tagebuch sollte ihn in seinen letzten drei Lebensmonaten begleiten und schließlich gemeinsam mit seiner Leiche und seiner Karte Israels im Ärmelkanal verschwinden.

Da dieses Tagebuch verlorenging, weiß man nur wenig über seinen letzten Lebensabschnitt vom 23. Februar bis 15. Mai, dem Tag seines Verschwindens. Aus Briefen und Zeugenaussagen Dritter läßt sich jedoch ein Bild dessen zusammensetzen, was Aaronsohn widerfuhr und wie er diese kritische Phase der Friedensgespräche erlebte. Sicher ist, daß er Weizmann am 20. Februar nach London folgte, doch es deuten kaum Anzeichen darauf hin, daß sich der Riß zwischen ihm und dem zionistischen Anführer hätte sofort kitten lassen. Weizmanns Zionistische Konferenz fand aufgrund mangelnder Koordination nicht einmal statt. Aus Aaronsohns Rücktrittsgesuch geht weiterhin klar hervor, daß er zwar Weizmann persönlich sehr zugetan war, daß jedoch der Charakter der Männer in dessen engerem Umfeld seinen Respekt vor dem großen Anführer irreparabel beschädigt hatte. Dennoch hielt er sich lieber in Weizmanns Umgebung auf, als gänzlich von jeglicher Information abgeschnitten zu sein. Statt sich also völlig von der zionistischen Delegation loszusagen, führte er sein gewohntes Leben weiter: ein paar Wochen in Paris, ein paar Tage Erholung in London.

Die zweite (amerikanische) zionistische Kommission

Anfang Februar war die zweite (amerikanische) zionistische Kommission in Paris eingetroffen. Sie wollte per Bahn und Schiff über Rom, Tarent und Port Said nach Jerusalem weiterfahren. Obwohl Dr. Harry Friedenwald, Aaronsohns alter Bekannter aus den Vorkriegstagen von Tantura, der Kommission angehörte, wollte er selbst nicht daran teilnehmen, weil er sie berechtigterweise für zu klein und verspätet hielt. Außerdem hatte sich Friedenwald Weizmann unterworfen und bestand darauf, diesen zum nominellen Leiter der Kommission zu machen, so daß Aaronsohn deren Unabhängigkeit ernsthaft gefährdet sah. In Wahrheit war die zweite Kommission eine sehr viel kleinere Angelegenheit als die erste. Sie bestand aus nur vier Personen: dem Augenchirurgen Dr. Friedenwald, dem Rechtsanwalt und Freund von Dr. Louis Brandeis, Robert Szold, dem neuen Leiter der amerikanischen Zionist Medical Unit, Dr. Isaac M. Rubinow, sowie Rudolf »Sonny« Sonneborn, dessen Vater vor dem Krieg einer der Schirmherren der JAES gewesen war. Es sollte keine Cook-Rundreise im Stil des Kaisers werden, und Sonneborn, der amtierende Geschäftsführer und bei weitem der jüngste, gab später in seinen Briefen an seine Familie wertvolle Einblicke in die Arbeit dieses jüngsten zionistischen Projekts. Während die Kommission das Gezänk in Paris hinter sich ließ und quer durch Frankreich und Italien auf das Heilige Land zusteuerte, griff Sonneborn zur Feder, und Aaronsohn blieb zurück, um die Sache in Versailles bis zum Ende zu verfolgen. Die zionistische Friedenskonferenzdelegation war nach Paris zurückgekehrt und mußte feststellen, daß während ihrer Abwesenheit ihr Antrag als zu verworren und kompliziert für eine sofortige Beschlußfassung beurteilt worden war. Ebendies hatte Aaronsohn am meisten gefürchtet, und es sollte noch schlimmer kommen. Wie von ihm vorausgesagt, zeigten sich jetzt die gravierendsten Konsequenzen der zionistischen Uneinigkeit, wie sie sich in dem Antrag manifestierte: Tatsächlich hatten sich Tür und Tor gefährlich weit geöffnet – Franzosen und Briten hatten beschlossen, die Kluft insgeheim auszunutzen und den zionistischen Wünschen nach einer vernünftigen Grenze Fesseln anzulegen.

Leider kam dies wohl für niemanden überraschend, selbst wenn man den Scherbenhaufen des Antrags außer acht ließ. Moralisch gesehen, entzogen regelmäßige antiamerikanische und prosozialistische Ausbrüche von Nahum Sokolov und Vladimir Jabotinsky eventuellen britischen Gewissensbissen den Boden. Äußerungen des amtierenden Papstes Benedikt XV. – für diejenigen, die sich nach dem Stuhl Petri richteten – liefen in eine ähnliche Richtung. Felix Frankfurter, Mitglied der ersten Kommission und ein unbeugsamer Verbündeter Aaronsohns, hatte ebenfalls beschlossen, nicht der zweiten Palästinakommission beizutreten. Einstweilen diente er als Auge und Ohr in dem allgemeinen Gerangel, das nun über das Schicksal des zionistischen Traums bestimmte, und trug dabei eine Sammlung persönlicher Notizen und Vermerke über die Ereignisse des März und April 1919 hinter den Kulissen zusammen. Ihm ist es weitgehend zu verdanken, daß überhaupt etwas über die tatsächlichen Geschehnisse bekannt ist. Auf einen Wink Aaronsohns freundete sich Frankfurter geschickt mit Special Agent William Yale an. Dieser war in einer ähnlichen Mission für die amerikanische Regierung anwesend. Das erste bedeutende Dokument, das Frankfurter in die Hände fiel, war ein Telegramm vom amerikanischen Konsulat in Rom an die amerikanische Delegation in Paris.

»*Zionismus.* Beim gestrigen päpstlichen Konsistorium [Versammlung der Kardinäle unter Vorsitz des Papstes] erklärte der Papst vorsichtig, aber eindeutig Gegnerschaft zu Schaffung zionistischen Königreichs, wie von Sokolov auf Paris Konferenz vorgeschlagen, weitgehend weil Nichtchristen Vorrecht über Christen in Palästina hätten sowie Wächter über heilige Stätten würden. Versetzte auch den reichen Hilfsorganisationen eine Ohrfeige, die das Elend ausnutzen, um ihre Lehre zu verbreiten.«[7]

Benedikt XV. war durch einen Geheimvertrag zwischen den Alliierten und der italienischen Regierung von 1915 von den Nachkriegsverhandlungen ausgeschlossen worden. Dieser Ausschluß war erfolgt, weil die Deutschen dem Vatikan nach einem deutschen Sieg die Unabhängigkeit von Italien zugesichert hatten. Dem Papst war also der Weg nach Versailles verwehrt, und infolgedessen hatte er wenig übrig für die Friedenskonferenz und ihre Teilnehmer. Wer der neue König der Juden in einem zionistischen Königreich hätte sein sollen, ist unklar, doch Benedikts Reaktion konnte sich insofern nachteilig auswirken, als sie die politische Entschlossenheit der Vereinigten Staaten in Sachen Palästina schwächte. Schließlich übertraf die amerikanische katholische Wählerschaft die jüdische bei weitem. Für Männer wie Aaronsohn, der lange und hart für sein Sonderhilfskomitee gekämpft hatte, für die Männer und Frauen von Nili, die ihr Leben geopfert hatten, um dem Jischuw geliehenes Gold zu bringen, und für Frauen wie Henrietta Szold, die nun vor Ort aktiv im Gesundheitswesen eines vom Krieg zerstörten Palästina mitarbeitete, dürfte die Bemerkung des Papstes, die

»reichen [d. h. jüdischen] Hilfsorganisationen« würden »das Elend ausnutzen«, nicht bloß eine »Ohrfeige« gewesen sein, sondern ein antisemitischer Tiefschlag. Doch wie groß Aaronsohns Zorn über die Auslassungen des Papstes auch gewesen sein mag, er verwandelte sich bald darauf in Verzweiflung, als Frankfurter ihm das Memorandum eines prozionistischen Informanten inmitten der britisch-französischen Geheimgespräche übergab, das deren Inhalte in allen Einzelheiten festhielt:

Paris, 26. März 1919.

Memorandum über Syrien [Palästina]

Ein informelles Treffen britischer und französischer Sachverständiger zur syrischen Frage fand am Dienstagabend [22. März] hier statt. Es nahmen daran teil Oberst Lawrence, Miss Gertrude Bell und Sir Valentine Chirel für die Briten und Vicomte Robert de Caix, M. Phillipe Millet (Kolonialkorrespondent der *Temps*), M. Henri Brenier (Generaldirektor der Marseiller Handelskammer, die große Interessen in Syrien hat), M. Auguste Gaunain (Außenkorrespondent des *Journal de Débats*) und M. Sabatier d'Espeyran vom französischen Außenministerium für die Franzosen. M. Phillipe Berthelot, Ständiger Generalsekretär des französischen Außenministeriums, sollte anwesend sein, lehnte es als prominenter Amtsträger jedoch ab, an einem Treffen teilzunehmen, das die Entscheidung der Konferenz erörtern würde, eine internationale Untersuchungskommission nach Syrien zu entsenden.«[8]

Der Generalsekretär war jedoch übertrieben vorsichtig, wenn nicht sogar ein wenig naiv. Die Konferenz hegte keine Absicht, öffentlich über die Syrienkommission zu entscheiden – das Treffen in der Avenue Marceau sollte ebendiese Grundvoraussetzung klären, was denn auch rasch geschah: »Es bestand allgemeine Übereinstimmung aller Anwesenden, daß die Entsendung einer internationalen Kommission nach Syrien das Land in Aufruhr versetzen würde, den Anschein erzeugen würde, daß die Konferenz entscheidungsunfähig sei, und Intrigen und politischen Kundgebungen aller Art Tür und Tor öffnen würde.«[9]

Dieser Beschluß ließ sich als weitere Ohrfeige für die Zionisten verstehen, die ja bereits Anstalten zu einer zweiten Palästinakommission machten. Sie war allerdings vernünftig begründet: Die Angelegenheit würde am Konferenztisch zur Sprache kommen, wo letztlich über das Schicksal Syriens und somit auch Palästinas verhandelt wurde, wie Lawrence laut Memorandum weiter ausführte: »Aufgefordert, seine Ansichten über eine Besiedlung Syriens darzulegen, räumte Oberst Lawrence ein, daß der Vorschlag, eine Kommission nach Syrien zu entsenden, auf das Versäumnis der französischen Behörden zurückginge, in versöhnlicher Weise an Emir Faisal heranzutreten, und daß es unzweifelhaft weitaus besser wäre, wenn die Kommission in Paris angesiedelt würde und zu einer Einigung kommen könnte.«

Lawrence hatte nach alter englischer Tradition stets tiefes Mißtrauen gegen die Franzosen bekundet. Nun schickte er sich an, nicht nur seinen Freund Prinz Faisal zu verraten, sondern auch das arabische Volk, das den Aufstand getragen hatte und auf einen arabischen Staat mit der Hauptstadt Damaskus hoffte: »Oberst Lawrence stellte klar, daß die Bewegung für eine arabische Einheit keinen ernsthaften politischen Wert für die Gegenwart oder auch für die Zukunft habe. Er fügte hinzu, daß es zwischen Faisal und seinem Vater, dem König des Hidjas, keine politische Verbindung geben sollte. Die Grenzen Syriens sollten ihm zufolge nicht entsprechend dem Sykes-Picot-Abkommen gezogen werden, da dieses geographisch und politisch absurd sei, insofern es Syrien von Ost nach West teile statt, wie es natürlich wäre, von Nord nach Süd.«

Lawrence beendete seinen Beitrag zu den Geheimgesprächen mit dem Hinweis, er selbst würde den syrischen Grenzverlauf »sehr weit südöstlich des Jordan« sehen. Für Aaronsohn war dies eine verheerende Neuigkeit, denn falls man Lawrences Rat folgte – und da nun die Franzosen beteiligt waren, war dies höchst wahrscheinlich –, bedeutete es, daß sein eigener, mit Oberst Gribbon entwickelter Plan eines jüdischen Staates bis zum »Yarmuk und seinen Nebenflüssen« niemals ernsthaft in Erwägung gezogen werden würde. Daß es keine Syrienkommission geben würde, mag Aaronsohn einen Augenblick der Erleichterung verschafft haben, doch wie seinerzeit beim EMSIB erwiesen sich alte Schulfreundschaften im Hinblick auf Palästina oft als mächtiger denn Loyalität.

Da überdies die Briten jetzt mit den Franzosen unter einer Decke steckten, war kein Platz mehr für irgendeinen zionistischen Plan, geschweige denn einen, der den Yarmuk einbezog. Aaronsohns Vision eines künftigen Staates Israel war damit zerstört. So widmete er sich wieder seiner alten Tätigkeit der moralischen und praktischen Unterstützung. Oberst Gribbon hatte ihm vorgeschlagen, einen offiziellen Posten als landwirtschaftlicher Berater für die Besatzungsregierung in Mesopotamien in Erwägung zu ziehen. Doch er entschied sich anders: Wenn die Gespräche in Paris vorüber waren, wollte er zu einer botanisch-geologischen Forschungsreise nach Südpalästina aufbrechen. Vielleicht hoffte er dabei auch Absalom Feinbergs Grab zu finden. Felix Frankfurter erklärte sich bereit, ihn zu begleiten. Es würde sein wie in alten Tagen, eine Flucht in die Vorkriegszeit. Am 3. April startete Aaronsohn als Passagier einer DH 4A Nr. 5745 des 86. Fernmeldegeschwaders mit Hauptmann Sencon am Steuer vom Flugfeld Buc bei Paris nach Hendon. Das Flugzeug landete sicher um 13 Uhr, und er bestieg einen Zug nach Downtown London, wo er Kleidung und Ausrüstung für die gemeinsame Reise nach Palästina in Auftrag gab. Vier Tage später kehrte er auf derselben Route nach Paris zurück. Die Weichen für seine Zukunft waren gestellt.

In diese Stimmung platzte am 10. April eine Einladung Albert M. Hyamsons, Weizmanns rechter Hand, sich einer weiteren zionistischen Kommission anzuschließen, obwohl die zweite (amerikanische) noch keinen Bericht erstattet hatte. Um diese neue Volte von den vorhergehenden zu unterscheiden, hatte sie den Namen »palästinensische Kommission« erhalten. Aus Hyamsons Brief geht hervor, daß Aaronsohn den Inhalt des Memorandums nicht an die zionistische Delegation in Paris weitergeleitet hatte und diese demzufolge immer noch in Wolkenkuckucksheim lebte. Nichtsdestotrotz antwortete er mit gnadenlosem Sarkasmus:

»Verehrter Mr. Hyamson,
Ich möchte Ihnen für die in Ihrem Brief von heute enthaltene freundliche Information danken. Obwohl Sie nicht preisgeben, wer denn eine palästinensische Kommission eingesetzt hat und wer ihr angehören soll, vermute ich, sie ist eine Schöpfung unserer Führer ›von Gottes Gnaden‹.

Als Palästinenser sollte ich wahrscheinlich außerordentliche Befriedigung empfinden, daß Palästina nun in einen Bereich rückt, dem selbst zionistische Anführer Augenmerk zu schenken gewillt sind.

Was meine Berufung in die erwähnte Palästinakommission (ich übergehe, von wem und aufgrund welcher Befugnis) angeht, so sollte ich mich wahrscheinlich sehr geehrt fühlen, daß die hochgesinnten zionistischen Anführer geruhten, sich meiner Existenz zu erinnern. Ich wage jedoch zu behaupten, daß dies ein wenig spät geschieht …

Würden Sie also bitte Ihre Auftraggeber unterrichten, daß ich wirklich Rücksicht auf ihre Gefühle nehmen möchte und ihnen daher die Unannehmlichkeit meiner Gesellschaft ersparen werde.

Mit freundlichen Grüßen,
A. Aaronsohn

P.S.: Hinsichtlich Ihrer Anfrage: 1. Die Jewish Agricultural Experimental Station wurde 1910 gegründet. 2. Es tut mir leid, daß ich nicht über ein einziges Exemplar meines Berichts über landwirtschaftliche und botanische Erkundungen in Palästina verfüge. Exemplare sind beim U.S. Department of Agriculture, Washington, D.C., auf Antrag leicht erhältlich.«[10]

Dies ist der letzte bekannte Brief von Aaronsohn. Die Nachschrift erklärt uns seine Verärgerung – darüber nämlich, daß seine praktische Aufbauarbeit auf der JAES und deren Nutzen für Palästina von den »politischen« Zionisten nie die gebührende Anerkennung erhalten hatte. Offensichtlich wußte Hyamson wenig darüber.

Während dieses Briefwechsels kam die zweite zionistische Palästinakommission kaum voran. Die Öffentlichkeit nahm die Reise schließlich immer mehr als Debakel wahr. Was mit hochgespannten Hoffnungen begonnen hatte, verkehrte sich in Chaos, da es den Kommissionsmitgliedern an Autorität mangelte. Jabotinsky, bekannt als der pointierteste zionistisch-jüdische Offizier der britischen Armee, war vom britischen Informationsministerium in Kairo für seine Palästinareise mit der Kommission beurlaubt worden. Am 2. April waren Berichte im Außenministerium in London eingetroffen, wonach er »gegen Dr. Weizmann und Zionisten intrigiert und Ärger macht«.[11] London verlangte Fakten von Brigadegeneral Clayton in Kairo, der seine Einschätzung telegrafisch übermittelte: »Kairo, 5. April 1919. Jabotinsky ist ein Unruhestifter und hegt sehr fortschrittliche Ansichten. Er bringt die Kommission eher in Verlegenheit, und als ich in London war, empfahl ich Weizmann, ihn abzuberufen. Mittlerweile wurde er auf Bitten der Kommission zu seinem Bataillon zurückgeschickt. Ich halte es für besser, ihn sofort aus Palästina zu entfernen, doch wir haben keinen Grund, ihn auszustoßen, und der Schritt sollte von den zionistischen Körperschaften zu Hause [d. h. in Paris/London] vorgenommen werden.«[12]

Jabotinsky war jedoch bloß ein Einzelfall. Die Anwesenheit einer Kommission, der es kläglich mißlungen war, sich unter ihren eigenen Leuten Respekt zu verschaffen, verschärfte nun die ohnehin schon gespannte Lage zwischen den Juden und Arabern Palästinas noch weiter. Am 15. April schrieb Generalmajor Money, Verwaltungschef des besetzten feindlichen Territoriums (Süd)Jerusalem und als solcher verantwortlich für das Wohlergehen aller Bürger Palästinas, einen Brief an den leitenden politischen Offizier in Kairo: »Obwohl die drei Mitglieder der zionistischen Kommission (die mich jeden Montag aufsuchen) selbst im allgemeinen tüchtig und vernünftig in ihren Vorschlägen und Ersuchen wirken, scheinen sie doch einer etwas schwierigen oder vielmehr mehreren widerstreitenden Gruppierungen vorzustehen und viele ihrer Gefolgsleute sehr wenig im Griff zu haben. Diese schwanken zwischen Panik vor einem Massaker und Beschwerden, wenn ihre eigenen Interessen irgendwie eingeschränkt werden ... Ich ... schließe daraus, daß sie eine selbsternannte (etwas verfrüht aufgestellte) Körperschaft mit dem Ziel sind, sich zu dem ›Judenrat‹ zu entwickeln, welcher den der Friedenskonferenz vorgelegten Anträgen zufolge die künftige Regierung Palästinas in allen jüdischen Fragen beraten soll ... In dieser Hinsicht möchte ich sagen ..., daß sie die Juden enttäuscht hat, die sich auf eine sofortige Erklärung zugunsten zionistischer Ziele eingestellt hatten.«[13]

So also lagen die Dinge, als ein Telegramm, allem Anschein nach von der amerikanischen diplomatischen Vertretung in Kairo, an die Presse durchsickerte. Darin wurde die Absicht der Vereinigten Staaten erklärt, die »Grundsteinlegung für ein jüdisches Commonwealth in Palästina« zu unterstützen. Das rief im gesamten Nahen Osten Aufruhr und Proteste unter der arabischen Bevölkerung hervor. Um die Sicherheitslage für den britischen Verbündeten nicht zu destabilisieren, schickten amerikanische Diplomaten einen Brief über Paris nach Washington und verlangten einen sofortigen Widerruf. Felix Frankfurter fing das Schreiben ab.

»Der letzte Satz dieses Telegramms in der in Ägypten veröffentlichten Fassung ... gesteht den Zionisten viel mehr zu als die Balfour-Deklaration ... Wir haben den Eindruck, daß Präsident Wilson die amerikanische Regierung nicht zu Zugeständnissen zwingen möchte, die über die Balfour-Deklaration hinausgehen. Wir weisen darauf hin, daß die Aussage des Präsidenten, wie sie die ägyptischen Zeitungen veröffentlichten, die Vereinigten Staaten weiter in die Pflicht nimmt und im Nahen Osten auch so interpretiert wird.

Die Situation in Palästina ist sehr kritisch. Unter den Arabern herrscht jetzt große Verbitterung über den Zionismus. Wir erhalten energische Protestnoten an Präsident Wilson gegen die jüdische Einwanderung und die Errichtung eines jüdischen Staates ... Angesichts dieser heiklen Situation sollte die Aussage betreffend eines jüdischen Commonwealth, falls sie nicht zutrifft, von Mr. Gary, dem diplomatischen Vertreter in Kairo, sofort offiziell dementiert werden ...«[14]

Rudolf Sonneborn, der aktuelle JAES-Geschäftsführer, hegte keinen Zweifel, wo die Schuld zu suchen war, und die Lage schien aus seiner jugendlichen Sicht unrettbar verloren:

»Zionistische Palästinakommission, 17. April 1919

Liebe Familie,
ich bin zutiefst entmutigt und enttäuscht. Wir machen keinerlei Fortschritte, alles sieht von Tag zu Tag schlimmer aus. Uns fehlt es an Männern, uns fehlt es an Autorität, und uns fehlt es an Kooperation – kurzum, unsere Arbeit steht vor dem völligen Scheitern ... Weizmann ist kein großer Mann, er ist ein geschickter und berechnender Politiker, er weiß das Spiel der Diplomatie zu spielen – aber er ist kein Organisator und keiner, der etwas konstruktiv umsetzt. Sokolov ist über das Stadium hinaus, für die Organisation noch ein Aktivposten zu sein – gegenwärtig scheint sein Haupttalent darin zu liegen, Weizmann gegen sich aufzubringen und dennoch dieselbe Suite zu bewohnen. Im werten Londoner Büro, das unser leuchtendes Licht und unsere Quelle der Inspiration sein soll, sitzt nur eine Bande verknöcherter alter Kerle ... von denen die meisten dann und wann in ihrer Freizeit zusammenkommen und die Fehler durchhecheln, die in Palästina gemacht werden, und uns Telegramme

schicken. Simon ist ein anscheinend recht fähiger Geschäftsmann, zumindest machte er mir während unseres Aufenthalts in London diesen Eindruck, obwohl es meinen ursprünglichen Eindruck nicht gerade zu bestätigen scheint, daß wir kürzlich haarscharf an einer Katastrophe vorbeigeschrammt sind, weil es uns an Geld oder Kredit mangelt und wir eine halbe Million Dollar Schulden haben.

Mr. Robert Szold arbeitet für drei ... Seine Arbeit ist unschätzbar. Und doch sind die politischen Bedingungen so, daß, wenn Frankfurter, den wir letzte Woche telegrafisch angefordert haben, nicht kommt, Szold nach Europa gehen muß, damit unser Volk von den gravierenden Problemen unterrichtet wird, denen wir uns gegenübersehen.«[15]

Felix Frankfurter teilte der Kommission mit, er werde Ende Mai mit Aaron Aaronsohn in Palästina eintreffen – wenn das Thema des osmanischen Territoriums auf der Friedenskonferenz zur Sprache gebracht war. Da ihn jedoch die Berichte über die Zustände in der Kommission erschreckten und er sich sorgte, die Verschlechterung der arabisch-jüdischen Beziehungen könnte sich nachteilig auf die Überlegungen der Friedenskonferenz auswirken, nahm er all seinen Mut zusammen und wandte sich an Präsident Wilson persönlich:

»Paris, 8. Mai 1919

Sehr geehrter Mr. President,
der Pflicht jedes Amerikaners eingedenk, Ihre Zeit und Energie nicht zu vergeuden, fühle ich mich dennoch gezwungen, Ihr Augenmerk auf die Bedingungen zu lenken, denen die Judenheit gegenwärtig ausgesetzt ist ... Die beherrschende jüdische Hoffnung war – und ist –, daß Sie die Balfour-Deklaration billigen und die Errichtung der jüdischen nationalen Heimstätte in Palästina unterstützen. Die Ernennung der Interalliierten Syrienkommission und die vermutliche Verschiebung der Entscheidung über die Nahostfragen um Monate, insbesondere jedoch auf einen Zeit-

punkt nach Ihrem Aufenthalt hier, haben die Vertreter der Judenheit der Welt in tiefste Beunruhigung versetzt. Als leidenschaftlicher Amerikaner ist mir natürlich sehr viel daran gelegen, daß der Jude in der neuen Weltordnung eine aufbauende und keine zerstörende Kraft ist. Ich habe ihre Anführer beruhigt, aus der dem Wissen um Ihre Ziele entspringenden Überzeugung heraus. Sie haben Vertrauen. Ich wage zu vermuten, daß es in Paris keine Leute gibt, die mehr Vertrauen haben, das Vertrauen von 2000 Jahren. Doch sie wissen auch um das Leiden von Millionen Juden in aller Welt, das letztlich nichts lindern kann außer der Wiederzueignung Palästinas als jüdisches Heimatland ... Die britischen Behörden möchten gerne Dr. Weizmann und mich nach Palästina entsenden, um in der jüdischen Bevölkerung für Mäßigung zu sorgen ..., doch ich wage nicht, von hier fortzugehen, solange die türkischen Fragen nicht entschieden sind und Sie sich noch in Paris aufhalten, um sie zu entscheiden.

Bitte vergeben Sie mir, daß ich Ihnen schreibe, doch die Umstände haben mich zum Sachwalter einer Situation gemacht, die die Hoffnungen und sogar das Leben eines ganzen Volkes in Mitleidenschaft zieht. Daher kann ich nicht umhin auszusprechen, daß der Weltfriede zu einem nicht geringen Teil davon abhängt, daß das Schicksal des aus türkischer Herrschaft entlassenen Volkes noch vor Ihrer Rückkehr nach Amerika geregelt wird.«[16]

Am 11. Mai schrieb Sonneborn erneut an seine Familie. Nun berichtete er von einer Neuorganisation der Kommission, welche seinen Worten zufolge zum »Müllabladeplatz für alle örtlichen Probleme« geworden war. In Zukunft sollte sie ihre Arbeit auf »politische Aktivitäten« beschränken. Doch schon für diese Aufgabe allein standen die Vorzeichen nicht günstig: »Vor mehreren Abenden machten Dr. Friedenwald und ich einen Spaziergang unter Palmen im Mondlicht. Wir werden in jeder Weise behindert – von der ortsansässigen

Bevölkerung, der Verwaltung, dem Internen Aktionskomitee. Es gibt keine echte Kooperation – keine Koordinierung der Arbeit. Wir erhalten aus London markige Befehle, dieses oder jenes zu tun – Dinge, die häufig wenig und bisweilen überhaupt nicht ratsam sind – Dinge, die oft einfach nicht sein dürfen. Die ortsansässige Bevölkerung betrachtet uns als reichen Wohltätigkeitsverein – sie nehmen, was sie kriegen können. Wenn eine Einrichtung 1 000 Dollar braucht, bittet sie unweigerlich um 2 000 Dollar ... Dr. F. hat mir feierlich versichert, daß er nie wieder in verwaltender Eigenschaft nach Palästina kommen wird. Er wird bei seinen Leisten bleiben.«[17]

Die Briten, gewohnt, fremde Länder zu regieren, bereiteten sich bereits auf das Schlimmste vor. Sämtliche ein- und ausgehende Postsendungen wurden zensiert, politisch brisante vernichtet. Sonneborn wunderte sich darüber, daß seine Briefe überhaupt »durchkamen«. Und während die zionistische Kommission geliehenes Geld austeilte, warf die internationale, vorwiegend christliche Hilfe anscheinend Profit ab: »Um vom amerikanischen Roten Kreuz zu sprechen – die hiesigen Leute sind so unerträglich hochnäsig und wenig zuvorkommend, daß ich solche nie wieder zu treffen hoffe. Sie hindern uns auf jede ihnen nur mögliche Weise daran, ihr Versorgungsmaterial zu kaufen, das sie gegenwärtig rasch abstoßen. Sie behaupten, eine Rettungsorganisation zu sein und Anweisung aus Amerika zu haben, möglichst viel Geld aus dem Material zu ziehen ... wir mußten medizinische Vorräte nach Zefat schaffen und mieteten mehrere ihrer Lastwagen. Sie schickten uns eine Rechnung über 50 Dollar pro Lastwagen pro Tag. Als Dr. Rubinow zu ihnen ging und erklärte, er schlage vor, ein Telegramm in dieser Sache nach Amerika zu schicken, sagten sie, es sei nur ein Scherz gewesen ... Die Regenzeit ist vorüber ... Die Hügel und Berge um Jerusalem sind braun und grau – nur hie und da gesprenkelt von Gruppen knorriger und häßlicher lebender Bäume. Es gibt ein ausgetrocknetes Flußbett zwischen zwei der Hügel [das Kidron-Tal zwischen dem Öl-

und dem Tempelberg]. Tümpel, aus denen das Vieh trank, gibt es nicht mehr. Der Sommer kommt.«[18]

An dem Tag, als Sonneborn diesen Brief an seine Familie in den Vereinigten Staaten absandte, flog Aaronsohn nach London, um die Ausrüstung für seine geplante Palästinareise mit Felix Frankfurter abzuholen. Er kannte den Sommer des Nahen Ostens und hatte daher Khakikleidung und Lederstiefel bestellt, stabil genug für die harten Reisebedingungen in der Negev- und Sinai-Wüste. Sein Flugzeug – ein umgebauter Handley-Page-Bomber Nr. F 5736 – verließ Paris-Buc um 10.30 Uhr mit zwei Postsäcken und drei weiteren Passagieren. Nach einem ereignislosen, dreieinhalbstündigen Flug landete man sicher in Kenley. Bevor Aaronsohn nach London weiterreiste, machte er für vier Tage später eine Rückkehr nach Paris auf derselben Route aus. Am 15. Mai jedoch hatte sich das Wetter über Südengland und dem Kanal verschlechtert. Ein für die Jahreszeit ungewöhnlicher Südostwind blies vom französischen Festland her über den Kanal. Die Wettervorhersage der *Times* erteilte Piloten den Rat: »Überlandflüge mit schwereren Maschinentypen bleiben wahrscheinlich anfangs möglich, doch im weiteren Verlauf des Tages sollte der Flugverkehr aufgrund der sich verschlechternden Bedingungen auf lokale oder kurze Überlandflüge beschränkt werden.«[19] Die Vorhersage warnte zudem vor niedriger Bewölkung, die, begleitet von örtlichen Windböen, im Lauf des Tages von Frankreich her über dem Kanal aufziehen würde. Dennoch begab sich Aaronsohn am frühen Morgen nach Kenley in der Hoffnung, doch fliegen zu können. Es drängte ihn aus verschiedenen wichtigen Gründen zur Rückkehr.

Chaim Weizmann reiste per Bahn und Schiff von London nach Paris zurück, um am Morgen des 16. Mai in Versailles zu sein. An diesem Tag wollte man endgültig in den Entscheidungsprozeß über die türkischen Gebiete einschließlich Palästinas eintreten. Dank Felix Frankfurters großer Aufmerksamkeit war Aaronsohn in die Geheimgespräche zwischen

Franzosen und Briten eingeweiht und befand sich somit in einer günstigen Position, um mögliche Kritik an seinem Yarmuk-Plan zu entkräften. Überzeugt, daß sein Grenzvorschlag die einzige Lösung für die Probleme war, wollte er in Versailles zugegen sein. Auf Drängen seines guten Freundes, des Richters William Mack, der auf seinen Brief vom 5. Dezember kürzlich aus Amerika eingetroffen war, hatte er letzte Hand an seine Karte der Grenzen Palästinas gelegt und einen umfassenden Abschlußbericht – ohne redaktionelle Eingriffe der zionistischen Delegation – fertiggestellt, die er der Konferenz vorlegen wollte. Damit würde er, wie er glaubte, die Zionisten aus ihrer schwachen Position, in die sie sich mit dem verfrühten Antrag manövriert hatten, herausholen können. Aaronsohn war sogar noch einen Schritt weitergegangen: Er hatte seinen Stolz hinuntergeschluckt und dem seit dem 11. Mai ebenfalls in London weilenden Weizmann von seiner Absicht erzählt, der zionistischen Delegation in ihrer Stunde der höchsten Not in Versailles beizustehen. In erneuerter Freundschaft versuchte Weizmann den zu allem Entschlossenen am Abend des 14. Mai zu überreden, auf den Flug zu verzichten. Da ihm dies nicht gelang, bot er Aaronsohn an, dessen schweres Gepäck – zwei Koffer mit der neuen Kleidung – auf der Kanalfähre mitzunehmen. Julius William Mack hingegen beschloß, per Schiff nach Paris zu reisen, und verließ daher London in Weizmanns Gesellschaft.

Nachdem Aaronsohn seine Koffer an Weizmann übergeben hatte, fand er sich am Morgen des 15. Mai pünktlich in Kenley ein. Mit sich führte er die wertvolle Karte und den zugehörigen Bericht sowie sein aktuelles Tagebuch, sicher verstaut in seiner Dokumentenmappe. Sie bildete ncbst einigen empfindlichen wissenschaftlichen Instrumenten sein einziges Gepäck. Um 9.30 rief er das Zionistische Büro in Paris an und teilte Weizmanns Assistenten Flexner mit, daß er es wegen des schlechten Wetters möglicherweise nicht am selben Tag nach Frankreich schaffen würde. Gegen Mittag hatte er einen Platz in einem von drei startbereiten Flugzeugen gefunden. Er kletterte die kleine Trittleiter hinauf und ließ sich in dem geschlossenen Cockpit der DH 4A hinter dem Piloten nieder. Durch zwei kleine Fenster konnte er nach backbord und steuerbord schauen und mit etwas Anstrengung auch den Motorenlärm übertönen, um mit dem Piloten zu sprechen. Eine halbe Stunde später landete die Maschine wieder in Kenley; der Pilot hatte sich wegen der starken Winde zur Umkehr entschlossen.

Um 13.40 startete Aaronsohns Flugzeug erneut. Immer noch war er der einzige Passagier und saß, umgeben von fünf leinenen Postsäcken, hinter dem Piloten. Die Maschine ließ bei Lympne die englische Küste hinter sich und nahm Kurs auf Boulogne, kam aber wegen starken Gegenwinds nur langsam voran. Am späten Nachmittag wurde der Flug als überfällig gemeldet. Die Schiffe der Handels- und Kriegsmarine wurden aufgefordert, nach möglichen Überlebenden zu suchen. Als in der Abenddämmerung keine Meldungen über eine Notlandung aus England oder aus Frankreich eingetroffen waren, wurde die DH 4A 5849 mit Passagier »Herrn Aaronsohn« eingestuft als »vermißt, vermutlich über Ärmelkanal abgestürzt«.[20] Die Nachricht ging noch am selben Abend telegrafisch an die Zionistischen Büros in London und Paris.

Julius William Mack war am 15. Mai gemeinsam mit Weizmann sicher in Paris eingetroffen. Drei Tage später kehrte er nach London zurück, um von Oberst Gribbon nähere Einzelheiten über die Umstände von Aaronsohns Tod zu erfahren. Noch in derselben Nacht schrieb er voller Trauer an Rivka, genannt Oubi, Aaronsohns jüngste und einzige noch lebende Schwester, die nach Zichron Ya'acov zurückgegangen war, um ihren Vater zu pflegen:

»Carlton Hotel, London, Sonntag, 18. Mai 1919

Meine liebe Oubi,
Ich … habe das Schreiben hinausgezögert in der Hoffnung, daß ich Ihnen mehr berichten und den Brief noch [rechtzeitig] absenden könnte … Ich kann Oberst Gribbon heute

nicht [mehr] erreichen, da es fast Mitternacht ist und er auch nicht mehr weiß, wie ich fürchte. Obst. Meinertzhagen glaubt, daß wir niemals mehr erfahren werden ... Dr. und Mrs. Weizmann nahmen den Zug, als das Schiff sich mitten auf dem Kanal befand, fiel dichter Nebel, der bis zur Küste bei Boulogne anhielt. In London dagegen war es schön. Als Aaron nicht erschien, vermuteten wir, daß er nicht geflogen war und am nächsten Tag käme. Um Mitternacht kam ich von einer Sitzung und fragte nochmals nach. Am nächsten Morgen berichtete mir der Concierge von einem tödlichen Flugunfall, und wir wußten Bescheid. Soweit man es bis jetzt in Erfahrung bringen konnte, geschah es im Hafen von Boulogne – wahrscheinlich wußten sie die Flughöhe nicht, schlugen aufs Wasser auf – drei von sechs Postsäcken wurden an Land gespült. Der Pilot war einer der allerbesten.

Ich weiß, Aaron hätte gewollt, auf eine derartige Weise zu enden. Doch das hätte in 25 oder 30 Jahren sein sollen, nicht jetzt. Ich kann nicht schreiben. Alle von uns sind am Boden zerstört ... die Weizmanns, jeder von uns trauert.

... Wie er mir sagte, hatte er einen Bericht über Grenzen, den ich ihn nach seinen monatelangen Studien zu Papier zu bringen gebeten hatte, zur Hälfte ins reine geschrieben. Er hatte gehofft, alles fertigzustellen; doch wie er sagte, würde er ihn in einem weiteren Tag in London beenden, damit ich ihn dann mit [nach Paris] zurücknehmen könnte – die Welt wird ihn kennenlernen, wie wir ihn kannten. Sein Andenken wird nicht nur von uns, sondern vom ganzen Volk hochgehalten werden, wenn es erst wirklich erfährt und versteht, und dieser Tag wird kommen. Bis dahin werden Sie und wir dafür arbeiten, daß die Wahrheit herauskommt ... Ich fahre am 21. [nach Amerika] in guter Hoffnung für die Zukunft ... Felix wird sich Ihrer und der Jungen [der überlebenden Aaronsohn-Brüder] annehmen ...«[21]

Als die zionistischen Delegierten in die Endphase der Gespräche über die Türkei und Palästina eintraten, liefen bereits wilde Gerüchte um, Aaronsohn sei ermordet worden – von den Feinden des Zionismus über dem Kanal aus seinem Flugzeug gestoßen. Das Gerede über eine solche Verschwörung erhielt neue Nahrung durch einen weiteren Bericht, wonach angeblich zwei Männer den Absturz eines Postflugzeugs im Hafen von Boulogne am Nachmittag des 15. Mai überlebt hatten. Wo also war Aaron Aaronsohns Leiche? In Wirklichkeit war sein Flugzeug gar nicht in der Nähe des Hafens abgestürzt, und es sollte mehr als 80 Jahre dauern, bis die wahren Begleitumstände des Unfalls ans Licht kamen.

Die »verlorene« Karte

Aaron Aaronsohn starb nur sechs Tage vor seinem 44. Geburtstag, hatte damit aber ein doppelt so hohes Alter erreicht wie die Mehrheit der sechs Millionen Kriegstoten. Er hatte auch die Grippe-Epidemie überlebt, die Tausende, unter ihnen Sir Mark Sykes, dahingerafft hatte. So gesehen, könnte man sagen, er habe Glück gehabt. Jedoch sollte sein tödlicher Unfall gravierende Folgen für die Zukunft des von ihm so heiß geliebten Landes haben. Sein Tod nahm der zionistischen Delegation ihren erfahrensten Berater. Darüber hinaus besaß er, anders als die zionistische Delegation, immer noch das Vertrauen Oberst Gribbons und anderer Angehöriger des britischen Außenministeriums und des Militärischen Nachrichtendienstes, und diese waren allesamt willens und imstande, seine Karte und seinen überarbeiteten Bericht in Erwägung zu ziehen. Nun war aber Aaronsohns neuer Bericht nur ihm selbst bekannt und verständlich. Deshalb bedeutete sein jähes Verschwinden im entscheidenden Augenblick der Friedensgespräche letztlich das Ende der britisch-jüdischen Zusammenarbeit an vernünftigen Grenzen für einen künftigen jüdischen Staat. Hätte er das Angebot seines Freundes William Mack angenommen, ihm als Kurier für seine Karte und seinen Bericht zu dienen, wäre dem Nahen Osten höchstwahrscheinlich eine andere Zukunft beschieden gewesen. Doch trotz Macks Hoffnung auf nähere Aufklärung vermochte Walter Gribbon der vorläufigen amtlichen Erklärung, daß Aaronsohns Flugzeug abgestürzt sei und seine Leiche sowie die des Piloten immer noch vermißt wurden, nicht mehr hinzuzufügen. Noch gravierender war, daß man Aaronsohns Dokumentenmappe definitiv nicht hatte bergen können. Damit war eine große Chance auf einen jüdischen Staat in sicheren, verteidigungsfähigen Grenzen für immer auf den Grund des Ärmelkanals gesunken.

Infolgedessen erwies sich auch Macks optimistische Zukunftseinschätzung als auf Sand gebaut. Nun, da Aaronsohns Karte unwiederbringlich verloren war, mußten die Mitglieder der zionistischen Kommission auf ihren ursprünglichen Antrag zurückgreifen. Doch da dieser immer noch ein heilloses Durcheinander war und sich daher nicht durchsetzen ließ, waren die Konsequenzen leider nur allzu vorhersehbar. Die Briten stritten mit den Franzosen um tausend Kleinigkeiten hinsichtlich Syriens, und währenddessen rutschte das Schicksal des zionistischen Palästina auf der Tagesordnung immer weiter nach unten. Im Juli 1919 verließen die letzten Delegierten das heiße Paris, erschöpft von der größten bürokratischen Veranstaltung der Geschichte. Die »jüdische Frage«, die erst nach zahlreichen anderen ungelösten Problemen an die Reihe gekommen war, blieb ungelöst – ein historischer gordischer Knoten, den zu durchschlagen niemand die Energie oder Willenskraft aufbrachte.

Die zweite (amerikanische) zionistische Palästinakommission schloß ihre Arbeit im Juli 1919 ab, nachdem sie so etwas wie einen Anschein von Ordnung in die örtlichen zionistischen Angelegenheiten gebracht hatte. Richter Louis Brandeis war im Juni eingetroffen, um im Auftrag der amerikanischen Regierung die Fortschritte der Kommission zu prüfen, und Ende Juli kehrte die vereinte Gesellschaft wieder nach Paris zurück. In der dortigen Auflösungsstimmung führte sie Gespräche über die Zukunft des Zionismus und Palästinas. Die Prognose war nicht gut. Brandeis riet nach seiner Rückkehr nach Amerika dem amerikanischen Präsidenten zur Vorsicht, da die Großmächte nicht endgültig über die Balfour-Deklaration entschieden hatten. Von diesem Augenblick an nahmen die Vereinigten Staaten nur noch eine Beobachterrolle ein, statt sich aktiv auf dem politischen Schauplatz Palästina zu engagieren. Großbritannien hielt das eroberte türkische Territorium bis April 1920 besetzt. Dann beschlossen England und Frankreich auf der Konferenz von San Remo, Palästina und Syrien zu teilen, im wesentlichen nach den Vorgaben des Sykes-Picot-Abkommens. Diese Flickschusterei mit ihren Flußgrenzen und geraden Linien gefiel eigentlich nur den Kartographen.

Prinz Faisal hatte Paris 1919 verlassen, mit leeren Händen und betrübt über die ihm von seinen britischen Verbündeten zuteil gewordene Behandlung. Als Abschiedsgeste schenkte er König Georg V. zwei arabische Vollblüter, die er Lawrence heranzuschaffen befahl. So vergalt er die ihm gewährte Gastfreundschaft und verwies zugleich Lawrence nachdrücklich auf seinen Platz.

Die unmittelbare Nachkriegsphase in Palästina war gekennzeichnet von schweren Zusammenstößen zwischen Arabern und Juden. Sir Herbert Samuel, den neu ernannten Hochkommissar für Palästina, selber Jude, beunruhigte die arabische Reaktion auf das Ausmaß der neuen jüdischen Einwanderung so sehr, daß er im Mai 1921 Transjordanien für alle jüdischen Immigranten schloß. Damit verfolgte die Mandatsverwaltung, die bereits Probleme mit ihrer einheimischen arabischen Bevölkerung hatte, nun auch noch gegenüber den Juden eine restriktive Politik. Die Balfour-Deklaration hing weiter wie ein Damoklesschwert über einer immer feindseligeren, hochexplosiven Situation. Die palästinensischen Araber spielten nun endgültig keine Rolle mehr in den Überlegungen zu einem eigenen arabischen Staat. Zwar setzten die Briten Prinz Faisal schließlich auf den Thron des Irak, doch für die Probleme der Region bot dies eigentlich keine Lösung, hatte doch Großbritannien Syrien an Frankreich verloren. Was Sir Herbert Samuel in die Wege geleitet hatte und Winston Churchill beendete – die Teilung des ursprünglichen Palästina in zwei durch den Jordan getrennte Gebilde –, erwies sich nicht etwa als Friedensbasis, sondern als Konfliktherd, begrenzte es doch die jüdischen Expansionsbestrebungen auf den westlichen Teil eines auf die Hälfte geschrumpften Palästina und somit auf ein Land, das bereits eine dichte arabische Bevölkerung und keine unbesiedelte Ecke wie das Yarmuk-Gebiet mehr besaß, die eine jüdische Einwanderung friedlich hätte verkraften können. 1922 billigte der neu gegründete Völkerbund die Fehlkonstruktion des britischen Mandats und verurteilte damit einen künftigen zionistischen Staat zu Grenzen, die Aaronsohn für noch unrealistischer gehalten hätte als die des ersten zionistischen Antrags, den er 1919 so heftig kritisiert hatte. Die muslimischen Araber Palästinas wiesen die Mandatsbestimmungen umgehend zurück, und die Zionisten richteten sich auf einen langen Unabhängigkeitskampf ein. Der bewaffnete zionistische Kampf für die Zukunft Palästinas hatte bereits begonnen: Im Juni 1920 war die Hagana entstanden, gespeist zu einem Großteil aus den Reihen der Haschomer, die die jüdischen Siedlungen während der türkischen Herrschaft verteidigt hatten. Der Keim der Auseinandersetzungen zwischen Arabern und Juden war damit gelegt, und die weitere Geschichte des Nahen Ostens im 20. Jahrhundert ist allgemein bekannt. Sie muß hier nicht eigens ausgeführt werden – bis auf den entscheidenden Umstand, daß sich mehr als achtzig Jahre nach Versailles das Schicksal der jüdischen und palästinensischen Autonomie immer noch an einer vernünftigen Grenze entscheiden wird.

Als Sir Herbert Samuel, der erste Gouverneur Palästinas unter britischem Mandat, 1921 in Haifa eintraf, um in der Residenz in den Vorhügeln Jerusalems sein Amt anzutreten, war das Erbe Aaron Aaronsohns – das Ziel, durch landwirtschaftlichen Fortschritt und wissenschaftliche Zusammenarbeit Frieden zwischen Arabern und Juden zu stiften – weitgehend vergessen. Die Jewish Agricultural Experimental Station war ohne ihren Gründer zu Schutt und Asche zerfallen. Nur die von Aaronsohn 1910 gepflanzten Washingtonia-Palmen hatten mittlerweile eine stattliche Höhe erreicht und bildeten eine majestätische Allee, kilometerweit zu sehen vom Wadi Dustrey, bis zum ehemaligen Stationshaus. Seine Vision aber war in den Verheerungen des Krieges untergegangen. Die Treuhänder in New York wurden derweil wegen unbezahlter Löhne und Geräte mit Forderungen an die Station überzogen. Zögernd entschied man, sie abzuwickeln und Land und Anwesen zum Verkauf anzubieten.

In den Nachwehen des Krieges verlieh die britische Regierung Charles Boutagy und den anderen arabischen, jüdischen, christlichen und armenischen »Dolmetschern« und »syrischen« Bootsleuten die Victory and War Medals – eine Auszeichnung, die sämtlichen jüdischen Agenten von Nili oder »A« vorenthalten blieb.[22] General Allenby jedoch hatte nicht vergessen, was die Briten Aaronsohn und seiner Organisation schuldeten. Auf Druck von Dr. Eder von der Zionistischen Exekutive (er hatte Brandeis nach Palästina begleitet) schrieb der General am 14. Juli 1919 folgendes:

»Sehr geehrter Herr,
in Beantwortung Ihres Schreibens vom 3. Juni: Der Tod Aaron Aaronsohns beraubte mich eines geschätzten Freundes und unersetzlichen Stabsoffiziers. Er war hauptsächlich für die Organisation meiner Feldaufklärung hinter den türkischen Linien verantwortlich. Diese Aufgabe erfüllte er im Angesicht großer Schwierigkeiten und Gefahr mit hoher Effizienz, doch seine Hingabe an unsere Sache brachte schreckliches Leid von der Hand des Feindes über die, die ihm nahestanden und ihm teuer waren. Mr. Aaronsohn war ein Mann von unbändiger Energie und starkem Charakter.

Als leidenschaftlicher Zionist und Palästinenser brachte er seinen nichtjüdischen Nachbarn ein großzügiges Wohlwollen entgegen, das meiner Verwaltung in Palästina eine substantielle Hilfe war. Ich schulde seinem weisen Rat, seiner Mäßigung und seiner Umsicht viel. Sein Tod ist ein Verlust für das britische Empire und für den Zionismus, doch sein Werk wird niemals sterben.

Mit freundlichsten Grüßen,
Edmond H. H. Allenby, General«[23]

Auch Brigadegeneral Clayton räumte in seiner Privatkorrespondenz lange nach dem Krieg ein: »Wir schulden Nili das Leben von 30000 [britischen] Soldaten.«[24]

Aaronsohns Freunde litten weiter unter seinem Verlust. Daß seine Leiche verschwunden blieb, quälte sie ebenfalls sehr. In einem Interview der Zeitung *The Young Judean* sprach Henrietta Szold für alle: »Wenn er hier wäre, würde er zu uns sagen, daß es nur eine Art und Weise der Trauer um ihn gibt: Alle, die ihn liebten und bewunderten, müssen sich aufs neue in den Dienst des Landes stellen, dem sein erster und sein letzter Gedanke galten. Zusätzlich zu dem, was wir aus Liebe zum jüdischen Land für Zion tun, müssen wir noch ein wenig mehr tun, damit Aaron Aaronsohn, der keine bekannte Grabstätte hat, ein Denkmal bekommt.«[25]

Merkwürdigerweise – vielleicht wegen der bevorstehenden Auflösung der Friedenskonferenz im Juli – dachte keiner seiner engen Freunde daran, nach Aaronsohns Überresten zu suchen. Hätten sie gewußt, daß die Leiche seines Piloten im Juni an Land gespült worden war, sie hätten möglicherweise beharrlicher nachgehakt. Die sterblichen Überreste von Absalom Feinberg waren ebenfalls noch verschwunden. Dies blieb auch so, als die Kontaktleute von Nili und EMSIB nach dem Krieg ins zivile Leben zurückkehrten. Leonard Woolley ging wieder in den Nahen Osten und erwarb sich Ruhm als Ausgräber von Ur. Während Thomas Edward Lawrence als Held ins Rampenlicht der Öffentlichkeit trat, zog sich David

Hogarth nach Oxford zurück, wo er einer besonderen Form der persönlichen Meinungsäußerung frönte: Bevor er morgens seinen Hund hinausließ, damit er auf der Suche nach Hundeabenteuern allein in den belebten Straßen herumstromern konnte, befestigte er den ihm verliehenen Orden der französischen Légion d'Honneur am Halsband des Tieres. Charles Boutagy wurde zusammen mit vielen anderen Familien der Tempelgesellschaft nach Australien verbannt. Er hatte sich bereits während des Ersten Weltkrieges verdächtig gemacht – im Zusammenhang mit Kurt Wagners Gegenspionagedienst in Haifa gegen »A« –, und nun verdächtigten die Briten die Jerusalemsfreunde heimlicher Sympathien für die Nazis.

Ein seltsamer Zufall führte mich 2003 wieder auf die Spur von Hauptmann Edmonds (über ihn war nicht mehr bekannt, als daß er wie viele andere während des Ersten Weltkrieges auf Seancen verfallen war, um Kontakt zu verlorenen Freunden aufzunehmen), als ich auf dem Brightoner Flohmarkt eine Schachtel vergilbter, brüchiger Papiere erstand. Ganz zuunterst lag ein britischer Paß, ausgestellt 1909 und unterzeichnet mit *W. S. Edmonds, Vizekonsul, Konstantinopel.* Offensichtlich steckte mehr in diesem widerspenstigen Nachrichtenoffizier, als Aaronsohn je geahnt hatte.

Epilog

Eine neue Vision

Das Leben der Toten ruht in der Erinnerung der Überlebenden.

Cicero

Kurz nach der Jahrtausendwende begann ich meine Nachforschungen in den Archiven mehrerer Länder, um die noch ungeklärten Geheimnisse um Nili und das EMSIB und insbesondere um die Ereignisse im Zusammenhang mit dem Tod von Absalom Feinberg, Sarah und Aaron Aaronsohn zu lüften.

Alle israelischen Kinder lernen in der Schule die Geschichte von Nili – die durch Sarah Aaronsohns Opfertod die Aura eines modernen »Masada« bekam. Der Familiensitz in Zichron Ya'acov steht seit dem Tag, an dem sich Sarah 1917 das Leben nahm, bis heute fast unverändert da. Das am Beginn der Hauptstraße des Ortes gelegene Anwesen ist in ein Museum umgewandelt worden. Die Milchglastür des Badezimmers, in dem Sarah sich erschoß, ist noch immer erhalten, ebenso der Fliesenboden, auf den ihr Körper niederfiel. Einige von Aaron Aaronsohns Büchern zieren die Regale des Salons – ihre Titel zeugen von seinen Kenntnissen und seinem Fachwissen. Seine Schlafzimmermöbel sind nachgedunkelt. Eine einzelne, holzgeschnitzte Garbe wilden Weizens auf jeder Türfüllung legt stolz Zeugnis ab von der Entdeckung, die seiner Familie 1906 einen für Neueinwanderer im Heiligen Land außergewöhnlichen Lebensstandard sicherte. Auf dem Anwesen wurde ein Archiv eingerichtet, das neben Aaronsohns Tagebüchern eine umfangreiche Materialsammlung zu seinem Leben auf der Versuchsstation unten an der Küste bei Atlit enthält. Er hatte keine Kinder, und seine überlebenden Geschwister entgingen dem von ihm prophezeiten Holocaust der Nazis, weil sie unter britischem Mandat in Sicherheit lebten. Wäre ihm eine längere Lebenszeit beschieden gewesen, er hätte vielleicht die Briten dazu bewegt, die Begrenzung der jüdischen Einwanderung, die sie nach dem arabischen Aufstand von 1936 angeordnet hatten, wieder aufzuheben – im selben Jahr begann in den Konzentrationslagern die planmäßige Vernichtung der Juden Europas.

Im Jahr 2001 schloß ich mich einer kleinen Forschergruppe an, die sich seit Jahren mit der Geschichte der Aaronsohns befaßt. So kam ich an einen Teil der Informationen über Aarons Karte und erfuhr auch von den vielen Verschwörungstheorien, die die Geschichte von Nili begleiten: Wurde Absalom Feinberg von einem eifersüchtigen Joseph Lishansky umgebracht? Hatten die Briten tatsächlich Verrat an Sarah Aaronsohn begangen, indem sie diese Anfang Oktober 1917 nicht vom Strand bei Atlit retteten? Und ist Aaron Aaronsohn wirklich ermordet und aus dem Flugzeug gestoßen worden, wie von manchen vermutet? Darüber hinaus wollte ich herausfinden, ob seine Leiche an Land gespült und womöglich als unbekannter Kriegstoter begraben wurde – aus meiner früheren Erfahrung als Berufstaucher wußte ich, daß dies durchaus denkbar ist.

Der Fall Absalom Feinberg war in gewisser Weise bereits teilweise aufgeklärt. Auf dem Höhepunkt des Sechstagekriegs 1967 machte eine israelische Armeepatrouille auf ihrem Weg nach Süden bei Khan Yunis südlich von Gaza halt und unterhielt sich mit einem Beduinen. Dieser erwähnte beiläufig, daß eine nahe gelegene Palmengruppe auf arabisch der »Baum des Juden« heiße. Man grub nach und fand, umwuchert vom Wurzelwerk der größten Palme, ein Skelett. Forensische Untersuchungen ergaben, daß es sich tatsächlich um die Überreste Absalom Feinbergs handelte. Höchstwahrscheinlich hatte eine Dattel, die er in der Tasche getragen und deren Kern in den Flüssigkeiten seines verwesenden Körpers keimte, sein Grab für die Nachwelt gekennzeichnet. Als Feinberg aufgebrochen war, um mit Lishansky die britischen Linien bei Gaza zu erreichen, muß er eine

Dattel von der Versuchsstation eingesteckt haben. Ein halbes Jahrhundert später bettete man seine sterblichen Überreste auf dem Herzl-Berg in Jerusalem, dem Heldenfriedhof der Israelis, mit allen militärischen Ehren zur endgültigen Ruhe. Eine wichtige Frage blieb jedoch noch immer unbeantwortet: Wer hatte ihn denn nun wirklich getötet?

Es besteht kein Zweifel daran, daß Joseph Lishansky und Sarah Aaronsohn ein Liebespaar waren. Doch hätte Lishansky dies ein Motiv geliefert? Gewiß, Aarons Schwester war Feinbergs Jugendliebe gewesen, aber nach allem, was man weiß, nicht mehr. Immerhin hatte sie schließlich einen anderen Mann geheiratet. Sicherlich hätte dies ihr Bruder zu beurteilen gewußt, da er die Beteiligten am besten kannte. In seinen damaligen Tagebüchern oder Briefen findet sich allerdings kein Hinweis, daß er Lishansky falsches Spiel unterstellte. Da wir jedoch, abgesehen von dessen vager Geschichte eines Beduinenüberfalls, keine weiteren Indizien besitzen, wie Feinberg den Tod fand und er selbst verwundet wurde, können wir nur die verschiedenen Möglichkeiten theoretisch durchspielen.

Erstens hätte eine Entdeckung in dem Frontabschnitt, wo man später das Skelett fand, den sicheren Tod durch die Türken bedeutet. Hätte es Lishansky also riskiert, seinen Begleiter zu erschießen und damit Aufmerksamkeit zu erregen? Die Antwort lautet: möglicherweise. Falls die Araber sie unter Gewehrfeuer genommen hatten, war ihnen das offensichtlich gelungen, ohne eine türkische Streife herbeizulocken. Vielleicht handelten die Araber aber auch als örtliche Miliz für die Türken. Nicht einmal die Tatsache, daß Feinberg begraben wurde, beweist etwas. Lishansky hätte sicherlich nicht die Zeit oder die Mittel gehabt, eine Leiche zu verscharren, und falls die Araber sie später entdeckt hatten, hätten sie sie verschwinden lassen müssen, um nicht wegen Mordes angeklagt zu werden – andererseits hätten sie das auch getan, wenn sie die Tat selbst begangen hätten. Lishansky war impulsiv, aber war er auch fähig zu einem Mord?

Wie Aaronsohn zu seiner Bestürzung herausfand, hegte Lishansky einen aus Eifersucht geborenen Groll gegen die Nili-Führung, und, schlimmer noch: Er neigte zu Jähzorn. Hatte ihm Feinberg auf ihrer Tour etwas über seine Gefühle für Sarah erzählt, das ihn zu einer Kurzschlußhandlung trieb? Überdies war seine Armverwundung, mit der ihn ein britischer Vorposten aufgriff, die einfachste und ungefährlichste, die man sich selbst beibringen konnte. Da stichhaltige Beweise fehlen, müssen alle diese Vermutungen jedoch spekulativ bleiben.

Fakt ist dagegen, daß Lishansky unbestreitbar ein sehr mutiger Spion war. Und ebendies macht es höchst unwahrscheinlich, daß er die Tat begangen hat, deren ihn das Gerücht bezichtigt – noch 2001 erhob ein Nachfahre der Familie Aaronsohn im Gespräch mit mir diese Anklage. Man darf jedoch nicht vergessen, daß Lishansky bei all seinen charakterlichen Schwächen ein Nili-Held war. Aaronsohns nachrichtendienstliches Material bestand zu einem Großteil aus Informationen, die er an der Gaza-Beersheba-Front gesammelt hatte, oftmals unter Einsatz seines Lebens. Wenn Lishansky also als Tatverdächtiger ausfällt, waren dann die Beduinen, wie er behauptete, Absaloms wahre Mörder?

Daß die ortsansässigen Araber Feinbergs Grabstelle einen Namen gaben, spricht eher für ihre Unschuld. Unwahrscheinlich ist auch, daß sie durch eine Preisgabe des Tatorts ihre eigenen beduinischen Vettern belastet hätten. Die Briten verhafteten zwar einen Beduinen wegen des Mordes, verurteilten ihn jedoch nicht. 1931 rollte Alex Aaronsohn den Fall wieder auf, da ihm ein jüdischer Eisenbahningenieur von einem Ort berichtet hatte, an dem sich möglicherweise ein Grab befand. Der Mann hatte ihm erzählt, ein gewisser Jussef Abu Safra vom Beduinenstamm der Ramallat behaupte, das Grab befinde sich »auf der Südseite des Bahnhofs von Rafah, erreichbar über eine nach Osten laufende Straße, und über dem Grab steht eine Palme«.[1] Wenn also auch ein Beduine von dem Grab erzählte und somit wahrscheinlich weder er selbst noch einer seiner Stammesbrüder in die Sache verwickelt war, wer trug dann die Schuld? Alex Aaronsohn bat den immer noch in der britischen Armee dienenden damaligen Oberst Walter Gribbon, den Generalgouverneur des Sinai, Major Jarvis, darauf anzusprechen. Als Veteran des Sinai-Feldzuges von 1917/18 kannte Jarvis das Gebiet und einzelne Stammesvertreter sehr gut. Allerdings waren viele, die sich während des Krieges in der Gegend aufgehalten hatten, schon lange fortgezogen: »Wie ich feststellte, war es unmöglich, etwas über Absalom Feinberg herauszufinden. Der Grund dafür ist, daß alle Bewohner … nach El Arish gezogen sind … und der Sawarka-Stamm, der in derselben Region lebte, damals von den Osmanen als probritisch verdächtigt und daher umgesiedelt wurde. Aufgrund dessen kann ich keinen Mann finden, der etwas über diesen Fall zu wissen angibt, es könnte sein, daß er von örtlichen Milizen, die die Osmanen begleiteten, ermordet wurde. Jedenfalls weiß keiner der Beduinen aus El Arish etwas, und selbst wenn wir den genauen Ort des Grabes wüßten, zweifle ich, daß wir Überreste fänden.«[2]

Wahrscheinlich hatte Major Jarvis mit den Milizen recht, doch genauso wahrscheinlich ist, daß eine britische oder australische Patrouille auf Feinberg und Lishansky feuerte. Zur Zeit ihres Fluchtversuchs zu den Briten Ende Januar 1917 befand sich die Front zwischen diesen und den Türken im Fluß. Die Briten hatten El Arish am Weihnachtsabend 1916 eingeschlossen und erobert, und in den ersten Januartagen 1917 durchstreifte australische Kavallerie das Gebiet nördlich und östlich davon bis hin nach Rafah, wo die Türken mit einer Garnison von 2000 Mann in Stellung lagen. Feinberg und Lishansky marschierten daher schnurstracks auf die größte Truppenkonzentration zu, die dieser Teil des Sinai in der Neuzeit jemals gesehen hatte. Obendrein hatten sie versucht, das Niemandsland in der Nacht zu durchqueren – wegen der nachlassenden Hitze die beste Zeit für Kavalleriebewegungen. Da sie als Araber verkleidet waren, könnte es leicht sein, daß gerade die Seite, die sie zu erreichen suchten, auf sie geschossen hatte – was erklären würde, warum Lishansky sich so vage über die ganze Sache äußerte und die Briten keinen Araber oder Beduinen dingfest machen oder anklagen konnten. Alex Aaronsohn starb 1948 in Nizza, ohne herausgefunden zu haben, ob Feinbergs Gebeine wirklich unter der Palme nahe des Bahnhofs Rafah ruhten. Gleichermaßen sicher ist, daß er über die Einzelheiten des Todes seiner Schwester im ungewissen blieb.

Es besteht jedoch kein Zweifel, daß Sarah Aaronsohn von eigener Hand starb. Hätte sie aber gerettet werden können, bevor die Türken Zichron Ya'acov abriegelten, wie ihr Bruder Alex und viele andere vermuteten? Um dieser Frage nachzugehen, suchte ich das Public Records Office (Staatsarchiv) im Londoner Stadtteil Kew auf. Auf jedem Schiff in den Diensten der Royal Navy gilt die gesetzliche Pflicht, täglich Einträge ins Logbuch zu machen. Es verzeichnet Ort, Fahrtrichtung und Auftrag des Schiffes sowie die Wetterbedingungen. Bei einem Unfall des Schiffes oder eines der Besatzungsmitglieder spricht es in jeder strittigen Situation das letzte, entscheidende Wort. Auf großen Schiffen hat traditionell ein Midshipman (unterster Seeoffiziersrang) die verantwortungsvolle Aufgabe, das Logbuch zu führen. Auf kleinen Schiffen jedoch führt es der Kapitän, so auch Hauptmann Weldon auf der *Managem*. Hervorzuheben ist, daß er bei Landgängen die Verantwortung für das Schiff *und* für das Logbuch seinem Stellvertreter übertrug. Nicht alle Schiffslogbücher bleiben erhalten. Geht beispielsweise ein Schiff unter, hielt man es oft für unnötig, ältere Logbücher aufzubewahren. Bei langen Dienstzeiten kann es Lücken in den Aufzeichnungen geben, wenn ein Logbuch voll ist und ein neues begonnen wird. Allerdings ist dies ungewöhnlich. Die *Managem* erwies sich als ebendiese Ausnahme. Alle ihre 19 Logbücher vom Zeitpunkt ihrer Überstellung 1915 bis zu ihrer Ausmusterung sind erhalten – das heißt alle bis auf das eine für den Monat Oktober 1917, den Zeitraum, da Sarah Aaronsohn am Strand auf ihre Rettung hoffte.

Ein Zufall wie dieser schafft sofort neue Verschwörungstheorien: daß Hauptmann Weldon die Rettung vermasselt hatte, weil er verspätet aus Port Said abgefahren war und angesichts der Brandung vor Atlit auf einen Landungsversuch verzichtete, und dies zu vertuschen suchte. Doch zu seiner Verteidigung muß man anführen, daß er nach der Wetterbesserung Atlit erneut anlief und sich damit sogar über eine eiserne Regel der britischen Armee hinwegsetzte, wonach man eine aufgeflogene Zelle weder kontaktieren noch retten durfte – sein Einsatz hätte ihn vors Kriegsgericht bringen können. Schon dies allein bot Grund genug, das Logbuch niemals vom EMSIB, wo man die Logbücher während Weldons Kommando auf der *Managem* aufbewahrte, zu den zentralen Behörden gelangen zu lassen. Und nach dem Krieg erlangte Weldon ebenso wie Jarvis den hohen Rang eines Generalgouverneurs des Sinai.

Ganz im Gegensatz zu Lawrence, der die Abgeschiedenheit suchte und als einfacher Soldat erst in die britische Armee und dann in die Air Force eintrat. Lawrence brachte einen Großteil des Jahres 1919, sofern er nicht bei Prinz Faisal tätig war, damit zu, Material für sein Buch über den arabischen Aufstand zu sammeln. Am 17. Mai, nur zwei Tage nach Aaronsohns Tod, verließ er plötzlich die Pariser Friedenskonferenz, um mit einem Handley-Page-Bomber nach Kairo zu fliegen. Seinen Freunden sagte er, er wolle seine »Habseligkeiten holen«. Allerdings wollte er vor allem die im Arab Bureau und im EMSIB vorhandenen Dokumente für sein Buch durchsehen. Wie Aaronsohn wurde Lawrence Opfer eines Flugunfalls. Bei der Landung in Rom nach Einbruch der Dunkelheit streifte seine Maschine einen Baum und ging zu Bruch. Beide Piloten starben, Lawrence dagegen kam mit einem gebrochenen Schlüsselbein davon. Er traf erst am 28. Juni 1919 in Ägypten ein, nach einer langen Reise von Italien über Kreta, von wo aus er ein anderes Flugzeug nach

Kairo nahm. Als mittlerweile berühmten Helden quartierte man ihn in der Residenz ein, nur eine kurze Kutschenfahrt von den Büros des Nachrichtendienstes im *Savoy* entfernt. Einem Biographen zufolge blieb Lawrence »nur ein paar Tage in Ägypten, die er vorwiegend damit verbrachte, die Akten im Arab Bureau zu durchforsten«.[3]

Meine Entdeckung, daß das Logbuch der *Managem* vom Oktober 1917 heimlich – von irgend jemandem in der Vergangenheit – entfernt worden war, rückt Lawrences dringliche Aufgabe in Kairo ins Zwielicht. War er dafür verantwortlich? Was oder wieviel von der Geschichte er möglicherweise getilgt hat, läßt sich nicht sagen, da er sich häufig allein in den Räumen aufhielt. Doch wie ich 2001 zu meiner Überraschung feststellte, existierte zu dem Zeitpunkt, als die Kriegsberichte im Public Records Office in London eintrafen, nur ein einziger, versteckter Hinweis auf das EMSIB, wonach es Teil der Hafen- und Leuchtturmverwaltung gewesen war. Was für ein Motiv konnte Lawrence also gehabt haben? Falls die bereits 1919 kursierenden Geschichten über seine Beziehung zu einer jüdischen Heldin zutrafen, wäre ihm bestimmt daran gelegen gewesen, die Aufzeichnungen zu »säubern«, denn jeder Bezug zu den Juden – insbesondere im Zusammenhang mit Spionage – hätte ein schiefes Licht auf sein Selbstbild geworfen, das er in seinen Memoiren erschuf. Und obendrein gingen Gerüchte um, er habe die letzte Fahrt der *Managem* nach Atlit mitgemacht.

1959 behauptete eine israelische Journalistin, daß die Geschichte von Nili »keinen Pfifferling wert wäre, wenn man nicht Lawrence irgendwie hineinziehen könnte«.[4] Sie hielt für unwahrscheinlich, daß Lawrence Sarah Aaronsohn in Kairo begegnet war, wie auch, daß Woolley behauptet habe, Lawrence hätte die Einwilligung Aaron Aaronsohns benötigt, um nach Atlit zu gehen. Das Gegenteil ist der Fall. Leonard Woolley saß von 1915 bis Kriegsende in einem türkischen Internierungslager, und aus Aaronsohns Tagebüchern geht hervor, daß er selbst wenig oder gar keinen

Einfluß darauf hatte, wer an Bord der *Managem* ging. Im übrigen operierten zum fraglichen Zeitpunkt auch die *Goeland*, die *Arbalete* und die *Veresis* im selben Küstengebiet. Charles Boutagys Aussage über seine Rekrutierung durch Lawrence und seine Übergabe an Woolley im EMSIB widerspricht zudem den wiederholten Versuchen, Lawrence aus der Sache herauszuhalten. Auch stellt sie den Inhalt eines seltsamen Briefes in Frage, der 1921 im Namen Rivka Aaronsohns geschrieben wurde. Darin heißt es, Lawrence habe »ihre Schwester nie kennengelernt«.[5] Der Brief erwähnt jedoch weder, daß Rivka sich 1916 und 1917 5000 Kilometer weit entfernt in den Vereinigten Staaten aufhielt, noch, daß ihn offenbar Raymond Savage, Lawrences New Yorker Literaturagent, für sie aufgesetzt und getippt und sie ihn dann unterzeichnet hatte. Besagter Savage war derselbe, der für einen mittellos in London sitzenden Lawrence die Kurzfassung der *Sieben Säulen der Weisheit* (mit dem Titel *Aufstand in der Wüste*) unter die Leute zu bringen hatte. So läßt sich der Brief als plumper, aber entschlossener Versuch deuten, Lawrence vom Umfeld von Nili abzurücken. 1963 lenkte David Leans Film das Interesse erneut auf Lawrences Widmungsgedicht in den *Sieben Säulen* – überschrieben mit »Für S. A.«. Sogar eine Fernsehsendung befaßte sich damit. Der Lawrence-Biograph Robert Graves ging in einem Zeitschriftenartikel auf das Rätsel der Identität von »S. A.« ein – ein Geheimnis, das der berühmte Archäologe 1935 mit ins Grab nahm. Viele sahen Dahoum darin, seinen kurdischen Diener in Karkemisch, der 1917 an einer Krankheit gestorben war. Graves schreibt: »Lawrence wollte nicht, daß bekannt würde, wer S. A. war, und deshalb habe ich diesbezüglich auch nicht nachgeforscht. Doch er hatte erklärt, daß die Initialen für eine Frau stehen … als ihn Basil Liddell Hart [ein anderer Biograph] fragte: ›Wer ist S. A.?‹, antwortete er: ›Einer [ein Buchstabe] ist eine Person, und der andere ein Ort‹, und das erweiterte er später zu: ›ein Dorf in Syrien oder ein Anwesen darin‹.«[6]

Vor dem Mandat war »Syrien« die damals übliche Bezeichnung für Palästina, wie die vom Arab Bureau herausgegebenen Persönlichkeiten Südsyriens bezeugen. Könnte daher »S« für »Sarah« und »A« für »Atlit« stehen? Schließlich stellte die Jewish Agricultural Experimental Agency mit ihrem bereits 1917 legendären Ruf in Kairoer Nachrichtendienstkreisen in Atlit ein eigenständiges Anwesen dar. Und die Geschichte von Sarahs Opfer sprach bei jedem britischen Nachrichtenoffizier, der sie gekannt hatte, eine Ader für Romantik und Tragik an. Robert Graves schließt diese Möglichkeit aus: »Übrigens hält die romantische Geschichte, daß ›S. A.‹ Sarah Aaronsohn war, die von den Türken gefolterte und erschossene jüdische Heldin, einer kritischen Prüfung nicht stand. Die beiden waren sich nur kurz begegnet, und sie war tot, bevor der Krieg endete.«[7]

Diese auffällig hingeworfene Bemerkung ist bedeutsam, nicht nur weil sie bestätigt, daß Lawrence Sarah *tatsächlich* kannte, sondern auch weil sie ignoriert, daß sich Lawrences Gedicht *gerade* an eine Person richtet, die gestorben war – wahrscheinlich mitten im Krieg:

»Für S. A.

Ich liebte Dich. Ich nahm die Menschenfluten in die Hand
und schrieb in den Sternen meinen Willen an den Himmel,
Um Dir die Freiheit zu erringen, das Haus der sieben
  Säulen,
auf daß in Deinen Augen ich ein Leuchten würde sehen
Bei unserer Ankunft.
Den Tod wähnt' ich des Weges meinen Untertan,
bis wir uns näherten und er Dich wartend fand:
Du lächeltest, und er kam mir zuvor, voll Harm und Leid,
und nahm Dich fort:
In seine Stille ...«[8]

Gab also Sarah Aaronsohn während ihres kurzen Erholungsaufenthalts im *Savoy* Lawrence einen Funken weiblicher Hoffnung in einem tödlichen Krieg? In einem Interview mit der *Jerusalem Post* 1941 ging Aaronsohns treuer Kutscher von der Versuchsstation, der ebenfalls von den Türken gefoltert worden war – ohne Nili zu verraten –, noch weiter und behauptete, Lawrence habe Atlit tatsächlich aufgesucht: »Einmal alle zwei Wochen wartete ein Unterseeboot einige Meilen vor Atlit. Sarah nahm mit Signalen Kontakt zu ihm auf, und das Unterseeboot schickte während der Nacht immer ein Boot an Land. Meine Hauptaufgabe war, die ›Post‹ zu tragen. Ich mußte an den Strand gehen, die Briefe übergeben und einen Beutel Geld dafür im Empfang nehmen.

Ich fing mit dieser Arbeit nach einem ziemlich wichtigen Treffen an. Eines Nachts kam T. E. Lawrence an Land und blieb einige Stunden bei uns auf der Station. Ich wurde in den Raum gerufen, wo sie saßen, und Aaron sagte zu Lawrence: ›Das ist Abu Farid. Er kennt unsere Geheimnisse, und wir können ihm trauen.‹ Lawrence wandte sich zu mir und sagte: ›Geben Sie gut auf Mr. Aaronsohn acht.‹«[9]

Man darf Abu Farid nachsehen, daß er die *Managem*, die etwa eine Meile weit draußen in der Dunkelheit vor Anker lag, für ein U-Boot hielt, und nach so vielen Jahren verwechselte er vielleicht auch Lawrence mit Hauptmann Weldon, obwohl Lawrence reichlich Gelegenheit gehabt hätte, Atlit 1915 oder 1916, dem Jahr von Aaronsohns Flucht nach London, zu besuchen. Als er 1935 starb, begann sein Bruder Arnold alle Hinweise, die das Bild seines berühmten Bruders als »König Arabiens« hätten gefährden können, in einer Mappe mit der Aufschrift »Der Mythos von S. A.« zu sammeln. Diese Mappe enthielt auch den Brief von Rivka und eine Abschrift des Artikels von Robert Graves. Ihr Inhalt wurde dann vom Lawrence-Nachlaß bis zum Jahr 2000 zur Verschlußsache erklärt.

Dagegen konnte ich feststellen, daß niemand, selbst im Jahr 1919 nicht, etwas Genaueres über den tödlichen Absturz Aaronsohns wußte. Allem Anschein nach kümmerte niemanden – mit Ausnahme einer Handvoll engagierter Einzelpersonen, die schließlich das Museum in Zichron Ya'acov einrichteten – sein Nachruhm. Ich brauchte vier Jahre, eine Unmenge hilfreicher Hinweise von diesen unbesungenen Helden sowie beträchtliches Glück, um die folgenden Tatsachen ans Licht zu holen.

Als erstes machte ich mich auf die Suche nach den Briefen von Aaronsohns bestem Freund, Richter Julius William Mack, dessen zweiten Vornamen und Nachnamen Aaronsohn von 1916 bis zu seinem Tode als Decknamen benutzt hatte. Er tauchte im Central Zionist Archives in Jerusalem auf, wo ich zu meiner großen Überraschung auch die gesamten Abrechnungen der JAES vorfand. In diesen Dokumenten, die die wechselvolle Geschichte der Station von ihren Anfängen bis zu ihrer Schließung erzählen, stieß ich auf mehrere, scheinbar planlos und ohne jede Ordnung abgelegte Kondolenzbriefe. Zwischen zwei Stapeln von Berichten fand ich auch einen Brief in verblaßter Maschinenschrift vom 21. Mai 1919, nur sechs Tage nach Aaronsohns Verschwinden, geschrieben von Oberstleutnant Walter Gribbon im Londoner Kriegsministerium.

»Kriegsministerium, Verbindungsstelle,
betr.: Doktor A. Aaronsohn

In Erfüllung einer Bitte der Abteilung MI, Kriegsministerium, startete Doktor A. Aaronsohn vom Flugplatz Kenley am 15. dieses Monats um 13.40 in einer dreisitzigen DH-Maschine Nr. R 5984, Motor RR Eagle 6, Pilot Hauptmann Jefferson, nach Paris. Die Maschine beförderte noch fünf Postsäcke, Doktor Aaronsohn war der einzige Passagier.

Am Nachmittag des 15. dieses Monats lag beträchtlicher Nebel über dem Kanal – mehrere andere Maschinen waren eine Zeitlang als vermißt gemeldet, ihr Verbleib wurde jedoch später aufgeklärt. Infolge des Nichteintreffens der Maschine in Paris und der sehr langen Überfälligkeit wurden alle amtlichen Stellen verständigt und Zerstörer von Dover ausgesandt, um den Kanal abzusuchen.

Ein Flugzeug wurde am 15. dieses Monats etwa elf Meilen vor Boulogne von einem französischen Trawler gefunden, von dem die folgende Information stammt: a) Sie konnten nicht angeben, ob es sich um eine offene oder geschlossene Maschine handelte, da sich anscheinend eine Explosion ereignet hatte. b) Sie konnten die Nummer der Maschine nicht erkennen. c) Sie sahen nichts von einem Piloten oder Passagier, obwohl sie sich eine Stunde in der Nähe aufhielten. d) Sie müssen bald nach dem Absturz eingetroffen sein, da zwei der Postsäcke kaum feucht waren. e) Ein Laufrad wurde ebenfalls elf Meilen vor Boulogne aufgefischt. Es soll zu dem Flieger gehört haben und wird zur Identifikation nach Kenley geschickt.

Aufgrund der auf zweien der Postsäcke erkennbaren Nummern scheint es sicher, daß diese Maschine H 5984 war, und da keine weiteren Nachrichten aus anderen Quellen zu erhalten waren, steht ernstlich zu befürchten, daß sowohl ihr Pilot als auch der Passagier jetzt tot sind. Ein detaillierter Bericht des Kommandierenden Offiziers des Geschwaders Marquise der Royal Air Force, der den Eigner und Kapitän des französischen Trawlers vernommen hat, wird erwartet. Dieser wird nach Erhalt übermittelt.

gez. Gribbon, Oberstleutnant, 21. Mai 1919.«[10]

Die Aussage des Briefes ist befremdlich, da ihm zufolge Aaronsohns Flugzeug 18 Kilometer vor Boulogne und nicht im Hafen ins Meer stürzte. Also mußte doch am selben Nachmittag eine andere Maschine in den Hafen gestürzt sein? Wenn die beiden Männer den Absturz in Boulogne unverletzt überlebt hatten, würde dies die Mordgerüchte erklären. Absatz a) ist erschreckend: War das Flugzeug, wie vermutet, gesprengt worden? Und wenn ja, von wem? Aaronsohn galt den Briten sicherlich als unbequem, und viele Zionisten mochten ihn nicht. Doch wer wäre so weit gegangen, ihn umzubringen?

Die Yarmuk-Karte war das eine herausragende Motiv, ihn

sich vom Hals zu schaffen. Andererseits war das Flugzeug vielleicht nur mit solcher Gewalt auf die Wasseroberfläche aufgeschlagen, daß es dabei förmlich »explodiert« war. Ich mochte suchen, soviel ich wollte, den entscheidenden Brief des Kommandierenden Offiziers von Marquise konnte ich nicht auftreiben, weder in Israel noch in England. Daher beschloß ich, in Frankreich die örtlichen Zeitungsberichte durchzusehen. Zuvor jedoch wollte ich mehr über Jefferson, Aaronsohns Pilot, in Erfahrung bringen, den Julius William Mack als »einen der allerbesten« bezeichnet hatte.

In der Tat hatte sich Jefferson als Pilot einen Namen gemacht. Aus Unterlagen im PRO in Kew erfuhr ich, daß er am 9. März 1919 mit einer Martinsyde Scout Depeschen für den Oberbefehlshaber im Felde in einem Rekordflug von Hendon nach Paris gebracht hatte. Seine medizinische Akte jedoch schildert ihn anders – als eine komplizierte, überdies kriegsversehrte Persönlichkeit. Am 8. Dezember 1896 auf der Isle of Man geboren, war Elgie Blyth Barwise Jefferson 1914 im besten Alter für den »Menschenfleischwolf«. Im Regiment Liverpool verdiente er sich die Medaille für den Feldzug 1914/15 in Frankreich. Einen Monat vor der Somme-Schlacht wurde er als Luftspäher zur 18. Staffel abkommandiert, doch im September ins 22. Feldlazarett eingewiesen, da er »aus einem Flugzeug im Einsatz gefallen« war. Im April 1917 stand er wieder als Infanterist im Felde, als er »vom Splitter einer Sprenggranate getroffen wurde, die etwa 26 Meter entfernt von ihm explodierte und ihn durch die Luft wirbelte«.[11] Der Splitter wurde Jefferson aus dem rechten großen Zeh herausoperiert, doch dieser Zwischenfall löste eine »Kriegsneurose« bei ihm aus, und nach drei längeren Fronturlauben wurde er für den Rest des Krieges felddienstuntauglich geschrieben. Allerdings wechselte er während der Rekonvaleszenz zum Royal Flying Corps (der späteren Royal Air Force) und nahm Flugunterricht. 1919 suchte er wie viele andere ehemalige Soldaten nach einer Arbeitsstelle und fand sie als Pilot beim 86. Fernmeldegeschwader in Kenley. Fliegen war der neue, risikoreiche Zeitvertreib des Friedens – Kenley war praktisch ein Parkplatz für gebrauchte Kriegsmaschinen, und infolgedessen begaben sich junge Männer, die sich langweilten, in die Luft und kamen reihenweise um, denn obwohl die Unfallstatistik des 86. Fernmeldegeschwaders recht gut aussah, kamen Abstürze generell häufig vor. Jefferson hatte zwar gerade geheiratet und allen Grund, am Leben zu bleiben, doch hielt ihn dies nicht davon ab, Aaronsohn an jenem schicksalhaften 15. Mai nach Paris zu fliegen – vielleicht war dessen Überredungskunst stärker als seine Vorsicht, und schließlich hielt er ja den Rekord für die Ärmelkanalüberquerung, keine geringe Leistung für einen zum Flieger aufgestiegenen ehemaligen Luftspäher. Sieht man nun aber vom fliegerischen Können seines Piloten und dem schlechten Wetter ab, stellt sich die Frage, welche technischen Risiken Aaronsohn einging.

Die DH 4 galt für die damalige Zeit als erprobtes, zuverlässiges Flugzeug. Der Rolls-Royce-Motor der DH-4A-Version galt überdies als das Beste – sofern er als Treibstoff Flugbenzin erhielt und nicht gerade Wasser, wie es einmal beim 86. Fernmeldegeschwader vorkam. Dem offiziellen, 1919 intern veröffentlichten Bericht der Royal Air Force über den Flugdienst zwischen Kenley und Paris zufolge hatten sich bei 744 Flügen im Zeitraum von neun Monaten fünf Unfälle ereignet. Dabei waren drei Piloten und ein Passagier ums Leben gekommen. Nur ein Absturz war auf plötzliches Motorversagen zurückzuführen – der der Maschine mit Wasser im Tank. Die anderen, einschließlich Aaronsohns und Jeffersons tödlichen Absturz, schrieb man dem Wetter zu. Damit verengt sich das Spektrum der potentiellen Unglücksursachen auf einen Fehler Jeffersons oder Sabotage. Was erstere Möglichkeit anbelangt, so hätte vieles schiefgegangen sein können: Der Treibstoff konnte ihnen ausgegangen sein. Jefferson hatte bei seinem ersten Flugversuch am 15. schon Benzin verbraucht und möglicherweise nicht aufgetankt. Zudem mußte die Maschine mit starkem

Gegenwind fertig werden. Ein weiterer zu berücksichtigender Faktor ist die Flughöhe: Unter den herrschenden Bedingungen mochte der Pilot bei der Koppelnavigation aufgrund des Windes seine Position falsch berechnet haben, glaubte sich über Land und versuchte, durch den Nebel zu stoßen. Falls sein Höhenmesser nicht richtig eingestellt war, wäre er ungebremst auf dem Wasser aufgeschlagen, was die von Oberstleutnant Gribbon erwähnte Explosion des Flugzeugs verursacht hätte.

Berücksichtigt man die Strömungen des Ärmelkanals, würde ein Mensch, der vor Boulogne ins Wasser fällt, am Cap Griz-Nez vorbeigetrieben und irgendwo an der Küste zwischen Calais und Dünkirchen an Land gespült werden. 2003 fuhr ich deshalb nach Frankreich. Mit mir führte ich eine kurze, im PRO aufgefundene Notiz eines britischen Militärgeistlichen, der für die Bestattung britischer Kriegstoter verantwortlich war. Dieser Notiz zufolge war Jeffersons Leiche Ende Juli am Strand von La Panne nahe Dünkirchen angeschwemmt und auf dem Kriegsgräberfeld des städtischen Friedhofs von Dünkirchen begraben worden. Vor Ort durchsuchte ich die Bestattungsregister nach dem Namen Aaronsohn, in der Hoffnung, daß auch seine Leiche vielleicht gefunden und beerdigt worden war, ohne daß britische oder zionistische Stellen davon erfahren hatten. Doch ich hatte kein Glück. Dieselbe Anfrage für den Namen Mack blieb ebenfalls erfolglos. Elgie Blyth Barwise Jefferson lag in Grab 19, Reihe V, und als ich mich von seinem Grabstein abwandte, fiel mir die große Zahl namenloser Gräber auf – vielleicht war Aaron Aaronsohn als »unbekannter Toter« angespült und beerdigt worden? Ich beschloß, bei den französischen Behörden nachzufragen, welches Untersuchungsverfahren für einen solchen Fall vorgesehen war. Im Rathaus von Dünkirchen empfing man mich mit ausgesuchter Höflichkeit und teilte mir mit, daß eine angespülte Leiche umgehend auf dem nächstgelegenen Friedhof beerdigt worden wäre. Aaronsohns Körper könne daher auf einem von mehreren kleinen

Der Grabstein des Piloten von Aaronsohns Flugzeug, das am 15. Mai 1919 auf dem Weg von London nach Paris über dem Ärmelkanal verschwand, auf dem Friedhof von Dünkirchen

Friedhöfen liegen, und die entsprechenden Verzeichnisse seien in Lille zu finden. Während ich dieses Buch schreibe, läuft das Überprüfungsverfahren für alle in der Zeit von Mai bis Dezember 1919 an den Stränden Frankreichs und Belgiens angeschwemmten nichtidentifizierten Personen. Sollte ein Abgleich mit London übereinstimmende körperliche Merkmale und Zivilkleidung ergeben, wird eine Exhumierung beantragt.

Ob Aaron Aaronsohn umgebracht wurde, bleibt also offen. In einem der Postsäcke hätte eine Bombe versteckt worden sein können, viele ehemalige Soldaten waren wie Lawrence Spezialisten für den Bombenbau, und gegen Ende des größten Krieges der Geschichte konnte jeder die dazu notwendigen Materialien ungehindert kaufen. Der Flughafen Kenley kannte keine nennenswerten Sicherheitseinrichtungen. Jeder, ob in Uniform oder in Zivilkleidung, kam an die abgestellte Maschine oder auch an die Post in den großen, mit einem Stück Schnur verzurrten Leinensäcken.

Andererseits hatte vielleicht nur eine Kombination aus schlechtem Wetter und mangelndem Urteilsvermögen Aaronsohn umgebracht. Der Bericht über das aufgefundene Fahrgestellteil hätte gezeigt, ob es beim Aufschlag aufs Wasser oder durch eine Explosion im Innern abgerissen war – doch ich vermochte in den Archiven nichts Einschlägiges zu entdecken.

Ein Ertrunkener sinkt zu Boden, bis einige Tage später die entstehenden Gase die Leiche an die Oberfläche treiben, wie es bei Jefferson der Fall gewesen war. Mit der zweiten Leiche muß dasselbe geschehen sein, doch möglicherweise ging sie wieder unter, bevor sie an Land geschwemmt wurde. Während und kurz nach dem Krieg pflegten französische Fischer angeblich den Bauch jeder treibenden Leiche mit Bootshaken zu durchbohren, damit sie wieder versank und sie sich die Vernehmung ersparten, die stattfand, wenn sie sie an Land brachten. Und es sind die Fischer, die zu diesem Geheimnis das letzte Wort haben werden. Die Mitarbeiter der Stadtbücherei von Boulogne waren nicht weniger zuvorkommend als die im Rathaus von Dünkirchen. Auf meine Anfrage hin erhielt ich umgehend alle Exemplare der sechs Lokalzeitungen vom Mai 1919. Die Sonntagsausgabe von *La France du Nord* vom 17. Mai 1919 brachte den ausführlichsten und betrüblichsten Bericht von allen: »*Eine Flugkatastrophe.* Unser Redaktionsschluß erlaubte uns gestern nur die in Boulogne vorhandenen, ungenauen Informationen über den gemeldeten, schweren Flugzeugunfall weiterzugeben. Durch einen einzigartigen Zufall stürzte nicht nur ein Flugzeug ins Meer, sondern sogar zwei zu fast demselben Zeitpunkt und in geringer Entfernung voneinander. Die Insassen des ersten ertranken. Was genau den Unfall bewirkte, werden wir niemals erfahren. Sicher ist dagegen, daß um etwa 15.30 ein kleines Boot aus Etaples, die B 328, vor Equihen ein Flugzeug sichtete, das auf dem Wasser schwamm und vom Wind abgetrieben wurde. Später stellte sich heraus, daß es sich um eine Maschine des Flugdienstes London–Paris handelte. Mehrere

Pakete trieben in der Nähe des Flugzeugs. Sie enthielten die beförderte Post. Die Fischer bargen diese und brachten sie ins Büro des Herrn Marineverwalters in Boulogne … Ein Auto vom englischen Fliegerstützpunkt Marquise brachte sie abends nach Paris. Leider traf der kleine Segler zu spät ein, um die beiden unglücklichen Insassen zu retten. Der eine von ihnen war bereits verschwunden, und der zweite versank, am Ende seiner Kräfte, wie ein Stein direkt vor den Augen seiner Retter.«

Die DH 4A ging demnach 15 Kilometer südlich von Boulogne etwa anderthalb Kilometer vor der Küste nieder. Es wurden mehrere Postsäcke geborgen, nicht aber Aaronsohns Mappe. Und da der Statistik zufolge eher der Passagier als der Pilot einen Absturz überlebte, brachte er möglicherweise seine letzte Stunde damit zu, in dem kalten Wasser nicht zu ertrinken – Zeit genug, um sein Leben hundertmal Revue passieren zu lassen.

Und was ist von den böswilligen Gerüchten zu halten, die Leute wie Miss Landau verbreiteten, nämlich daß er zum Nachteil anderer sein eigenes Nest beschmutzt habe? Das letzte Dokument, das meine Suche in den Archiven ans Licht beförderte, war passenderweise Aaronsohns letzter Wille. Er hinterließ »als Junggeselle« sein Vermögen seinem »leiblichen und rechtmäßigen Vater Fischel Aaron und nächsten Anverwandten«. Nach Abzug der Notarskosten belief sich sein Nettovermögen auf 395 englische Pfund und 5 Pence, wohl gerade genug, um seine persönlichen Gläubiger auszuzahlen, von denen er während des Krieges hatte Geld borgen müssen, um die Jewish Agricultural Experimental Station und ihre Felder für die »Mutter des Weizens« – seine Vision für künftigen Frieden, Wohlstand und Eintracht zwischen den Völkern in Palästina – am Leben zu erhalten.

Anhang

Abkürzungen

»A«	Aaronsohn (Spionagering)
C in C, C/C	Commander in Chief, Oberbefehlshaber
EEF	Egyptian Expeditionary Force, Ägyptisches Expeditionskorps
EMSIB	Eastern Mediterranean Special Intelligence Bureau, Nachrichtendienst für das östliche Mittelmeer
FO	Foreign Office, Außenministerium, Auswärtiges Amt
GHQ	General Headquarters, Generalstab
GOC	General Officer Commanding, Oberbefehlshaber, Kommandierender Offizier im Generalsrang
I	Intelligence (A, B, C etc.), Nachrichtendienst
JAES	Jewish Agricultural Experimental Station, Jüdische Landwirtschaftliche Versuchsstation
MI	Military Intelligence, Militärischer Nachrichtendienst
MIO	Military Intelligence Officer, Nachrichtenoffizier
Nili	Netzach Israel lo Ishakare: »Es lügt der nicht, der Israels Ruhm ist.«
OC	Officer Commanding, Kommandierender Offizier
S. S.	Steam Ship, Dampfschiff
PRO	Public Records Office, Staatsarchiv
WO	War Office, Kriegsministerium

»A«/Nili-Mitglieder – Aktive Agenten

Aaronsohn, Ephraim Fischel
Aaronsohn, Aaron
Aaronsohn, Alexander
Aaronsohn, Sarah
Aaronsohn, Zvi
Aboulafia, Raphael
Belkind, Eitan

Belkind, Na'aman
Belkinov, Haim Dov
Berstein, Aryeh
Bornstein, Leibel
Bronstein, Menashe
Fein, Absalom
Feinberg, Absalom
Halperin, Yitzak
Lishansky, Joseph
Lulu, Frieda
Mazia, Eliyahin Ronia (René)
Neumann, Menahem (Mendel)
Neumann, Dr. Moshe
Ranem, Elias
Ranem, Nasser
Rootman, Gelberg Tora
Rootman, Nissim
Schneersohn, Levi Yitzak (Liova)
Schneersohn, Menahem
Schneersohn, Mendel
Sokolovitz, David (Nahum)
Schwartz, Reuven
Vibosheritz, Nahum (Ida)
Zeldin, Yehuda

»A«/Nili-Mitglieder – Passive Agenten

Apelroth, E.
Belkind, Dr. Sonia
Cohen, Salman
Grabivker
Hankine, Mendel
Herman, Lem
Nohowitz
Rothstein, Abraham Moise
Shartz, Ishak
Steinberg, Y.
Stopfer, D.
Yawer

Anmerkungen

Alle Schlußfolgerungen aus den Tagebüchern und der Korrespondenz Aaron Aaronsohns sind allein Interpretation des Autors.

Einleitung

1 Auszug aus einem Kondolenzbrief von David Fairchild an die Familie Aaronsohn, 20. Mai 1919. Central Zionist Archives, Jerusalem, Aaron-Aaronsohn-Sammlung, unnumeriert.

2 Auszug aus einem Kondolenzbrief von Richter Julius William Mack an die Familie Aaronsohn, 15. Mai 1919, freundlicherweise zur Verfügung gestellt vom Aaron Aaronsohn Archives, Zichron Ya'acov.

Kapitel 1: Einwanderer unter osmanischer Herrschaft

1 Ein vielfach in der zeitgenössischen Presse gebrauchter Ausdruck für die Verhältnisse innerhalb des Osmanischen Reiches.

2 Mit freundlicher Genehmigung des Saint Anthony's Middle Eastern Archives, Oxford, aus dem unveröffentlichten Tagebuch von Major General Sir John Charles Ardagh, *Journey from Cairo to Damascus*, von 1883.

3 Ebd.

Kapitel 2: Der Suezkanal und der Traum des Kaisers

1 Treloar, William Purdie: *With the Kaiser in the East 1898. Notes of The Imperial Tour in Palestine and Syria*, London 1915, S. 8.

2 In den 1990er Jahren entdeckte man zehn Wracks aus phönizischer Zeit in der Bucht von Tantura.

3 Treloar, a. a. O., S. 14.
4 Auszug aus einer Rede des Kaisers Wilhelm II. in Damaskus am 8. November 1898.
5 Der Zusammenstoß französischer und britischer Kolonialinteressen in Faschoda (seit 1905 Kodok), einem Handelsort in der Provinz Oberer Nil der heutigen Republik Sudan. Die dadurch beschworene Kriegsgefahr ließ Frankreich 1899 auf das obere Niltal verzichten, wofür Großbritannien den westlichen Sudan als französisches Interessengebiet anerkannte.
6 Naumann, Friedrich: *»Asia.« Eine Orientreise über Athen, Konstantinopel, Baalbek, Nazareth, Jerusalem, Kairo, Neapel, Berlin.* 1909, S. 34.
7 Oppenheim, M. Freiherr von: *Zur Entwicklung des Bagdadbahngebietes und insbesondere Syriens und Mesopotamiens unter Nutzanwendung amerikanischer Erfahrungen.* Berlin 1904.
8 Zitiert nach Krautkrämer, Elmar: *Krieg ohne Ende? Israel und die Palästinenser – Geschichte eines Konflikts.* Darmstadt 2003, S. 160.
9 ESCO Foundation for Palestine, Inc.: *Palestine, a Study of Jewish, Arab and British Politics.* New Haven, Bd. 1, S. 41.

Kapitel 3:
Die »Mutter des Weizens«

1 United States Bureau of Plant Industry Bulletin Nr. 180.
2 Aaron Aaronsohn gilt als der erste Wissenschaftler, der eine wildwachsende, durch Züchtung unveränderte Weizensorte entdeckte und identifizierte. Neuere archäologische Funde in der Türkei und anderen Regionen Kleinasiens belegen ähnliche Weizenüberreste, die seither als »Emmer« klassifiziert werden. Heute weiß man, daß diese damals gesuchte und von Aaronsohn 1906 an den Hängen des Hermon entdeckte »Mutter des Weizens« eine von drei »Urweizen«-Sorten ist.
3 Dr. Harry Friedenwald by Robert Szold: *An Address delivered before the December 1962 Meeting of the British Rishonim of the United States Inc.*, S. 9.
4 Levin, A. L.: *Vision. A Biography of Harry Friedenwald.* Philadelphia 1964.
5 Auszug aus der Sammlung der Briefe und Dokumente der JAES, Central Zionist Archives, Jerusalem.

6 Hier und im folgenden Text werden die Auszüge aus den Tagebüchern Aaron Aaronsohns durch Kursivsetzung kenntlich gemacht. Alle Zitate aus den Tagebüchern mit freundlicher Genehmigung des Aaron Aaronsohn Archives, Zichron Ya'acov. Auszüge aus den Tagebüchern sind auch abgedruckt in: Anthony Verrier (Hrsg.): *Agents of Empire.* London 1995, S. 221–302.

7 Brief von Aaron Aaronsohn an Henrietta Szold vom 1. Juni 1912. Sammlung der Briefe und Dokumente der JAES, Central Zionist Archives, Jerusalem.

8 Ebd.

9 Brief von Aaron Aaronsohn an Henrietta Szold vom 1. September 1912. Sammlung der Briefe und Dokumente der JAES, Central Zionist Archives, Jerusalem.

Kapitel 4:
Gideoniten gegen den Rest der Welt

1 Brief von Absalom Feinberg an Sarah Aaronsohn, mit freundlicher Genehmigung des Aaron Aaronsohn Archives, Zichron Ya'acov.

2 Levin, a.a.O., S. 206.

3 Ebd.

4 Zitiert nach: Levin, a.a.O., S. 216.

5 Brief Aaron Aaronsohns an die JAES, mit freundlicher Genehmigung des Aaron Aaronsohn Archives, Zichron Ya'acov.

Kapitel 5:
»Yom Asal, Yom Basal« –
Einen Tag Zwiebeln, einen Tag Honig

1 Heller, J.: *British Policy Towards the Ottoman Empire 1908–1914.* London 1983, S. 143.

2 Aaronsohn, A.: *With the Turks in Palestine.* London 1917.

3 Louis H. Levin: Vertraulicher Bericht an das American Jewish Committee über die »Verteilung von Nachschub auf der *Vulcan* und die Bedingungen in Palästina«.

4 Brief von C. Boutagy an Mr. Kimber, 14. Juni 1967, mit freundlicher Genehmigung der Bodleian Library Oxford, Special Collections and Western Manuscripts.

Kapitel 6:
Archäologen und Gentlemen

1 Etwa: Ich liebe alle öden/und einsamen Orte; wo wir das Vergnügen kosten/zu glauben, daß alles, was wir sehen/grenzenlos ist, wie wir uns unsere Seelen wünschen.
2 Brief vom 2. August 1908, zit. nach Wilson, Jeremy: *Lawrence von Arabien. Die Biographie.* München 1999, S. 64.
3 Brief vom 20. Dezember 1914, in: Garnett, David, und Cape, Jonathan (Hrsg.): *The Letters of T. E. Lawrence.* London, Toronto 1938.
4 Ebd., S. 192.
5 Information von einem Spurenleser der israelischen Armee während Erkundung in der Negev-Wüste 2000.
6 Vortrag vor den Sisters of Mercy, Melbourne, 27. Oktober 1967.
7 Brief vom 18. März 1915, Garnett und Cape, a. a. O., S. 194.
8 Weldon, Captain L. B.: *»Hard Lying.« Eastern Mediterranean 1914–1919.* London 1925, S. 7
9 Vgl. Notizen, Saint Anthony's Middle Eastern Archives, Oxford.
10 Weldon, a. a. O., S. 11.
11 Ebd., S. 17.

Kapitel 7: Agenten und Spione

1 Brief von Alex Aaronsohn an Henrietta Szold vom 10. August 1915, mit freundlicher Genehmigung des Aaron Aaronsohn Archives, Zichron Ya'acov.
2 Vortrag vor den Sisters of Mercy, Melbourne, 27. Oktober 1967.
3 Ebd.
4 Ebd.
5 Ebd.
6 Garnett und Cape, a. a. O., S. 196 f.
7 Brief von Absalom Feinberg an Henrietta Szold, mit freundlicher Genehmigung des Aaron Aaronsohn Archives, Zichron Ya'acov.
8 Lloyd George, David: *War Memoirs.* Vol. 1, London 1938, S. 480.
9 Mit freundlicher Genehmigung des Aaron Aaronsohn Archives, Zichron Ya'acov.
10 Brief von Absalom Feinberg an Alex Aaronsohn, mit freundlicher Genehmigung des Aaron Aaronsohn Archives, Zichron Ya'acov.
11 Notiz, mit freundlicher Genehmigung des Aaron Aaronsohn Archives, Zichron Ya'acov.

Kapitel 8: Aufbruch ins Unbekannte

1 Bericht von Absolom Feinberg im September 1915, aus der Korrespondenz Absolom Feinbergs, mit freundlicher Genehmigung des Aaron Aaronsohn Archives, Zichron Ya'acov.
2 Ebd.
3 Zitiert nach: Lloyd George, a.a.O., S. 348.
4 Ebd., S. 349.
5 Abdruck mit freundlicher Genehmigung des St. Anthony's Middle Eastern, Archives Oxford, Sir Herbert Samuel Archive.
6 Ebd.
7 Aaron Aaronsohns »Bekenntnisbrief« an Richter Julius William Mack vom 9. Oktober 1916, mit freundlicher Genehmigung des Aaron Aaronsohn Museums, Archives Ya'acov.
8 Ebd.

Kapitel 9: »A«

1 Aaron Aaronsohns »Briefe der Resignation«, geschrieben im Regina Palace Hotel, Alexandria, am 20. Dezember 1916, mit freundlicher Genehmigung des Aaron Aaronsohn Archives, Zichron Ya'acov.
2 Absolom Feinbergs letzter Brief an Leonard Woolley vom 15. Januar 1917, mit freundlicher Genehmigung des Aaron Aaronsohn Archives, Zichron Ya'acov.

Kapitel 10: Mit Leidenschaft und Trauer

1 Weldon, a.a.O., S. 161.
2 Ebd., S. 161f.
3 Ebd., S. 164f.
4 Ebd., S. 166.
5 Ebd., S. 166f.
6 Ebd., S. 169.
7 Zit. nach Avineri, Shlomo: *Profile des Zionismus.* Gütersloh 1998, S. 146f.
8 Telegramm aus der Korrespondenz der JAES, mit freundlicher Genehmigung des Aaron Aaronsohn Archives, Zichron Ya'acov
9 Weldon, a.a.O., S. 174.

Kapitel 11:
Tanz auf dem Vulkan

1 Weldon, a.a.O., S. 178f.
2 Ebd., S. 182.
3 Der Autor entdeckte dieses Dokument – W(ar) O(ffice) (Akte) 160/(Seite) 23 – 2000 deponiert im Public Records Office (PRO) im Londoner Vorort Kew und identifizierte es als den von Aaron Aaronsohn verfaßten, verschwundenen Bericht an David Hogarth, den Aaronsohns Tagebuch erwähnt.
4 PRO, F(oreign) O(ffice) 371/3059-149770.
5 FO 371/3049, datiert: 7. Februar 1917.
6 Brief an Aaron Aaronsohn vom 3. Oktober 1917, mit freundlicher Genehmigung des Aaron Aaronsohn Archives, Zichron Ya'acov.
7 Telegramm von Weizmann, aus der Korrespondenz der JAES, mit freundlicher Genehmigung des Aaron Aaronsohn Archives, Zichron Ya'acov.
8 Weldon, a.a.O., S. 199f.

Kapitel 12:
Eine verlorene Vision

1 Zitiert nach Krautkrämer, a.a.O., S. 161.
2 Clayton-Papiere 693/11, Durham.
3 William Yales Bericht an den Secret Service der Vereinigten Staaten von Amerika, Paris, 25. September 1917, Mikrofilm: Felix Frankfurter Papers/Gespräch mit Aaronsohn, mit freundlicher Genehmigung des St. Anthony's Middle Eastern Archives, Oxford.
4 Unnumerierter Mikrofilm aus den Felix Frankfurter Papers, mit freundlicher Genehmigung des St. Anthony's Middle Eastern Archives, Oxford.
5 Mit freundlicher Genehmigung des St. Anthony's Middle Eastern Archives, Oxford.
6 PRO, FO 371/13058.
7 Ebd.
8 Korrespondenz: Telegramme (PRO. FO 371), mit freundlicher Genehmigung des Archivs des Aaron Aaronsohn Museums, Zichron Ya'acov.
9 Korrespondenz: Telegramme, mit freundlicher Genehmigung des Aaron Aaronsohn Archives, Zichron Ya'acov.

10 Yale-Bericht an Leland Harrison Nr. 5, mit freundlicher Genehmigung des St. Anthony's College, Oxford.

11 Ebd.

12 Yale-Bericht Nr. 6, mit freundlicher Genehmigung des St. Anthony's College, Oxford.

13 Yale-Papiere, mit freundlicher Genehmigung des St. Anthony's College, Oxford.

14 Diese Sammlung ist im Aaron-Aaronsohn-Museum in Zichron Ya'acov heute noch zu sehen.

15 Yale-Papiere, mit freundlicher Genehmigung des St. Anthony's College, Oxford.

16 Mit freundlicher Genehmigung des Aaron Aaronsohn Archives, Zichron Ya'acov.

17 Brief von Aaron Aaronsohn an Julius William Mack, mit freundlicher Genehmigung des Aaron Aaronsohn Archives, Zichron Ya'acov.

Kapitel 13: Eine Karte Israels

1 Brief von Aaron Aaronsohn an Walter Gribbon, 4. Januar 1919, mit freundlicher Genehmigung des Aaron Aaronsohn Archives, Zichron Ya'acov.

2 Felix Frankfurter Papers, mit freundlicher Genehmigung des St. Anthony's Middle Eastern Archives, Oxford.

3 Mit freundlicher Genehmigung des Aaron Aaronsohn Archives, Zichron Ya'acov, und des Central Zionist Archives, Jerusalem.

4 Unnumerierter Mikrofilm aus den Felix Frankfurter Papers, mit freundlicher Genehmigung des St. Anthony's Middle Eastern Archives, Oxford.

5 Litvinoff, B.: *The Essential Chaim Weizmann.* London 1982, S. 199.

6 Brief Aaron Aaronsohn an Chaim Weizmann vom 16. Januar 1919, mit freundlicher Genehmigung des Aaron Aaronsohn Archives, Zichron Ya'acov.

7 Unnumerierter Mikrofilm aus den Felix Frankfurter Papers, mit freundlicher Genehmigung des St. Anthony's Middle Eastern Archives, Oxford.

8 Ebd.

9 Ebd.

10 Brief Aaron Aaronsohn an Albert Hyamson, Paris, 10. April 1919, aus der Korrespondenz zwischen Aaronsohn und Weizmann, mit

freundlicher Genehmigung des Aaron Aaronsohn Archives, Zichron Ya'acov.

11 PRO F.O. 371/4167, S. 431.

12 Ebd., S. 472.

13 PRO F.O. 371/4171, S. 88.

14 Frankfurter Papers, a. a. O.

15 Briefe mit freundlicher Genehmigung der Familie Sonneborn.

16 PRO F.O. 371/4171, S. 139f.

17 Briefe mit freundlicher Genehmigung der Familie Sonneborn.

18 Briefe mit freundlicher Genehmigung der Familie Sonneborn.

19 *The Times*, 15. Mai 1919. The Times Newspaper Archives, London.

20 PRO AIR 1/2400 286/1.

21 Brief von Julius William Mack an Rivka Aaronsohn vom 18. Mai 1919, mit freundlicher Genehmigung des Aaron Aaronsohn Archives, Zichron Ya'acov.

22 Mit Ausnahme von Alex Aaronsohn und Liova Schneersohn, die beide für ihre Arbeit im Nachrichtendienst in Syrien den *Distinguished Service Order* erhielten.

23 Brief von General Sir Edmund Allenby an Dr. Eder vom 14. Juli 1919, Korrespondenz: Kondolenz, mit freundlicher Genehmigung des Aaron Aaronsohn Archives, Zichron Ya'acov.

24 Mit freundlicher Genehmigung des Aaron Aaronsohn Archives, Zichron Ya'acov.

25 Veröffentlicht im *Young Judean*, 1919, mit freundlicher Genehmigung des Aaron Aaronsohn Archives, Zichron Ya'acov.

Epilog:
Eine neue Vision

1 Korrespondenz Absolom Feinberg, mit freundlicher Genehmigung des Aaron Aaronsohn Archives, Zichron Ya'acov

2 Übersetzung mit freundlicher Genehmigung des Aaron Aaronsohn Archives aus *Nili – History of Political Daring*, S. 123.

3 Wilson, a. a. O., S. 466.

4 Engle, A.: *The Nili Spies*. Jerusalem 1989, S. 238.

5 Brief von Rivka Aaronsohn vom 8. Juni 1956, geschrieben auf Notizpapier ihres Agenten Raymond Savage, mit freundlicher Genehmigung der Bodleian Library Oxford, Special Collections and Western Manuscripts.

6 Sammlung Robert Graves. Lawrence Collection, Bodleian Library Oxford, Special Collections and Western Manuscripts.

7 Ebd.

8 Lawrence, T. E.: *Die sieben Säulen der Weisheit.* München 1950.

9 *Jerusalem Post* 1941, zitiert nach Engle, a. a. O., S. 237.

10 Public Record Office, Kew. Sammlung Elgie Blyth Barwise Jefferson. PRO WO 334/23644.

11 Ebd.

»›Die zehn Gebote‹ des Comité Union et Progrès«

Es ist unklar, auf welche Geheiminformationen, wenn überhaupt, sich Aaronsohn, abgesehen vom Augenzeugenbericht seiner Schwester Sarah, stützte, als er die dringliche Warnung in sein Tagebuch schrieb, bestimmte Elemente im deutschen Heer würden lernen, so mit den Juden zu verfahren wie die Türken mit den Armeniern. Nach dem Ende des Ersten Weltkrieges jedoch gelangte das britische Außenministerium in den Besitz von Dokumenten zum Genozid an den Armeniern, die im Licht der späteren Geschichte Aaronsohns Vorhersage voll und ganz bestätigten. Insbesondere eines davon, herausgegeben 1915 vom politischen Flügel der Jungtürken (deren Vertreter in Palästina Aaronsohn gut kannte), macht den Leser schaudern:

»1. Alle armenischen Vereinigungen verbieten und alle verhaften, die jemals gegen die Regierung gearbeitet haben, und sie in Provinzen wie Bagdad oder Mosul schicken und entweder unterwegs oder dort beseitigen.
2. Alle Feuerwaffen einziehen.
3. Die Muslime aufwiegeln ... planmäßige Massaker provozieren wie die Russen in Baku.
4. Den gesamten Vollzug den Leuten in den Provinzen überlassen ... und militärische Disziplinarorgane vorgeblich zur Beendigung der Massaker einsetzen, zugleich aber im Gegenzug ... aktiv die Muslime unterstützen.
5. Maßnahmen zur Auslöschung aller Männer unter 50, Priester und Lehrer anwenden, Mädchen und Kinder verschonen und dann islamisieren.

6. Die Familien aller wegführen, denen die Flucht gelingt, und Maßnahmen ergreifen, um sie von allen Verbindungen zu ihrem Geburtsort abzuschneiden.
7. Da armenische Beamte Spione sein können, sie aus allen amtlichen Stellen oder von amtlichen Posten vertreiben.
8. Alle Armenier in der Armee in geeigneter Weise beseitigen – dies bleibt dem Militär überlassen.
9. Alle Aktionen sollen gleichzeitig einsetzen und so keine Zeit zu Abwehrmaßnahmen lassen.
10. Die streng vertrauliche Natur dieser Anweisungen beachten, die nicht an mehr als zwei bis drei Personen gelangen dürfen.«

(PRO, FO 371/4172/1270, Blatt 385–386, 388.)

Literatur und Quellen

Die Auszüge aus Aaron Aaronsohns Tagebuch 1914–1919 sowie mehrere Briefe von ihm und Absalom Feinberg stammen aus dem Archiv des Aaron-Aaronsohn-Museums in Zichron Ya'acov, Israel, und wurden zitiert mit freundlicher Genehmigung des Vorsitzenden David Shosham. Ebenso stellte das Aaronsohn-Museum freundlicherweise einen Großteil der abgebildeten Fotografien zur Verfügung.

Weiteres Material zu Aaronsohn und »A«/Nili wurde hier abgedruckt mit freundlicher Genehmigung des Central Zionist Archives, Jerusalem, sowie des Archives of Saint Anthony's Middle Eastern Centre, Oxford.

Die Briefe von Rudolf »Sonny« Sonneborn stellte die Familie Sonneborn aufgrund der freundlichen Vermittlung von Ronnie Sonneborn zur Verfügung.

Alle PRO-Zitate stammen aus Unterlagen im Archiv des Public Records Office, Kew, London.

Aaronsohn, Alex: *With the Turks in Palestine.* London 1917

Devereux, Tony: *Messenger Gods of Battle, Radio, Radar, Sonar: The Story of Electronics in Battle.* London 1991

Édition du Littoral, 16. Mai 1919

Engle, Anita: *The Nili Spies.* Jerusalem 1989

Falls, Cyril: *History of the Great War: Military Operations in Egypt and Palestine from June 1917 to the End of the War.* HMSO 1930

Garnett, David: *The Essential T. E. Lawrence.* London 1951

Gilbert, Martin: *First World War.* London 1995

Gilbert, Martin: *Atlas of the Arab-Israeli Conflict.* London 1996

Herodot: *Historien.* Übersetzt von Josef Feix. München o. J.

Herzl, Theodor: *Der Judenstaat.* Leipzig und Wien 1896

Hurewitz, J. C.: *Diplomacy in the Near and Middle East, a Documentary Record.* Princeton 1956, Bd. I

Institution of Royal Engineers: *History of the Corps of Royal Engineers.* Chatham 1954

Jewish Agency for Palestine (Hrsg.): *Documents Relating to the Palestine Problem.* London 1945

Josephus Flavius: *De bello Judaico.* Darmstadt, 3 Bde., 1963–1982

La France du Nord, 17. Mai 1919

Lawrence, T. E.: *Die Sieben Säulen der Weisheit.* München 1950

Le Rire, *»The All Highest Goes to Jerusalem«*. Paris und London 1898

Levin, Alexandra Lee: *Vision. A Biography of Harry Friedenwald.* Philadelphia 1964

Liddell Hart, B. H.: *History of the First World War.* London 1972

Litvinoff, Barnet: *The Essential Chaim Weizmann.* London 1982

Marlowe, John: *The Seat of Pilate.* London 1955

Moyer, Laurence: *Victory Must be Ours: Germany in the Great War 1914–18.* London 1995

Naumann, Friedrich: *»Asia.« Eine Orientreise über Athen, Konstantinopel, Baalbek, Nazareth, Jerusalem, Kairo, Neapel.* Berlin 1909

Oppenheim, M. Freiherr von: *Zur Entwicklung des Bagdadbahngebietes und insbesondere Syriens und Mesopotamiens unter Nutzanwendung amerikanischer Erfahrungen.* Berlin 1904

Seymour, W. A. (Hrsg.): *A History of the Ordnance Survey*. Folkstone 1980

Szold, Robert: *A Galy of American Zionist Rishonim: Dr. Harry Friedenwald. An Adress Delivered before the December 1962 Meeting of the Brith Rishonim of the United States* (515, Park Avenue) New York

Taylor, Alan R.: *Prelude to Israel: An Analysis of Zionist Diplomacy 1897–1947.* New York 1959

The Times, 15. und 19. Mai 1919

Treloar, William Purdie: *With the Kaiser in the East 1898. Notes of The Imperial Tour in Palestine and Syria*, London 1915

Tuchman, Barbara: *Bibel und Schwert.* Frankfurt a. M. 1983

United Grand Lodge (Hrsg.): *Constitutions of the Ancient Fraternity of Free and Accepted Masons.* London 1984

Verrier, Anthony (Hrsg.): *Agents of Empire. Anglo-Zionist Intelligence Operations 1915–1919, Brigadier Walter Gribbon, Aaron Aaronsohn and the NILI-Ring.* London 1995

Vester, B. Spafford: *Our Jerusalem.* London 1950

Warren, Sir Charles: *The Recovery of Jerusalem.* London 1871

Wasserstein, Bernard: *Jerusalem.* München 2002

Watson, Sir Charles M.: *The Life of Major General Sir Charles Wilson.* London 1909

Weldon, L. B.: *»Hard Lying«. Eastern Mediterranean 1914–1919.* London 1925

Wilson, Sir Charles: Memo *On a Proposed Survey of Palestine* (1869). Palestine Exploration Fund Archives: PEF WS/3, London

Wilson, Jeremy: *Lawrence von Arabien. Eine Biographie.* München 1999

Winstone, H. V. F.: *The Life of Sir Leonard Woolley.* London 1990

Woolley, C. Leonard: *Dead Towns and Living Men.* London 1920

Nachweise

Die Karten zeichnete freundlicherweise Silvia Krapiwko, Kuratorin des Kartenarchivs am Rockefeller Museum Jerusalem. Kein Exemplar von Aaronsohns Israelkarte hat den Verlust des Originals am 15. Mai 1919 überdauert. Dem Kenntnisstand des Aaronsohn Museum zufolge wurde auch nie ein Rekonstruktionsversuch unternommen. Die in diesem Buch abgedruckte Version beruht ausschließlich auf meinen Mutmaßungen über die Absichten Aaronsohns, wie sie aus seinen Tagebucheinträgen und Briefen hervorgehen und für deren Wiedergabe ich die alleinige Verantwortung trage.

Die abgedruckten Bilder entstammen mit freundlicher Genehmigung aus den folgenden Archiven:

Für die mitlaufenden Bilder – Aaron Aaronsohn Museum, Zichron Ya'acov: S. 28, 74, 196, 220, 228, 249, 281; Richard Andrews: S. 97, 139, 231, 243, 365, 376, 424; Central Zionist Archives, Jerusalem: S. 61, 62; Valentine Vester, Jerusalem: S. 38, 357.

Für den Bildteil – Aaron Aaronsohn Museum, Zichron Ya'acov: 1, 2, 6, 8, 13, 14, 15; Richard Andrews: 3, 4, 5, 9, 12, 17; Hebrew University Photographic Archive, Jerusalem: 16; Mit freundlicher Genehmigung des Imperial War Museum, London: 7, 10; Valentine Vester, Jerusalem: 11.

Dank

Der Mensch, der mir als erster einfällt, ist mein Freund Nir Toib, der mich während eines Gesprächs im Schatten des Felsendoms in Jerusalem auf die Geschichte von Nili aufmerksam machte. Nir stellte mich seiner Großmutter vor, der Tochter von Zvi Aaronsohn, die sich trotz ihres hohen Alters von über 90 Jahren immer noch klar und in allen entsetzlichen Einzelheiten an die furchtbaren Ereignisse erinnerte, die sich im Oktober im Haus der Aaronsohns in Zichron Ya'acov abspielten. Diese Begegnung bewies mir, daß die aufopferungsvolle Arbeit von Nili zweifelsohne eine entscheidende Rolle für die Eroberung Palästinas gespielt hatte, bis dahin aber noch niemals gewürdigt worden war. Dies gab mir ein nachhaltiges Motiv, die Geschichte von Aaron Aaronsohn aufzuklären.

Während meiner Recherchen und der Niederschrift haben mich meine Freunde in Israel wie in England bedingungslos unterstützt. Manes Avni leistete bei allen meinen Unternehmungen in Israel »Patendienste«, und Ronnie Sonneborn und Jonathan Holl haben mir bei meinen Archivrecherchen in Großbritannien viel geholfen. Silvia Krapiwko hat sich trotz ihres engen Terminplans am Rockefeller Museum in Jerusalem die Zeit genommen, Karten zu zeichnen, die grundlegend für die Darstellung in diesem Buch sind; ihre ausgezeichnete Arbeit und ihre Liebe zum Detail sprechen für sich. Die Mitarbeiter des Aaronsohn Museum in Zichron Ya'acov empfingen mich stets sehr freundlich, wenn ich mit nur einigen Stunden Zeit und einer langen Liste von Fragen bei ihnen aufkreuzte. Insbesondere Esther hat mir bewiesen, durch welches Engagement sich ein Museumskurator auszeichnen kann.

Es ist Sitte, seiner Agentin und seinem Verleger Dank auszusprechen, doch in diesem Fall kommt er von Herzen. In einer Ära, in der Zeit der alles beherrschende Faktor für kreative Tätigkeiten ist, haben Ursula Bender von der Agence Hoffman und René Strien vom Aufbau-Verlag während der langen Phase der Recherche und Niederschrift in ihrer Begeisterung und Ermutigung nicht nachgelassen. Meine Bewunderung wie mein Dank erstreckt sich gleichermaßen auf meine hervorragende Übersetzerin Dr. Gabriele Herbst. Sie kennt, da bin ich sicher, die Einsamkeit des Autors nur zu gut, ohne jedoch das täglich wirksame Allheilmittel des Autorenstolzes zu erfahren. Mein Lektor Andreas Paschedag ließ mir uneingeschränkte Unterstützung zuteil werden. Dieses Buch ist dank ihrer beider dezidierter Professionalität zweifellos klarer und überzeugender geworden.

Meine Frau Diane hat ihre vier Ehejahre mit mir umgeben von den Geistern Aaron Aaronsohns und Nilis verbracht und nie auch nur einmal dagegen protestiert. Auch Sophie hat sich oft selbst zurückgestellt, um ihrem Vater beim Schreiben beizustehen. Ich schulde daher nicht zuletzt meiner Familie und den vielen ungenannten Menschen Dank, die mich während meiner Nachforschungen unterstützt haben. In vielfältiger Hinsicht sind sie die unbesungenen Helden eines jedes Geschichtsbuches, das in ein Bücherregal gelangt; sie tragen entscheidend dazu bei, indem sie dafür sorgen, daß die kleinen Puzzlestücke an die Stellen kommen, wo sie hingehören. Im vorliegenden Fall läge ohne sie ein Großteil der unbekannten Vergangenheit Aaronsohns und Nilis noch immer unenthüllt im dunkeln.

Richard Andrews, 2004

Mit 38 Abbildungen

ISBN 3-351-02574-2

1. Auflage 2004

Einbandgestaltung grimm.design
Druck und Binden Ebner & Spiegel, Ulm
Printed in Germany

www.aufbau-verlag.de